当代学人精品

杨天石卷

葛剑雄 主编

杨天石 著

SPM
南方出版传媒
广东人民出版社
·广州·

图书在版编目（CIP）数据

当代学人精品. 杨天石卷 / 杨天石著. —广州：广东
人民出版社，2016.9

ISBN 978 - 7 - 218 - 11060 - 8

Ⅰ. ①当… Ⅱ. ①杨… Ⅲ. ①社会科学—文集
Ⅳ. ①C53

中国版本图书馆 CIP 数据核字（2016）第 208960 号

DANGDAI XUEREN JINGPIN · YANGTIANSHI JUAN

当代学人精品·杨天石卷

杨天石 著

出版人：曾 莹

策 划：肖风华 向继东
责任编辑：古海阳
特约编辑：杨向群
封面设计：邓晓童
排 版：广州市奔流文化传播有限公司
责任技编：周 杰

出版发行：广东人民出版社
地 址：广州市大沙头四马路 10 号（邮政编码：510102）
电 话：(020) 83798714（总编室）
传 真：(020) 83780199
网 址：http://www.gdpph.com
印 刷：恒美印务（广州）有限公司
开 本：787 mm×1092 mm 1/16
印 张：30 字 数：432 千
版 次：2016 年 9 月第 1 版 2016 年 9 月第 1 次印刷
定 价：78.00 元

如发现印装质量问题，影响阅读，请与出版社（020 - 83795749）联系调换。
售书热线：(020) 83795240

总　序

　　我不时会到高校或公共场所作讲座，主持人作介绍时，往往会给我加上"央视《百家讲坛》讲师"，有时还特别强调"与某某一样上过央视《百家讲坛》"，而听众会报以更热烈的掌声，大学生也是如此。这提醒我，在大学生的心目中，"著名学者""历史地理学家"的影响远不如"百家讲坛讲师"，某某等就是凭借在央视的频频出镜，一跃成为"最著名"的学者，甚至成了国学大师。我之所以感到意外和困惑，还因为我除了在《百家讲坛》讲过五次外，早期还参与过一些策划，知道当初收视率调查的结果是"百分之七十是初中以下文化程度的"，因此制片人对讲者一再强调要通俗，"多讲故事"。在我讲的那几次录制现场，听众大多是老人，少数年轻人也不像是大学生，证明调查结果大致正确。看来当今的社会，电视的影响已经远远超过书籍和其他媒体，以至连大学生和知识界的年轻一代都更看重电视的影响，而不是实际的研究水平、学术价值和社会影响。

　　不过，对这两种现象我们自己也应该反思。如果学术和学者在大学和社会的影响的确过高了，我们就应该平静地接受这样的变化。反之，如果因为客观条件的转变使学术和学者不能发挥应有的作用，我们就应该尽自己的努力，使学者的学术成果能为更多的受众所了解和理解。当然不能要求学者们都到《百家讲坛》去讲故事，也不是所有的成果都适合介绍给"百分之七十是初中以下文化程度的"观众，但将大部分研究成果写得通俗易懂、可读性强些还是应该的，至少要让非本专业的学术界同行和有志于学术的大学生能看得懂或有读下去的兴趣。另一方面，应该重视学者有代表性的或最新成果的汇编出版，为学术界、年轻一代和社会各界提供适应不同层次、不同需要的精品出版物。而现在出版物太多，网络信息泛滥，鱼龙混杂，甚至真伪莫辨，对学术刊物等级的盲目追求，又使那些未在"顶级刊物"或 SCI、CSCI 等刊物上发表的论文被忽略，有时甚至连专业内同行也未能注意。

正因为如此，当向继东兄邀我为广东人民出版社编一套《当代学人精品丛书》时，我欣然应命，希望能利用这一良机，让学界同仁的精品力作能比较及时又相对集中地与关注他们的读者见面，也希望让公众有机会了解当代学人的最新成果。

人们常常感叹当代缺乏大师，其实今天被称为大师的前人在当时大多也还没有被当作大师，真正的大师需要经历科学、社会和时间的检验。我不敢说这些当代学人中谁最终能成为大师，但可以肯定的是，列入本丛书的一些成果完全够得上大师之作。

为了使这套书有更多的读者，我曾请求作者尽量选录自己的最新成果，并在同类主题中尽可能更具可读性的作品。但同时我也希望读者能多一点信心和耐心，对高水平的论著有点看不懂、不理解，是很正常的；经过努力读懂了，理解了，自己就进步了，提高了。如果一直只看完全读得懂的文字，尽管轻松愉快，却只能原地踏步，至多只是量的积累。

本丛书的作者，一部分是我熟悉的，一部分是继东兄和其他友人推荐的。如有选择不当，自应由我负责。每一种书的具体内容，均由作者自己选定。

葛剑雄

2015 年 7 月 9 日

杨天石

1936 年 2 月 15 日生，江苏人。1955 年毕业于无锡市第一中学。1960 年毕业于北京大学中文系。现为中央文史研究馆馆员、中国社会科学院荣誉学部委员、中国社会科学院近代史研究所研究员，兼任清华大学教授、浙江大学客座教授。曾任日本京都大学客座教授，美国哥伦比亚大学、哈佛大学费正清研究中心、斯坦福大学以及中国台湾"中央研究院"近代史研究所、台湾"中央大学"访问学者。长期研究中国文化史与中华民国史，合著有《中华民国史》（第 1 卷、第 6 卷）、《中国通史》（第 12 册），独著有《杨天石近代史文存》（5 卷本）、《找寻真实的蒋介石——蒋介石日记解读》（第 1 辑、第 2 辑）、《终结帝制》、《朱熹》、《南社史长编》、《横生斜长集》等多种。

自　序

　　现在的大学教育很重视学术论文的写作。毕业时须写，硕士、博士结业时也须写，视其完成与质量如何，确定其能否结业，授予学位。这是十分正确的。学术论文者，论述个人学术观点之作也。一个学生，能否具有独立工作能力，善于发现问题，提出问题，论证、解决问题，须要通过学术论文；一个学者，能否发人之所未发，言人之所未言，提出新思想，新观点，推动学术领域的进步和发展，除专著外，也要通过学术论文。因此，学术论文是考核学术水平的重要标志。人们重视它，有其道理。

　　不过，依个人所见，现在通常的所谓学术论文似乎是舶来品，是近代中西文化交流、教育交流之后的产物。中国古代文体有"论"，但是却没有今天动辄以万字，甚至以数十万字计的学术论文。记得我曾经说过，汉代贾谊的《过秦论》总结赫赫炎炎的秦王朝覆灭的历史经验，是个好题目、大题目、够水平的题目，然而，上、中、下三篇，不过二千二百余字。

　　宋代苏洵的《六国论》分析战国时期齐、楚、韩、魏等国的外交失策，为宋王朝处理对外关系提供借鉴，全文五百四十余字。王安石的《孟尝君传》尽翻旧说，批判一向以"得士"著称的孟尝君，全文仅九十字。钱大昕的《答问》第十诠释《元史》中的"投下"二字，旁征博引，叙述契丹、蒙古时期一种特殊的社会组织形态，全文五百余字。王夫之的《读通鉴论》《宋论》是有名的史论集，其中的文章大都在一二千字以至三四千之间。由此可见，要在我们的老祖宗的文章中找寻今天习见、常见的学术论文，大概是不可能的。

我这样说，并非反对今天的学生、学者写学术论文，相反，我承认这是学术的进步，为学术发展所必需的进步。我只是想说，学术论文并非表达学术观点的唯一形式，在上述形式之外，短论、札记、随笔、小品、序跋、回忆等体裁都可以表述学术观点。而且，它们篇幅不大，形式灵活，没有固定的写作套路，没有八股腔、八股调，读者读起来可能更喜欢，更容易，也更愿意接受。试问，一篇上万字，以至几万字的学术论文，能用几百字、几千字的短文代替，而其学术价值无损，不是也很好吗？何况，从我们的老祖宗开始，流传至今，传诵不衰的名篇几乎都篇幅不大呢！

广东人民出版社出版学人精品，很好，我很赞成。要我也出一本，甚感荣幸。但几十年来，我林林总总、拉拉杂杂写过近千万字，要从中选出几十万字的代表作来，自然颇费踌躇。由于一些难以说清的原因，选目不得不一改再改，反复斟酌。出著作，就好像选对象，总想选得俊一点，理想一点，这也是人之常情吧！

我在大学学习的是中国文学，多年来，断断续续写过各类体裁的诗歌数百首。现从中选出其有关历史与文化者，编为"咏史杂诗"，聊示我在这一方面的探索。大学毕业以后，我曾以十年时间业余研究中国哲学（包括佛学），出过几本小书。本书收入一篇谈禅学和理学关系的文章，表达我在这一领域的基本观点。自20世纪70年代起，命运安排我参加写作国家项目《中华民国史》，奉命研究孙中山与蒋介石，自此中国近代史遂成为我的主业。这些年来，我在这一方面出版的著作较多，发表的学术论文也较多，本书附录一对此已有叙说，这里只能选出有限几篇，略窥一斑。学术论文之外，我比较多地选择了小品、随笔、书序等短作，目的是想说明，做学问，并非只有写学术论文或学术专著等一两条道路。

我已年满八十。回首往事，除了虚掷、浪费的时间实在太多太多以外，闯荡三界，所成寥寥，很觉惭愧。近有七律诗云：

浪取虚名未补天，

人间闯荡八十年。

为文偶逆时流意，

设论曾遭白眼嫌。

造假昙花空一现，

求真玉璧永刚坚。

是非毁誉随人说，

绿野轻骑任策鞭。

忆《中华民国史》立项之初，有人企图压制，帽子之大、之重，堪称惊人，然而主事者和从事者不惧，坚持不懈，积数十年之心力，终于完成三十六卷本的一代工程，使民国史从"险学"成为"显学"。科学地总结这段历史，有利于两岸和平关系的建立和发展，有利于民族和谐和国家统一。有不同意见是正常的，完全可以在学术的范围内，通过贯彻"百花齐放，百家争鸣"的方针加以解决。民国史、中国近现代史，以至整个中国史、世界史，都是一片广阔无垠的"绿野"，等待着勇敢的骑士"策鞭"驰骋。

2015 年 5 月初撰于北京东城之书满为患斋，修改于 2016 年 3 月

目 录
Contents

论文选辑

小品·随笔

书前书后

怀人忆旧

咏史杂诗

论文选辑

禅宗的 "作用是性" 说与朱熹对它的批判

一、 "作用是性" 说是禅宗的理论基点

禅宗有所谓"作用是性"说。据《菩提达摩传》记载，南天竺国王毁慢佛教，达摩派波罗提前往救正，国王与波罗提之间有下列这样一场问答：

王："何者是佛?"

波罗提："见性是佛。"

王："师见性否?"

波罗提："我见佛性。"

王："性在何处?"

波罗提："性在作用。"

王："是何作用，我今不见。"

波罗提："今现作用，王自不见。"

王："于我有否?"

波罗提："王若作用，无有不是；王若不用，体亦难见。"

王："若当用时，几处出现?"

波罗提："若出现时，当其有八。"

王："其八出现，当为我说!"

于是，波罗提即说一偈："在胎为身，处世为人。在眼曰见，在耳

曰闻，在鼻辨香，在口谈论，在手执捉，在足运奔。遍现俱该沙界，收摄在一微尘。识者知是佛性，不识唤作精魂。"①

据说，南天竺国王闻偈之后，心即开悟，自此咨询佛法，朝夕忘倦。《菩提达摩传》的上述记载反映出禅宗对"佛性"的看法，这就是，"佛性"并不在佛身上，而在人的肉体上，人胎、人身、人的感觉（视觉、听觉、嗅觉）、人的言语及手足动作等都是"佛性"的表现，即所谓"作用"。

其他禅宗僧侣也表述过类似的看法。例如马祖道一就认为：

> 起心动念，弹指謦咳扬眉，因所作所为，皆是佛性全体之用，更无第二主宰。如面作多般饮食，一一皆面，佛性亦尔。②

这里，除了弹指、咳嗽、扬眉等动作表情外，人的思维活动"起心动念"也被看作"佛性"的表现。他又说：

> 一切众生，从无量劫来，不出法性三昧，长在佛性三昧中，着衣吃饭，言谈抵对，六根运用，一切施为，尽是法性。③

"佛性"之"面"所作的"饮食"真是多种多样，这里，又从思维活动推进到"着衣吃饭"——人的生活欲望领域里了。

另一个禅宗僧侣临济义玄也说：

> 心法无形，通贯十方，在眼曰见，在耳曰闻，在鼻嗅香，在口谈论，在手执捉，在足运奔。本是一精明，分为六和合。④

---

① 《景德传灯录》卷三。
② 《圆觉经大疏钞》。
③ 《古尊宿语录》卷二。
④ 《古尊宿语录》卷四。

这一段话基本上是《菩提达摩传》有关记载的重复，并无多少新意，不过，它用"心法"一词代替"佛性"，更加接近于心学体系。

此外，还有一个曾经问道于石头和尚与马祖的居士庞蕴，他有两句偈语很有名："神通并妙用，运水及搬柴。"① 将人的一些简单的生活动作也看作是"佛性"的作用。

"作用是性"说是禅宗的理论基点。其主要特点是利用人体、人的感觉、本能、思维、动作论证"佛性"的存在。禅宗的其他思想都和这一观点密切相关，或由之衍化派生。因此，要研究禅宗，必须研究"作用是性"说。

二、 心学取资于禅宗，同样以 "作用是性" 说为理论基点

在宋代的儒、禅合流中，出现了心学。心学取之于禅的首先是"作用是性"说。

程颢说："切脉最可体仁。"② 又说："医书言手足痿痹为不仁，此言最善名状。仁者以天地万物为一体。"③ 程颢的这一思想为其弟子谢良佐所继承。谢说："心者何也？仁是已。仁者何也？活者为仁，死者为不仁。今人身体麻痹，不识痛痒，谓之不仁。"④

程颢与谢良佐的这几段话的共同特点都在于将人的生理本能（脉搏跳动与知痛知痒）和"仁"这一儒学伦理观念联系起来，视之为同一体，显然是禅宗"作用是性"说的改制。关于这一点，谢良佐说得很坦率。他说："儒之仁，佛之觉。"⑤ 又说："性，本体也。目视、耳听、手举、足运，见于作用者心也。自孟子没，天下学者向外驰求，不识自

---

① 《五灯会元》卷三，第186页，中华书局1984年版。
② 《河南程氏遗书》卷三。
③ 《河南程氏遗书》卷二上。
④ 《上蔡语录》卷上。
⑤ 《上蔡语录》卷中。

家宝藏，被他佛氏窥见一斑半点。"① 谢良佐所说的性，指的是仁、义、礼、智等伦理观念，谓之体。在他看来，人的视觉、听觉、动作等都是这个"体"的作用。这段话，抄袭禅宗的痕迹非常明显。不过，为了维护儒学的正统地位，他又抬出了孟子，仿佛孟子是"作用是性"说的首创者一样。

在引进"作用是性"说方面，杨时也是个积极分子。他说："故寒而衣，饥而食，日出而作，晦而息，耳目之视听，手足之举履，无非道也。"② 这一段话脱胎于禅宗的痕迹也很明显。他又说："孟子所言皆精粗兼备，其言甚近而妙义在焉，如庞居士云：'神通并妙用，运水与搬柴。'此自得者之言，最为适理。若孟子之言则无适不然，如许大尧舜之道，只于行止疾徐之间教人做了。"③ 孟子的伦理观和禅宗的"作用是性"说有重大的不同，但他认为人的日常生活，例如"徐行后长"之类就包含了"尧舜之道"，这一点又和禅宗有相似之处，因此，也被杨时抬出来，视为儒、禅相通的证据。

尽管程颢等人引进了"作用是性"说，但是，北宋时期，心学体系还处在萌芽、发育阶段，只有到了南宋，陆九渊明确提出"心即理"这一具有普遍性的命题后，心学体系才臻于成熟阶段。

陆九渊认为："人皆有是心，心皆具是理。心，即理也。"④ 心，指人的感觉、思维；理，指人的伦理观念，将人的感觉、思维和人的伦理观念等同起来，禅宗"作用是性"说的儒学版就彻底完成了。

陆九渊的哲学具有简单、武断的特色，他没有对"心即理"的命题作必要的说明，这一任务是王阳明完成的。他说：

> 所谓汝心，却是那能视、听、言、动的，这个便是性，便是天理。有这个性，才能生这性之生理，便谓之仁。这性之生

---

① 《上蔡语录》卷上。
② 《杨龟山先生集》卷二十，《答胡康侯》（一）。
③ 《杨龟山先生语录》卷十一，《语录》。
④ 《陆九渊集》卷十一，《与李宰》。

理，发在目，便会视；发在耳，便会听；发在口，便会言；发在四肢，便会动，都只是天理发生。以其主宰一身，故谓之心。这心之本体，原只是个天理。[①]

原来，人之所以具有仁、义、礼、智等伦理观念，是心的作用；人之所以能视、能听、能言、能动，也是心的作用。王阳明不愧是心学体系的集大成者，上述观点不仅吸收了"作用是性"说，而且也容纳了程颢诸人的有关思想。至于作为王学支流的泰州学派诸人，例如王艮、王襞、罗汝芳、杨起元、周汝登等，也都无例外地以"作用是性"说作为自己的理论基点。例如，有人问周汝登："佛氏有神通，吾儒独无神通，何也？"周答道："目含万象，耳含万声，鼻含万臭，舌含万味，现前俱是神通，此人人所同者，何谓无神通？"[②]杨起元也表示："明德不离自身，自身不离目视、耳听、手持、足行，此是天生来真正明德。"[③]凡此种种，都充分说明了"作用是性"说对心学的深刻而久远的影响。

因此，可以认为"作用是性"说不仅是心学的理论源头，而且也是它滋生蔓衍的基点。要研究心学，也必须研究"作用是性"说。

三、 朱熹区别行为和行为规范，奋力批判 "作用是性" 说

对于禅宗的"作用是性"说，朱熹不遗余力地进行过批判。他说：

佛氏元不曾识得这理一节，便认知觉、运动做性。如视、听、言、貌，圣人则视有视之理，听有听之理，言有言之理，动有动之理，思有思之理。释氏只知坐底是，行底是。如坐，交胫坐也得，叠足坐也得，邪坐也得，正坐也得，将见喜所不

---

① 《王文成公全书》卷一。
② 《东越证学录》卷一。
③ 《证学编》。

> 当喜，怒所不当怒，为所不当为。他只是直冲去，更不理会
> 理。吾儒必要理会坐之理当如尸，立之理当如斋，如头容便要
> 直。所以释氏无理。①

朱熹认为，知觉、运动只是人的本能和行为，但本能和行为并不就是性，当然也并不就是理。例如坐，这是一种行为，但儒家却讲求"坐之理"，要求坐得像古时代表死者受祭的活人——"尸"一样，而不能"交胫坐""叠足坐""邪坐"，这里，朱熹严格区别了两个范畴——人的行为和人的行为规范。前者和人的感觉、思维、本能一起，朱熹统称为"心"，后者朱熹则称之为"性"，也称为"理"或"礼"。由此形成中国哲学史上著名的"心性之辨"。

朱熹认为，如果承认"作用是性"，心性不分，行为和行为规范不分，那就和告子的"生之谓性"没有二致了。他说：

> 作用是性，在目曰见，在耳曰闻，在鼻嗅香，在口谈论，
> 在足运奔，即告子"生之谓性"之谓也。且如手执捉，若执
> 刀胡乱杀人，亦可为性乎？②

战国时，告子主张"食、色，性也"，把人的生理本能视为人性，受到孟子的强烈反对，认为必将"率天下之人而祸仁义"；朱熹将"作用是性"说与"生之谓性"说并列，充分反映出他对这一命题的忧思与敌意。因此，尽管朱熹在构筑他的理学体系时，也吸收了不少禅宗的内容，但是，他却竭力反对引进"作用是性"说。

有人征询对谢良佐"以觉为仁"的看法。朱熹说："觉者是要觉得个道理，须是分毫不差，方能全得此心之德，这便是仁。若但知得个痛痒，则凡人皆觉得，岂是仁者耶？"③确实，知得痛痒，只是表示触觉正常，并不就是儒学的人性楷模——"仁者"。有人征询对杨时"饥食

---

① 《朱子语类》卷一二六。
② 《朱子语类》卷一〇一。
③ 《朱子语类》卷一二六。

渴饮，手持足行便是道"的看法，朱熹说："桀、纣亦会手持足履，目视耳听，如何便唤做道。若便以为道，是认欲为理也。"[1] 据朱熹说：如果"认欲为理"，那危害可就大了，其结果将是"只认目之于色，耳之于声，鼻之于嗅，四肢之于安佚为性，却不认仁之于父子，义之于君臣，礼之于宾主，智之于贤者，圣人之于天道是性"[2]。原来，朱熹和孟子的担心是一致的，害怕人欲的流行会冲决"仁义"的堤防。

除"认欲为理"外，朱熹认为"作用是性"说的另一个弊端是对道德修养的废弃。他说：

> 若便以日用之间，举止动作便是道，则无所适而非道，无时而非道，然则君子何用恐惧戒谨，何用更学道为？

确实，如果承认人们日常的"举止动作"都是"道"，完全符合伦理规范，当然就无须进行任何修养了。

正确和谬误常常纠结在一起。朱熹区别本能和人性，行为和行为规范，欲与理等范畴，从理论思维的角度看，都是正确的，但他区别这一切只是为了维护儒学伦理观念，这就错了，而且是从根本上错了。

四、"作用是性"说破坏佛教

朱熹对"作用是性"说的批判完全符合禅宗的发展史。既然"佛性"只是目视、耳听、鼻嗅、手持、足行一类的本能与动作，那末，岂不是人人皆有佛性，人人皆佛，无须任何修行吗？禅宗正是如此。它认为"即心是佛"，反对修行、诵经、讲经等宗教行为，主张不修行即是修行，不追求成佛即是成佛。唐代的一个官僚王常侍向临济义玄提问道：

"这一堂僧还看经吗？"

---

[1] 《朱子语类》卷六二。

[2] 同上。

答云："不看经。"

"还学禅吗?"

"不学禅。"

"经又不看,禅又不学,毕竟作个什么?"

"总教伊成佛作祖去。"①

禅宗僧侣大师慧海向马祖问道的情况也与此类似。马祖问慧海:

"来此拟须何事?"

答云:"来求佛法。"

"我这里一物也无,求什么佛法?自家宝藏不顾,抛家散走作么?"

慧海问:"阿那个是慧海宝藏?"

"即今问我者,是汝宝藏。一切具足,更无欠少,使用自在,何假外求?"②

在禅宗的某些僧侣看来,"无佛可求,无道可成,无法可得";"求着即转远,不求还在目前"。③ 如果追求成佛的话,那就成了"野狐精魅"④。他们甚至危言耸听地告诫人们:"求佛求法,即是造地狱业";"你若求佛,即被佛魔摄;你若求祖,即被祖魔缚"。⑤ 那么,怎样才能成佛呢? 这就是"无事",像一个普通人一样平平常常、自自然然地生活。临济义玄说:"佛法无用功处,只是平常无事,屙屎送尿,着衣吃饭。"⑥

作为宗教,必然有一定的教义、教规、仪式,对教徒也有这样那样的修行要求。这一切都否定了,佛被说成是除进食、穿衣、排解大小便之外别无特色的普通人,这也就在事实上否定了宗教。从这个意义上,禅宗对佛教有一定的破坏作用。

其次,如果"佛性"只是作为肉体的人身以及人的本能、感觉、

---

① 《古尊宿语录》卷四。

② 《景德传灯录》卷六。

③ 《古尊宿语录》卷四。

④ 同上。

⑤ 同上。

⑥ 同上。

思维、动作，以至穿衣吃饭，岂不是意味着满足人身的需要、本能的需要乃是合理、神圣的吗？

禅宗也正是如此，它并不提倡禁欲主义，并不排斥世俗生活。北宋时的禅宗僧侣慧南公然声称："避色逃声，何名作者！"主张"放之自然"。[①] 另一著名禅宗僧侣宗杲主张"不坏世间相，而谈实相"，标榜"富贵丛中参得禅"，"茶里饭里，净处秽处，妻儿聚头处，与宾客相酬酢处，办公家职事处，了私门婚嫁处"，是"第一等做工夫，提撕举觉底时节"。[②] 有一位官僚写信告诉他，从寺院回城之后，"着衣吃饭，抱子弄孙，色色仍旧。既无拘滞之情，亦不作奇特之想。宿习旧障，亦稍轻微"。宗杲复函说："三复斯语，欢喜跃跃，此乃学佛之验也。"[③] 这位禅僧本人也很风流，居然让女信徒住在自己的方丈内，并要首座和尚前去会见，会见之前，说好以"佛法相见"，结果，这位女信徒居然"寸丝不挂，仰卧于床"。[④] 还有的禅宗僧侣则主张，即使进出"四五百条花柳巷"，"二三千处管弦楼"，也"事事无碍，如意自在"。[⑤] 禅宗发展到这种地步，当然意味着对佛教教义的彻底背逆。

五、 "作用是性" 说破坏理学

朱熹对"作用是性"说的批判也完全符合心学的发展史。

据南宋人曾祖道称：陆九渊曾对他说"目能视，耳能听，鼻能知香臭，口能知味，心能思，手足能运动，如何更要甚存诚持敬，硬要将一物去治一物，须要如此做甚？咏归舞雩，自是吾子家风"。[⑥] 这一段话以人的本能论证人的道德完美自足，不需要做"存诚持敬"一类修养工夫，和禅宗反对宗教修行是一致的。

---

① 《联灯会要》卷十三。
② 《大慧普觉禅师语录》卷二一。
③ 《大慧普觉禅师语录》卷二五。
④ 《五家正宗赞》卷三。
⑤ 《古尊宿语录》卷四二；《续古尊宿语录》卷二。
⑥ 《朱子语类》卷一一六。

陆九渊的上述观点不见于他留存下来的语录或其他著作，可能是他后来有感于自己理论的偏颇，因而删弃了。但是，这种现象，到了晚明时期，又重新出现。泰州学派的罗汝芳认为人自头至足，一毫一发，都是"灵体贯彻"，因此，只要有一个肉体的形躯便是圣人，他说："只完全一个形躯，便浑然是个圣人。"① 他提倡"不学""不虑"，说是"以不学为学，乃是大学；以不虑为虑，乃是虑而能得也"。② 他的学生周汝登和杨起元都主张只要平平常常过日子，就是道。周汝登说："士有士之事，农有农之事，工商有工商之事，入有孝之事，出有弟之事，饥有吃饭之事，寒有着衣之事，如是而已矣。能安于是者，无弗玄，无弗妙也。"③ 杨起元则更进一步表示，一个人，只要天亮了起床，起床后洗脸，洗脸后梳头，梳头后穿衣戴帽，以后或做事，或见客，该说时说，该动时动，该吃饭时吃饭，天黑了就睡觉，第二天照样如此，也就是达到了"道"的要求，不必去从事"会语"讲学一类的活动。④

上述主张，对于主张读圣贤书，讲求"戒慎恐惧"等修养工夫的理学来说，自然具有破坏作用。在"认欲为理"方面，心学也表现出和禅宗类似的情况。

本来，作为道学，不论是理学或心学，都将"人欲"视为道德伦理的大敌，提倡不同形式的禁欲或克欲主义，但在发展过程中，心学却逐渐出现了理欲不分的情况。曾经有人对王阳明表示："声色货利，恐良知亦不能无。"王阳明对此表示同意。他虽然声称对于初学者来说，必须将声色货利"扫除荡涤"，但又接着说："能致得良知精精明明，毫发无弊，则声色货利之交，无非天则流行矣。"⑤ 这就对"欲"作了某种程度的肯定。及至李贽，则认为："穿衣吃饭即是人伦物理，除却穿衣吃饭，无伦物矣。"⑥ 这一思想，既肯定人的基本生活欲望是理，

---

① 《近溪子集》第二册。
② 《近溪子集》第五册。
③ 《东越证学录》卷十一。
④ 《证学编》。
⑤ 《传习录》下。
⑥ 《续焚书》卷一，《答邓石阳》。

又将全部儒学道德规范排除出"理"之外，是极为勇敢的言论。泰州学派还有个赵贞吉，在讲学时居然公开宣称："与老婆好合"便是良知。[①] 这里的良知已经没有一丝道学气，而完全等同于人欲了。

晚明时期，出现了一股"尊情反性""认欲为理"的思潮，士大夫的生活崇尚狂放和纵欲，文艺作品中前所未有地出现了对两性生活的描写。这种情况，不能认为和心学中的这种"认欲为理"的倾向没有关系；近代中国维新运动时期，改良派重铸"心学"，在此基础上提出了反封建、反理学的自然人性论，也不能认为和这种"认欲为理"的倾向没有关系。

六、　理论命题的发展自身具有逻辑力量

一种理论体系或一个理论命题的发展趋势除了取决于社会历史条件外，还取决于它自身所具有的逻辑力量。这种逻辑力量有时和提出者的意志一致，有时则相背逆。"作用是性"说提出者的本意当然是为了维护佛教，而其结果则适得其反。这种背逆的情况后来在"心学"发展中又惊人相似地重演，这当然不是偶然的。

原载《朱子学刊》1989 年创刊号

---

① 《赵大洲先生集》，参见《耿天台先生全书》卷一。

康有为谋围颐和园捕杀西太后确证

戊戌政变时期，清朝政府曾指责康有为"谋围颐和园，劫制皇太后"，以之作为维新派大逆不道的罪状。当时道路传言，议论纷纷，史籍、笔记中多有记载。但是，由于这一消息过于耸人听闻，康有为对此又一直矢口否认，多年来，历史学家们大都不予置信。实际上，它确有其事。康有为不仅曾准备"劫制"西太后，而且曾准备乘机捕杀。笔者于日本外务省档案中获得了可靠的证据。

1898年9月28日，清政府将谭嗣同、杨深秀等六人处决。次日，以光绪皇帝的口气发布上谕说：

> 主事康有为首倡邪说，惑世诬民，而宵小之徒，群相附和，乘变法之际，隐行其乱法之谋，包藏祸心，潜图不轨，前日竟有纠约乱党，谋围颐和园，劫制皇太后，陷害朕躬之事，幸经察觉，立破奸谋。又闻该乱党私立保国会，言保中国不保大清，其悖逆情形，实堪发指。朕恭奉慈闱，力崇孝治，此中外臣民之所共知。康有为学术乖僻，其平日著作，无非离经叛道，非圣无法之言。兹因其素讲时务，令在总理各国事务衙门章京上行走，旋令赴上海办官报局，乃竟逗留辇下，构煽阴谋，若非仰赖祖宗默佑，洞烛几先，其事何堪设想！①

---

① 《德宗实录》第四二七卷。

中国并不是一个法治传统很盛的国家，单凭"惑世诬民""离经叛道""非圣无法"一类字眼，清政府完全可以下令捉拿康有为，处决谭嗣同等人，"上谕"特别提出"谋围颐和园，劫制皇太后"，显然事出有因。

据恽毓鼎《崇陵传信录》一书记载：政变前夕，当西太后盛怒还宫时，曾指责光绪皇帝说："我抚养汝二十余年，乃听小人之言谋我乎？"又说："痴儿，今日无我，明日安有汝乎？"① 恽毓鼎曾随侍光绪多年，上述记载自非无根之谈。费行简的《慈禧传信录》一书所记与恽书大体相同，但更明确。它记西太后大骂光绪说："汝以旁支，吾特授以大统，自四岁入宫，调护教诲，耗尽心力，尔始得成婚亲政。试问何负尔，尔竟欲囚我颐和园，尔真禽兽不若矣！"② 《清廷戊戌朝变记》所载亦同。西太后责问光绪说："康有为叛逆，图谋于我，汝不知乎？尚敢回护也！"③ 综观上述材料，可以确定：西太后认为，光绪皇帝和康有为串通，准备将她囚禁于颐和园，因而才有前述 29 日的上谕。

对清政府的指责，康有为多次矢口否认，反说是袁世凯的离间计。1908 年，他在《上摄政王书》中说：

> 戊戌春夏之交，先帝发愤于中国之积弱，强邻之侵凌，毅然维新变法以易天下。其时慈宫意旨所在，虽非外廷所能窥伺，就令两宫政见小有异同，而慈孝感召之诚，终未尝因此而稍杀。自逆臣世凯无端造出谋围颐和园一语，阴行离间，遂使两宫之间常有介绍，而后此事变遂日出而不穷，先帝所以备历艰险以迄今日，实维此之故。④

康有为这封信的主旨在于说明光绪"仁孝"而西太后"慈"，因此说了

---

① 《戊戌变法》（中国近代史资料丛刊）第一册，第 476 页，上海人民出版社、上海书店出版社 2000 年版。下文所引的不同分册，皆出自此版本，不一一标注出版信息。

② 同上，第 466 页。

③ 同上，第 347 页。

④ 《戊戌变法》第二册，第 518 页。

许多违心的话，如所谓"慈孝感召之诚"云云，即是自欺欺人的谎言。康有为进一步声称："推袁世凯所以造出此无根浮言之故，全由世凯受先帝不次之擢，其事颇为廷臣所属目，而盈廷汹汹，方与新政为难，世凯忽生自危之心，乃幻出此至狠极毒之恶谋，如俗谚所谓苦肉计者以自求解免，此戊戌冤狱之所由起也。"康有为的这段话实在没有多少说服力。袁世凯为了自求解免，向荣禄、西太后邀宠，出面告密就可以了，何必一定要造出"谋围颐和园"一类的谣言来呢？须知，一经查实没有此事，袁世凯的欺诳之罪也不会很小。老奸巨猾的袁世凯不会这么干的。

然而，"谋围颐和园"一说确实出于袁世凯。他的《戊戌日记》对谭嗣同夜访有详细的记载，内称：

> （谭）因出一草稿，如名片式，内开荣某谋废立弑君，大逆不道，若不速除，上位不能保，即性命亦不能保。袁世凯初五请训，请面付朱谕一道，令其带本部兵赴津，见荣某，出朱谕宣读，立即正法。即以袁某代为直督，传谕僚属，张挂告示，布告荣某大逆罪状，即封禁电局铁路，迅速载袁某部兵入京，派一半围颐和园，一半守宫，大事可定。如不听臣策，即死在上前各等语。予闻之魂飞天外，因诘以"围颐和园欲何为？"谭云："不除此老朽，国不能保，此事在我，公不必问。"[1]

袁世凯自认，是他向荣禄告密的。袁在日记书后中称，他写这篇日记，是为了"交诸子密藏"，"以征事实"。[2] 当然，袁世凯为人阴险奸诈，他的话不能轻信，必须以其他材料验证。

王照逃亡日本后在与犬养毅的笔谈中说：

---

[1] 《戊戌变法》第一册，第550—551页。有关情节袁世凯生前也曾对人说过，张一麐任袁世凯幕僚时也有所闻，见《心太平室集》卷八。
[2] 《戊戌变法》第一册，第555页。

> 梁启超、谭嗣同于初三夜往见袁，劝其围太后，袁不允。①

在维新运动中，王照与康有为关系密切。当新旧两派斗争日益尖锐的时候，康有为曾动员他游说聂士成率军保卫光绪。② 谭嗣同夜访袁世凯之际，康有为又曾和他一起商议，"令请调袁军入京勤王"。③ 因此，他的话不会没有根据。

李提摩太在《留华四十五年记》中说：

> 在颁布维新谕旨时，守旧派怨恨皇帝荒唐的计划，可能很快地使中国毁灭，他们恳求慈禧将一切的政权都掌握在她自己手里。她下谕秋天要在天津阅兵。皇帝恐怕在检阅的藉口之下，慈禧将要夺取所有权柄，而把他放在一边。维新党催着他要先发制人，把她监禁在颐和园，这样才可以制止反对派对于维新的一切障碍。皇帝即根据此点召见荣禄部下的将领袁世凯，计算在他的支持下，带兵至京看守她住的宫殿。

又说：

> 维新党都同意要终止反动派的阻力，唯一的办法就是把慈禧关闭起来。④

李提摩太是康有为替光绪皇帝聘请的顾问，参与维新机密。光绪求救的密诏传出之后，康有为、谭嗣同曾分别拜访他，和他一起商讨"保护皇帝"的办法。因此，李提摩太的上述回忆自然也不是捕风捉影之谈。

许世英在回忆录里说，戊戌那一年，他在北京，听到"围园"的

---

① 《戊戌变法》第四册，第 322—333 页。
② 同上。
③ 同上，第 161 页。
④ 《戊戌变法》第三册，第 562—564 页。

有关传说，曾经跑去问刘光第，刘说："确曾有此一议。"① 许世英的回忆录写于晚年，他没有说谎的必要。

梁启超记谭嗣同夜访袁世凯时说：

> 荣禄密谋，全在天津阅兵之举。足下及董、聂三军，皆受荣所节制，将挟兵力以行大事，虽然，董、聂不足道也，天下健者，惟有足下，若变起，足下以一军敌彼二军，保护圣主，复大权，清君侧，肃宫廷，指挥若定，不世之业也。②

史家们千万不能忽略这"肃宫廷"三字，如果不对西太后采取措施的话，宫廷又如何能"肃"呢？

西太后是维新运动的最大障碍。杀一个荣禄，并不能完全解决问题。由杀荣禄而包围颐和园，处置西太后，这是顺理成章的事。事实上，维新派早就有过类似想法。康有为声称，如果要"尊君权"，"非去太后不可"。③ 杨深秀也曾向文悌透露："此时若有人带兵八千人，即可围颐和园，逼胁皇太后。"④

最可靠的确证是毕永年的《诡谋直纪》。毕永年，湖南长沙人，会党首领，谭嗣同、唐才常的好友。戊戌政变前夕到达北京，被引见康有为，受命在包围颐和园时，乘机捕杀西太后。《诡谋直纪》是他关于此事的日记，节录如下：

> 二十九日……夜九时，（康）召仆至其室，谓仆曰："汝知今日之危急乎？太后欲于九月天津大阅时弑皇上，将奈之何？吾欲效唐朝张柬之废武后之举，然天子手无寸兵，殊难举事。吾已奏请皇上，召袁世凯入京，欲令其为李多祚也。"
>
> 八月初一日，仆见谭君，与商此事，谭云："此事甚不可，

---

① 《人间世台北》半月刊，第 5 卷第 4 期（1961 年 4 月）。
② 《戊戌变法》第四册，第 52 页。
③ 同上，第 331 页。
④ 日本外务省档案 1.6.1.4—2—2，491183。

而康先生必欲为之，且使皇上面谕，我将奈之何！我亦决矣。兄能在此助我，甚善，但不知康欲如何用兄也。"午后一时，谭又病剧，不能久谈而出。夜八时，忽传上谕，袁以侍郎候补。康与梁正在晚餐，乃拍案叫绝曰："天子真圣明，较我等所献之计尤觉隆重，袁必更喜而图报矣。"康即起身命仆随至其室，询仆如何办法。仆曰："事已至此，无可奈何，但当定计而行耳，然仆终疑袁不可用也。"康曰："袁极可用，吾已得其允据矣。"乃于几间取袁所上康书示仆，其书中极谢康之荐引拔擢，并云赴汤蹈火，亦所不辞。康谓仆曰："汝观袁有如此语，尚不可用乎？"仆曰："袁可用矣，然先生欲令仆为何事？"康曰："吾欲令汝往袁幕中为参谋，以监督之何如？"仆曰："仆一人在袁幕中何用，且袁一人如有异志，非仆一人所能制也。"康曰："或以百人交汝率之，何如？至袁统兵围颐和园时，汝则率百人奉诏往执西后而废之可也。"

初三日，但见康氏兄弟及梁氏等纷纷奔走，意甚忙迫。午膳时钱君告仆曰："康先生欲弑太后奈何？"仆曰："兄何知之？"钱曰："顷梁君谓我云：先生之意，其奏知皇上时，只言废之，兄何不一探之等语。然则此事显然矣，将奈之何？"仆曰："我久知之，彼欲使我为成济也，兄且俟之。"①

成济，三国时人，司马昭党羽，曾以剑刺杀魏帝曹髦。此件大约写作于1899年初。当时，毕永年和康有为矛盾已深，写成后交给了日人平山周，平山周交给了日本驻上海代理总领事小田切万寿之助。同年2月8日，小田切万寿之助将它上报给日本外务次官都筑馨六。② 它为了解康有为谋围颐和园，捕杀西太后的有关活动提供了最确凿的材料③，它所

---

① 日本外务省档案 1.6.1.4—2—2，491315—491318。
② 日本外务省档案 1.6.1.4—2—2，491312—491314。
③ 冯自由在《毕永年削发记》一文中有简略记载，但未说明资料来源，见《革命逸史》初集，第74页，中华书局1981年版。

记载的某些情节也可与其他材料互相印证。例如捕杀西太后的人选，除毕永年外，还曾急催唐才常入京，这正与袁世凯《戊戌日记》所载谭嗣同称"电湖南招集好将多人"相合。又如它记载康有为告诉毕永年，已派人往袁处离间袁世凯与荣禄之间的关系，这同《康南海自编年谱》的说法一致。当然，也有个别情节不准确，例如它记夜访袁世凯的为康有为、谭嗣同、梁启超三人，这是因为谭嗣同没有将全部真实情况告诉毕永年，出于猜测之故。

在《上摄政王书》中，康有为说："今者两宫皆弃臣民而长逝矣，臣子哀痛有所终极，过去陈迹渐如烟云。虽然，千秋以后之史家，于戊戌之事岂能阙焉而弗为记载，使长留谋颐和园之一疑案不得表白，则天下后世非有疑于先帝之孝，则有疑于先帝之明，而不然者又将有疑于大行太皇太后之慈。"[1] 为了维护封建伦理，康有为力图否认有关事实。他没有想到，这一"疑案"终于得出了违反他的意志的"表白"。历史是糊弄不得的。

附记：承日本立命馆大学副教授松本英纪惠借日本外务省档案缩微胶卷，特此致谢。

---

[1] 《戊戌变法》第二册，第519页。

天津 "废弑密谋" 是维新派的虚构

戊戌政变史上有所谓天津"废弑密谋",说的是慈禧太后曾与荣禄密商,准备于光绪二十四年(1898)九月,利用皇帝奉慈禧太后到天津阅兵之机,废掉以至杀掉光绪皇帝。这一问题的真相,至今尚未揭开,是百年前那场惊心动魄的斗争留下的谜团之一。

一、 康有为、 谭嗣同、 梁启超说 "有",袁世凯、 荣禄说 "无"

光绪二十四年七月,维新、守旧两派的斗争渐趋激烈。同月二十九日(9月12日),康有为曾对自湖南来京的会党领袖毕永年说:"汝知今日之危急乎?太后欲于九月天津阅兵时弑皇上,将奈之何?"此说见于1899年初毕永年以日记体所写的《诡谋直纪》。

八月初三日(9月18日),谭嗣同夜访袁世凯时,对袁说:"荣某近日献策,将废立弑君,公知之否?"此说见于袁世凯以日记体所写的《戊戌纪略》。

以上所述,都比较简略,梁启超的《戊戌政变记》则写得比较详细。该书多处提到慈禧太后的"废立"密谋。

一处说:自从恭亲王奕䜣于同年四月初十日(5月29日)去世后,皇上就每天与翁同龢商量改革之事,而慈禧太后则每天与荣禄"谋废立之事"。

一处说：四月二十七日（6月15日）这一天，光绪皇帝连下数道诏书，均出于慈禧太后之意。一是将翁同龢开缺回籍；二是规定二品以上受职官员皆须到皇太后前谢恩；三是命王文韶、裕禄来京；四是任命荣禄为直隶总督、北洋大臣；五是决定九月间，皇上奉皇太后巡幸天津阅兵。梁启超由此分析说："盖废立之谋，全伏于此日矣！"

一处说：荣禄与慈禧太后决定阅兵，目的是"胁皇上至天津因以兵力废立"。该书并称："此意满洲人多知之，汉人中亦多为皇上危者，而莫敢进言。"

关于弑害光绪皇帝一事，《戊戌政变记》并没有指实在天津阅兵时，而是笼统地说：戊戌年四月以后，北京谣言极多，都说皇上病重，或说张荫桓进红丸，康有为进红丸。梁启超分析说："盖西后与荣禄等有意造此谣言，以为他日弑害皇上，及坐康、张等罪名之地也。"

综上所述，可见，所谓天津"废立密谋"或"废弑密谋"之说，均出于维新派。

对维新派此说，袁世凯不相信，荣禄本人则坚决否认。当八月初三谭嗣同向袁世凯透露"废弑密谋"时，袁世凯就立即表示："在津时常与荣相晤谈，察其词意，颇有忠义，毫无此项意思，必系谣言，断不足信。"八月初五日（9月20日）荣禄得知此讯，立即大声呼冤说："荣某若有丝毫犯上心，天必诛我！"

有耶？无耶？

二、 天津 "废弑密谋" 问题疑窦重重

所谓天津"废弑密谋"之说，十分可疑。

第一，如果慈禧太后和荣禄确有此意，那么，事属极密，康有为等人从何得知？关于这一点，梁启超在《戊戌政变记》中也承认：宫廷废立之意，"事秘难知"。既然"事秘难知"，又何以能言之凿凿？

第二，光绪皇帝软弱无能，纯属光杆司令，如果慈禧太后和荣禄确

实准备将他废掉或杀掉，在北京办理就可以了，何必远到天津，劳师动众？关于此，苏继祖在《清廷戊戌朝变记》中就曾指出："夫太后、荣相每以为此其时也，可以废立矣，必在宫中调兵入卫，决不及出京到天津，行此大举动也。况今日京师之臣民，不知有是非久矣，苟行废立，尚有敢谓其不然者乎？不待以兵力压制之耳。"应该承认，这一质询是很有力量的。证以后来情况，也确实如此。八月初四日（9月19日），慈禧太后真正发动政变了，只需车驾从颐和园回到紫禁城即可，简简单单，何曾费什么力气？

第三，光绪皇帝和慈禧太后的矛盾有一个发展过程。四月二十七日之时，距离光绪皇帝下诏变法不过四天，还几乎什么也没有做，招致后党不满的几件事，如精简詹事府等衙门、罢斥怀塔布等六个礼部大臣，都发生在七月，慈禧太后和荣禄何以在四月时就如此狠心，要将皇帝废掉、杀掉？

第四，慈禧发动政变，抓康有为，杀六君子，和光绪皇帝的矛盾前所未有地尖锐化了，对光绪皇帝的处分也仅止于软禁瀛台，但是仍然保存了他的皇帝名号，并没有废，更没有杀，何以在四月时就既想废，又想杀？

第五，慈禧太后发动政变后，召荣禄回北京任事，荣禄即声称，"庶几与父言慈，与子言孝"，以调和慈禧太后与光绪皇帝的矛盾自任，并不曾落井下石。据金梁的《四朝佚闻》记载，荣禄在慈禧太后面前，"常为帝宽解"，为光绪皇帝说几句话。光绪二十五年十一月（1899年12月），慈禧真想废弃皇帝了，荣禄还曾出面劝阻，以避免外国干涉为名，想了一个设立"大阿哥"的办法，使光绪的名号一直保持到去世。既然光绪在实际上成为阶下囚之时，荣禄都不曾企图加害于他，何以当初就既想废，又想杀？

根据以上各点考察，所谓天津"废弑密谋"之说并不可信。

那么，所谓天津"废弑密谋"之说到底是怎么形成的呢？在《戊戌政变记》中，梁启超又说：

七月二十九日，皇上召见杨锐，赐以密谕，有朕位几不能

保之语，令其设法救护，乃谕康有为及杨锐等四人之谕也。当
时诸人奉诏涕泣，然意上位危险，谅其事发在九月阅兵时耳！

在维新运动中，康有为最初主张开议院，后来为避免守旧派反对，改为
建议开懋勤殿，邀请中外人士讨论制度改革。七月二十九日（9月14
日），光绪皇帝到颐和园，向慈禧请示，慈禧不悦。其间，慈禧并严厉
批评光绪罢斥礼部六大臣处理不当。第二天，光绪皇帝就召见杨锐，授
以密诏，告以"太后不愿将法尽变"，自己权力不足，勉强做去，"朕
位且不能保"云云。康有为等见到这道密诏后，既紧张，又惊慌，怀疑
慈禧太后等要对皇帝下毒手。"然意上位危险，谅其事发在九月阅兵时
耳"，一个"意"字，一个"谅"字，说明了所谓天津"废弑密谋"
只是维新派的一种猜想。

自当年四月二十七日清廷决定在天津阅兵起，维新派就怀疑其中有
鬼，关于此，康有为在《自编年谱》中也说："先是虑九月天津阅兵时
即行废立，夙夜虑此。"这里的"虑"字，也说明了所谓天津"废弑密
谋"云云，只是维新派的一种忧虑，一种担心而已。

敌我两派斗争到白热化阶段时，精神难免高度紧张，将对方的行
动、举措估计得过于严重，所谓"风声鹤唳，草木皆兵"是也。

三、　维新派自身武力夺权计划的需要

既然所谓天津"废弑密谋"只是维新派的一种猜测与忧虑，并无
情报根据，那么，维新派为什么要将它视为事实呢？这是由于维新派自
身武力夺权计划的需要。

在维新运动中，康有为最初企图通过成立学会、报刊宣传等手段自
下而上地鼓吹变法。光绪二十四年四月二十八日（6月16日），康有为
被光绪召见后，感到皇帝英明，即转变为"尊君权"，主张通过扩大皇
帝的权力，借以实行变法。然而，很快，康有为等就发现，当时，中国
大权掌握在慈禧太后手里，皇帝并无多大权力。于是，康有为就准备武
力夺权。其办法是，利用一支军队，包围颐和园，逮捕慈禧太后，将她

杀掉。康有为等认为，慈禧一死，变法的阻力就不足道了。

最初，康有为、谭嗣同看中的是淮军将领聂士成，要王照利用和聂的把兄弟关系去做说服工作，许以事成之后提拔聂为直隶总督。但是，王照不认为光绪皇帝和慈禧太后之间有势不两立的矛盾，拒绝见聂。于是，康有为就将希望寄托在袁世凯身上。他和谭嗣同制订了一个两步起事计划：先命袁世凯在天津起兵，杀死荣禄；然后命袁带兵进京，包围颐和园，同时命毕永年率领敢死队百人，乘机逮捕慈禧太后，将她杀掉。

要实现这一计划，就必须说服光绪皇帝，也必须说服袁世凯、毕永年等人，而这就需要一个堂皇正大的理由，天津"废弑密谋"正适应了这一需要。它一可以吓唬光绪皇帝，使他就范；二可以激发袁世凯、毕永年等人"保卫皇上"的激情；三可以在事成之后，作为向天下万世交代的理由。

如前述，七月二十九日，康有为动员毕永年时就是这么做的：他先是告诉毕，太后准备弑皇上，问毕怎么办，然后才逐步向毕透露自己的围园计划。后来，八月初四日，谭嗣同夜访袁世凯时也是这样做的：谭先是告诉袁世凯，荣禄"将废立弑君"，然后向他出示准备奏呈光绪皇帝的奏章，内称："荣某谋废立弑君，大逆不道，若不速除，上位不能保，即性命亦不能保。"谭嗣同准备在说服袁世凯之后，即携带这一道奏章，深夜进宫去说服光绪皇帝，要求皇帝次日交给袁世凯一道朱谕，命他立即带本部兵在天津行动。当然，根据康有为的指示，准备对皇帝留一手，只说明废太后，而不说明杀太后。谭嗣同对说服光绪皇帝很有信心，声称"我有挟制之法，必不能不准"。自然，按"废弑密谋"，光绪不仅皇位不保，连性命都要丢掉，怎能不批准维新派的计划？

因此，与其说，天津"废弑密谋"是康有为等人的猜测或忧虑，不如说是他们的虚构，其目的在于为自身的武力夺权服务。

四、 一切假话、 假史都应该揭露

戊戌维新运动中，康有为、谭嗣同、梁启超等密谋包围颐和园，捕杀西太后，借此为中国的改革事业开辟道路，这是事实。但是，在《戊戌政变记》等书中，梁启超却对此讳莫如深，一而再、再而三地否认，相反，对于莫须有的天津"废弑密谋"却一而再、再而三地加以叙述、渲染。无他，梁启超写作《戊戌政变记》时，维新派和清政府的斗争还在继续，因此，自然无法严格按照历史的本来面目写作。这是应予理解的。为了政治斗争的需要，康有为、梁启超等曾经改造过部分史料，伪造过部分史料，说过不少假话，对此，史学家出于维护历史真相的目的，已经多有揭露，但是，还不能说已经揭露得很够。天津"废弑密谋"就是应予揭露的假话之一。

辛亥革命何以胜利迅速，代价很小？

一、 胜利迅速，代价很小

辛亥革命在一个幅员广大，面积一千多万平方公里的超级大国里，结束了长达两千余年的君主专制制度，使中华大地上出现了前所未有的巨大政治变革，这是一件十分伟大、十分了不起的事件。但是，从武昌起义到南京临时政府成立，中华民国诞生，前后不过八十多天，三个月不到。如果从兴中会成立算起，也不过十七年。当年，改良派吓唬说，中国革命，会像法国革命一样，会动乱百年，"伏尸百万"。当时在清廷内阁承宣厅办事的许宝蘅根据历代江山鼎革的经验估计，中国人口将大为减少。他说："世变至此，杀机方动，非生灵涂炭，户口减去三分之二或四分之二，不能安宁。"① 孙中山本人也曾估计，革命大约要三十年才能成功。② 但是，辛亥革命的胜利却出奇地迅速，而且，代价也很小，并没有出现大量死人，血流成河的恐怖场面。用孙中山自己的话来说，就是"太过迅速、容易，未曾见有若何牺牲及流血"③。这种情况，不仅表现在全国，而且突出表现在武昌起义后的各省，特别是省会城市以及当时中国最大的城市上海的起义和独立中。简述如下：

---

① 《许宝蘅日记》，第一册，第388页，中华书局2010年版。
② 《孙中山全集》第九卷，第105页，中华书局1986年版。
③ 《孙中山三赴纽约》，《近代史资料》总第64号。

湖南长沙：10 月 22 日晨 8 时发动，下午 2 时成功。未经战斗，仅杀死巡防营统领黄忠浩、长沙知县沈瀛、营务处会办兼提调王毓江、总文牍申锡绶四人。巡抚余诚格在抚署后院挖洞逃走。28 日，革命党人焦达峰、陈作新被叛兵杀害。

陕西西安：10 月 22 日 10 时发动，10 月 23 日成功。巡抚钱能训自杀未死。起义军进攻满城，守城骑兵伤亡较大。24 日，部分起义士兵杀了少数骑兵和家属，迅速被制止。西安将军文瑞自杀。11 月 1 日，革命党人钱鼎被"民团"杀害。

江西南昌：10 月 30 日晚发动，当晚成功。起义警察纵火焚烧了皇殿和抚台衙门两侧的鼓楼和旗杆。巡抚冯汝骙从后门逃走后到九江服毒自杀。

山西太原：新军于 10 月 29 日黎明发动，同日晨成功。击毙巡抚陆钟琦及其子陆光熙、协统谭振德。

云南昆明：新军于 10 月 30 日夜八时半发动，次日成功。有小规模战斗。击毙队官安焕章、值日队官唐元良、督队官薛树仁、统制钟麟同等。

上海：同盟会、光复会领导的革命力量、军警、商团，于 11 月 3 日上午 10 时发动，次日上午 8 时成功。道台衙门被烧。道台刘燕翼逃入租界。有小规模战斗，革命党人进攻江南制造局时约死伤五十余人。

贵州贵阳：陆军小学堂的学生于 11 月 3 日晚发动，4 日成功。巡抚沈瑜庆交出印信后离开。

浙江杭州：新军于 11 月 4 日夜半发动，次日黎明成功，不满 40 分钟。革命党人点火焚烧抚署，巡抚增韫从后院围墙逃走，后被活捉。杭州将军德济缴械投降。

福建福州：新军于 11 月 9 日拂晓 5 时发动进攻，10 日晨八旗都统胜恩率骑兵 1300 余人投降。福州将军朴寿被杀，闽浙总督松寿自尽。

从以上 9 个城市的情况考察，其起义或独立的过程都进展顺利，没有战斗，或没有严重的战斗，在一天，至多两天内，甚至在不到 40 分钟之内完成任务；清廷地方督抚、将军大都处于不抵抗或无抵抗状态。

江苏苏州、广西桂林、安徽安庆、广东广州、四川成都都是属于"和平独立"的城市，除了安徽安庆过程复杂、进展反复外，其他几个城市的独立过程都比较迅速，基本上没有破坏和流血、牺牲。苏州独立时，为了表示象征意义，只命人用竹竿挑去了抚台衙门屋顶上的几片瓦。

总观武昌起义至南京临时政府成立的全过程，除了清兵南下，革命党人展开汉阳保卫战，以及江浙联军进攻南京，打得较为激烈之外，没有发生旷日持久、胶着难分、牺牲惨重的战斗和战役。

何以会出现这种状况呢？

二、 原因分析

（一）清政府腐朽顽固，既坚决维护君主专制制度和满洲贵族的核心利益，又为自己培养了大批掘墓人

满洲贵族以少数民族入主华夏大地，靠血腥的杀戮和严酷的压制建立统治秩序，本来就缺乏正当性与合理性。康、乾两代，虽然出现过一时的兴隆，但是，汉族广大人民群众的反抗潜流一直绵延未息。康、乾以后，清廷虽然还维持着强大帝国的架势，但正如《红楼梦》所云，"内囊已经尽上来了"。道光以后，腐朽日甚，加之列强入侵，满洲贵族唯知割地赔款以求苟延，其统治就更无正当性与合理性可言。1898年，康有为、谭嗣同、梁启超等掀起维新运动，这本来是一个挽回人心，重建其统治的正当性与合法性的好机会，但是，维新运动在不旋踵之间即遭镇压。这一事件充分表现出满洲集团的腐朽与顽固，浇灭了人们心中的改革希望。鸦片战争前夕的思想家龚自珍说过："一祖之法无不弊，千夫之议无不靡。与其赠来者以劲改革，孰若自改革。"①清廷既然拒绝体制内的温和的"自改革"，以强力为特征的革命运动——体

---

① 龚自珍：《乙丙之际著议第七》，《龚自珍全集》，第6页，上海人民出版社1975年版。

制外的"劲改革"必然顺势而起，日益发展、壮大。这以后的清政府已如风区危楼，稍加外力，就会散架垮塌。

在外患内忧的双重逼迫下，清政府不得不捡起为他们所否定过的维新派的改革方案。自庚子回銮起，慈禧太后宣布实行新政。其内容涉及政治、军事、经济、教育、文化等许多方面，较之维新派，新政在某些方面步子更大，走得更远。1905 年，清政府派五大臣出洋考察，宣称以君主立宪为改革方向。但是，万变不离其宗，清政府始终力图保持和加强君主专制制度，不肯在关键的政体改革方面迈出实质性的步伐。1908 年，宪政编查馆以《日本帝国宪法》为蓝本，颁布《钦定宪法大纲》，规定"大清皇帝统治大清帝国，万世一系，永永尊戴"，"君上神圣尊严，不可侵犯"，皇帝拥有颁布法律、总揽司法、统率军队、发交议案，设官制禄等各种权利。《大纲》虽允许议院存在，但召集、开闭、解散议院的权力均操之于皇帝，而且，它还给议员们作了多种"不得干预""不得置议"的限制，使议员们几乎没有多少"议政"余地。它也照虎画猫，做出一副要和世界先进文明接轨的模样，许可"臣民"有言论、著作、出版及集会、结社等自由，但强调必须在"法律范围"之内。此前，清廷即已颁布《集会结社律》，规定凡"宗旨不正，违犯规则，滋生事端，妨害风俗"者，均在取缔之列；凡结社、集会、游行等事，民政部、地方督抚、巡警道局、地方官等均可用"维持公安"的理由饬令解散。在《大清报律》中规定，报纸、杂志不得揭载"诋毁宫廷""淆乱政体""扰害公安""败坏风俗"等类语言，并均须在发行前一日中午 12 时以前送"该管巡警或地方官署随时查核"。① 可见，清廷制订这些法律并没有给人民自由，不是在提升和发展"民权"，而是给予清廷官吏管制、取缔、镇压的最大自由，旨在进一步巩固满洲贵族的专制统治。

1909 年，慈禧太后临危，在去世之前，抢先毒死光绪皇帝，命令只有三岁的小儿溥仪即位，由光绪皇帝的亲弟弟载沣摄政。载沣摄政

① 见《东方杂志》第 4 期。

后，首先致力于集中军权，然后，进一步将政治权力集中到满洲贵族手中。1911 年，载沣宣布内阁名单，在 13 个内阁成员中，汉人仅 4 人，而满族大臣则有 9 人，其中皇族 7 人，所以当时被称为"皇族内阁"。

清初，满洲贵族为了拉拢汉人，曾在部分中枢机构实行"均衡满汉"政策，例如：内阁大学士，规定满汉各二人，协办大学士，满汉各一人；吏、兵、礼、户、刑、工等六部尚书，满汉各一人，侍郎 4 人，满汉各半。然而到了"皇族内阁"，却出现了前所未有的大倒退。这个内阁成立后，立即加强对立宪派发动的规模巨大的国会请愿运动的镇压，并且取消原先允许民间集资自办铁路的诺言，宣布"铁路干线国有"政策。这些倒行逆施激起了社会各阶层的普遍愤怒或愤懑，原来对清廷体制内的改革尚存希望的人士对这个政权彻底绝望，普遍倾向或同情于走体制外的革命道路。

应该承认，清廷实行新政虽然旨在巩固满洲贵族的统治，但其中有两项举措的结果却违反其本意，培养了大批清朝统治的掘墓人。一是向国外派遣留学生，在国内创办新式学堂，培养出数以百万计的新型知识分子。这批知识分子具有和传统知识分子不同的知识结构，自然地倾向或易于倾向民主、共和的新制度。另一举措是训练新军，培养出数达二三十万掌握新式武器的士兵，他们受过新式学堂教育，和传统的旧军不同，易于接受新思想。革命党人利用这一条件，深入军旅，在新军中做了长期、深入、细致的宣传和组织工作，借矛夺盾，使这支军队逐渐变质。后来的历史证明，推翻满洲贵族统治的主要是这两种社会力量。

（二）革命党正确对待满人，实现了一次人道主义的文明革命

孙中山为兴中会提出的纲领的首句是"驱逐鞑虏"。明末清兵入关，满洲贵族集团对以汉族为主体的中华各族人民实行野蛮、严酷的残杀和镇压政策，埋下了深刻的仇恨记忆。晚清末年，清政府对外妥协、投降，甚至倡言"量中华之物力，结与国之欢心"，旧仇之外，又添新恨。因此，在整个辛亥革命时期，"排满"一直是最具鼓动性的强力口号。但是，这个口号是有严重缺陷的。第一，它否认满族是中华民族大家庭的成员。第二，它将少数满洲贵族和广大满族一般成员混淆不分。

在实践过程中，革命党人逐渐认识并克服了这些局限，制定了正确的民族政策，宽待满人，实行了一次人类历史上少见的人道主义革命。

章炳麟是革命党人中大汉族主义和狭隘民族主义思想突出的人。1900年7月，唐才常在上海召开国会（中国议会），章炳麟撰写《请严拒满蒙人入会状》，声称："本会为拯救支那，不为拯救建虏；为振起汉族，不为振起东胡；为保全兆民，不为保全孤愤。是故联合志士，只取汉人，东西诸贤可备顾问，若满人则必不容其阑也。"① 这就将满族普通群众完全排斥在爱国运动之外了。1903年，邹容在《革命军》中提出："驱逐住居中国之满洲人，或杀以报仇"，"诛杀满洲人所立之皇帝"。这就将种族复仇主义发挥到了极致。

同年4月，蔡元培发表《释"仇满"》，说明当时"满洲人"保有三种特权，一是君主世袭，以少数人而占有行政官员总额的半数，二是旗人驻防各省，三是不事实业，坐食多数人的生产成果，所谓"仇满"之论，实际上反对的是满人的特权，"皆政略之争，而非种族之争也"。文章指出，应该反对两种人。一种是少数满人，继续高唱"汉人强，满人亡"的种族对立论，密图压制汉人；另一种是汉人中的立宪派，要求实现立宪政体，奉今之朝廷为"万世一系"之天皇。文章认为，当时的世界，民权已如江河奔流，莫之能御，而这两种人却企图"保守少数人之特权"，其结果将使"满洲人"重蹈法国大革命时贵族被送上断头台惨杀之祸。② 这是一篇跳出种族论而从政治立言的文章。

1905年7月，孙中山在日本东京成立中国同盟会，湖南学生张明夷反对，主张定名"对满同志会"。孙中山称："满清政府腐败，我辈所以革命。即令满人同情于我，亦可许其入党。革命党宗旨不专在排满，当与废除专制、创造共和并行不悖。"③ 对原来要"驱逐"的"鞑虏"，不仅不加歧视，而且许其革命，允其"入党"，划清了和狭隘民族主义的界限，表现出宽广的胸襟和巨大的观念进步。孙的意见得到大

① 见《中国旬报》第19期。
② 见《苏报》1903年4月11日。
③ 《孙中山年谱长编》，第343页，中华书局1991年版。

家赞成。1906 年 12 月，《民报》创刊一周年，孙中山演说称："民族革命的原故，是不甘心满洲人灭我们的国，主我们的政，定要扑灭他的政府，光复我们民族的国家。这样看来，我们并不是恨满洲人，是恨害汉人的满洲人。假如我们实行革命的时候，那满洲人不来阻害我们，决无寻仇之理。他们当初灭汉族的时候，攻城破了，还要大杀十日才肯封刀，这不是人类所为，我们决不如此。"① 孙中山以上两段话，坚决反对种族复仇主义，规定了革命时期对满人的政策，并为满人参加革命打开了大门。

孙中山之后，《民报》发表的《仇一姓不仇一族论》对于革命党人的民族政策作了更进一步的阐释。该文认为，汉族不共戴天的仇敌仅仅是"满族中之爱新觉罗一姓"，特别是其中"据隆崇之地位，握高尚之特权"的"满酋"，也就是我们今天所说的"满洲贵族"。文章历数明末以来"满酋"的大肆惨杀、蹂躏南疆，滥杀密网，淫刑以逞等种种罪行，又历数甲午以来贡媚列强，输矿献路等卖国行为，认为凡此种种，均是不应忘记之"仇"，必须大兴革命义师，直捣首都，将"满酋"的左耳割下来高挂在太白旗上。文章提出，对于投诚来归的满族群众，应该"悉释不问，安置郡县，视若汉民"；对于那些未曾与革命军作战的清兵，应该按照"胁从罔问"的原则对待；对于那些无以为生的满族贫民，新政府成立后，还应该首先为他们"谋生聚教训之方，俾无一夫之不获"，和汉族人民"同生息于共和政体之下"。②

章炳麟这时也有了进步。他在《排满平议》一文中指出："是故排满者，排其皇室也，排其官吏也，排其士卒也。若夫列为编氓，相从耕牧，是满人者，则岂欲剚刃其腹哉！"这就明确指出，对于一般满族群众，不应实行屠戮政策。他还特别指出：应以政治态度，而不当以种族作为排拒的标准："若汉族为彼政府用，身为汉奸，则排之亦与满人等。"③ 1908—1909 年之间，他甚至秘密致函满洲贵族肃亲王善耆，劝

---

① 《孙中山全集》第一卷，第 325 页，中华书局 1981 年版。
② 《民报》第 19 期。
③ 《民报》第 21 期。

他加入同盟会，共谋革命。

这一时期，超出狭隘种族主义界限的革命党人不在少数。1908 年，同盟会会员张钟端在《河南》杂志载文指出："满人之平民可不排，而满人之官吏则必不能不排。不特此也，汉人中之在政府，其朋比为奸，助纣为虐者，亦在必排之列。盖吾之排斥，非因种族而有异也，乃因平民而有异。孰祸我平民，即孰当吾排之冲。故不特提携汉人之平民，亦且提携满人之平民以及蒙、回、藏之平民也。"① 在一片"革命排满"的呐喊声中，该文作者不以"种族"为标准，而以是否"祸我平民"为标准，将"满人之官吏"与"满人之平民"区分开来，主张"满汉官吏"同在排斥之列，而"汉人平民"与"满、蒙、回、藏之平民"则同应"提携"。作者虽然还不是"阶级"论者，但已经达到了很高的思想水平。

1910 年，另一个同盟会会员赵正平在广西的《南报》载文，提倡推进中国各族人民之间的团结，共同反对帝国主义，挽救祖国的危亡，文章号召国人"急扫其此畛彼域之见，激发其吴越同舟之情，联满、蒙、回、藏、苗、猺为一家，共死生存亡之生涯，以与德、法、日、俄较，则岂只四百兆人人之福"②。该文实际上已经提出了中华民族大团结的思想。

在 1910 年的拒英、拒法、拒俄运动中，同盟会负责人刘揆一发表《汉满蒙回藏民党会创立意见书》，号召中华各族人民共同组织政党，进行革命。这是同盟会民族政策史，也是辛亥革命史上一份有巨大意义的文件。该文指出，在帝国主义侵略的严重威胁下，中华各族已经形成为存亡相系的命运共同体。要拯救国家危亡，必须实行民族团结。文称：

> 满蒙失，则东北各省不易保全；回藏失，则西北各省亦难
> 支捂，是吾人欲保存汉人土地，尤当以保守满、蒙、回、藏之

① 鸿飞：《对于要求开设国会者之感喟》，《河南》第 4 期。
② 侯声：《博爱主义》，《南报》第 3 期。

土地为先务。

文章认为，"满洲皇族"的卖国政策不仅违背了"汉人"的利益，也违背了"满人"的利益，"满人"应该支持革命，参加革命：

> 使汉人满人而各知爱国家、爱种族也，则是现今之君主政治，无论其为专制，为立宪，皆不足以救危亡，即无论其为满人、为汉人，皆当排去之者也；且使满人而知断送满洲桑梓地者为满洲皇族也，知汉族不强满族亦随而亡也，知非建立共和政府，满汉种族之意见终不能融洽也，吾恐汉人虽不革命，满人犹当首先排去其皇族而倾倒其政府矣。

文章号召，汉、满、蒙、回、藏各族人民互相通"气谊"，通"学业"，互相交流，互相声援，共同组织汉、满、蒙、回、藏民党会，实即共同组织革命政党。①

武昌起义爆发，章炳麟立即致函在东京的满族留学生，中称：

> 若大军北定宛平，贵政府一时倾覆，君等满族，亦是中国人民，农商之业，任所欲为，选举之权，一切平等，悠游共和政体之中，其乐何似！我汉人天性和平，主持人道，既无屠杀人种族之心，又无横分阶级之制，域中尚有蒙古、回部、西藏诸人，既皆等视，何独薄遇满人哉！②

章炳麟明确宣示："君等满族，亦是中国人民。"这是对同盟会多年来有关宣传的纠误。他不仅阐述了革命党人的民族政策，而且实际上提出了民族平等的思想。武昌起义后，满族，特别是满洲贵族担心汉族报复，纷纷改姓，或姓金，或姓赵，或姓关，但是，除西安满营因闭城固守，并有千余人自地窖中冲出，夺取军装局，因而被歼灭外，各地满

---

① 日本外务省档案，参见拙作《从排满革命到练满革命》，《晚清史事》，第424—426页，中国人民大学出版社2007年版。
② 冯自由：《革命逸史》第五集，第232页，中华书局1981年版。

人、旗兵大都并未坚决抵抗，汉人也未如清兵入关时一样大肆屠杀异族。①

1912 年 1 月 1 日，孙中山发表《中华民国临时大总统宣言书》，明确提出"五族共和"论，认为："国家之本，在于人民。合汉、满、蒙、回、藏诸地方为一国，即合汉、满、蒙、回、藏诸族为一人。"

南北议和中，南京临时政府参议院迅速通过《清室优待条件》，规定"大清皇帝辞位"之后，"尊号仍存不废"，"岁用四百万两"，"暂居宫禁，日后移居颐和园"，"原有之私产由中华民国特别保护"；对皇族，规定"王公世爵概仍其旧"，"皇族私产一体保护"；对满蒙回藏各民族，规定"与汉人平等"，"保护其原有之私产"，"王公中有生计过艰者设法代筹生计"，"先筹八旗生计，未筹定之前俸饷仍旧支放"，以及"听其自由入籍"，"原有之宗教听其自由信仰"等。②

这些规定，条件优厚、宽大，与邹容在《革命军》中提出的诛杀满人，诛杀满洲人所立之皇帝等主张迥异，对于安定人心、安定社会，促进民族团结、和谐起了良好作用。

（三）争取列强中立，避免其直接武装干涉，减少阻力

当时，革命党人的任务是推翻以满洲贵族集团为代表的君主专制制度，建设崭新的民主主义的共和政体。但是摆在中国人民面前的还有另一个敌人，这就是鸦片战争以来长期侵略中国的列强。人们不可能用两个拳头同时打人。假如革命党人在进行反对清朝统治的民主革命的同时，又进行反对帝国主义列强的民族战争，势必两败俱伤，各无所成。因此，革命党人决定争取列强中立，以便集中力量，先行打击并推翻清朝的君主专制统治。1897 年，孙中山在伦敦和英国人柯林斯合作发表《中国的现在与未来》时，就向世界宣布："目前我们所需要的援助，仅是英帝国以及其他列强善意的中立。"③ 这可以看作是孙中山最早的

---

① 郭孝成：《陕西光复记》，《辛亥革命》（六），第 41—42 页，上海人民出版社、上海书店出版社 2000 年版。

② 《辛亥革命》（八），第 185—186 页。

③ 《孙中山全集》第一卷，第 106 页。

对外宣言。1905 年，同盟会成立，革命党人创办《民报》，将"要求世界列强赞成中国之革新事业"列为"六大主义"之一。这可以看作革命党人正式的对外政策宣示。当然，革命党人明白，要求列强"臂助"中国革命，这几乎不可能，因此，他们退而求其次，要求列强保持中立。胡汉民分析美国独立和日本明治维新时期的前例，认为只要革命党人的行动遵守国际法就有此可能。[①] 同盟会成立后，革命党人制订《革命方略》，其《对外宣言》声称：中华革命军"对于友邦各国益敦睦谊，以期维持世界之平和，增进人类之福祉"。《宣言》共七条：

1. 所有中国前此与各国缔结之条约，皆继续有效。

2. 偿款外债照旧担任，仍由各省洋关如数摊还。

3. 所有外人之既得权利，一体保护。

4. 保护外国居留军政府占领域内人民财产。

5. 所有清政府与各国所立条约，所许各国权利及与各国所借国债，其事件成立于此宣言之后者，军政府概不承认。

6. 外人有加助清政府以妨害国民军政府者，概以敌视。

7. 外人如有接济清政府以可为战争用之物品者，一概搜获没收。

以上七条，前四条承认列强的既得权益，后三条防止革命发动之后，列强支持清政府。这七条方针后来虽有过某些改动，但始终是革命党人处理对外关系的基本原则。[②]

武昌起义后，湖北军政府迅速发布《刑赏令》，规定"伤害外人者斩""保护租界者赏""守护教堂者赏"等条。12 日，军政府依照同盟会《对外宣言》的基本精神照会驻武昌各国领事，保证清政府此前与各国所订条约继续有效，赔款外债，继续承担，同时宣布保护在华外人财产。照会发出后，军政府又派人分访各国领事，要求承认革命军为交战团体。这些措施和政策，迅速发挥了使列强安心的作用。

在华外国使节和各国政府密切注视武昌动态。10 月 11 日、12 日，

---

① 胡汉民：《〈民报〉之六大主义》，《民报》第 3 期。

② 参见拙作《读孙中山致纽约银行家佚札》，《晚清史事》，第 385—386 页，中国人民大学出版社 2007 年版。

美国驻华代办卫里（E. T. Williams）连续报告美国政府，"那里的外国人被认为是安全的，因为革命党人有意避免攻击外国人"。① 13 日，美国国务卿诺克斯（Philander C. Knox）向塔夫脱（William Howard Taft）总统报告说，这是"中国发生自太平天国革命以来最严重的叛乱。迄今外国人的利益一直受到悉心尊重，这就将这次革命与以前的革命区别开来，并表明了领导层的智慧，努力避免外国干涉的危险"。② 14 日，美国国务院远东司司长兰斯福德·米勒（Ransford Miller）提出五点政策建议，其中第三条为："在中国各派之争中保持中立"，第四条为"反对各国单方面进行军事干涉"。③

在驻汉各国领事团会议上，法国领事罗氏声称，孙中山的革命以改良政治为目的，不能与义和团一样看待，加以干涉。领袖领事、俄国领事敖康夫（Ostroverknov）表示，根据军政府照会，观察革命军实际行动，相信革命军没有任何排外性质。10 月 18 日，驻汉英、俄、法、德、日五国领事照会军政府，同时布告称"现值中国政府与中国民国军互起战争"，根据国际公法，"外国人无干涉权"，"自应严守中立"。④ 当时，武昌江面有列强军舰 20 艘，瑞澂要求发炮支援，英国公使朱尔典和驻汉领事葛福等虽明显地同情清政府，但是，英舰并未发炮，美国领事并且拒绝了由外国军舰协助巡护长江的要求。

1911 年 10 月，孙中山接见法国朝日新闻社记者，声称此次革命专针对清政府，其思想、理论均来自西方文明，"无论立宪主义、自由主义，皆借取于英、法、义、美诸国"，不会发生外交上的"意外冲

---

① "William to the Secretary of State, October11, 12, 1911", RDS. 转引自崔志海：《美国政府与清朝的覆灭》，《史林》2006 年第 5 期。下同。

② "Knox to Taft, October14, 1911", RDS.

③ "Miller to Knox（memo），October14, 1911", Knox Papers, see：James Reed, *The Missionary Mind and American East Asia Policy, 1911—1915*（Cambridge, Mass：Harvard University Press, 1983），p. 115.

④ 杨玉如：《辛亥革命先著记》，第 103 页；参见李云汉《中国近代史》，第 146 页，台湾三民书局 2009 年版。

突"，①此后，他陆续访问美、英、法各国政界人士，如，法国参议会议长格利门疏（Georges Clemenceau）、外交部长毕恭（Stephen Pichon）等，也曾托友人向英国外交大臣格雷（E. Grey）致意，争取理解和同情。11月16日，孙中山致电上海《民立报》，声称"已循途东归，自美徂欧，皆密晤要人，中立之约甚固"。②

由于革命党人一再声明保护列强在华的既得权益，在革命过程中又严格保护外侨的生命、财产，使得列强既觉得没有直接出兵干涉的必要，也找不到出兵干涉的有力借口。还在1910年7月，美国亚洲舰队司令哈伯特（Hubbard）在分析中国形势时曾经估计："可以肯定的是，在任何一次暴乱中，迟早都会不可避免地危及美国人的生命和财产，各种保护要求会成为我指挥下的舰队的负荷。"但是，在整个辛亥革命过程中，美国政府却始终没有感到这种需要，美国之外，英国在中国拥有巨大的经济利益，但基于与美国同样的理由，也认为没有出兵干涉的必要。日本陆相石本新六及驻清公使伊集院彦吉都主张出兵干涉，但日本政府顾忌英国反对，只同意由商人出面，向清廷陆军部出售武器弹药。后来因担心共和革命对日本天皇制的冲击，一度怂恿英国政府共同出面，联合美、德、法、俄等国，向革命党人施加压力，令其接受君主立宪方案。③但是，英国外交大臣格雷迅速拒绝，声称就政体问题向中国提出建议，或者由列强共同出面，采取哪怕是一点微小的类似压迫的行径，都是重大的冒险行动。④日本政府发觉无法改变英国的主意，又不愿因此破裂和英国的同盟关系，便打算采取静观态度。外务大臣内田康哉心灰意懒地电告驻华公使伊集院，声称在此情况下，如"帝国政府不

①《驻美使馆书记生周本培报孙中山与法记者谈话记录》，《历史档案》1985年第1期。

②《孙中山全集》第一卷，第546页。

③《内田外务大臣致山座驻英临时代理大使电》，邹念之《日本外交文书选译》，第319页，中国社会科学出版社1980年版。

④《山座驻英临时代理大使复内田外务大臣电》，《日本外交文书选译》，第328页。

顾两国间之协调关系而单独出面梗阻，亦属无趣"。①

革命道路不会是笔直的，也不是在任何情况下都以越坚决、越强硬为好。为了达到革命的总目标、大目标、长远目标，革命党人在某些时期、某些方面可以有某种妥协、让步，提出某些权宜性的政策。以孙中山为代表的革命党人之所以革命，重要目的在于救亡，争取中华民族的独立和自主。他们在辛亥革命时期对列强做了某些让步，但民国建立，时移事迁，条件成熟之后，他们就逐渐提出了废除不平等条约以至反对帝国主义的口号。这说明，他们当初的对外政策是一种"权宜之计"，目的在于减少阻力，而不是革命派的软弱性的必然的本质流露。

1906 年，革命派与改良派辩论时，梁启超曾经提出，民气如火，一旦进行，各地难免会发生闹教案、杀西人一类举动，列强就会出兵干涉，实行瓜分。一旦打起来，列强船坚炮利，中国人不可能和洋人相抗，其结果必然是四万万人被杀尽，至少也将沦为牛马。革命派则认为：当时的列强之间已经形成了一种"均势"，"互相牵制而莫敢先发"。如果革命仅限于国内问题，排满而不排外，或者，是一种"正当的排外"，"善守国际法"，列强将会保持局外中立。辛亥革命的事实证明，革命派的估计和分析是正确的。当然，他们不会也没有想到，列强在武力干涉之外，还会采取其他的干涉形式。

（四）团结立宪派和开明官绅，结成反清统一战线，壮大革命力量

戊戌变法失败后，康有为哀悼死友，憎恶慈禧太后，又系情于被软禁的光绪皇帝，曾企图走上武装抗争道路。一是向外国借兵，一是在国内组织力量，发动起义，企图推翻慈禧太后与荣禄的统治，使光绪皇帝复辟，重回政治中枢。他最初寄希望于两广地区的士绅和会党，后来则寄希望于在两湖地区活动的唐才常。从上书、请愿发展为武装起义，康有为和以孙中山为代表的革命派走近了一大步。但是，康有为感念光绪皇帝知遇之恩，始终不愿和革命党人合作。唐才常的自立军起义失败

_____

① 《内田外务大臣复伊集院驻清公使电》，《日本外交文书选译》，第 326 页。

后，他觉得武装起义的方式牺牲太大，"自是不敢言兵"，一心一意经营保皇会。

梁启超思想较康有为活跃，变迁也快。戊戌变法失败后，他的思想出现向民主共和发展的新趋向。曾联络部分同人与革命党人合作，从而赢得孙中山的好感。1900 年，梁启超访问檀香山和美洲，孙中山热情地为他写信介绍。但是，梁启超求稳怕乱，对光绪皇帝余情难断，又受老师康有为的影响和控制，终于难以走上革命道路。他力图调和革命与改良，民主与"保皇"的矛盾。1902 年，他创作小说《新中国未来记》，设想在中国建立"大中华民主国"，以光绪皇帝为第一任总统，然后逐渐从汉族中选举第二任总统。他把这种方式称为"名为保皇，实则革命"，认为这种方式易于实行，事半功倍。到檀香山之后，当地兴中会会员受到影响，纷纷改换门庭，加入保皇会。继至美洲，保皇会也大为发展。檀香山和美洲都是孙中山的根据地，兴中会会员大批"变节"的情况使孙中山大为恼火，立即撰写文章，大批"保皇"理论，力图消毒。从此，孙中山遂将保皇会视为不共戴天的敌人，杜绝了与之合作的念头。

1907 年，国内立宪运动兴起，海内外的改良派合流，逐渐掀起国会请愿运动。在这一运动中，逐渐形成以制订宪法、召开国会为主要诉求的立宪派。清政府一面镇压，一面顺应时势，允许各省成立咨议局。这样，国内的政治运动取得了部分合法性，立宪派士绅也取得了发表意见，参政、议政的平台。在这一情况下，部分革命党人遂与立宪派合作，表达政治诉求，借咨议局掩护自身的活动。

权力从来是政治斗争的核心问题。1905 年以后，清政府虽然下诏预备立宪，开始实行部分政治体制改革，但是，满洲贵族不想真正让出权力。1911 年，清政府宣布成立"皇族内阁"，将权力更多、更紧地控制在皇族手里，同时加紧镇压国会请愿运动。清政府的这些措施暴露了自身改革的虚伪，也激怒了立宪派，增强了部分开明官绅的离心倾向。他们中的部分人由于对清政府的绝望而同情革命，甚至支持革命。这就为革命党与立宪派以及部分开明官绅的合作创造了可能。

革命党与立宪派的合作，突出表现在 1911 年初各地掀起的爱国运动中。1911 年 1 月初，英国派兵占据我国云南边境要地片马。同月 28 日，云南咨议局通电指出，英国此举"势将北进，扼蜀、藏咽喉，窥长江流域，大局危甚"，呼吁各界共同抵制。2 月 7 日，云南咨议局集会，成立中国保界会。此际，英法合办的隆兴公司强索云南七府矿产开采权，法国借口保护铁路，而陈兵滇边，沙俄借修订《伊犁条约》之机，企图攫取新疆、蒙古等地的多种权利。因此运动迅速发展为包括拒英、拒法、拒俄在内的具有多重内容的爱国运动。运动得到贵州、江苏、福建、山西、江西等各省咨议局的响应。5 月 12 日，各省咨议局联合会在北京开幕，以湖南咨议局议长谭延闿为主席，湖北咨议局议长汤化龙为审查长，提议编练民兵，保卫边疆。6 月 24 日，联合会通过有湖北咨议局副议长张国溶起草的《通告全国人民书》，全面抨击"皇族内阁"。

留日学界一向是近代中国反帝爱国运动的策源地。2 月 15 日，留日学生 1200 人集会，同盟会员刘揆一等提议竭力设法警告内地及各省咨议局，拒绝俄国要求，同时，动员各省咨议局成立独立机关，组织国民军，以防外敌。27 日，中国留学生总会致电上海《民立报》及全国 21 省咨议局，要求召开会议，组织国民军，以救危亡。3 月 5 日，留日学生成立中国国民会，推派代表分往 21 省活动。4 月 18 日，代表陆续归国，联络咨议局及商会等民间合法团体，展开活动。例如，浙江留日学生代表俞景朗等归国后，首先访问浙江咨议局议长沈钧儒，动员他与同盟会会员陈布雷、许炳堃、褚辅成等组织全浙国民尚武分会。在这一过程中，逐渐实现了革命党和立宪派的联合。[①]

四川保路运动的领导者蒲殿俊、罗纶、邓孝可都是立宪派，同盟会员龙鸣剑、朱之洪等积极参加了这一运动，他们"外以保路之名，内行革命之实"，将各地的保路同志会作为斗争平台，借以发动群众、宣传

---

① 以上论述，参阅拙作《1911 年的拒英、拒法、拒俄运动》，《晚清史事》，中国人民大学出版社 2007 年版。

群众、组织群众，暗中鼓动革命。所以当"七一五"成都血案发生之后，保路同志会立即转变为保路同志军，遍及全川的人民大起义爆发。

革命党是革命的倡导者，立宪派是地方开明士绅的代表。二者结合，就构成了足以左右形势的力量。武昌起义，由作为革命党人代表的士兵发动，由作为立宪派首领的汤化龙支持和襄助。嗣后，各省相继独立，在这一过程中，立宪派分子，如湖南的谭延闿，开明的地方官吏，如江苏的程德全等都发挥了积极作用。四川独立后，成都社会秩序一度陷入混乱。自同盟会会员、原陆军小学堂监督尹昌衡被推为四川军政府都督，立宪派的罗纶被推为副都督后，成都局势就趋于稳定。

1912年1月，广东曾发生部分同盟会人仇杀"保皇党"事，章炳麟致函孙中山，要求给予当年的保皇党以自新机会。孙中山立即致电陈炯明及各省都督，声称"今兹南纪肃清，天下旷荡，旧染污俗，咸与维新。法令所加，只问其现在有无违犯，不得执既往之名称以为罪罚"。显然，在革命高潮中，或在大局已定之后，对旧时的敌对者持"咸与维新"，既往不咎的政策，有助于使"海隅苍生，咸得安堵"。①

（五）利用袁世凯，"先成圆满之段落"，避免南北相抗，长期战争

在清末新政中，袁世凯卓有成绩。他又拥有北洋新军，成为清政府中罕有其匹的强人。1909年光绪皇帝和慈禧太后相继去世，载沣摄政，为了减少威胁，突然以有"足疾"为名将袁世凯开缺回籍。他表面上在家乡养病钓鱼，而心中深藏着对满洲贵族的强烈不满。武昌起义爆发，清政府于窘迫无奈之际，再度起用袁世凯，赋以大权。11月1日，奕劻"皇族内阁"总辞职，袁世凯出任内阁总理大臣。一时间，袁世凯成为一身系天下安危的重要人物。他一面调派其所掌握的北洋新军三万多人南下进攻革命党人，一面派人到武昌谈判，进行收抚。

武昌的革命派认识到袁世凯和满洲贵族之间的矛盾，一开始就想利用这一矛盾动员袁世凯反正。11月9日，黄兴致函袁世凯，建议他以

---

① 《孙中山全集》第二卷，第47页。

华盛顿、拿破仑之资格，出面建华盛顿、拿破仑之事功，直捣黄龙，灭此朝食。黄兴表示，只要袁做到了，全国各省人民都将"拱手听命"。11 日，袁世凯的代表刘承恩、蔡廷幹到武昌谈判，宋教仁建议袁"转戈北征"，声称"将来自可被举为大总统"。12 月 3 日，到汉口组织临时政府的各省代表决议，如袁世凯反正，当公举为临时大总统。[①] 20 日，黄兴派顾忠琛为代表与直隶陆军学堂总办廖宇春谈判，议决"先推覆清政府者为大总统"[②]。从欧洲赶回中国的孙中山也注意到了这一动向。12 月 21 日，孙中山到达香港，已经就任广东都督的胡汉民偕廖仲恺到港迎接。胡邀孙留在广东，孙则要求胡同赴上海、南京。双方争论了一天。胡认为袁世凯居心叵测，首鼠两端，建议孙留粤练兵，徐图大计。孙中山称，沪宁在前方，自己不可不身当其冲。如不亲到当地，一切对内、对外大计，无人主持。他说："今日中国如能以和平收革命之功，此亦足开世界未有之例，何必言兵。"[③] 他表示：袁世凯虽不可信，但利用他推翻清廷，"胜于用兵十万"。"纵其欲继满洲以为恶，而其基础已远不如，覆之自易。故今日可先成一圆满之段落。"[④] 胡汉民为孙中山的远见所折服，命陈炯明代理广东都督职务，自己随孙北上。

战争是手段，而不是目的。孙中山发动武装起义，目的在于推翻君主专制制度，建立共和政体。倘使和平手段可以达到这一目的，自无使用战争这一手段的必要。在港时，孙中山致电日本横滨华侨，内称："吾党组织之革命军，今对于满朝已经休战，将移而至媾和谈判。吾党之希望虽素不在媾和，而亦并非全不欲和，战亦非吾目的也。吾党素志之共和政体，近已由议和谈判之结果，可见其成立矣。更望诸君大表同

---

① 《湖北革命知之录》，第 391—392 页，商务印书馆 1946 年版。

② 廖少游：《新中国武装解决和平记》，《辛亥革命资料类编》，第 351—366 页，中国社会科学出版社 1981 年版。

③ 许师慎：《孙中山先生自美经欧返国》，《革命开国文献》第一辑，史料三，第 2061 页，台湾"国史馆"1996 年版。

④ 《胡汉民自传》，《革命开国文献》第一辑，史料一，第 140—141 页，台湾"国史馆"1995 年版。

情，注视其成行。"①

革命、革命战争都需要巨额财政支持。10 月 12 日，孙中山在美国得到武昌起义消息。14 日，德国《每日报》即刊出孙中山给英国金融界的信，企图从伦敦得到大约 500 万卢布的借款。10 月 20 日，孙中山到纽约，除宣扬中国革命，争取美国朝野同情外，另一任务，就是力谋借款，支援国内战争。31 日，他致函美国人荷马李，声称"如得财力支持，我绝对能控制局势"。"贷款是必要的"。② 此后，孙中山到英国，到法国，都企图为进军北京和建立新政府筹措经费。在英国，孙中山也曾向《滨海杂志》记者发表谈话，认为中国"恰似一座干燥树木的丛林，只需星星之火，就能腾起熊熊的火焰。这火星便是我所希望得到的五十万英镑"。③ 他向四国银行团主任商量借款，该主任答以在新的中国政府成立后才能开议。在法国，他和法国东方汇理银行经理西蒙会晤，探询以矿税、土地税为担保取得借款的可能，遭到拒绝。这样，他在回到上海，面对以为他携带大量资金的记者，只能回答：我没有一分钱，我带回的是革命精神。

孙中山同意与袁世凯和谈，和他权位观念淡薄有关。11 月 16 日，他在致电上海《民立报》时就宣称，总统自当推举黎元洪，如黎元洪推袁世凯，"合宜益善，总之，随宜推定，但求早固国基。满清时代权势利禄之争，吾人必久厌薄"。他在伦敦时也曾发表谈话，表示"不论我将来成为全中国名义上的元首，还是与别人或那个袁世凯合作，对我都无关紧要"。④

孙中山到达上海、南京后，一方面准备北伐，一方面同意与袁世凯和谈，并且最终以和议结局。孙中山这样做，固然因为革命军财政困难，无法支持长期战争。但是，也和他的"以和平收革命之功"，尽力减少牺牲、破坏的想法相关。

---

① 《申报》1911 年 12 月 27 日。
② 《孙中山全集》第一卷，第 544 页。
③ 同上，第 588 页。
④ 《孙中山全集》第一卷，第 568 页。

革命免不了流血、牺牲、破坏，但是，在可能条件下，要尽可能减少流血、牺牲和破坏的烈度。1911 年 10 月 20 日，孙中山远在纽约，听说广东革命党人准备进攻广州，为避免大规模的"流血"，就曾致电两广总督张鸣岐，要他"速率所部反正，免祸生灵"。① 孙中山这里提出了一条重要的原则，值得人们尊重、记取。革命的终极目的是解除人民痛苦，为人民造福，自然，在可能条件下，要尽量减少革命或战争给予人民的苦难。1912 年 1 月 4 日，孙中山复电袁世凯，重申上述原则，电称："文不忍南北战争，生灵涂炭，故于议和之举，并不反对。""倘由君之力，不劳战争，达国民之志愿，保民族之调和，清室亦得安乐，一举数善，推功让能，自是公论。"② 当年，革命党人与袁世凯议和，迫使清朝皇帝退位，避免了一场旷日持久的恶战，极大地降低了流血、牺牲和破坏的烈度，使中国的政体平稳转型，自然有其积极意义。

南北议和过程中，曾有部分革命党人强烈反对。南社的柳亚子等人在上海《天铎报》连续发表文章，与当时已成为南京临时政府机关报的《民立报》论战，阐述议和的不当与不智。柳亚子指出："袁之为人，专制锢毒，根于天性，与共和政体，无相容之理。"又指出：袁世凯"一方面借民军势力逼胁虏廷，而另一方面又挟虏廷名号劫制民军，俾虏廷退位与南都临时政府取消，同时并行，彼得坐收渔人之利，由大总统而进为大皇帝"。③ 柳亚子对袁世凯的上述认识，可谓如见肺肝。为了防制袁世凯"继满洲以为恶"，孙中山等人也曾提出过一些"监控"措施，例如要求袁世凯离开其老巢北京，到南京就职等，然而，在袁世凯略施小技，加以破解后，革命党人就没有什么办法可以控制袁世凯了。虽然，袁世凯后来复辟帝制，但他只当了 83 天皇帝，次年的张勋复辟也只闹了 12 天，完全应验了孙中山在香港时对胡汉民所讲的那段话："其基础已远不如，覆之自易。"

---

① 《孙中山年谱长编》上册，第 563 页。
② 《孙中山全集》第二卷，第 5 页。
③ 参阅拙编《柳亚子民初反议和文选》，《近代文学史料》，第 193—215 页，中国社会科学出版社 1985 年版。

三、 共和告成，完成了一个 "段落"，但还留下了许多未完成的 "段落"

清朝皇帝退位了，民主共和制度建立了，这是辛亥时期革命党人为中国历史所建立的伟大功绩，也是孙中山为中国历史建立的伟大功绩，值得中国各族人民永远纪念。但是，孙中山说得很清楚，他只是"先成一圆满之段落"，"段落"不是文章。孙中山只是为"振兴中华"这篇大文章开了个头，写好了第一段。孙中山在他革命的起始阶段，曾经将中国当时的司法比喻为希腊神话中国王奥吉亚斯的"牛圈"，养了三千头牛，三十年中从不打扫，粪秽堆积如山。实际上，中国的皇权专制，地主小农社会，也是这样的"牛圈"。辛亥革命胜利得快，代价小，自然难以一下子清除奥吉亚斯"牛圈"中的全部"粪秽"，中国的面貌也难以一下子焕然大变。以专制制度为例，有形的皇权专制主义被推翻了，但是，无形的没有皇帝的专制主义却始终是近现代中国史上难以消除的痼疾。人们不再匍匐在皇帝脚下山呼万岁了，但是，在某个时期却又响起了"万寿无疆""万寿无疆""万寿无疆"的口号。回眸百年，孙中山的遗言并没有过时："革命尚未成功，同志仍须努力。"

在华经济利益与辛亥革命时期英国的对华政策

一、 一个积极卷入中国政治纠纷的英国商人

1911 年 10 月 10 日，武昌新军士兵起义，拉开了中国辛亥革命的大幕。同年 12 月 2 日，上海英国商人李德立（Edward Selby Little）致电清政府内阁总理大臣袁世凯称："窃恐今日之战，若延久不和，则贵国之结局，不堪设想。现请民党招各省代表到申议和，已承首肯。贵大臣愿否派员与议，祈即示复为荷！"① 次日，袁世凯复电表示："为政治竞争，极不愿专用武力。现由英官介绍，拟派员谈判大局。期早和平解决。厚情深感。"② 12 月 5 日，李德立再次致电袁世凯，声称已得"民党准允"，希望袁世凯立即派全权大臣来上海，与民党方面的全权代表议和。他表示愿意提供自己的住宅作为会议地址，建议袁与英国驻华公使朱尔典（Sir John Newell Jordan）面商。③ 次日，他致函伦敦《泰晤士报》驻中国记者莫里循，得意洋洋地报告自己在革命党人和袁世凯之间斡旋的经过，声称"整个国家正陷入无政府状态，而且每况愈下。我想只有极少数人了解目前形势的极端严重性。因此，达成某种暂时的妥协

---

① 伦敦英国国家档案馆藏原英国驻华大使馆文件，FO682/2296/27。
② 同上，FO682/2296/31。
③ 同上，FO682/2296/32。

实属刻不容缓"。① 他在对南北和谈作了周到、细致的安排后，又于19日致电被起义军推为都督的黎元洪，再次强调"战延不和，中国前途，不堪设想"，要求黎支持和谈。②

李德立，1864年生，1886年来华经商，1900年任英国卜内门公司（Brunner Mond& Co., Ltd）东方总号总经理，经营纯碱、染料等化工产品，有资本约300万英镑。曾三度担任上海公共租界工部局董事。他在南北双方的调停活动得到了英国驻上海总领事法磊斯（E. H. Fraser）和英国驻华公使朱尔典的充分支持。③

一个英国商人，他为什么对中国事件如此有兴趣，积极地卷进中国的政治纠纷中来呢？

二、　英国人压迫清政府停战，提出调和方案

武昌起义发生，清政府的湖广总督瑞澂即要求英国出动在长江的舰船，阻止起义军渡江，英国驻汉口代理总领事葛福（H. Goffe）请示朱尔典，朱尔典明确地指示英国在华海军总司令官，"提供他所能提供的一切帮助"。④ 但是，朱尔典很快就看出，这次革命不是武力所可以镇压的。1911年10月30日，11月6日，朱尔典两次致函英国外交大臣格雷（E. Grey），声称"运动的广泛性以及它到处获得胜利，使得以武力恢复国家原来面目的一切企图难以实现"。⑤ 因此，他积极活动，压迫清政府，支持内阁总理大臣袁世凯与革命党人议和，借以消弭革命。

约在11月初，朱尔典即会见庆亲王奕劻，迫使他作出"将停止继

---

①　《李德立致莫里循函》，骆惠敏编《清末民初政情内幕》上，第805—806页，知识出版社1986年版。

②　曹亚伯：《武昌革命真史》下。

③　《李德立致莫里循函》，《清末民初政情内幕》上，第806页。

④　《关于中国事件的函电：中国第一号》，胡滨《英国蓝皮书有关辛亥革命资料选译》上册，第1页，中华书局1984年版。

⑤　《英国蓝皮书有关辛亥革命资料选译》，第85—86页。

续战斗"的保证。① 11 月 25 日，朱尔典又拜会袁世凯，以严重的"给他留下深刻印象"的语言强调："战事的继续进行，将使汉口的英国人士遭受危险并感到惶惶不安。"袁世凯完全领会朱尔典的意思，立即保证："如果能够根据双方都很满意的条款达成一项休战协定，他将乐于下令停战。"袁当即授权朱尔典通过葛福向革命党人转达此意。② 此后，武昌革命党人与清军的谈判即在朱尔典和葛福的导演下进行。

11 月 27 日，清军攻陷汉阳，黎元洪向葛福提出：1. 停战十五天，在此期间内，目前各方所占领的领土应各自驻守；2. 已加入革命党的所有省份的代表在上海集会；他们将选出全权代表与袁世凯所指派的代表进行谈判；3. 如有必要，停战继续延长十五天。③ 但是，袁世凯当时在军事上占有优势，不愿停战时间过长。12 月 1 日，朱尔典致电葛福，转述袁世凯提出的停战三日等五项条件，其第五条要求英国总领事"作为证人在停战协定上签字"。④ 同日，格雷复电朱尔典，批准他在中国所采取的行动。12 月 2 日，葛福向清军前线将领冯国璋的代表黄开文传达了和黎元洪的协议，决定停战三日。⑤ 次日，葛福得意地向朱尔典汇报："目前的情况几乎同袁世凯所要求的完全一致。"⑥ 冯国璋则向清政府内阁报告，已经"接到英使停战公函，并签有字据"。⑦

袁世凯和满洲贵族之间存在尖锐矛盾，革命党人企图利用此点，动员袁世凯反正。黄兴多次通过汪精卫、杨度等，向袁世凯许诺："若能赞成共和，必可举为总统。"袁世凯在唐绍仪等人面前声称："此事我不能为，应让黄兴为之。"⑧ 他老谋深算，看准形势对自己有利，准备

---

① 《英国蓝皮书有关辛亥革命资料选译》，第 111 页。

② 同上，第 73 页。

③ 同上，第 96 页。

④ 同上，第 103 页。

⑤ 《收冯国璋电》，伦敦英国国家档案馆藏原英国驻华大使馆文件，FO682/2296/26。

⑥ 《英国蓝皮书有关辛亥革命资料选译》，第 105 页。

⑦ 《辛亥革命》（八），第 197 页，上海人民出版社、上海书店出版社 2000 年版。

⑧ 同上，第 77 页。

施展手段，投注一搏。袁的第一步计划是在停战之后于武昌召集各省代表会议，讨论和平条款。12 月 3 日，朱尔典向葛福传达了袁世凯的这一意图，要他努力斡旋此事。① 4 日，朱尔典又与清政府外务部商定：1. 停战三日期满，续停十五日；2. 北军不遣兵向南，南军亦不遣兵向北；3. 总理大臣袁世凯派北方居留各省代表人前往与南军各代表讨论大局；4. 唐绍仪充任总理大臣代表，与黎元洪或其代表人谈判。② 同日，朱尔典将上述条款电告葛福，授权他尽力斡旋，保证使这些条件被接受。电称："预料唐绍仪将于五天内到达汉口；我们诚挚地表示希望双方为了他们国家的利益，将认识到调解他们的分歧及获得一项和解的重要性。"③ 12 月 9 日，双方达成协议，决定自当日至 24 日止，继续停战十五天，仍由葛福签押保证。④

唐绍仪早年就学于美国哥伦比亚大学，具有共和思想。归国后曾任袁世凯的英文翻译，后来又历任外务部右侍郎、奉天巡抚、邮传部尚书等职。他受命作为议和代表南下后，即在火车上剪掉辫子。⑤ 这一行动，意味着准备和清廷彻底分手。12 月 11 日，唐绍仪抵达汉口，迅即向黎元洪表示："袁内阁亦主张共和，但须由国民会议议决，袁内阁据以告清廷，即可实行逊位。"⑥ 不过，唐的这一态度当时并未公布。

革命党人方面的代表是伍廷芳。他不愿离开上海，致函英国驻沪总领事法磊斯称，上海的许多朋友不希望他启程赴汉，当地也有许多公务需要自己关心，要求英国公使出面，促使袁世凯指示唐绍仪来上海磋商。⑦ 此时，袁世凯对朱尔典的话，可谓言听计从。唐绍仪迅速得到指示，会谈决定改在上海举行。

---

① 《英国蓝皮书有关辛亥革命资料选译》，第 105 页。
② 《辛亥革命》（八），第 198 页。
③ 《英国蓝皮书有关辛亥革命资料选译》，第 133 页。
④ 《辛亥革命》（八），第 201 页。
⑤ 《蔡廷干来函》，《清末民初政情内幕》，第 810 页。
⑥ 刘星楠：《辛亥各省代表会议日志》，《辛亥革命回忆录》第六集，第 250 页，文史资料出版社 1981 年版。
⑦ 《英国蓝皮书有关辛亥革命资料选译》，第 160 页。

谈判地点虽然改变了，但是，武昌地区的革命党人仍然抓紧机会，向唐绍仪提出了议和条件：1. 推翻满清王朝；2. 优待皇室；3. 对满族人一律予以体恤；4. 统一中国。这四条虽然没有涉及革命后的政体问题，但是，"推翻满清王朝"这一条，显然不符合朱尔典的意思，因此，他在电告英国政府时特别说明，"需要极认真地考虑局势"。①

12月14日，唐绍仪离汉赴沪，登舟时，葛福嘱咐唐绍仪说："革党主持共和甚坚……拟献调停之策：君主立宪。暂以今上二十五岁为期，届时体察圣德、圣学如何及人民程度，再由国会议决君主、民主国体。"葛福并称，已将这一意见告诉黎元洪。② "今上"，指宣统皇帝。当时宣统皇帝5岁。按照葛福的这一方案，中国的"国体"问题就被推到了20年之后。

武昌起义之后，朱尔典虽然看出了革命不能镇压，但是，他完全不喜欢革命党，也不愿意中国就此成为一个共和国家。葛福的方案，以实行"君主立宪"为核心，既在相当长的时期保存清政府，也给革命党人保留了通过国会议决改变中国"国体"的希望。这一方案显然代表了朱尔典的意见，也反映出英国政府当时的态度。

唐绍仪到上海后，住在李德立家里。③

三、 带头向上海会谈施加压力

为了保证上海会谈能按英国设计的轨道运行，还在开议前，朱尔典就邀请日本、美国、法国、德国、俄国照驻华公使于12月15日集议，决定请各国政府批准，由各国驻上海领事联合照会双方议和专使，施加压力。照会内容如下：

---

① 《英国蓝皮书有关辛亥革命资料选译》，第166页。

② 《上海唐、杨大臣来电》，伦敦英国国家档案馆藏原英国大使馆文件，FO682/2296/79。

③ 《克达卜鲁斯致莫里循》，《清末民初政情内幕》，第813页。

英国政府等认为，中国目前的战事如继续进行，不仅使该国本身，而且也使外国人的重要利益和安全，容易遭到严重的危险。英国政府等坚持它迄今所采取的绝对中立的态度，认为它有义务非正式地吁请双方代表团注意，必须尽快达成一项协议，以便停止目前的冲突，因为它相信这个意见是符合有关双方的愿望的。①

18 日，民国总代表伍廷芳、中央军政府代表王正廷，参赞温宗尧、王宠惠、汪精卫、钮永建与袁世凯内阁的全权代表唐绍仪、杨士琦等在上海英租界市政厅举行首次会议。19 日晚，驻华英、日等六国公使联合将上述照会电告唐绍仪与伍廷芳。② 20 日，英国驻沪总领事法磊斯又会同其他五国的总领事向唐、伍二人各自递交了本国的照会。唐答称："他将把这项友好关心的行动通知他的政府，肯定该行动将得到很高的评价。"伍表示，他本人主张和平，但是，"他也必须不忽视他本国人民的意志，因为他们正在为争取获得自由和一个较好的政府而奋斗，这些目的是任何匆忙拼凑起来的解决办法永远不能实现的"③。

南北会谈首次会议决定各处一律停战。20 日举行的第二次会议才进入核心议题。伍廷芳的发言以不容商量的坚决口吻表示："中国必须民主，由百姓公举大总统，重新缔造，我意以此说为确不可易。"为了打消清廷的顾虑，伍廷芳提出："改为民主，于满人甚有利益，不过须令君主逊位，其他满人皆可优待，皇位尤然。"他又特别针对唐绍仪等人说："今日代表各位，皆系汉人，应赞成此议。不独望各位赞成此议，且望袁氏亦赞成也。"唐绍仪在发言中首先表示，袁世凯同样赞成共和，"不过不能出口"。他说："共和立宪，万众一心。我等汉人，无不赞成，不过宜筹一善法，使和平解决，免致清廷横生阻力。"又说："我

---

① 《英国蓝皮书有关辛亥革命资料选译》，第 166 页。

② 《辛亥革命》（八），第 213 页。

③ 《关于中国事件的补充函电》，《英国蓝皮书有关辛亥革命资料选译》，第 270 页。

为全权大臣，当有权也。"在伍要他对革命党的"主义"等问题表态时，他都明确表示肯定。唐称，武昌起义后，其本人曾向清廷上折，建议召开国民大会，讨论君主、民主问题，取决多数，但为清廷所拒。唐认为此法可使清廷易于下台，袁世凯易于转变，军队易于收束，声称"现时我尚持此宗旨"。① 伍廷芳等相信多数会在自己方面，因此同意唐的意见。

二次会谈的结果堪称圆满。会后，唐绍仪致电袁世凯请示，内称："昨日晤黄兴，谈一小时余，窥彼党宗旨，决计主张共和，毫无通融。此时不过私谈，若在议场，则彼此坚持，势必决裂。且各国领事情形，外交宗旨已变，并无扶持君主立宪之意，事机紧迫，请密筹一切为幸！"② 袁世凯接到唐绍仪电报后，紧急探询英、日两国驻华使馆态度。朱尔典称："黄兴所谈，当属其个人私见，勿须过于重视。关于君主立宪问题，本使之主张并无任何改变。"日方的回答则是：日本国政府支持中国实行君主立宪，"断无中途改变方针等类事情发生"。③ 同日，袁世凯电复唐绍仪称："顷遣人切询英、日两使，据称，两国政府扶持君主宗旨，决无变更……在京各国，决不赞成共和，某〔英〕国尤甚。"④ 他还通知唐绍仪说："松井两三日内可到沪。"松井，日本外务省参事官。当时，日本政府紧张地注视着上海会谈，特派松井到沪，配合驻上海总领事有吉明在会外活动。但是，袁世凯没有在电报中对唐绍仪在会上所应采取的方针作出明确指示。

---

① 《南北代表会议问答速记录》，《辛亥革命》（八），第77—79页。

② 《上海唐大臣来电》，伦敦英国国家档案馆藏原英国大使馆文件，FO682/2296/84。参见《内田外务大臣致伊集院驻清公使电》，《日本外交文书选译》，第279页，中国社会科学出版社1980年版。

③ 《伊集院驻清公使致内田外务大臣电》，《日本外交文书选译》，第298—299页。

④ 《致上海唐大臣电》，伦敦英国国家档案馆藏原英国驻华公使馆文件。

四、 朱尔典等人改变主张，赞成 "共和"

在回答袁世凯来人询问时，朱尔典虽然声称 "本使之主张并无任何改变"，但实际并非如此。

唐绍仪 12 月 11 日到汉口后，莫里循即于 13 日赶到当地采访，袁世凯特别拨了一辆专车供他使用。谈判地点改到上海后，莫里循又匆匆赴沪活动。12 月 19 日，莫里循会见南方代表伍廷芳等，声称 "满洲朝廷已完全不能有所作为"，认为除 "皇室退回热河，在中国建立共和政体"，"推袁世凯为大总统" 外，没有其他解决时局的办法。① 22 日，他致电伦敦《泰晤士报》，将他的主张公之于众，电称："袁世凯仍主张帝制，但到最后如果无术可施，则很可能同意就任第一任大总统。对于袁氏为人，各方面虽然反感颇大，但一般均认为推袁为总统在获得国际承认上最为适宜。" 在具体步骤上，莫里循建议，"首先以上谕形式邀请各省代表在上海召集国民会议，讨论政体，朝廷则按会议决议行事"。莫里循相信："黄兴将会同意此种步骤，而国民会议将做出何种决议，已毫无怀疑余地。"② 英国外交部见到此电后，立即将它转发给朱尔典。③

朱尔典其实早就了解并赞同莫里循的主张。12 月 21 日，朱尔典拜会日本驻华公使伊集院彦吉，企图争取日方支持。他首先说明形势，"此次和谈，如欲以保全满洲朝廷为基础达成协议，看来已全无希望"。接着询问伊集院："可否按莫里循所说，推袁世凯为大总统，以求稳定于一时？"④ 他解释说，自己虽素来相信，维持满洲朝廷，实行君主立宪是最佳方案，但既然无法强制革命军接受，不如在 "和谈决裂" 和

① 《有吉驻上海总领事致内田外务大臣电》，《日本外交文书选译》，第 297 页。
② 转引自《山座驻英临时代理大使致内田外务大臣电》，《日本外交文书选译》，第 315—316 页。
③ 《致达·狄·布拉姆函》，《清末民初政情内幕》，第 816 页。
④ 《伊集院驻清公使致内田外务大臣电》，《日本外交文书选译》，第 300 页。

"成立共和政府"这两害中任选其一。伊集院反对朱尔典的意见，认为袁世凯不能在中国全国范围内得到信任，共和将使中国四分五裂。同日，日本驻沪总领事有吉明与专程赶到上海的日本外务省参事官松井访问英国驻沪总领事法磊斯，法磊斯称："保存满洲朝廷，革命军坚决反对。为解决时局，看来只好任其建成类似共和之政府。"① 朱尔典和法磊斯的态度表明，英国方面的对华政策已经在悄悄改变。

五、 日本企图拉拢列强，共同施加压力，遭到英国拒绝

日本实行天皇制，对中国改采共和制极为恐慌。22日，伊集院会晤朱尔典，重申中国"采用君主立宪制最为稳妥"，"总期望以能以保全清国确立永久安宁为目标"。伊集院特别说明，中国如实行共和制，日本不但将遭受甚大损害，而且在思想界亦必蒙受极大影响，希望朱尔典理解日本的特殊境地，但朱尔典仍不为所动。② 同日，伊集院会晤袁世凯，揭发唐绍仪具有"共和"思想，示意袁撤销唐的代表职务。袁解释说：唐可能到上海后，受到革命气氛感染，以致"头脑混乱"。他声明，本人绝无赞成共和之意，但事态既已如此，不如"将计就计"，"以召开国会决定国体为基础，考虑解决方案"。③

袁世凯所说的"将计就计"意味着清政府准备接受唐绍仪的方案。12月24日，庆亲王奕劻与袁世凯先后约见朱尔典和伊集院。庆亲王出示复唐绍仪电稿，同意政体问题留待国民会议决定。该会将按照事前双方商定的条件，在今后三个月内由各省选举的代表组成。④ 朱尔典当即表示同意，声称"关于政体问题，只要真正能够体现全国人民意愿，英

---

① 《有吉驻上海总领事转发松井参事官致内田外务大臣电》，《日本外交文书选译》，第303页。

② 《伊集院驻清公使致内田外务大臣电》，《日本外交文书选译》，第305—307页。

③ 同上，第310—313页。

④ 《英国蓝皮书有关辛亥革命资料选译》，第171页。

国政府当不致有何异议"。① 伊集院则坚决要求清政府打消此念，缓发复唐绍仪电，在等待帝国政府对本使的电训后再定方针。他威胁说，如在日方态度决定之前贸然采取上述手段，将可能引起对中国的不利后果。②

日本政府对北京发生的变化早有预感。24 日，紧急召开元老会议商讨，再次确认"君主立宪制度为解救清国时局之最良方策"，训令伊集院转告袁世凯，要袁保持既往立场。③ 25 日，外务大臣内田康哉一面向英国驻日公使窦纳乐（Sir C. M. Mac Donald）建议，由两国政府出面，联合美、德、法、俄等国，向革命党人施加压力，令其接受君主立宪方案，一面电令驻英临时代理大使山座圆次郎迅即与英国当局会晤，敦促英国外务大臣回答。④ 不过，英国政府的态度却极为冷淡。26 日，格雷命人转告山座：两国政府的行动只能限于调停，超出此范围，对政体问题提出建议，言明孰可孰不可，或者由列强共同出面，采取哪怕是一点微小的类似压迫的行径，都是重大的冒险行动。⑤ 这就明确地拒绝了日本的建议。同日，格雷电复朱尔典说："我们希望看到，在中国人民愿意采取的无论什么政体下，有一个强大的和统一的中国。"⑥ 格雷的这一电报，意味着对朱尔典所持方针的默认。

英日两国早在 1902 年即已结成同盟关系。此际，日本政府发觉已经无法改变英国政府的主意，又不能甩开盟友，孤行单干，便打算采取静观态度。26 日，内田心灰意懒地致电伊集院，声称在此情况下，如"帝国政府不顾两国间之协调关系而单独出面梗阻，亦属无趣"，"只能

---

① 转引自《内田外务大臣致山座驻英临时代理大使电》，《日本外交文书选译》，第 318 页。

② 《伊集院驻清公使致内田外务大臣电》，《日本外交文书选译》，第 321 页。

③ 《内田外务大臣致伊集院驻清公使电》，《日本外交文书选译》，第 316 页。

④ 《内田外务大臣致山座驻英临时代理大使电》，《日本外交文书选译》，第 319 页。

⑤ 《山座驻英临时代理大使复内田外务大臣电》，《日本外交文书选译》，第 328 页。

⑥ 《英国蓝皮书有关辛亥革命资料选译》，第 172 页。

暂时听任事态之自然发展"。①

日本"静观",上海会谈的重大阻力就消除了。

六、 上海会谈顺利进展,袁世凯突然变卦

上海会谈自 12 月 20 日之后,即陷于停顿。其间,伍廷芳多次要求续开会议。25 日,唐绍仪致电袁世凯,要袁痛下决心,或急速召开国会,或则断然辞去总理职务。② 27 日,唐绍仪再电袁世凯,声称"默察东南各省情形,主张共和已成一往莫遏之势","和议一辍,战端再起,度支之竭蹶可虞,生民之涂炭愈甚,列强之分裂必乘,宗社之存亡莫卜"。他要求袁世凯以总理大臣身份,颁布阁令,召集临时国会,将君主、民主问题付之公议。③ 28 日,隆裕太后根据袁世凯的要求,召集宗室王公讨论,仍不能决定,便召见袁世凯。当时,隆裕已经毫无主张,垂泪对袁世凯说:"汝看着应如何办,即如何办。无论大局如何,我断不怨汝。皇上长大,有我在,亦不能怨汝。"袁世凯答称:"论政体本应君主立宪,今即不能办到,革党不肯承认,即应决战。但战须有饷,现在库中只有二十余万两,不敷应用,外国又不肯借款,是以决战亦无把握。今唐绍仪请召集国会公决,如议定君主立宪政体,固属甚善;倘议定共和政体,必应优待皇室。如开战,战败后,恐不能保全皇室。此事关系皇室安危,仍请召见近支王公再为商议。"④ 在战和之间,袁世凯没有表态,但答案是明显的。同日,隆裕太后发布懿旨,决定接受唐绍仪的方案。

基本原则既定,南北会谈便于 12 月 29 日恢复。伍廷芳与唐绍仪商定,停战展期至 1912 年 1 月 5 日为止。同时议定《关于清皇帝(退位

---

① 《内田外务大臣复伊集院驻清公使电》,《日本外交文书选译》,第 326 页。

② 转引自《伊集院驻清公使致内田外务大臣电》,《日本外交文书选译》,第 321—322 页。

③ 《辛亥革命》(八),第 223 页。

④ 《绍英日记》,转引自马一良(绍英之子)《清廷退位前后》,见《北京文史资料精华·世纪风云》,第 31—32 页,北京出版社 2000 年版。

后）之待遇》5 条，《关于满蒙回藏之待遇》5 条。30 日，议定国民大会组织法：分全国为 24 个区，每区各派代表 3 人，每人 1 票；如某区代表不满 3 人，仍有投 3 票之权。① 但是，在召集国民会议地点等问题上，双方发生分歧。伍廷芳主张在上海开会，而袁世凯则坚主在北京。1912 年 1 月 1 日，唐绍仪致电袁世凯，要求在会议地点及代表选举办法两个问题上不再坚持，同时，以"材力薄弱，奉职无状"为理由，要求撤销代表职务，与革命党磋商各事，可由英国公使交鄂、沪两地英领事转交。② 1 月 2 日，清内阁同意唐绍仪等辞职。同日，袁世凯致电伍廷芳，声称唐绍仪所议各条，"均未与本大臣商明，遽行签定"，要伍今后与袁本人"直接往返电商"。③

唐绍仪与袁世凯之间，本无根本分歧。袁世凯此际之所以变卦，主要是因为孙中山已被选为临时大总统，并在南京就职，袁世凯对此不满，要给革命党人一点颜色看看。

七、 在孙中山和袁世凯之间，英国支持袁世凯

朱尔典始终注视着南北会谈的进程。他虽身在北京，但是，袁世凯和唐绍仪之间的密电，他都得到副本。当他了解到袁、唐之间的分歧以及唐辞职的消息后，立即于 1912 年 1 月 1 日拜会袁世凯，"使他记住对决裂所应承担的重大责任"。朱尔典赞成袁世凯在大部分问题上的立场。他向格雷汇报说："在所有这些问题上，袁世凯这方面是较合情理的。在不到两周的时间内召集中国每省各三名代表的会议，那只不过是一幕滑稽戏。在这种情况下召开的大会不能够声称具有任何代表性。袁世凯说，按照这一方式达成的任何解决办法都不可能是长久的，他的话是正

---

① 《英国蓝皮书有关辛亥革命资料选译》，第 177 页；参见《南北代表会议问答速记录》，《辛亥革命》（八），第 90—91 页。

② 《辛亥革命》（八），第 231—232 页。

③ 同上，第 234 页。

确的。"①

1月11日，袁世凯派亲信访问朱尔典，向他探询，如果清政府愿意让位给袁世凯，或者授权给他，是否能得到各国的承认。朱尔典明确地告诉来人："袁世凯得了各国的信任；他和南方首领们的争吵既然是中国内部的事情，他们相互之间应当能够达成协议。"② 14日，袁世凯派私人秘书会见朱尔典，声称由于中国大部分地区都已宣布赞成共和，袁世凯已决定接受"这个不可改变的命运"。来人向朱尔典透露，隆裕太后不久将发布谕旨，宣布王朝退位，授权袁世凯处理临时政府工作。③ 朱尔典对袁世凯即将对中国的统治感到放心，以各种方式为袁世凯出台制造舆论准备。15日，包括张之洞的儿子在内的北京同志联合会的五个成员访问朱尔典，陈述该会的目的之一是促进中国的君主立宪事业时，朱尔典就表示："各国所盼望的是一个使中国保持和平稳定的政府。许多外国人最初曾经认为，君主立宪最适合中国的需要，但鉴于南方的坚决反对，实现君主立宪是否可以不发生战争或不使中国分裂为两个国家，看来这是令人怀疑的。"④

16日，京津同盟会会员张先培等在北京东华门投弹谋炸袁世凯，未能击中。18日，朱尔典亲见袁世凯表示慰问。袁世凯很高兴有机会和朱尔典讨论局势，透露了他向清廷提出的建议：授权他在各省代表选举共和国总统之前，按照共和的原则处理临时政府工作。同时袁还透露，打算把临时政府暂迁天津几个月，以便断绝旧制度的影响。⑤ 但是，袁世凯的打算受到孙中山的强烈反对。20日，孙中山明确表示：北方不得设立临时政府，袁世凯必须接受民国对他的任命，而不能从满人那里获得权力。朱尔典对出现的这一情况深为不满，他致函格雷说："人们很难理解，按照孙文在这些电报中制订的条款，在清帝退位与成

① 《英国蓝皮书有关辛亥革命资料选译》，第307—308页。
② 同上，第241页。
③ 同上，第280—281页。
④ 同上，第346—347页。
⑤ 同上，第287页。

立政府的这段期间内，北方将怎样过渡。民党的目的无疑是要表明，胜利是属于他们的，但如何实现这一目的而不在此地造成危险局势，则不是很清楚的。"① 23 日，袁世凯的秘书告诉朱尔典，满族王公在前陆军大臣铁良的影响下正在企图撤换袁世凯，因此袁的地位变得很不稳固。朱尔典为此忧心忡忡，致电格雷称："如果像该秘书所说，袁世凯辞职或离开北京，局势也许变得严重起来。"② 他认为，中国不能没有袁世凯。2 月 9 日，朱尔典致函格雷，声称南京人民对"浙军"的暴行"感到非常愤恨"，"对革命军政府的体验已经极为不满"，"在许多场合下，他们开始对他们所给予革命运动的同情和支持感到后悔"。甚至孙中山决定改用阳历，选择阳历 1 月 1 日作为总统就职日也成了攻击的口实，说是"与中国人的感情相冲突，必定不会受到人民群众的欢迎"。信末，朱尔典表示："看来很明显，内阁总理大臣最后担任总统职位，是使中国能够恢复和平和秩序的唯一可能的办法。"③ 第二天，他在致电格雷函中进一步恭维袁世凯说："新政府将从这位多才多艺的政治家的头脑中立即产生，他为了完成乱中求治的伟大任务作了充分准备。"④

清末，中国经济衰退，清政府为支付给各国的赔款和外债利息已使国库空虚，因此，孙中山的南京临时政府和北方的袁世凯政府都急需财政输血。当时，南方革命政府的唯一可能的大宗收入是海关关税，但是，在武昌起义后不久，英国就积极联络其他国家，将海关关税控制起来，防止革命党人用作军费，同时作为继续向列强支付赔款的保证。⑤ 孙中山在计穷力竭的状况下，不能不走向列强借贷的老路子，然而所得无几。相反，袁世凯政府一成立，英国的财团、银行就为之提供大额贷款。1912 年 2 月 28 日，英国汇丰银行应袁世凯要求，提供银 200 万两，

---

① 《英国蓝皮书有关辛亥革命资料选译》，第 360 页。
② 同上，第 319 页。
③ 同上，第 444—445 页。
④ 同上，第 463 页。
⑤ 《安格联致胡惟德函》，1911 年 10 月 23 日，见《中国海关与辛亥革命》，第 330 页，中华书局 1964 年版。关于这一方面的情况，学术界论述已多，兹不赘述。

以便南京临时政府处理解散前的各项善后事宜。此后，以汇丰银行为首的国际银行团不断为袁世凯政府输血，其简况如下：

3月9日，四国银行团借给袁世凯政府银110万两。

5月17日，四国银行团支付第三次贷款300万。

6月12日，六国财团支付第四次垫款300万。

6月18日，六国财团支付第五次垫款300万。

6月20日，六国银行团会议，表示愿继续垫付银8060万两。

8月30日，袁世凯政府驻英公使刘玉麟与伦敦克利斯浦公司（C. Birch Crisp and Co.）签订借款1000万英镑的合同。

1913年4月26日，五国银行团与袁世凯政府签订借款2500万英镑的协议。同日，垫款200万英镑。

上述贷款，除个别项目外，大部分兑现了。正是这一批批贷款，帮助袁世凯政府度过经济危机，战胜了以孙中山为代表的民主革命派。

八、 英国对华政策背后的经济利益

在资本－帝国主义时代，外交政策常常是经济利益的体现。

鸦片战争以后，英国不仅占领了中国的香港，取得多种政治特权，而且，在经济上也取得了巨大利益。以甲午战争前的各国对华贸易为例，英国（含香港）的进口率占71.6%，出口率占50.6%。[1] 当时，外国在华企业共580家，英国就占了354家。[2] 在16家外国轮船公司中，英资或有英资参与的占14家。[3] 甲午战争后，英国对华资本输出的规模更大，速度更快。据统计，自1894年到1911年，英国汇丰银行单独或与其他银行共同在中国贷放银2.06亿两。[4] 1902年，英国在华房

---

① 严中平等：《中国近代经济统计资料选辑》，第65—66页，科学出版社1955年版。

② *Chronicle and Directory*, 1985, Hongkong.

③ 聂宝璋：《中国近代航运史资料》，第727页，上海人民出版社1983年版。

④ 徐义生：《中国近代外债史统计资料》，中华书局1962年版。

地产投资 5100.5 万美元，而美国、德国、法国的总和不过 2100.9 万美元。① 至 1911 年，中国欠英国的外债（财政借款、铁路借款、庚子赔款）已达 221，827，000 元，居各国之冠。②

了解了上述情况，人们就会理解，何以在辛亥革命中，英国对中国如此关注。

还在武昌起义后不久，朱尔典就将保护"英国人生命财产的安全"和"我们在汉口的利益"作为首要任务。③ 11 月 9 日，英国海军中将温思乐（A. L. Winsloe）向朱尔典提出："是否可以建议中央政府召回清军，因为继续战斗似乎是无用的，并且妨碍贸易的恢复。"④ 随着革命运动的发展，英国的利益在中国更多地区受到威胁。在这一情况下，英国有关方面自然不能听任其各种在华利益毁于炮火，必然会急切地要求南北双方停止战斗，也必然会要求在中国建立一个能够维护其在华利益的政府。而袁世凯，以往的历史中已经证明，他既善于镇压国内革命运动和人民起事，又对侵略中国的列强毕恭毕敬。这正是英国所需要的统治中国的人物。1911 年 11 月 15 日，格雷训示朱尔典说："我们对袁世凯怀有很友好的感情和敬意。我们希望看到，作为革命的一个结果，有一个强有力的政府，能够与各国公正交往，并维持内部秩序和有利条件，使在中国建立起来的贸易获得进展。这样一个政府将得到我们能够提供的一切外交上的支持。"⑤ 辛亥革命时期，英国之所以全力支持袁世凯，其原因在此。

如果说，格雷的训示还带有某些外交辞令的色彩，那么，1911 年 1 月 21 日朱尔典对伊集院所说的一段话就没有什么遮掩了。当时，朱尔典称："就原则而论，阁下所见，确有至理。但英国在华中、华南地区拥有贸易上的重大利害关系，故英国政府不能无视南方人的思想感情，

① 吴承明：《帝国主义在旧中国的投资》，第 173 页，人民出版社 1955 年版。
② 同上，第 186 页。
③ 《英国蓝皮书有关辛亥革命资料选译》，第 3 页。
④ 同上，第 111 页。
⑤ 同上，第 58 页。

甘冒遭受攻击的风险而轻易采取措施，以强行贯彻君主立宪。"① 不久，德国人也将这一点看得很清楚。1912 年 2 月 3 日，德国驻华公使哈豪森（E. von Haxthausen）致函德国国务总理说："英国之势力范围，系集中于扬子江及中国南方一带，当袁世凯十一月中旬来此之时，中国帝室军队虽在汉口、汉阳获得胜利，而英国方面对于援助北京政府之举，却不久即行放弃。上海英国商人之压迫与深恐商业受损之殷忧，终占优势。"哈豪森甚至说："英国政策乃系由上海方面决定者。"② 哈豪森不一定了解本文一开头述及的卜内门公司东方总号总经理李德立其人其事，但他的叙述却一针见血地道出了历史的实质。

正是英国的在华经济利益（包括条约权利、资本输出、商业需要等等方面），最终决定了英国辛亥革命时期的对华政策；李德立的活动，不是一种单纯的个人行为，它反映的是英国在华资产阶级的需要。

---

① 《伊集院驻清公使致内田外务大臣电》，《日本外交文书选译》，第 301 页。
② 《辛亥革命与列强态度》，《辛亥革命》（八），第 452 页。

中山舰事件之谜

1926 年 3 月 20 日在广州发生的中山舰事件，扑朔迷离，它的许多疑团至今尚未解开。本文拟探讨这一事件发生前后的真实过程，以进一步揭开中山舰事件之谜。

一、 "三二〇" 之前蒋介石的心理状态

中山舰事件后，蒋介石曾多次谈到有关经过，但是，他吞吞吐吐，欲言又止。6 月 28 日，他在孙中山纪念周上演说称："若要三月二十日这事情完全明白的时候，要等到我死了，拿我的日记和给各位同志答复质问的信，才可以公开出来。那时一切公案，自然可以大白于天下了。"① 现在，该是对这桩公案彻底清理的时候了。下面，就我们所能见到的蒋介石这一时期的部分日记及有关信件、资料，对它进行一次考察。

根据日记、信件等资料，自 1926 年 1 月起，蒋介石和苏俄军事顾问团团长季山嘉以及汪精卫之间的矛盾急剧尖锐。先是表现在北伐问题上，后又表现在黄埔军校和王懋功第二师的经费增减问题上。

1925 年末，蒋介石从汕头启程回广州，参加国民党第二次全国代

① 见《黄埔潮》第 2 期。

表大会，主张立即北伐。12 月 28 日日记云："预定明年 8 月克复武汉。"① 1926 年 1 月 4 日，他在国民政府春酌中发表演说："从敌人内部情形看去，崩溃一天快似一天。本党今年再加努力，可以将军阀一概打倒，直到北京。"② 两天后，他在向大会所作的军事报告中又声称："再用些精神，积极整顿，本党的力量就不难统一中国"，"我们的政府已经确实有了力量来向外发展了"。③ 季山嘉反对蒋介石立即北伐的主张。他在黄埔军校会议上以及在和蒋介石的个别谈话中，都明确表示过自己的意见。这些意见，从顾问团写给苏联驻华使馆的报告中可以知其梗概。该报告认为："国民党中央缺乏团结和稳定。它的成员中包含着各种各样的成份，经常摇摆不定。"又说："军队缺乏完善的政治组织，将领们个人仍然拥有很大的权力。在有利的情况下，他们中的部分人可能反叛政府，并且在国民党右翼的政治口号下，联合人口中的不满成份。另一方面，国民革命军何时才能对北军保持技术上的优势还很难说。当然，革命军的失败将给予广州内部的反革命以良机。"④ 文件未署名，但季山嘉身为顾问团团长，报告显然代表了他的意见。据此可知，季山嘉和顾问们认为，由于政治、军事等方面的条件还不成熟，因此，北伐应该从缓。然而，蒋介石容不得反对意见，二人的裂痕由此肇端。

但是，这一时期，蒋介石与季山嘉之间的关系还未彻底破裂。1 月中旬，奉、直军阀在华北夹攻冯玉祥的国民军。为此，季山嘉提出两项建议：一，由海道出兵往天津，援助国民军；二，蒋介石亲赴北方练兵。其地点，据说是在海参崴。⑤ 对于这两项建议，汪精卫赞成，蒋介

---

① 本文所引蒋介石日记，原据毛思诚的分类摘抄本，现改用手稿本，以下不再一一注明。

② 见《广州民国日报》1926 年 1 月 7 日。

③ 《中国国民党第二次全国代表大会日刊》第 18 号，1926 年 1 月 9 日。

④ Document, 22, Wilbur and How：*Document on Communism Nationalism and Soviet Advisers in China* (1918—1927)，Columbia University, New York, 1956, p. 246.

⑤ 参见《包惠僧回忆录》，第 202 页，人民出版社 1983 年版。

石最初也同意。1月26日日记云："往访季山甲〔嘉〕将军，商运兵往津援助事。"[①] 28日日记又云："往访季山嘉顾问，研究北方军事、政治。实决心在北方寻得一革命根据地，其必大于南方十倍也。"[②] 然而，蒋介石很快就改变了态度。2月6日，军事委员会会议议决黄埔军校经费30万元，王懋功第二师经费12万元。7日，军校经费减至27万元，王懋功第二师的经费则增至15万元。此事引起蒋介石的疑忌，怀疑是季山嘉起了作用。[③] 当日，蒋介石和季山嘉进行了一次谈话。从有关资料看，季山嘉担心中国革命重蹈土耳其的覆辙，对国民革命军军官的素质表示不满，对蒋介石也有委婉的批评。蒋介石"意颇郁郁"，抱怨苏俄顾问"倾信不专"，在日记中说："往访季山嘉顾问，谈政局与军队组织，针砭规戒之言甚多，而其疑惑戒惧之心，亦昭昭明甚。以中国之社会与空气，难怪其以土耳其为殷鉴，亦难怪其疑中国军人为贪污卑劣之品也。呜呼！国家若此，军人如彼，欺凌侮辱，诚令人格丧失，无地自容矣。"[④] 当日，蒋介石在日记中表示："急思跳出环境，免成军阀也。"季山嘉觉察到了蒋介石的不满，曾于事后立即向汪精卫表示："我等俄国同志，若非十二分信服蒋校长，则我等断不致不远万里而来，既来之后，除了帮助蒋校长，再无别种希望。"又称："至于其他一切商榷，我等既意存帮助，则当知无不言，言无不尽，此正由十二分信服，故如此直言不隐。若蒋校长以为照此即是倾信不专，则无异禁我等不可直言矣。"[⑤] 季山嘉的这一态度，柔中有刚，一方面表示"信服"蒋校长，"帮助"蒋校长；另一方面又毫不妥协地声明，在有不同意见时应该"直言不隐"。汪精卫随即于8日致函蒋介石，将季山嘉的上述

---

① 《蒋介石日记》（手稿本），1926年1月26日。
② 同上，1926年1月28日。
③ 蒋介石：《复汪精卫书》，稿本，1926年4月9日，中国第二历史档案馆藏，下同。
④ 《蒋介石日记》（手稿本），1926年2月7日。
⑤ 汪精卫：《致蒋介石书》，原件，1926年2月8日。

表态原原本本地告诉了他。蒋介石的直接反应是，决定辞去一切军职。① 8 日，蒋介石表示不就军事总监一职；9 日，通电辞去军事委员会委员及广州卫戍司令职务。11 日日记提出有两条路可走，一条是"积极进行，冲破难关"，一条是"消极下去，减轻责任，以为下野余地"，并云："苏友疑忌、侮慢、防范、欺弄之行，或非其本来方针，然亦无怪其然，惟有以诚义感之而已。"② 13 日，日记中突然有了准备赴俄的记载："如求进步，必须积极，否则往莫斯科一游，观察苏俄情形也。"

在蒋介石与季山嘉的矛盾中，汪精卫支持季山嘉。国民党第二次全国代表大会期间，蒋介石提出北伐问题，汪精卫曾表示同意，并开始准备经费，但不久转而赞同季山嘉的意见。"二大"未就北伐问题作出任何决定。2 月 8 日，汪精卫在向蒋介石转述季山嘉态度的信函中，又盛赞季山嘉"说话时，一种光明诚悫之态度，令铭十分感动"，要蒋介石创造条件，使季山嘉等能够"畅所欲言，了无忌讳，了无隔阂"③。对于蒋介石的辞职，汪精卫则一再挽留，2 月 9 日函云："广州卫戍司令职，弟实不宜辞，是否因经费无着？此层铭昨夜曾想及，故今晨致弟一电，请开预算单。"④ 12 日再致一函云："以后弟无论辞何职，乞先明以告我。如因兄糊涂，致弟办事困难，则兄必不吝改过。"⑤ 14 日，汪精卫亲访蒋介石，从上午一直谈到晚上，劝他打消辞意。⑥ 但是，蒋介石毫不动心。19 日，蒋介石向汪精卫正式提出"赴俄"一事。当日日记云："余决意赴俄休养，研究革命，以近来环境恶劣，有加无已，而各方怀疑渐深，积怨丛生，部下思想不能一致，个人观念亦难确定，安乐

---

① 《蒋介石日记》（手稿本）1926 年 2 月 8 日云："晚傍回校部，拟辞军职及此生不复任军职通电稿成。"
② 《蒋介石日记》（手稿本），1926 年 2 月 11 日。
③ 《致蒋介石书》，原件。
④ 同上。
⑤ 同上。
⑥ 《蒋介石日记》（手稿本）1926 年 2 月 14 日："季新兄来谈终日，终无善法，以解决辞职之意也。"

非可与共，亦不得不离粤休养也。"同日，季山嘉到蒋介石寓所访问，谈话中，蒋介石透露了"赴俄"的意图，并且观察季山嘉的反应，于日记中写下了"状似不安"四字。大约在此期间，蒋介石拟派邵力子赴北京，请鲍罗廷回粤。随后又致电鲍罗廷，要求撤换季山嘉。

2月22日晚，蒋介石应邀参加苏联顾问的宴会。席上，蒋自感有人"嫌"他。23日，原代理军校教育长、第二十师师长王柏龄见蒋，说有人诋毁他。蒋介石将这两件事联系起来，疑虑重重。日记云："闻茂如言，人毁我，昨夜又见人嫌我。"① 24日，国民政府成立两广统一委员会，任命汪精卫、蒋介石、谭延闿、朱培德、李济深、白崇禧为委员，将广西军队改编为第八军、第九军，以李宗仁、黄绍竑为军长。此事进一步引起蒋介石的疑忌，他认为广东有六个军，照次序，广西军队应为第七、第八军。但是，现在却将第七军的建制空下来，必然是季山嘉企图动员王懋功背叛自己，然后任命他为第七军军长。② 于是，蒋介石听从王柏龄的建议，于26日以迅雷不及掩耳的手段将王懋功扣留，任命自己的亲信刘峙为第二师师长。当日日记云："上午，茂如来谈，撤革王懋功之师长职，扣留之。此人狡悍恶劣，唯利是视"，"其用心险恶不可问，外人不察，思利用其以倒我，不知将来为害党国与革命至于胡底，故决心革除之"。③ 扣王之后，蒋日记云："今晚略得安睡矣。"次日，将王押送赴沪。

王懋功政治上接近汪精卫，王部是汪可以掌握的一支武装力量。蒋介石驱王之后，觉得心头一块石头落了地。27日在日记中得意地写道："凡事应认明其原因与要点。要点一破，则一切纠纷不解自决。一月以来之难境心战，至此稍安，然而险危极矣。"他找到汪精卫，声言季山嘉"专横矛盾，如不免去，不惟党国有害，而且牵动中俄邦交"。又

---

① 《蒋介石日记》（手稿本），1926年2月23日。

② 蒋介石：《复汪精卫书》，1926年4月9日；参见《晚宴退出第一军党代表及CP官长并讲经过情形》，《民国十五年以前之蒋介石先生》，第八编二，第40—42页。

③ 《蒋介石日记》（手稿本），1926年2月26日。

称："如不准我辞职，就应令季山嘉回俄。"下午，季山嘉在和汪精卫议事时，表示将辞去顾问职务。蒋介石在日记中对此称："不知其尚有何作用也？"①

尽管蒋介石在驱除王懋功问题上取得了胜利，但仍然疑虑重重，觉得自己处于极为危险的境地。3月5日日记云："单枪片马，孤苦零丁，忤逆毁巇，此吾今日之环境也。总理与诸先烈有灵，其当怜而援之，不使我陷于绝境至此也。"② 3月7日，刘峙、邓演达二人告诉蒋介石，有人以油印传单分送各处，企图掀起"反蒋"运动，这更增加了蒋介石的危险感，觉得有人在陷害他，企图把他搞掉。3月10日日记云："近日反蒋运动传单不一，疑我、谤我、毁我、忌我、排我、害我者亦渐显明，遇此拂逆，精神颓唐，而心志益坚矣。"这时，蒋介石和季山嘉的矛盾更形尖锐，以至于公然"反脸"③。12日，季山嘉和他讨论北伐问题，他居然"力辟其谬妄"④。蒋介石曾同意季山嘉由海路运兵往天津的计划，此时却认为这是"打消北伐根本之计"，与孙中山的"北伐"之志完全"相反"⑤。对于季山嘉劝他往北方练兵的建议，更认为是心怀叵测，是有意设法使他离开广东，"以失军中之重心，减少吾党之势力"⑥。"赴俄休养"本来是蒋介石自己提出的，而当汪精卫为了缓解他和季山嘉的矛盾，同意这一要求，催其"速行"时，蒋介石却又恐惧起来。3月14日，蒋介石和汪精卫谈话后，在日记中写道："晚，与季新兄谈话，其催予离粤乎？"3月15日日记云："知王懋功之恶劣及世道人心之险诈，诚不能办事矣。革命绝望。晚在家愤闷已极。"又云："忧患疑惧已极，自悔用人不能察言观色，竟陷于此，天下事不可为

---

① 《蒋介石日记》（手稿本），1926年2月27日。
② 同上，1926年3月5日。
③ 蒋介石：《复汪精卫书》，1926年4月9日。
④ 《民国十五年以前之蒋介石先生》，第八编二，第八编一，第77—78页。此句为蒋介石亲笔所加。
⑤ 蒋介石：《复汪精卫书》，1926年4月9日。
⑥ 同上。

矣!"这一时期,他和秘书陈立夫的赴俄护照也得到批准①,就使他更加惶惶然了。

正是在这种状态下,右派乘虚而入,利用蒋介石多疑的心理,制造谣言和事端,以进一步挑起蒋介石和汪精卫、季山嘉以及共产党人之间的矛盾。

二、 中山舰调动经过

要揭开中山舰事件之谜,还必须查清中山舰调动经过。

根据黄埔军校管理科交通股股员黎时雍的报告,事件的开始是这样的:"18日午后6时半,孔主任因外洋定安火轮被匪抢劫,饬赵科长速派巡舰一只,运卫兵16名前往保护。职奉令后,时因本校无船可开,即由电话请驻省办事处派船以应急需,其电话系由王股员学臣接。"②孔主任,指黄埔军校校长办公厅主任孔庆叡。赵科长,指黄埔军校管理科科长赵锦雯。定安轮是由上海开到广州的商轮,因船员与匪串通,在海上被劫,停泊于黄埔上游。③根据黎时雍的上述报告,可知当时调舰的目的在于保护商轮,最初并没有打算向李之龙管辖的海军局要舰,更没有指定中山舰开动,所求者不过"巡舰"(巡逻艇)一只,卫兵16名而已。只是由于黄埔军校"无船可开",才由黎时雍自作主张,向黄埔军校驻省办事处,请求"速派船来,以应急需"。

驻省办事处接电话的是交通股股员王学臣。他事后的陈述是:"3月18日午后6时30分,接驻校交通股黎股员时雍电话云:因本晚由上海开来定安商轮已被土匪抢劫,现泊黄埔鱼珠上游。奉孔主任谕,派卫兵16名,巡舰一只,前往该轮附近保护,以免再被土匪抢劫。职因此

① 蒋介石对曾扩情等人口述。见曾扩情:《蒋介石盗取政权和蓄谋反共的内幕》,全国政协文史资料未刊稿;参见陈肇英:《八十自述》,《中华民国史事纪要》,1926年3月20日,台北版。

② 《交通股股员黎时雍报告》,原件,1926年3月24日,中国第二历史档案馆藏。以下所引各原件,均同。

③ 参见《广州民国日报》,1926年4月12日、19日。

时接电话听不明了，系奉何人之谕，但有饬赵科长限本夜调巡洋舰一二艘以备巡查之用。职当即报告欧阳股长……想情系教育长之谕，故此请欧阳股长向海军局交涉。"① 欧阳股长，指黄埔军校管理科交通股股长兼驻省办事处主任欧阳钟。根据上述报告可知，向海军局要舰的是王学臣，所谓邓演达"教育长之谕"则是因为电话听不清，"想情"之故。至于舰只规模，也因"想情"之故，由"巡舰"而上升为"巡洋舰一二艘"了。

欧阳钟得到王学臣的报告后，即亲赴海军局交涉。当时，海军局代局长李之龙因公外出，由作战科科长邹毅面允即派舰只一二艘前往黄埔，听候差遣。此后，据欧阳钟自称，他"于是即返办事处"②。而据海军局的《值日官日记》则称："因李代局长电话不通，无从请示办法，故即着传令带同该员面见李代局长，面商一切。"③ 又据李之龙夫人报告：当夜，有三人到李之龙家，因李仍不在，由李之龙夫人接待，"中有一身肥大者"声称："奉蒋校长命令，有紧急之事，派战斗舰两艘开赴黄埔，听候蒋校长调遣。"同时又交下作战科邹科长一函，中称：已通知宝璧舰预备前往，其余一艘，只有中山、自由两舰可派，请由此两舰决定一艘。李之龙归来阅信后，即去对门和自由舰舰长谢崇坚商量，因自由舰新从海南回省，机件稍有损坏，李之龙决定派中山舰前往，当即下令给该舰代理舰长章臣桐。④ 同夜10时余，黄埔军校校长办公厅秘书季方接到欧阳钟电话，据称：向海军局交涉之兵舰，本晚可先来一艘，即宝璧舰，约夜12时到埔，请嘱各步哨不要误会。季方当即询问因何事故调舰，抑奉何人之命交涉，答称：系由本校黎股员时雍电话嘱咐，请保护商轮之用。⑤

19日晨6时，宝璧舰出口。7时，中山舰出口。同日晨，海军局参

① 《交通股王学臣报告》，原件，1926年3月26日。
② 《欧阳钟报告》，原件，1926年3月23日。
③ 抄件，中国第二历史档案馆藏。
④ 《李之龙夫人报告》，原件，1926年3月31日。
⑤ 《季方报告》，原件，1926年3月24日。

谋厅作战科科长邹毅要求欧阳钟补办调舰公函，欧阳钟照办。此函现存，内称："顷接黎股员电话云：奉教育长谕，转奉校长命，着即通知海军局迅速派兵舰两艘开赴黄埔，听候差遣等因，奉此，相应通知贵局迅速派兵舰两艘为要。"中山舰于上午9时开抵黄埔后，代理舰长章臣桐即到军校报到，由季方委派副官黄珍吾代见。章出示李之龙命令，略称：派中山舰火急开往黄埔，归蒋校长调遣。该舰长来校，乃为请示任务。并称：若无十分重要事情，则给其回省，另换一小舰来候用。黄珍吾当即报告邓演达，邓谓并无调舰来黄埔之事，但他"公事颇忙"，命黄转知该舰长听候命令。①

当时，以联共（布）中央委员布勃诺夫为团长的苏联使团正在广州考察。中山舰停泊黄埔期间，海军局作战科邹科长告诉李之龙，因俄国考察团要参观中山舰，俄顾问询问中山舰在省河否。李之龙即用电话请示蒋介石，告以俄国考察团参观，可否调中山舰返省，得到蒋介石同意，然后李之龙便电调中山舰回省。②

中山舰的调动经过大体如上。这一经过至少可以说明以下几点：

1. 中山舰驶往黄埔并非李之龙"矫令"，它与汪精卫、季山嘉无关，也与共产党无关。多年来，蒋介石和国民党部分人士一直大肆宣传的所谓"阴谋"说显然不能成立。

2. 蒋介石没有直接给海军局或李之龙下达过调舰命令。因此，所谓蒋介石下令调舰而又反诬李之龙"矫令"说也不能成立。

3. 中途加码，"矫"蒋介石之令的是欧阳钟。他明明去了李之龙家里，却在事后隐匿有关情节；他在海军局和李之龙夫人面前声称"奉蒋校长命令"调舰，而在给作为校长办公厅秘书的季方的电话里，却只能如实陈述；在给海军局的公函里，他清楚地写着要求"迅速派兵舰两艘"，而在事后所写的报告和供词中，又谎称只是"请其速派巡舰一二艘"③，有意含糊其辞。因此，欧阳钟是中山舰事件的一个重要干系人

① 《黄珍吾报告》，原件，1926年3月24日。
② 《李之龙供词》，原件，未署日期。
③ 《欧阳钟报告》，又参《欧阳钟供词》，原件，1926年3月31日。

物。此人是江西宜黄人，1925 年 5 月任军校代理辎重队长，不久改任少校教官，其后又改任管理科交通股股长兼军校驻省办事处主任。他是孙文主义学会骨干、海军军官学校副校长欧阳格之侄。[①] 了解了他的这一身份，将有助于揭开中山舰事件之谜。

三、 蒋介石的最初反应和 "三二〇" 之后的日记

据蒋介石自述，3 月 19 日上午，"有一同志" 在和蒋介石见面时曾问："你今天黄埔去不去？" 蒋答："今天我要去的。" 二人分别之后，到九点、十点时，"那同志" 又打电话来问："黄埔什么时候去？" 如此一连问过三次。蒋介石觉得有点 "稀奇" 了："为什么那同志，今天总是急急的来问我去不去呢？" 便答复道："我今天去不去还不一定。" 蒋介石所说的 "有一同志"，他当时表示名字 "不能宣布"，但实际上指的是汪精卫。到下午一点钟的时候，蒋介石又接到李之龙的电话，请求将中山舰调回省城，预备给俄国参观团参观。蒋介石当即表示："我没有要你开去，你要开回来，就开回来好了，何必问我做什么呢？" 此后，蒋介石愈益感到事情蹊跷："为什么既没有我的命令要中山舰开去，而他要开回来为什么又要来问我？" "中山舰到了黄埔，因为我不在黄埔，在省里，他就开回来省城。这究竟是什么一回事。"[②] 当日，蒋介石有这样一段日记："上午，往访季新兄。回寓会客。准备回汕休养，而乃对方设法陷害，必欲使我无地自容，不胜愤恨。下午五时，行至半途，

---

① 季方在关于中山舰事件一文中回忆说："在那年 3 月 18 日夜晚，有一艘来自上海的商船，于虎门驶过来遭到水盗的劫持后，即驶来军校要求缉查保护。当时由管理处（军校的后勤机构）的欧阳格（科长级干部，孙文主义学会分子）用校长的名义打电话给海军局，要调两艘炮舰到黄埔军校来。" 见《黄埔军校回忆录专辑》，第 34—35 页，广东人民出版社 1982 年版。这里所说的管理科的科长级干部欧阳格系管理科交通股股长欧阳钟的误记。此点笔者曾函询季方同志，蒙季方之女季明相告，可以订正。

② 蒋介石：《晚宴退出第一军党代表及 CP 官长并讲经过情形》，《民国十五年以前之蒋介石先生》，第八编二，第 45—46 页。

自思为何必欲私行，予人口实，志气何存！故决回寓，牺牲个人一切以救党国也，否则国粹尽矣。终夜议事。四时往经理处，下令镇压中山舰阴谋，以其欲陷我也。权利可以放弃，名位可以不顾，气节岂可丧失乎？故余决心不走。"① 蒋介石的这一段日记提出了一个重要事实，就是，他在判断所谓"陷我"的阴谋之后，最初的反应是离开广州，退到他所掌握的东征军总指挥部所在地汕头。已经行至半途了，才决定返回，对中山舰采取镇压措施。蒋介石的这一段记载，证以陈肇英、陈立夫、王柏龄等人的回忆，当是事实。陈肇英时任虎门要塞司令，他在《八十自述》中回忆说：3月19日，蒋介石专使密邀陈肇英、徐桴（第一军经理处处长）、欧阳格三人筹商对策。"当时蒋校长顾虑共产党在黄埔军校内，拥有相当势力，且驻省城滇军朱培德部，又有共党朱德统率之大队兵力②，且获有海军的支持，颇非易与，主张先退潮、汕、徐图规复。我则主张出其不意，先发制人，并请命令可靠海军，集中广九车站待变，以防万一。初时蒋校长颇为踌躇，且已购妥开往汕头之日轮'庐山丸'舱位。迨车抵长堤附近，蒋校长考虑至再后，终觉放弃行动，后果殊难把握，亟命原车驰回东山官邸，重行商讨，终于采纳我的建议，布置反击。"③ 陈立夫则称："汪先生谋害蒋先生"，"蒋先生发觉了这个阴谋，很灰心，要辞职，要出亡"。19日那天，检点行李，带他坐了汽车到天字码头，预备乘船走上海。在车上，他劝蒋先生干："有兵在手上为什么不干？"④ 又称："昔秦始皇不惜焚书坑儒，以成帝业。当机立断，时不可失。退让与妥协，必贻后悔。"⑤ 汽车到了码头，"蒋

---

① 《蒋介石日记》（手稿本），1926年3月19日。
② 此说误，当时朱德尚在莫斯科。
③ 转引自《中华民国史事纪要》，1926年3月20日。
④ 陈公博：《苦笑录》，第75页，香港大学亚洲研究中心1980年版；参阅陈立夫：《北伐前余曾协助蒋公作了一次历史性的重要决定》，台湾《传记文学》第41卷第3期。
⑤ 文心珏：《国共合作与国共分离的回忆》，湖南政协文史资料未刊稿。作者在"三二〇"事件后，曾亲自听陈立夫讲述有关经过。

先生幡然下决心，重复回到家中发动三月二十日之变"①。陈肇英和陈立夫的回忆在回汕头或去上海上虽有差异，但在蒋介石一度准备离开广州这一点上却和蒋介石的日记完全一致。这说明蒋介石当时确实相信有一个"陷害"他的阴谋，否则，他是不必在自己的亲信面前演出这一场戏的。

关于此，还可以在蒋介石"三二〇"之后的日记和其他资料中得到证明。

20日晨，根据蒋介石命令，采取了一系列措施：全城戒严；逮捕李之龙等共产党员50余人；占领中山舰；包围省港罢工委员会，收缴工人纠察队的枪械。与此同时，苏俄顾问也受到监视，卫队枪械被缴。21日，汪精卫致函国民党中央委员会请病假，声称"甫一起坐，则眩晕不支，迫不得已，只得请假疗治"，所有各项职务均请暂时派人署理。② 当日傍晚，蒋介石去探视汪精卫，日记云："傍晚，访季新兄病。观其怒气冲天，感情冲动，不可一世。甚矣政治势力之恶劣，使人几乎无道义之可言也。"

22日，国民党中央委员会在汪精卫寓所召集临时特别会议。会议上，汪精卫对蒋介石擅自行动表示了不满，会议决定："工作上意见不同之苏俄同志暂行离去"；"汪主席患病，应予暂时休假"；"李之龙受特种嫌疑，应即查办"。③ 会后，汪精卫即隐居不知去向。25日，蒋介石日记云："4时后回省，与子文兄商议，找觅精卫行踪不可得。后得其致静兄一书，称余疑其、厌其，所以不再任政治、军事之事。彼之心迹可以知矣。为人不可有亏心事也。"此后数日内，蒋介石日记充斥了对汪精卫的指责。

3月26日日记云："政治生活全是权谋，至于道义则不可复问矣。精卫如果避而不出，则其陷害之计，昭然若揭矣，可不寒心！"

3月28日日记云："某兄始以利用王懋功，离叛不成，继以利用教

---

① 陈公博：《苦笑录》，第75页，香港大学亚洲研究中心1980年版；参阅陈立夫：《北伐前余曾协助蒋公作了一次历史性的重要决定》，台湾《传记文学》第41卷第3期。

② 见《时报》1926年3月30日。

③ 《中国国民党第二届中央执行委员会政治委员会会议记录》，油印件。

育长陷害又不成，毁坏余之名节，离间各军感情，鼓动空气，谓余欲杀某党，欲叛政府。呜呼！抹煞余之事业有所不计，而其抹煞总理人格，消灭总理系统，叛党卖国，一至于此，可不痛乎！"

4月7日日记云："接精卫兄函，似有急急出来之意，乃知其尚欲为某派所利用，不惜党国之败坏也。"

蒋介石的这些日记表明，他当时确实认为，"陷害"他的阴谋的核心人物是汪精卫。4月20日，蒋介石在演说中声称："有人说，季山嘉阴谋，预定是日待我由省城乘船回黄埔途中，想要劫我到中山舰上，强逼我去海参崴的话，我也不能完全相信，不过有这样一回事就是了。"① 话虽然说得有点游移，但却道出了他的心病。

汪精卫于政治委员会临时特别会议之后隐居不出，据陈璧君说，一是为了"疗病"，一是为了让蒋介石"反省一切"。② 但蒋介石除了装模作样地给军事委员会写过一个呈子，自请处分外，并无什么像样的"反省"行为。其间，汪精卫读到了蒋介石致朱培德的一封信，信中，蒋介石毫不掩饰地表露了他对汪精卫的疑忌，于是汪精卫决定出国。3月31日汪精卫致函蒋介石，内称："今弟既厌铭，不愿与共事，铭当引去。铭之引去，出于自愿，非强迫也。"③ 蒋介石于4月9日复函云："譬有人欲去弟以为快者，或有陷弟以为得计者，而兄将如之何。"又称："以弟之心推之，知兄必无负弟之意，然以上述之事实证之，其果弟为人间乎，抑兄早为人间乎？其果弟疑兄而厌兄乎？抑吾兄疑弟而厌弟乎？"④ 这封信也说明了蒋介石当时认为，汪精卫受人离间，怀疑并厌弃自己，和其日记是一致的。

此外，还可以考察一下蒋介石这一时期的精神状态。3月20日下午，何香凝曾去见蒋介石，质问他究竟想干什么，派军队到处戒严，并

---

① 《晚宴退出第一军党代表及 CP 官长并讲经过情形》，《民国十五年以前之蒋介石先生》第八编二，第 46 页。

② 陈璧君：《致介兄同志书》，原件，1926 年 4 月 1 日。

③ 《致蒋介石书》，原件，1926 年 3 月 31 日。

④ 《复汪精卫书》，1926 年 4 月 9 日。

且包围罢工委员会，是不是发了疯，还是想投降帝国主义？据记载，蒋介石"竟像小孩子般伏在写字台上哭了"①。阳翰笙也回忆说，当他代表入伍生部到黄埔开会，见蒋介石"形容憔悴，面色枯黄"，作报告时讲到"情况复杂，本校长处境困难时，竟然哭起来了"②。邓演达也因为蒋介石"神色沮丧"，甚至关照季方："要当心校长，怕他自杀。"③这种精神状态，从蒋介石认为自己处于被"陷害"的角度去分析，也许易于理解。

尽管蒋介石内心对汪精卫恨之入骨，但是，汪精卫当时是国民政府主席、国民革命军总党代表，公认的孙中山事业的继承人，蒋介石这时还不具备彻底倒汪的条件。于是，一方面，他不得不在公众面前透露某些情节，以说明有人企图陷害他；另一方面，却又不能全盘托出他的怀疑。其所以吞吞吐吐，欲言又止，要人们在他死后看日记者，盖为此也。

四、 西山会议派与广州孙文主义学会的 "把戏"

据陈公博说，邹鲁在 1930 年曾告诉他：当时，西山会议派谋划"拆散广州的局面"，"使共产党和蒋分家"，邹鲁等"在外边想方法"，伍朝枢"在里头想办法"，于是，由伍朝枢出面，"玩"了下面这样一个"小把戏"。有一天，伍朝枢请俄国领事吃饭，跟着第二天便请蒋介石的左右吃饭。席间，伍朝枢装着不经意的样子说："昨夜我请俄国领事食饭，他告诉我蒋先生将于最近期内往莫斯科，你们知道蒋先生打算什么时候起程呢？"事后，蒋介石迅速得到了报告，他怀疑"共产党要干他"，或者汪精卫要"赶他"，曾经两次向汪精卫试探，表示于统一东江南路之后，极端疲乏，想去莫斯科作短暂休息。一可以和俄国当局

---

① 陈孚木：《国民党三大秘案之一》，连载之七，《热风》第 74 期，香港创垦出版社 1956 年 10 月 1 日出版，发表时署名"浮海"。

② 《风雨五十年》，第 105 页，人民文学出版社 1986 年版。

③ 季方：《我所接触到的蒋介石》，《文史资料选辑》第 73 辑，第 98 页。

接头，二可以多得些军事知识。在第二次试探时，得到汪精卫的同意。自此，蒋介石即自信判断不错。他更提出第三步试探，希望陈璧君和曾仲鸣陪他出国。陈璧君是个好事之徒，天天催蒋介石动身。碰巧俄国有一条船来，并且请蒋介石参观，听说当日蒋介石要拉汪精卫同去，而汪因已参观过，没有答应，于是蒋便以为这条船是预备在他参观时扣留他直送莫斯科的了。因此决定反共反汪。"这是三月二十日之变的真相"。①

这段记载说明了伍朝枢在挑起蒋介石疑惧心理过程中的作用。应该说，陈公博没有捏造邹鲁谈话的必要。但是，我们还必须结合其他材料加以验证。

1. 这一段话的核心是蒋介石怀疑共产党和汪精卫要"干他"或"赶他"，以自请"赴俄休养"作试探，得到汪精卫同意，便进一步增强了他的怀疑。此点和前引蒋介石日记大体一致。

2. 陈孚木在《国民党三大秘案》一文中说，其时，伍朝枢知道有一艘装载军械送给黄埔军校的俄国商船，不久会到广州，便编造"故事"说："苏联从蒋介石与俄顾问季山嘉的不和谐，判定蒋是反革命分子，已得汪精卫的同意，不日以运赠军械为名，派遣一只商船来广州，即将强掳蒋介石去莫斯科受训。""他把这'故事'作为很机要秘密的消息，通传给上海西山会议派中央的许崇智、邹鲁等几个广东人，很快便传到蒋介石在沪的亲密朋友如戴季陶、张静江、陈果夫等几个人耳朵里了。"② 陈孚木的这一段记载认定伍朝枢是编造谣言的主要人物，谣言的核心情节是利用俄船强掳蒋介石去莫斯科，伍并将这一谣言通传给上海的西山会议派。凡此种种，均可与邹鲁对陈公博所述相印证。陈孚木当时是国民政府监察委员，曾任《广州民国日报》的总编辑，和国民党上层人物广有联系。他看过中山舰事件制造者欧阳格 1927 年

---

① 陈公博：《苦笑录》，第 77—78 页。
② 《国民党三大秘案》，连载之三，《热风》第 70 期。

写的有关回忆稿①，所述自然具有相当的可靠性。

3. 1926 年 4 月 1 日，柳亚子致柳无忌函云："反动派陷害共产派是确实的，李之龙是一个共产派的军人（属于青年军人联合会的），而蒋部下很有孙文主义学会的人在那里捣鬼，他们制造一个假命令，叫李把中山舰开到黄埔去，一方面对蒋说，李要请你到莫斯科去了，蒋大怒，即下令捕李。"柳亚子所述的核心情节是，有人造谣，以李之龙将劫蒋"去莫斯科"，煽动蒋介石反共，此点和邹鲁、陈孚木所述基本一致。柳亚子是国民党元老，各方面交游颇广，他的这一段话不会没有来历。同函中，柳亚子又说："在两星期前，沈玄庐（定一）告诉陈望道，广州不出十日，必有大变，所以反动派的阴谋是和上海通气的。"②沈定一是西山会议派的重要人物，当时在上海。如果他不了解伍朝枢"玩的小把戏"，是不会作出"广州不出十日，必有大变"的判断的。6月 4 日，陈独秀在给蒋介石的一封信里也说："先生要知道当时右派正在上海召集全国大会，和广东孙会互相策应，声势赫赫。三月二十日前，他们已得意扬言，广州即有大变发生。先生试想他们要做什么？"③这些材料，都可以反证陈孚木所述：伍朝枢曾将他编造的故事，通传给在上海的西山会议派中央。

4. 邓演达曾告诉季方，蒋介石之所以"仓皇失措"，是因为"得到密报"："共产党利用其海军局长李之龙的关系，将中山舰露械升火，

---

① 据陈孚木叙述，欧阳格的回忆写于 1927 年"四一二"政变之后，想乘"清党"之机出版表功，曾请陈看过。后来送呈蒋介石，蒋约略一翻阅，脸色一沉，骂他道："吓！你懂什么？有许多问题你哪里知道，这种小册子可以出版的吗？把稿子留下来！"说着把稿本向抽屉内一丢，硬把这稿子没收了。见《国民党三大秘案》，连载之十八，《热风》第 85 期。按，《蒋介石日记》（手稿本）1927 年 7 月 11 日云："会蓝、方、欧阳葛〔格〕诸友。"可见，"四一二"政变后，欧阳格确实找过蒋介石。

② 《柳亚子文集·书信辑录》，第 70 页，上海人民出版社 1985 年版。

③ 《给蒋介石的一封信》，《向导周报》第 155 期。

与黄埔邓演达联合行动，图谋不轨。"① 此说虽未提到伍朝枢，但在指出蒋介石"得到密报"这一点上，仍有可资参证之处。

从 1926 年 1 月起，西山会议派的邹鲁等人就在广州和香港散布谣言。第一次说李济深阴谋倒蒋，广州并发现以四军名义指蒋为吴佩孚第二，想做大军阀的传单；第二次说第一军要缴四军的械；第三次说，二、三、四、五各军与海军联合倒蒋；第四次说，蒋介石对俄械分配于各军不满，将驱逐俄顾问全体回国；第五次说，蒋介石倒汪，② 如此等等。很显然，散布这些谣言的目的在于制造广东国民政府内部的不和，煽起蒋介石心中疑忌的火焰。事实上，它们也确实起了作用。这一点，前引蒋介石日记已有充分的证明。蒋介石之所以在那样一个特定时刻对中山舰采取镇压措施，应该说，西山会议派和伍朝枢的谣言起了重要作用。

当然，邹鲁把中山舰事件完全说成是西山会议派和伍朝枢的"功劳"也并不全面。其中还有柳亚子、陈独秀所指出的广州孙文主义学会的作用。广州孙文主义学会发端于 1925 年 6 月的中山学会，其核心人物为王柏龄、贺衷寒、潘佑强。这一组织成立后，即与西山会议派相勾结，阴谋反对国共合作。其间的联络人就是时任国府委员，兼任广州市市政委员会委员长的伍朝枢。李之龙说："这种组织（指广州孙文主义学会。——笔者注）在广州的主要工作，最初是对抗青年军人联合会，其后经伍朝枢、吴铁城之介绍，遂与西山会议派结合，遂受其利用而扩大为倒汪、排共、仇俄之阴谋。他们在广州发难，领过了上海伪第二次

---

① 季方：《白首忆当年》，《纵横》1985 年第 2 期。原文未说明消息来源，承季明女士相告，系季方直接得之邓演达者。当时，中山舰事件的制造者们确曾企图将邓演达牵连在内。季方回忆说：3 月 20 日晚，新任中山舰舰长欧阳格曾将中山舰开到黄埔，要求邓到舰上去商量要事。季方、严重、张治中等怕有阴谋，劝邓不要上当，邓因此托故未去（见上文）。关于此，陈肇英回忆说，当时曾由他和欧阳格"具函请军校的重要共党分子来舰谈话，而后予以扣押或驱逐出校"。见其所著《八十自述》。

② 李之龙：《汪主席被迫离职之原因、经过与影响》，汉口中央人民俱乐部印发；参见《邹鲁、胡毅生秘密到港》，《广州民国日报》1926 年 3 月 16 日。

全国代表大会数万元之运动费，陈肇英领了一万五千元，欧阳格领了五千元。"① 中山舰事件发生前，广州孙文主义学会分子异常活跃。王柏龄很早就到处散布汪精卫反蒋。② 2月22日，蒋介石日记中有王柏龄进谗的记载。3月17日早晨，王柏龄在黄埔军校内又散布说："共产党在制造叛乱，阴谋策动海军局武装政变。"③ 王柏龄并在他的部队内，对连以上军官训话，要他们"枕戈待旦"，消灭共产党的阴谋。④ 当日，蒋介石在日记中写道："上午议事。所受苦痛，至不能说，不忍说，是非梦想所能及者。政治生活至此，何异以佛入地狱耶！"显然，蒋介石的这段日记和王柏龄的谣言之间有着某种联系。正是在这一状况下，作为孙文主义学会成员之一的欧阳钟出面假传蒋介石命令，诱使李之龙出动舰只，以便和王柏龄的谣言相印证。他的活动是整个阴谋的组成部分。关于此点，如果我们将几个有关回忆录综合起来考察，就可以真相大白。陈孚木写道："那时伍朝枢所说的俄国商船已经到达，起卸军械之后，停在黄埔江面。一连几天，没有什么动静。于是，王柏龄便与欧阳格商量，决定'设计诱使中山舰异动'。"⑤ 章臣桐写道："在三月十八那一天，欧阳格打电话给黄埔军校驻省办事处的副官欧阳钟（欧阳格之侄），叫他用办事处的名义向海军局要一只得力兵舰开往黄埔，说是校长要的。所谓得力的兵舰，即暗指中山舰而言。"在章臣桐接到李之龙命令，上舰升火试笛之后，"欧阳格就在蒋的面前报告说：'中山舰已出动，正在开往黄埔，听说共产党要抢黄埔的军火'。"⑥ 自由舰舰长谢崇坚也有类似回忆。他说："三月十八日欧阳格侦知中山舰上发生混乱，戒备不严，有机可乘，密令欧阳钟伪称接到校本部电话，通知海军局立派一艘得力军舰，驶往黄埔听用。据说十九日上午中山舰在东堤起锚后，孙文主义学会分子立即向蒋介石控告，说海军李之龙异动，已出

---

① 《汪主席被迫离职的原因、经过与影响》。
② 《包惠僧回忆录》，第204页。
③ 马文车：《中山舰事件的内幕》，《文史资料选辑》第45辑。
④ 茅盾：《我走过的道路》，第305页，人民文学出版社1981年版。
⑤ 《国民党三大秘案》，连载之十八，《热风》第85期。
⑥ 《中山舰事件》，《上海文史资料》第8辑。

动中山舰要逮捕校长，夺取军火。"① 这就很清楚了：欧阳格与王柏龄定计之后，一面唆使欧阳钟矫令，一面向蒋介石谎报，其结果便演出了震惊中外的"三二○"的一幕。

中共很快就对孙文主义学会在中山舰事件中的作用有所了解。当年5月，上海区委主席团开会，有人报告说："中山舰问题，纯由孙文主义学会的挑拨而成。"② 多年以后，王柏龄曾得意地说："中山舰云者，烟幕也，非真历史也，而其收功之总枢，我敢说，是孙文主义学会。"③ 这不啻是自我招供。

五、 偶然中的必然

就蒋介石误信伍朝枢、欧阳格等人的谣言来说，"三二○"事件有其偶然性；但是，就当时国民党内左、右派的激烈斗争和蒋介石的思想状况来说，又有其必然性。

孙中山逝世后，国民党内的左、右派力量都有所发展。1926年1月召开的国民党第二次全国代表大会是左派的胜利。会议代表中，共产党员和国民党左派占绝对优势。吴玉章任大会秘书长，实际上主持会议。会议通过的宣言进一步阐明了联俄、联共、扶助农工的三大政策，坚持了"一大"的革命精神。会议选出的中央执监委员中，共产党员占7人，国民党左派占15人。在随后建立的国民党中央秘书处、组织部、宣传部、农民部中，都由共产党员担任领导工作。与此同时，国民

---

① 《中山舰事件亲历记》，《上海文史资料》第19辑。关于欧阳格谎报共产党要"抢黄埔的军火"一事，还可从蒋介石当时的活动中得到佐证。据民生舰舰长舒宗鎏及黄埔军校军械处长邓士章回忆，3月19日（原文误记为3月18日），他们曾接到"紧急通知"，要把黄埔库存的军火迅速装上民生舰，计三八式步枪一万支，俄式重机枪二百挺，装好后停泊于新洲海面。事后，蒋介石并登舰检查，对舒宗鎏说："没有我的命令，不许把军火交给任何人。"见覃异之《记舒宗鎏等谈中山舰事件》，《文史资料选辑》第2辑。如果没有欧阳格的谎报，蒋介石是不会这样将军火搬来搬去，折腾一气的。

② 《上海区委主席团会议记录——报告政局、党的策略及内部组织问题》。

③ 《黄埔创始之回忆》，《黄埔季刊》第1卷第3期。

革命军中大约已有一千余名共产党员。一军、二军、三军、四军、六军的政治部主任都由共产党人担任。一军三个师的党代表，有两个是共产党员。九个团的党代表中，七个是共产党员。此外，中国共产党在广东的群众基础也大为加强。当时，有组织的工人队伍约 10 余万，农会会员约 60 余万，其中工人武装纠察队 2000 余人，农民自卫军 3 万余人。

苏俄顾问团这一时期也加强了自己的地位和影响。顾问团向苏俄驻华使馆报告说："总参谋部是军事委员会的专门组织。罗加乔夫，我们的军事指挥者（团长助理）实际上担当总参谋长。"又说："我们的顾问事实上是所有这些部门的头头，只不过在职务上被称为这些部门首领的顾问。(1925 年) 12 月末，我们的顾问甚至占有海军局长（斯米诺夫）和空军局长（列米）的官方位置。"该报告又称："现存的国民党是我们建立起来的。它的计划、章程、工作都是在我们的政治指导下按照俄国共产党的标准制订的，只不过使它适合中国国情罢了。直到最近，党和政府一直得到我们的政治指导者的周密的指导，到目前为止，还不曾有过这样的情况，当我们提出一项建议时，不为政府所接受和实行。"①

汪精卫也表现为前所未有的左倾。据张国焘回忆：他"一切事多与鲍罗廷商谈"②。第二次全国代表大会举行前夕，莫斯科来了一个很长的报告，内容为反对帝国主义，汪精卫还没有读完就说内容很好，可作大会宣言的资料。在会议召开期间，汪精卫多次强调共产派与非共产派在历次战役中，热血流在一起，凝结成一块，早已不分彼此。既能为同一目的而死，更可为同一目的而生存下去。③ 在选举中央委员以前，他预拟了一份名单和中共商量，其中左派以及和汪有关系的人占多数。④1926 年 2 月 1 日，他在中执会常委会会议上，提议任命周恩来为第一军副党代表，李富春为第二军副党代表，朱克靖为第三军副党代表。5

---

① Document 22，Wilbur and How：*Document on Communism Nationalism and Soviet Advisers in China*（1918—1927），pp. 245—247.

② 《张国焘回忆录》第 2 册，第 82 页，现代史料编刊社 1980 年版。

③ 同上，第 82—83 页。

④ 同上，第 85 页。

日，又提议请毛泽东代理宣传部长。① 2 月 22 日，他在纪念苏俄红军成立八周年联欢会上，继季山嘉之后发表演说，声称："吾人对于如师如友而助我的俄同志，真不知如何表示其感激之情，惟有镌之中心而已。"② 对于孙文主义学会和青年军人联合会之间的冲突，他也鲜明地左袒，曾命令王懋功"严厉制止"孙文主义学会的游行。③ 3 月初旬，他又召集两会会员训话，激烈地批判孙文主义学会的反共倾向，曾称，"土耳其革命成功，乃杀共产党；中国革命未成，又欲杀共产党乎！"④

国民党右派不能容忍共产党力量的发展和苏俄顾问影响的增强，不能容忍汪精卫的左倾。西山会议派称："现在的国民政府，名义上是本党统治的，事实上是被共产党利用的。"又称："俄人鲍罗廷操纵一切"，"军政大权已完全在俄人掌握之中。"蒋介石虽然因依靠苏俄供应军械而仍然主张联俄，对共产党也时而表现出愿意合作的姿态，但在内心里，却早已滋生出强烈的不满。3 月 8 日日记云："上午与季新兄商决大方针。余以为中国国民革命未成以前，一切实权皆不宜旁落，而与第三国际必能一致行动，但须不失自动地位也。"9 日日记云："吾辞职，已认我军事处置失其自动能力，而陷于被动地位者一也；又共产分子在党内活动不能公开，即不能相见以诚，办世界革命之大事而内部分子貌合神离，则未有能成者二也。"4 月 9 日，蒋介石在复汪精卫函中也说："自第二次全国代表大会以来，党务、政治事事陷于被动，弟无时不抱悲观，军事且无丝毫自动之余地。"这一切都说明了蒋介石和左派力量争夺领导权的斗争必不可免，即使没有右派的造谣和挑拨，蒋介石迟早也会制造出另一个事件来的。

原载《历史研究》1988 年第 2 期

---

① 《中国国民党中执会常委会会议录》，《中国国民党第一、二次全国代表大会会议史料》，第 464—465、471 页，江苏古籍出版社 1986 年版。

② 《广州民国日报》，1926 年 2 月 24 日。

③ 王懋功：《致张静江书》，原件，1926 年 3 月 7 日。

④ 转引自蒋介石：《复汪精卫书》，1926 年 4 月 9 日。

1937： 中国军队对日作战的第一年

——从卢沟桥事变至南京陷落

1937 年 7 月 7 日，驻扎中国北平近郊的日军在卢沟桥附近演习，托词失踪士兵一名，要求进入桥畔的宛平县城搜查，遭到拒绝。不久，失踪士兵归队，但日军仍于次日清晨发起攻击，守城部队奋起抵抗。这一事件成为中国人民艰苦卓绝的八年抗日战争的开端。

最初，中国军队以华北为主战场，蒋介石自任这一战区的司令长官，同时将他所信任的德国军事顾问法尔肯豪森（Alexander von Falkenhausen）派到北方前线。[①] 但是，战争开始后不久，蒋介石决定首先消灭上海地区的日军。这样，中国军队就同时在华北、华东两个战场上与日军作战，而主战场则逐渐转移到上海地区。中国方面出动兵力约 75 万人，日方出动兵力约 25 万人，时间延续三个月，成为中国抗日战争史上规模庞大，作战最烈的一次战役。

蒋介石决定拒和、 应战

"九一八"事变后，蒋介石长期对日本采取妥协退让政策；卢沟桥

---

① 辛达谟：《法尔肯豪森将军回忆中的蒋委员长与中国》，台湾《传记文学》第 21 卷第 6 期。

事变后，蒋介石摸不清日方底细，方针难定，当日日记云："彼将乘我准备未完之时，逼我屈服乎？抑将与宋哲元为难乎？迫使华北独立乎？我之应战此其时乎？"① 次日，他一面派遣中央军北上，支持第二十九军军长宋哲元等"守土抗战"，同时电复北平市长秦德纯等，"应先具必战与牺牲之决心，及继续准备，积极不懈，而后可以不丧主权之原则与之交涉"②。

当时，中日两国国力、军力相差悬殊，因此，在国民政府内外，都有一部分人积极主和，或者设法推迟大战时间。在国民政府内部，以军事委员会常务委员徐永昌为代表。他认为，中日空军力量之比尚不足一比三，抗战准备至少尚须六个月。为此，他致函军政部部长何应钦等人，主张"和平仍须努力求之"③。18 日，又托人转告外交部长王宠惠，"在能容忍的情势下，总向和平途径为上计"④。何应钦同意徐永昌的意见，建议徐向时在庐山的蒋介石陈述⑤。21 日，徐永昌致函蒋介石称："对日如能容忍，总以努力容忍为是。盖大战一开，无论有无第三国加入，最好的结果是两败俱伤，但其后日本系工业国，容易恢复，我则反是，实有分崩不可收拾之危险。"⑥ 24 日，他又向蒋介石建言，"勿忘忍是一件很难挨的事"⑦。

在知识阶层中，北京大学校长蒋梦麟和教授胡适等都主张"忍痛求和"，认为与其战败求和，不如在大战发生之前"作一次最大的和平努力"。8 月 6 日，胡适向蒋介石提出书面建议：1. 近卫内阁可以与谈，机会不可失；2. 日本财政有基本困难，有和平希望；3. 国家今日之雏

---

① 《困勉记》（稿本），《蒋中正总统档案》，台湾"国史馆"藏。该稿本据蒋介石日记摘录，词句与日记原本小有不同。

② 《总统蒋公大事长编初稿》卷 4（上），总第 1120 页，台湾，1978。

③ 《徐永昌日记》，1937 年 7 月 14 日、16 日，台湾"中研院"近代史研究所，1991。

④ 同上，1937 年 7 月 18 日。

⑤ 同上，1937 年 7 月 19 日。

⑥ 同上，1937 年 7 月 20 日。本函所述，徐已在 19 日的会上作过口头陈说。

⑦ 同上，1937 年 7 月 24 日。

形，实建筑在新式中央军力之上，不可轻易毁坏。将来国家解体，更无和平希望。[①] 胡适希望经过努力，能在中日间维持五十年的和平。

　　和战是攸关国家命运、前途的大计，蒋介石不能没有矛盾。7 月 12 日，蒋介石决定在永定河与沧州、保定一线作持久战，同时严令制止与日方的妥协行为。16 日，蒋介石邀集各界人士 158 人在庐山举行谈话会，讨论"应战宣言"。该《宣言》空前坚决地声称："如果战端一开，就是地无分南北，年无分老幼，无论何人，皆有守土抗战之责任。"[②] 但是，对于这份宣言应否发表，何时发表，众议不一，蒋介石自己也犹豫不定。16 日日记云："此宣言发表，其影响究为利为害？"[③] 17 日日记云："倭寇使用不战而屈之惯技暴露无余，我必以战而不屈之决心待之，或可制彼凶暴，消弭战祸乎？" 19 日，蒋介石决定排除阻力，公开发表"应战宣言"。日记云："人人以为可危，阻不欲发，我则以为转危为安，独在此举，但当一意应战，核发战斗序列，不当再作回旋之想矣。"为了减少这份《宣言》的冲击力，他将之改称为"谈话"。

　　庐山谈话的措辞空前激烈，但是，蒋介石并没有下决心关闭"和平解决"的大门，所以同时表示："在和平根本绝望之前一秒钟，我们还是希望由和平的外交方法，求得卢事的解决。"此后，随着日本军事行动的扩展，蒋介石的抗战决心逐渐坚决。27 日，日军全面进攻北平附近的城镇，蒋介石日记云："遭必不能免之战祸，当一意作战，勿再作避战之想。""预备应战与决战之责任，愿由余一身负之。毋愧领袖。" 28 日，第 29 军副军长佟麟阁在防守北平南郊的战斗中阵亡，中国军队撤出北平。次日凌晨，天津守军主动进攻当地日军，日军调兵增援，中国军队因伤亡严重，于 30 日撤离天津。中国北方两个最大城市的丧失使蒋介石感到，再不抗战，必将招致全国反对。8 月 4 日日记云："平

---

　　① 胡颂平编：《胡适之先生年谱长编初稿》第 5 册，第 1598—1612 页，台湾联经出版事业公司 1984 年版。

　　② 《对卢沟桥事件之严正表示》，《总统蒋公大事长编初稿》卷四（上），总第 1131 页。

　　③ 《困勉记》。

津既陷，人民荼毒至此，虽欲不战，亦不可得，否则国内必起分崩之祸。与其国内分崩，不如抗倭作战。"蒋介石认为，中国方面虽多弱点，例如组织不健全、准备未完全等，在此情况下抗战，存在很大危险，但日本"外表横暴"，而"内部虚弱"，"以理度之，不难制胜"，"为我民族之人格计，苟能振起民族精神，未始不可转危为安，因祸得福也"。7日，蒋介石召开国防会议，会上，何应钦将军报告军事准备情形，提出第一期拟动员100万人投入作战，其中，冀、鲁、豫方面约60万人，热、察、绥方面约15万人，闽粤方面约15万人，江浙方面约10万人。何陈述的困难有财政开支扩大，枪械、子弹勉强可供六个月之需，防御工事未完成，空军机械不足等。蒋介石在谈话中对胡适主张颇有讥刺，参谋总长程潜甚至指责胡适为"汉奸"。会议决定"积极抗战与备战"。① 通过此次会议，抗战遂被正式确定为国策。

当时，蒋介石估计中日战争将是一场"持久"战，战期大约一年。他决定"以战术补正武器之不足，以战略补正战术之缺点，使倭敌处处陷于被动地位"，从而争取战争的胜利。②

8月13日，淞沪之战爆发。

中国军队力图 "先发制人"，但缺乏重武器，上海攻坚战未能取胜

上海处于东海之滨，距当时的中国首都南京不过三百公里。1932年5月的中日《淞沪停战协定》规定，中国在上海只能由"保安队"维持秩序，而日军则可在上海公共租界及吴淞、江湾、闸北等地驻兵，建立据点。为防止日军自上海入侵，南京国民政府根据法尔肯豪森等人的建议，于1934年起密令修筑上海周边工事，在吴县、常熟等地，利用阳澄湖、淀山湖构筑主阵地——吴福（苏州—福山）线，在江阴、

① 《王世杰日记》，1937年8月7日，台湾"中研院"近代史研究所，1990。
② 《困勉记》，1937年8月13日。

无锡之间构筑后方阵地——锡澄线，同时在乍浦与嘉兴之间兴建乍嘉线，以与吴福线相连。① 其后，又在龙华、徐家汇、江湾、大场等地构筑包围攻击阵地，并且拟有《扫荡上海日军据点计划》。② 卢沟桥事变发生，蒋介石为加强上海防务，任命张治中上将为京沪警备司令。张受命后，即命所部化装为保安队入驻上海虹桥机场等处。7 月 30 日，张治中将军向南京国民政府提出，一旦上海情况异常，"似宜立于主动地位，首先发动"。蒋介石同意张治中的设想，复电称："应由我先发制敌，但时机应待命令。"③

日本海军积极主张向华中地区扩张。7 月 16 日，日本海军第三舰队司令长谷川清中将向日本海军军令部报告：局限战将有利于中国兵力集中，造成日方作战困难，"为制中国于死命，须以控制上海、南京为要着"。④ 8 月 7 日，米内海军大臣建议杉山元陆军大臣向内阁提出，为保护青岛和上海日侨，应迅速准备派遣陆军赴华。⑤ 次日，长谷川清得到指示，为因应事态扩大，实施新的兵力部署。9 日，上海日本海军特别陆战队西部派遣队长大山勇夫中尉携带士兵斋藤要藏，以汽车冲入虹桥机场，开枪射击中国保安部队，中国保安队当即还击，将大山等二人击毙。⑥ 日军乘机在上海集中兵舰，以陆战队登陆，要求中国方面撤退保安队，拆除防御工事。海军中央部通知第三舰队称，除武力外，别无解决办法，将在陆军动员之后 20 天开始攻击。10 日，日本内阁会议同

---

① 黄德馨：《京沪国防工事的设想、构筑和作用》，《八一三淞沪抗战》，第 40—41 页，中国文史出版社 1987 年版。参见 Liang His‐huey：*Alexander von Falkenhausen*（1934—1938），Bernd Martin：*Die Deutsche Beraterschaft in China*1927—1938，Dusseldorf1981，Droste Verlag，pp. 141—142.

② 《八一三淞沪抗战》，第 40 页，中国文史出版社 1987 年版。

③ 张治中：《揭开八一三淞沪抗战的序幕》，《八一三淞沪抗战》，第 17 页，中国文史出版社 1987 年版。参见余湛邦：《张治中——张治中机要秘书的回忆》，第 27 页，吉林文史出版社 1992 年版。

④ 《蒋介石秘录》第 4 卷，第 24 页，湖南人民出版社 1988 年版。

⑤ 日本防卫厅防卫研究所战史室：《中国事变陆军作战史》第 1 卷第 2 分册，第 1 页，中华书局 1981 年版。

⑥ 见《中央日报》1937 年 8 月 10 日。

意派遣陆军。长谷川清命在佐世保待命的舰队开赴上海。12 日，陆军省决定动员 30 万兵力分赴上海与青岛。

保安队是上海地区仅有的中国部队。蒋介石认为，撤退保安队，上海将与北平一样，为日军占领，决定拒绝日方要求，同时下令准备作战。11 日，蒋介石得悉日舰集中沪滨，决定封锁吴淞口。同日，命张治中将所属八十七师师长王敬久所部、八十八师师长孙元良所部两师自苏州等地推进至上海围攻线，准备扫荡在吴淞和上海的日军，拔除其据点。① 当时，日本在上海的海军特别陆战队总兵力不超过 5000 人。② 12 日，国民党中常会秘密决定，自本日起，全国进入战时状态。③ 何应钦将军在会上表示："和平已经绝望"，"如果他稍有动作，就要打他，否则，等他兵力集中，更困难了"。④

张治中原定于 13 日拂晓前开始攻击，但蒋介石因英、美、法、意四国驻华使节等方面正在调停，要张"等候命令，并须避免小部队之冲突"。⑤ 同日上午 9 时 15 分，日本陆战队水兵冲出租界，射击中国保安队，中国军队还击。⑥ 10 点半，商务印书馆附近的中国军队与日军发生小冲突。⑦ 同日黄昏，日军炮击中国军队，中国军队以迫击炮还击。⑧ 日军并以坦克掩护步兵攻击八十七师阵地，日舰连续炮击上海市中心。⑨ 14 日拂晓，张治中奉蒋介石令，发起总攻。同日，中国空军出动，轰炸日第三舰队旗舰及在虹口的海军陆战队本部。淞沪之战爆发，

① 《上海作战日记》，《抗日战争正面战场》，第 263 页，江苏古籍出版社 1987 年版。

② 当时日本在上海的兵力说法不一，此据《中国事变陆军作战史》第 1 卷第 2 分册，第 4 页。

③ 《王世杰日记》，1937 年 8 月 12 日。

④ 《中常会第 50 次会议速记录》，1937 年 8 月 12 日。台湾"中国国民党党史馆"藏。

⑤ 同上，第 265 页。

⑥ 同上，第 335 页。

⑦ 同上，第 335 页。

⑧ 同上，第 335—336 页。参见台湾"国防部"史政编译局《日军对华作战纪要》。

⑨ 同上，第 336 页。

意味着中国在华北之外，又开辟了第二战场，名副其实地进入"全面抗战"。

战争初起，中国方面以优势兵力进攻日军在沪各据点，双方在上海虹口、杨树浦等处进行巷战。20 日夜，将日军压迫至黄浦江左岸狭隘地区，同时包围日海军陆战队司令部等据点。但是，日军在上海的据点大都以钢筋、水泥建成，异常坚固。8 月 17 日，张治中将军向蒋介石报告说："最初目的原求遇隙突入，不在攻坚，但因每一通路，皆为敌军坚固障碍物阻塞，并以战车为活动堡垒，终至不得不对各点目标施行强攻。"这种攻坚战，中国军队必须配备相应的重武器。张治中报告说："本日我炮兵射击甚为进步，命中颇佳，但因目标坚固，未得预期成果。如对日司令部一带各目标命中甚多，因无烧夷弹，终不能毁坏。"① 仅有的三门榴弹炮，一门因射击激烈，膛线受损；一门膛炸；一门不能射击。这种情况，自然无法克敌制胜。

中国军队当时是否完全缺乏攻坚武器呢？并非。关键在于何应钦将军没有想到，蒋介石也没有想到。11 月 20 日，蒋介石检讨说："绪战第一星期，不能用全力消灭沪上敌军。何部长未将所有巷战及攻击武器发给使用，待余想到，催发战车与平射炮，已过其时，敌之正式敌军，已在虬江码头与吴淞登陆矣。敬之（指何应钦。——笔者注）误事误国，亦余想到太迟之过也。"②

蒋介石对张治中将军的指挥不满意。8 月 20 日，庐山军官训练团教育长陈诚将军向蒋介石提出，华北战事扩大已无可避免，敌如在华北得势，必将利用其快速装备南下直扑武汉，于我不利，不如扩大沪事以牵制之。③ 同日，军事委员会决定将主力集中华东，迅速扫荡淞沪日本海陆军根据地，阻止或乘机消灭后续日军。军事委员会同时决定将江苏南部及浙江划为第三战区，蒋介石兼任司令长官，顾祝同将军为副司令长官，陈诚将军为前敌总司令。张治中将军被任命为淞沪围攻区第九集

---

① 《抗日战争正面战场》，第 342 页。
② 《省克记》，原稿。该稿摘抄自蒋介石日记，台湾"国史馆"藏。
③ 《陈诚私人回忆资料》，《民国档案》1987 年第 1 期。

团军总司令，张发奎将军被任命为杭州湾北岸守备区第八集团军总司令，守卫上海左翼浦东。这些举措，说明蒋介石开始重视上海战场，但是，蒋当时还没有在上海长期作战的思想准备，对这次战争的艰难与严酷也还缺乏认识。当日日记云："沪战颇有进展，倭军恐慌万分，其国内陆海军意见分歧，政府内部不能一致，已陷于进退维谷之势。英提议调解，可运用之，使倭得转圜离沪，以恢复我经济策源地乎?"① 次日，日本拒绝英国调停，蒋介石感到事态严重，"忧心倍增"。② 22 日，蒋介石下令成立第十五集团军，以陈诚将军为总司令，守卫上海右翼长江江岸。

日本陆、 海、 空军协同，中国反登陆战失利

日军在上海的兵力有限，要持续进攻，必须通过海上的远距离运输，将军队源源不断地送到中国战场。中国海军的军力本极有限，舰艇在战争开始时或被炸沉，或奉令自沉长江，封锁航道，已经没有和日舰进行海上作战的能力；空军能作战的飞机不过一百八十余架，不足以从空中遏制日本运兵舰艇的航行。③ 中国军队所能进行的只有反登陆，在海岸及相关纵深据点布置军队，阻遏日军，但是，中国方面又未予以足够重视，守卫江岸、海岸的兵力都很薄弱。

8 月 13 日夜，日本内阁会议决定出兵。15 日，日本政府发表声明，"为讨伐中国之暴戾，以促使南京政府之反省，如今已到了不得不采取断然措施之地步"④。同日，日本政府下令，以松井石根大将为司令官，率领第三、第十一师团组成上海派遣军，协助海军，扫荡、歼灭上海附近的中国军队，占领上海。17 日，日本阁议决定："放弃以往所采取之

---

① 《困勉记》。
② 同上。
③ 《王世杰日记》，1937 年 10 月 12 日。
④ 林石江译：《从卢沟桥事变到南京战役》，第 373 页，台湾"国防部"史政编译局，1987。

不扩大方针，采取战时态势上所需要之各种准备对策。"① 22 日，日本上海派遣军司令松井石根率第三、第十一师团到达上海东南的马鞍群岛。23 日，日军第十一师团在三十余艘军舰密集炮火的掩护下，于长江南岸川沙口强行登陆，占领川沙镇，第三师团在吴淞铁路码头登陆，进攻上海北部的吴淞、宝山等地。据中国方面第九集团军司令部作战科长史说回忆："在 23 日拂晓以后，日空军开始猛烈轰炸，使我援军不能接近，日海军也以猛烈炮火支援日军登陆。我沿长江岸守备的第五十六师和沿黄浦江口守备的上海市保安总团，兵力薄弱，日陆军登陆成功。"②

日军登陆后，中国方面力图阻止敌人向纵深发展。张治中将军在敌机猛炸下骑自行车赶赴前线，一面任命王敬久师长为淞沪前敌指挥官，指挥部队固守原阵地，一面抽调第十一师彭善在部、第九十八师夏楚中部北上，拒止登陆之敌。双方在罗店等地激战。中国军队向日军发动数次猛攻，虽有进展，但均未奏效。28 日，守卫罗店的中国军队伤亡过半，日军第十一师团占领罗店。31 日，日军第三师团攻占吴淞镇。9 月 1 日，日军精锐部队久留米第十二师团等三个师团到达上海，实力大增，向中国军队发动全线攻击。9 月 5 日，日军以优势兵力及战车、炮舰、飞机联合进攻，中国第十八军第九十八师姚子青营奋力抗战，激战至第二日，全营官兵壮烈牺牲。③ 蕴藻浜沿河之战，"双方死亡俱奇重，浜水皆赤，所谓流血成河，显系实在景况"④。据陈诚报告，该部自 8 月 22 日参战，至 9 月 7 日，仅第十一、第十四、第六十七、第九十八、第五十六等五个师即伤亡官兵 9039 名；第六师吴淞一役，即伤亡过半。"大部受敌飞机、大炮轰炸，人枪并毁。"其三十六团第二连，守卫火药库，"死守不退，致全部轰埋土中"⑤。

① 《从卢沟桥事变到南京战役》，第 374 页。
② 《八一三淞沪抗战》，第 95 页。
③ 《抗日战争正面战场》，第 354 页。
④ 《王世杰日记》，1937 年 9 月 6 日。
⑤ 《抗日战争正面战场》，第 356 页。

由于江岸地形有利于日本陆海空军协同作战，日军又源源增援，中国军队为减少损失，只能主动退守。参谋史说后来回忆说："日军在长江沿岸及黄浦江沿岸继续登陆，与我军一个点一个点地争夺，往往日军白昼占去，夜间我又夺回。""在日军舰炮火下，伤亡惨重，往往一个部队，不到几天就伤亡殆尽地换下来了。我亲眼看见教导总队那个团，整整齐齐地上去，下来时，只剩下几付伙食担子。"① 9 月 10 日，第十五集团军右翼阵地被突破。11 日，第九集团军奉命向北站、江湾等地转移。

反登陆战争失利，日军后续部队源源增加。9 月 11 日，自青岛调来的日军天谷支队进入月浦镇。12 日，由华北方面军转调的后备步兵十个大队陆续抵达上海战场。14 日，自台湾调来的重藤支队登陆。中国军队的处境越来越困难了。

为维护中苏交通线，蒋介石决定吸引日军改变主战场；为配合外交斗争，蒋介石决定坚守上海

9 月 11 日以后，中国军队转入顽强的守卫战。

作为淞沪战场的最高统帅，蒋介石最先感到了中国军队的不利态势。8 月 28 日，罗店失陷，蒋介石日记云："近日战局，渐转劣势，人心乃动摇矣。"31 日，吴淞失守，蒋介石再次在日记中表示："我军转入被动地位矣。"在这一形势下，蒋介石不得不重新思考，仗将如何打下去。9 月 2 日日记云："敌之战略，其弱点乃以支战场为主战场，其战争全在消极，且立于被动地位，故我之战略，应尽其全力贯注一点，使彼愈进愈穷，进退维谷，不难旷日持久，以达我持久抗战之目的。"这则日记说明，尽管上海战场形势不利，但蒋介石决定"全力贯注一点"，在上海长期拖住日军。其后，副参谋总长白崇禧将军、作战组长刘斐等向蒋提出，淞沪会战应"适可而止"，部队应及时向吴福线国防

---

① 《八一三淞沪抗战》，第 96 页。

工事转移。蒋介石一度接受这一意见，下令执行，但第二天又决定收回命令。[①] 同月 14 日蒋介石记云："我今集中兵力，在上海决战乎？抑纵深配备，以为长期抗战乎？"两种方案，前者意味着在上海和日军决出胜负，后者意味着向吴福线转移。这则日记，说明蒋对自己的战略决定有过犹疑。但是，这一时期，蒋从全国各地抽调的部队正陆续到达淞沪战场，因此，蒋仍然决定长期坚守上海。其日记云："各部虽死伤大半，然不支撑到底，何以慑服倭寇？"[②] 16、17 日，日军发动总攻击，中方阵地动摇，前线指挥官向蒋要求撤退，蒋严令死守，并亲往昆山督师。[③] 21 日，蒋介石调整部署，将中国军队分为右翼、中央、左翼三个作战军。右翼军以张发奎将军为总司令，下辖第八、第十两个集团军；中央军以朱绍良将军代替张治中为总司令，下辖第九集团军；左翼军总司令陈诚将军，下辖第十五、第十九两个集团军。

当时，中苏之间的枪械、弹药有两条运输线。一条是经外蒙古、内蒙古、山西大同至内地，一条经新疆、甘肃、山西，连接陇海路。9 月 11 日，大同失陷，蒋介石极为震痛，在日记中激烈地批评第二战区司令长官阎锡山，指责他未能守住大同等地，"使苏俄运械交通更为困难，其罪甚于宋哲元之失平津，可痛之至"！[④] 26 日，蒋介石得悉平汉线中国军队溃退，河北沧州不守，估计日军将进攻河南郑州，中俄之间的第二条联络线有可能截断，决定加强上海战场，吸引日军主力。27 日，蒋介石决定四项抗敌策略："一、引其在南方战场为主战场；二、击其一点；三、持久；四、（沿太行山脉侧面阵地）由晋出击。"[⑤] 10 月 8

---

① 刘斐：《抗战初期的南京保卫战》，全国政协编《文史资料选辑》第 12 辑，第 3—4 页。

② 《困勉记》。

③ 《王世杰日记》，1937 年 9 月 21 日。此际，李宗仁也曾劝蒋，"淞沪不设防三角地带，不宜死守；为避免不必要的牺牲，我军在沪作战应适可而止"。见《李宗仁回忆录》（下），第 692—693 页，政协广西壮族自治区文史资料研究委员会，1980。

④ 《困勉记》。

⑤ 同上。

日，蒋介石决定调骁勇善战的桂军加入上海战场。10 月 15 日日记云："相持半年，迟至明年三月，倭国若无内乱，必有外患，须忍之。"17 日，蒋介石到苏州督师。次日，中国军队在上海战场发动总反攻。

蒋介石之所以决定坚守上海，一是为了减轻华北战场的压力，维护中苏交通线，同时也是为了配合外交斗争，争取对即将召开的《九国公约》会议有较好的影响。《九国公约》签署于 1922 年 2 月，其签字国为美、英、日、法、意、比、荷、葡、中等九国。该条约表示尊重中国之主权与独立暨领土与行政之完整，强调各国在华机会均等与中国的门户开放。卢沟桥事变后，南京国民政府即向国联申诉，要求"谴责日本是侵略者"。国联没有采纳中国的要求，提议召开《九国公约》签字国会议讨论。10 月 16 日，比利时向有关各国发出邀请，初定同月 30 日在布鲁塞尔召开。蒋介石希望通过该次会议，"使各国怒敌而作经济制裁，并促使美、英允俄参战"①。因此，蒋希望在该会召开之前，上海战场能有较好的战绩，至少，要能坚守上海。据唐生智回忆，蒋介石曾向他表示："上海这一仗，要打给外国人看看。"② 同月 22 日，蒋介石通电全军将士，说明九国公约会议即将举行，全体将士"尤当特别努力，加倍奋励"，"于此时机表示我精神力量，以增加国际地位与友邦同情"。③ 为此，蒋介石向全国各地普遍调兵。24 日，蒋致电云南省主席龙云，询问滇军出发各部到达何处，要龙命令该军"兼程急进，望能于九国公约会议之初到沪参战"，急欲在会前有所表现的企图跃然而出。④

日本政府采取对应措施，不断从华北、东北及国内向上海战场增兵。10 月 1 日，日首相近卫、陆相杉山、海相米内、外相广田会议，通过《中日战争处理纲要》，决定发动十月攻势，扩大华北和华中战局，将中国军队分别驱逐至河北省及原上海停战协定规定区域以外，迫

---

① 《困勉记》。

② 《南京保卫战》，第 4 页。

③ 《中华民国重要史料初编》第二编，《作战经过》（一），第 55 页，台湾，1981。

④ 《蒋委员长致龙云十月敬电》，《蒋中正总统档案·革命文献·淞沪会战与南京撤守》，台湾藏。

使南京政府议和，结束战争。此后，上海战场日军参战兵力超过华北，达9个师团，20万人以上。17日，日本陆军省限令上海作战部队在《九国公约》签字国会前攻克闸北、南翔、嘉定一带。①

双方既在国际政治舞台上较量，战场上的拼杀自然更加激烈。10月21日，广西增援部队第二十一集团军军长廖磊率部到沪，向蕴藻浜沿河之敌发起全线反攻。桂军作战勇敢，但武器落后，缺乏与现代化武装的日军作战经验，未能挽救危局。22日蒋介石日记云："满拟以桂军加入战线，为持久之计，不料反因桂军挫败，而退至走马塘之线，战局顿形动摇，殊所失望。"② 次日，桂军因伤亡过大，撤至京沪铁路以南地区整理。③ 其他部队也伤亡惨重，第三十三师打到官兵仅剩十分之一，师长负伤，旅长失踪。④ 25日，中央军第七十八军第十八师师长朱耀华部防地为日军突破，朱军放弃位于上海西北的战略要地大场。至此，蒋介石才觉得"不能不变换阵地"，决定命中国军队作有限度的撤退，转移至苏州河南岸。但是为了给世人留下仍在坚守苏州河北岸的印象，他决定在闸北"留一团死守，以感动中外人心"⑤。27日夜，第八十八师第五二四团团副谢晋元奉命率部留守闸北四行仓库，演出了八百壮士（实只四百人）孤军抗敌的悲壮一幕。31日，该团退入上海公共租界，坚持至1941年12月18日。

蒋介石认识到，中国的对日战争只能是持久战、消耗战，但是，他提出的战略原则却是防守战。8月18日，他发表《告抗战将士第二书》，主张"敌攻我守，待其气衰力竭，我即乘胜出击"。"要固守阵地，坚忍不退，以深沟高垒厚壁，粉碎敌人进攻。"⑥ 9月13日，蒋介石手拟《告各战区全军将士文》，再次强调固守，"虽至最后之一兵一

---

① 《抗日战争正面战场》，第281页。
② 《困勉记》。
③ 《陈诚致蒋介石密电》，《抗日战争正面战场》，第372页。
④ 《顾祝同致何应钦密电》，《抗日战争正面战场》，第373—374页。
⑤ 《困勉记》。
⑥ 《总统蒋公大事长编初稿》卷4（上），总第1148页。

弹，亦必在阵中抗战到底"①。10 月 28 日，他在松江召开军事会议，仍然表示："要严密纵深配备，强固阵地工事"，"要不怕阵地毁灭，不怕牺牲一切"，"我们已移至沪战最后一线，大家应抱定牺牲的决心，抵死固守，誓与上海共存亡"。②

要杀敌卫国，自然需要强调牺牲精神，但敌人拥有海、空优势，配备重武器，呆板的防守战必然带来巨大的伤亡，最终也难以守住阵地。当时，日方有各种飞机 1500 架，而中国仅有战斗机、轰炸机 300 架。③8 月 24 日，张治中致蒋介石、何应钦密电云："连日敌机甚为活跃，全日在各处轰炸，毫无间断，我军日间几无活动余地，威胁甚大。"④ 白崇禧也表示："无制空权，仗无法打。我官兵日间因飞机不能动，夜间因探照灯亦不能动。长期抵抗，须另有打算。"⑤ 淞沪之战，中国军队士气旺盛，英勇抗敌，但蒋介石单纯防御，将几十万精锐密集于长江南岸狭长地区内，层层设防，硬打死拼，大量消耗中国军队的有生力量，是很愚蠢的作战方法。第二年，蒋介石回顾淞沪战役，就曾自我检讨，认为自己没有在九国公约会议之前，及早退兵于吴福线、乍嘉线阵地，"而于精疲力尽时，反再增兵坚持，竟使一败涂地，不可收拾"，"此余太坚强之过也"。⑥

"坚强"是好事，但不顾条件，"坚强"太过，没有任何灵活性，就是执拗了。

中国军方的大失误，忽视杭州湾防务

日军最初制订的作战计划是：在上海西北的白茆口和西南的杭州湾登陆，占有上海、南京、杭州三角地带。为此，日军早就对杭州湾实施

① 《总统蒋公大事长编初稿》卷 4（上），总第 1167 页。
② 同上，总第 1179 页。
③ 《蒋介石秘录》第 4 卷，第 28 页，湖南人民出版社 1988 年版。
④ 《抗日战争的正面战场》，第 294 页。
⑤ 《徐永昌日记》，1937 年 11 月 12 日。
⑥ 《困勉记》，1938 年 2 月 2 日。

侦察，收集地志资料。① 金山卫水深，可停舰艇，又有利于登陆的沙滩，明代倭寇扰浙时，即在此登陆。8 月 20 日，蒋介石得报，金山卫有日本水兵登陆侦察，指令"严防"。② 10 月 18 日，军事委员会第一部作战组情报提出，日军有在杭州湾登陆企图，但估计登陆部队最多一个师，不会对上海战局有什么影响。③ 倒是张发奎将军有警觉，亲到当地巡察，并配置了兵力：以第六十三师担任乍浦、澉浦防务，以第六十二师担任全公亭、金山嘴防务。10 月 26 日，中央军撤到苏州河南岸后，浦东防务紧张，张发奎遂将第六十二师主力调防浦东，当地仅余该师少数兵员，实力空虚。④

11 月 5 日，日军第十军司令官柳川平助以三个半师团的兵力，在舰炮掩护下，于杭州湾北岸的金山卫登陆。中国军队因兵力悬殊，无法阻挡。中国统帅部急令已调浦东第六十二师的主力回兵，会同新到枫泾的第七十九师合力反击，并令从河南调来、新到青浦的第六十七军向松江推进。蒋介石希望借此稳住阵地。6 日，蒋介石日记云："如我军能站稳现有阵地，三日以后当无危险矣。"⑤ 但是，由于天雨泥泞，加上日机轰炸，中国部队行动迟缓，日军后续部队源源登陆。第六十七军从河南调来，尚未集中，即遭敌各个击破。8 日，松江失陷，这样，退守苏州河南岸的中国军队侧背受敌，有被围歼危险。

日军在金山卫登陆，上海战场中国军队的侧背受到严重威胁，有可能陷入包围，使退却无路，全军覆没。有鉴于此，白崇禧将军再次向蒋介石提议，中国军队向吴福线后撤。11 月 7 日，朱绍良将军、何应钦将军等也提出，"已到不能不后撤之时会"⑥。蒋介石权衡利害，这才认识到保存有生力量的重要，日记云："保持战斗力以图持久抗战，与消失战斗力以维持一时体面相较，则当以前者为重。"同日，蒋下令中国

① 《从卢沟桥事变到南京战役》，第 554—555 页。
② 《困勉记》。
③ 《抗日战争正面战场》，第 282 页。
④ 《第三战区淞沪会战经过概要》，《抗日战争正面战场》，第 381 页。
⑤ 《困勉记》。
⑥ 《徐永昌日记》，1937 年 11 月 7 日。

军队自上海苏州河南岸撤退。[①] 但是，他仍然担心此举会对《九国公约》会议造成不良影响，痛苦地写道："借此战略关系而撤退，使敌知我非为力尽而退，则不敢穷追与再攻，是于将来之战局有利，然于九国公约会议之影响，其不良必甚大，使此心苦痛不已。"[②]

忽视杭州湾北岸防务是重大的战略错误。后来蒋介石总结说："由大场撤退至苏州河南岸以后，以张发奎为指挥官，使金山卫、乍浦一带，负责无人，不注重侧背之重要，只注意浦东之兵力不足，调金山、乍浦大部移防浦东，乃使敌军得乘虚而入，此余战略最大之失败也。"[③]

一个优秀的军事家必须既善于组织进攻，又善于组织撤退。蒋介石下令在苏州河南岸撤退后，中国军队争相夺路，秩序混乱，作战能力丧失殆尽。郭汝瑰将军后来说："淞沪战役我始终在第一线，深知三个月硬顶硬拼，伤亡虽大，士气并不低落，战斗纪律良好，只要撤下来稍事整理补充，即可再战。唯有大溃退，数日之间精锐丧尽，军纪荡然。如在敌攻占大场时，就有计划地撤退，必不致数十万大军一溃千里。"[④] 11月11日，中国军队撤出上海南市，上海市长发表告市民书，沉痛宣告上海沦陷。

淞沪之战双方都付出了很大代价。据日方统计，至11月8日止，日军在上海战场阵亡9115名，负伤31257名，合计40372名。[⑤] 但是，中国方面损失更大。据何应钦将军11月5日报告，淞沪战场中国军队死伤187200人，约为日军的4倍半。[⑥]

南京：守乎？弃乎？

日军攻占上海后，军方出现两种意见：一种认为军队已经非常疲

---

①　参见《徐永昌日记》，1937年11月6日。

②　《困勉记》。

③　《省克记》。

④　《八一三淞沪抗战》，第252页。

⑤　《从卢沟桥事变到南京战役》，第555页。

⑥　《徐永昌日记》，1937年11月5日。

劳，必须休整；一种意见认为，军队虽然疲劳，但仍应攻占南京。11月7日，日军编组华中方面军，以松井石根兼任司令官，规定以苏州、嘉兴联结线为"统制线"，在此以东作战。但是，第二天，日军就兵分两路。一路以上海派遣军为主力，沿沪宁铁路线西进，一路以第十军和国崎支队为主力，沿太湖南岸向湖州集结。13日，日军一部在常熟白茆口登陆，声势更盛。15日，第十军幕僚会议认为，中国军队已处于溃散状态，如果把握战机，断然实施追击，二十天即可占领南京。华中方面军赞同占领南京的意见，认为"现在敌军的抵抗，各阵地均极微弱"，如不继续进攻，"不仅错失战机，且令敌军恢复其士气，造成重整其军备的结果，恐难于彻底挫折其战斗意志"。①

日军自太湖南北同时西进，威胁南京。11月13日，蒋介石决计迁都，长期抗战。日记云："抗倭之最后地区与基本线乃在粤汉、平汉两路以西，而抗倭之最大困难，乃在最后五分钟，此时应决心迁都于重庆，以实施长期抗战之计，且可不受敌军威胁，以打破敌人迫订城下之盟之妄念。"② 但是，南京是战是守，意见不一。高级将领中普遍反对"固守"。有人明确表示，不应在南京作没有"军略价值之牺牲"，白崇禧将军主张改取游击战，刘斐将军主张适当抵抗之后主动撤退，只作象征性防守。③ 蒋介石一时也拿不定主意。11月17日日记云："南京应固守乎？放弃乎？殊令人踌躇难决。"④ 不过，蒋介石和唐生智上将都认为，南京为首都所在，总理陵墓所在，不可不作重大牺牲。蒋并表示，愿自负死守之责。将领们认为统帅不宜守城，时在病中的唐生智将军遂自动请缨。⑤ 19日，蒋介石任命唐生智为南京卫戍司令长官，刘兴中将

---

① 《从卢沟桥事变到南京战役》，第601页。
② 《困勉记》。
③ 《王世杰日记》，1937年11月19日；刘斐：《抗战初期的南京保卫战》，《南京保卫战》，第8—9页。
④ 《困勉记》。
⑤ 《王世杰日记》，1937年11月19日；参见唐生智：《卫戍南京之经过》，《南京保卫战》，第3—4页。

为副司令长官，负责守卫南京，时间为三个月至一年。① 不过，蒋介石也确知南京难守。11 月 27 日，蒋介石巡视南京城防工事，叹惜道："南京孤城不能守，然不能不守也。"② 这声叹惜，正是蒋内心矛盾的表现。

淞沪之战打响后，主和之议一直未歇。9 月 8 日，蒋介石日记云："时至今日，只有抗战到底之一法。主和派应竭力制止之。"③ 次日日记云："除牺牲到底外，再无其他出路。主和之见，乃书生误国之尤者，试思此时尚能议和乎！"④ 及至淞沪战败，主和之议再盛。司法院院长居正原来坚决反对和议，力主逮捕胡适，此时转而力主向日方求和，并称："如无人敢签字，彼愿为之！"⑤ 11 月 21 日，蒋介石处理南京战守事毕，慨叹道："文人老朽，以军事失利，皆倡和议，而高级将领，亦有丧胆落魄而望和者。呜呼！若辈竟无革命精神若此，究不知其昔日倡言抗战之为何也。"⑥

为了守卫南京，中国统帅部的第三期作战计划规定：京沪线方面，以最小限之兵力，利用既设工事，节节抵抗，同时抽调兵力，以一部转入沪杭线，抵御向太湖南岸进军的日军，一部增强南京防御能力。计划称，在后续援军到达时，将以皖南的广德为中心，与敌决战，在钱塘江附近歼灭日军。⑦ 当时，中国军队已退至第一道国防线——吴福线，但是，这道被誉为中国兴登堡防线的国防工程却"无图可按，无钥开门，无人指示"。⑧ 19 日，日军进占苏州。俗话云："兵败如山倒。"吴福线不守，中国军队主力继续向锡澄线及太湖西南的安吉（浙江）、宁国（安徽）等地溃退，蒋介石原来以为"有良好地形，坚固阵地，可资扼

① 《徐永昌日记》，1937 年 11 月 6 日。
② 《困勉记》。
③ 同上。
④ 同上。
⑤ 《王世杰日记》，1937 年 11 月 21 日。
⑥ 《困勉记》。
⑦ 《淞沪作战第三期作战计划》，《抗日战争正面战场》，第 331 页。
⑧ 《抗日战争正面战场》，第 333—334 页。

守"的锡澄线同样没有发挥作用。11 月 20 日，蒋介石调集第二十三集团军川军刘湘部五个师、两个独立旅，由四川赶到皖南广德、浙西北的泗安、长兴一线。不过，川军作战能力很低，纪律很坏，"闻敌即走"，并未发挥多大作用。① 11 月 23 日，蒋介石到常州，召集前方将领训话，局势也并无改变。11 月 25 日，无锡失守。26 日，位于太湖南岸的吴兴失陷。蒋介石得悉撤退秩序不良，日记云："竟不分步骤，全线尽撤，绝无规律，痛心盍极！"② 29 日，日军侵占宜兴。30 日，日军攻陷广德，从东南、西南两个方面对南京形成包围之势。12 月 1 日，江防要塞江阴失守。同日，日方下达"华中方面军司令官应与海军联合进攻中国首都南京"的皇命，日军分三路进攻南京。

蒋介石反对与日本议和，但不反对国际调停。早在日军金山卫登陆之际，德国大使陶德曼（Oskar P. Trautmann）即受日方委托，向蒋转达日方媾和条件，蒋介石认为，这些条件"仍以防共协定为主"，"乃严词拒绝之"。③ 24 日，蒋介石曾经寄以希望的九国公约会议闭会，没有取得任何积极性成果。12 月 2 日，蒋介石为行"缓兵计"，再次会见陶德曼，表示愿以日方所提条件为谈判基础，但要求先停战后谈判。6日，蒋介石得悉句容危急，决定离开南京，日记云："敌以德大使所提调停办法，不能迫我屈服，乃已决绝乎！"④ 7 日，蒋介石飞离南京。日记云："对倭政策，惟有抗战到底，余个人亦只有硬撑到底。"⑤ 到庐山后，蒋介石即研究、制订全国总动员计划，准备在"全国被敌占领"的最坏情况下仍然坚持奋斗。⑥

南京的防御工事分"外围阵地"与以城墙为主要依托的"复廓阵

① 《徐永昌日记》，1937 年 12 月 3 日。
② 《困勉记》。
③ 同上。
④ 同上。
⑤ 同上。
⑥ 蒋介石 1937 年 12 月 9 日日记云："此次抗战，即使全国被敌占领，只可视为革命第二期一时之失败，而不能视为国家被敌征服，更不能视为灭亡，当动员全国精神力自图之。"见《困勉记》。

地"两种。12月5日，日军进攻"外围阵地"。8日，汤山失守，唐生智将军下令中国军队进入"复廓阵地"。9日，日军逼近南京城墙，两军在光华门、雨花台、紫金山、中山门等处激战，光华门几度被突破。松井石根限令唐生智在10日午前交出南京城，遭到唐的坚决拒绝。12月11日，松井石根下令总攻。

淞沪之战中，中国军队消耗过大；战后，武器、弹药、粮食都严重缺乏，士气极端低落。蒋介石百方拼凑，守城兵力仅得12个师，约12万人，其中新补士兵约3万人，未受训练，匆促上阵，官兵间尚不相识。这种情况，本已不能再用守卫战、阵地战一类的作战形式。蒋介石之所以坚守南京，一是如上述，南京轻易失守，攸关体面；二是对苏联出兵有所期待。

当时在国际列强中，苏联是唯一表示愿积极支持中国的国家。8月21日，中国与苏联签订久议未决的互不侵犯条约，苏方允诺中国可不以现款购买苏联军火。9月1日，蒋介石就在国防最高会议上预言，苏联终将加入对日战争。[①]28日，苏联驻华大使鲍格莫洛夫奉召返国，曾和中国外交部长王宠惠谈及苏联参战的必要条件。[②]10月22日，蒋致电时在莫斯科的中国军事代表团团长杨杰，询问如《九国公约》签字国会议失败，中国决心军事抵抗到底，苏俄是否有参战之决心与其日期。11月10日，苏联党和国家重要领导人伏罗希洛夫元帅在宴别中国代表张冲时，要张归国转告：在中国抗战到达生死关头时，苏俄当出兵，决不坐视。30日，蒋介石致电伏罗希洛夫及斯大林表示感谢，电称："中国今为民族生存与国际义务已竭尽其最后、最大之力量矣，且已至不得已退守南京，惟待友邦苏俄实力之应援，甚望先生当机立断，仗义兴师。"[③]当时，蒋介石将苏联出兵看成挽救危局的唯一希望。12月5日，斯大林、伏罗希洛夫回电称，必须在九国公约签字国或其中大

---

① 《王世杰日记》，1937年9月1日。

② 同上，1937年9月28日。

③ 《蒋委员长致蒋廷黻、杨杰（请伏元帅转斯大林先生）电》，《蒋中正总统档案·革命文献·对苏外交》。

部分国家同意"共同应付日本侵略时",苏联才可以出兵,同时还必须经过最高苏维埃会议批准,该会议将在个半月或两个月后举行。[①] 此电与杨杰、张冲的报告不同,蒋介石内心感到,苏俄"出兵已绝望"[②],但他仍然再次致电斯大林,表示"尚望贵国苏维埃能予中国以实力援助"。[③] 不仅如此,他还继续以之鼓舞身边的高级将领,声称"俟之两个月,必有变动"。[④] 12月6日,蒋致电第五战区司令长官李宗仁及阎锡山称:"南京决守城抗战,图挽战局。一月以后,国际形势必大变,中国必可转危为安。"[⑤] 这里所说的"国际形势必大变",仍指苏联出兵。12月11日,蒋已经指示唐生智等,"如情势不能久持时,可相机撤退,以图整理而期反攻"。[⑥] 但第二天却又改变主意,致电唐生智将军等称:"经此激战后,若敌不敢猛攻,则只要我城中无恙,我军仍以在京持久坚守为要。当不惜任何牺牲,以提高我国家与军队之地位与声誉,亦惟我革命转败为胜唯一之枢纽。"蒋指示:"如能多守一日,即民族多加一层光彩。如能再守半月以上,则内外形势必一大变,而我野战军亦可如期来应,不患敌军之合围矣!"[⑦] 不难看出,蒋所说的"内外形势必一大变"的"外",仍然包含苏联出兵在内。"苏俄无望而又不能绝望"[⑧],这正是蒋介石当时的无奈心理。

苏联与中国同受日本侵略威胁,因此,支持中国抗战,但是,苏联更担心德国入侵,日苏之间的矛盾又尚未发展到必须干戈相见地步,苏联自然不可能轻易在远东有所动作。

---

① 《斯大林、伏罗希洛夫致蒋委员长十二月电电》,《蒋中正总统档案·革命文献·对苏外交》。原电无日期,此据《徐永昌日记》考订。

② 《困勉记》,1937年12月5日。

③ 《中华民国重要史料初编》,第三编(二),第340页。

④ 《徐永昌日记》,1937年12月6日。

⑤ 《蒋委员长致李宗仁、阎锡山等鱼电》,《蒋中正总统档案·革命文献·淞沪会战与南京撤守》。

⑥ 《南京保卫战战斗详报》,《抗日战争正面战场》,第413页。

⑦ 《蒋委员长致唐生智、刘兴、罗卓英电》,《蒋中正总统档案·革命文献·淞沪会战与南京撤守》。

⑧ 《爱记》(稿本),1937年12月9日。

12 月 12 日，日军继续猛攻，中华门、中山门、雨花门、光华门等多处城门被突破，南京卫戍司令长官部决定大部突围，一部渡江撤退。但是，由于情况混乱，撤退命令无法正常下达。除少数部队突围外，大部分军队拥至长江边，形成极度混乱的局面。挹江门外，"被踏死者堆积如山"①。"仅有之少数船舶，至此人人争渡，任意鸣枪。船至中流被岸上未渡部队以枪击毁，沉没者有之，装运过重沉没者亦有之。"② 12 月 13 日，日军攻陷南京，旋即开始惨绝人寰的大屠杀。

在淞沪战败之后，南京失陷有其必然性，但是，突围与撤退时的严重混乱及其损失仍然是可以避免的。

在极端困难的状况下坚持抗战国策

首都失陷，常常和国家沦亡相联系，在中国历史上是很少有的现象。一时间，日军骄横气焰达于极点，中国政府、中国军队、蒋介石个人都处于极端困难的境地。怎么办？中国的路应该怎样走下去？

12 月 15 日，蒋介石召集高级干部会议讨论，会议情况是："主和、主战，意见杂出，而主和者尤多。"③ 国防最高会议副主席汪精卫本来对抗战就信心不足，这时更加缺乏信心。次日，他向蒋介石提出，"想以第三者出面组织，以为掩护"④。显然，汪企图抛弃抗战国策，在国民政府之外另树一帜。行政院副院长孔祥熙这时也从"倾向和议"发展为"主和至力"。⑤ 18 日，蒋介石日记云："近日各方人士，皆以为军事失败，非速求和不可，几乎众口一词。"⑥ 当时，陶德曼的调停还在继续，蒋介石担心日方有可能提出比较"和缓"的条件，诱使中国内部发生争执与动摇。26 日，蒋介石得悉日方提出的新议和条件，发

---

① 《宪兵司令部战斗详报》，《抗日战争正面战场》，第 433 页。
② 《陆军第七十八军南京会战详报》，《抗日战争正面战场》，第 424—425 页。
③ 《困勉记》，1937 年 12 月 15 日。
④ 《困勉记》，1937 年 12 月 16 日。
⑤ 《王世杰日记》，1937 年 12 月 2 日、27 日。
⑥ 《困勉记》。

现较前"苛刻",心头为之一安,决心"置之不理"。① 27 日,蒋介石召集国防最高会议常务会议讨论,主和意见仍占多数,监察院院长于右任甚至当面批评蒋介石"优柔"。② 会上,蒋介石坚持拒和。28 日,蒋与汪精卫、孔祥熙及军事委员会秘书长张群谈话,声称"国民党革命精神与三民主义,只有为中国求自由与平等,而不能降服于敌人,订立不堪忍受之条件,以增加国家、民族永远之束缚"。③ 次日,再与于右任、居正谈话,表示"抗战方略,不可变更。此种大难大节所关之事,必须以主义与本党立场为前提。今日最危之点,在停战言和耳"④!蒋介石认为,与日本议和,外战可停,而内战必起,国家定将出现大乱局面。1938 年 1 月 2 日,蒋介石下定破釜沉舟的决心:"与其屈服而亡,不如战败而亡。"⑤ 他最终决定,拒绝德国方面的斡旋,坚持既定的抗战国策。

华北战场失利与平型关之捷

日军占领北平和天津后,决定进行华北会战,扩大战果,占领华北要地。其主决战方向为沿平汉、津浦两条铁路线南下,打击在河北省境内的中国军队主力,同时沿平绥路西进,进攻察哈尔、山西北部及绥远。8 月 31 日,日本编成华北方面军,以寺内寿一上将为司令官,兵力约 37 万人。

中国方面为保卫华北,将平汉、津浦两条铁路线的北段划为第一战区,以之作为与日军作战的正面战场,同时将山西、察哈尔、绥远三省划为第二战区,作为"侧背"。两个战区共辖 6 个集团军,约 60 万人。为了就近指导河北方面的作战,军事委员会在保定设立行营,以徐永昌

---

① 《困勉记》,1937 年 12 月 26 日。
② 同上,1937 年 12 月 27 日。
③ 同上,1937 年 12 月 28 日。
④ 同上,1937 年 12 月 29 日。
⑤ 同上。

为主任。

自 8 月 11 日至 10 月 16 日，沿平绥路进攻的日军先后占领南口、张家口、大同、包头等地，控制北平西北的广大地区，解除其南下威胁。自 9 月中旬至 12 月下旬，沿平汉、津浦线进攻的日军先后占领石家庄及河南北部的安阳等地。中国军队虽然作战顽强，但未能遏阻敌人的进攻。只是由于中国共产党所领导的第八路军的参战，中国方面才在山西平型关取得了一次规模不大，但振奋人心的胜利。

9 月中旬，日军进攻山西北部。第二战区司令长官阎锡山决定以内长城线为依托，把守平型关、雁门关一线，阻止日军对山西中部的进攻。9 月 24 日，第八路军第 115 师师长林彪和副师长聂荣臻决定利用平型关附近的山地，集中兵力设伏。25 日，日军坂垣征四郎所属第 5 师第 21 旅的后续部队行经该地，中国军队出其不意地发动攻击。双方短兵相接，日本空军无法发挥作用。此役中国军队歼灭日军数百人，缴获辎重马车二百余辆及大量军用物资。在日军长驱直入，国民党军队节节败退的状况下，第八路军打破了"皇军"不可战胜的神话，无疑极大地鼓舞了中国人民的抗战信心；此役也昭示，对优势日军作战，必须有特殊的战略、战术。

平型关战后，阎锡山以第十四集团军总司令卫立煌为前敌总指挥，集中主力，在山西省会太原以北的忻口抗击日军。10 月中旬，第九军军长郝梦龄中将指挥的中央兵团等部曾重创来犯日军，郝壮烈牺牲。同时，中共所领导的第八路军则进军敌后，展开游击战，切断日军交通线。蒋介石曾致电第八路军总司令朱德和彭德怀，赞扬该部"屡建奇功"。① 但是，小型的局部性的胜利一时还无法影响战争全局。10 月 26 日，日军攻陷山西东部门户娘子关，太原危急。阎锡山为固守太原省会，下令中国军队撤离忻口。11 月 9 日，日军攻入太原，守城中国军队突围而出。同月，日军攻陷山东省会济南。

---

① 见《民国档案》1985 年第 2 期。

结束语

自 7 月 7 日至 12 月 13 日五个多月时间内，中国军队同时在华北、华东两个战场英勇作战，打击了日本的侵略气焰和在短时期内速胜的美梦，显示出中国军队、中国政府、中国人民的坚强不屈的精神。日军虽在华北地区先后占领河北、察哈尔、绥远、山西、山东等省的许多城市，在华东则攻占上海、南京，威胁皖浙，但是，这也使它在中国战场上愈陷愈深，难以自拔。

敌强我弱，在两国军事实力相差过于悬殊的情况下，失去部分城市和领土乃是一种无法避免的历史必然。蒋介石和国民党军队领导者的最大问题是：战略、战术呆板，过于看重一城一地的得失，只懂得阵地战、防御战，单纯和敌人硬碰硬，拼力量，拼消耗，而不懂得运用其他作战形式，以求更多地歼灭敌人的有生力量；在淞沪、南京之战中，又对国际力量共同制裁和苏联出兵存有不切实际的幻想和期待，未能及时组织战略撤退，造成中国军队空前巨大的损失。

从战争学习战争。这一时期的战场失利使蒋介石和部分国民党高级将领认识到，中国对日抗战是持久战，必须以空间换时间，必须懂得保存自己的有生力量，懂得运用运动战、游击战。11 月 7 日，蒋介石日记云："此时应令各战区发动游击战，使敌所占领各地不能安定，且分散其兵力，使之防不胜防也。"① 12 月 1 日日记云："抗倭制胜之道，在时间上作长期抗战，以消耗敌力；在空间上谋国际之干涉，又使敌军在广大区域，留驻多数兵力，欲罢不能，进退维谷，此我之基本主张，万不可稍有动摇。"② 同月 16 日，南京失守后的第三日，蒋介石发表《告全国国民书》称："中国持久抗战，其最后决胜之中心，不但不在南京，抑且不在各大都市，而实寄于全国之乡村与广大强固之民心；我全

① 《困勉记》。
② 《省克记》。

国同胞诚能晓然于敌人之鲸吞无可幸免，父告其子，兄勉其弟，人人敌忾，步步设防，则四千万方里国土以内，到处皆可造成有形、无形之坚强堡垒，以制敌之死命。"① 这些地方都说明，通过挫折和失败，蒋介石和国民党人的战略思想有了某些长进。

还在淞沪之战的紧张关头，蒋介石曾经在日记中写道："凡我中国之寸土失地皆洒满吾中华民族黄帝子孙之血迹，使我世世子孙皆踏此血迹而前进，永久不忘倭寇侵占与惨杀之历史，必使倭寇侵略之武力摧毁灭绝，期达我民族斗争最后胜利之目的。"② 淞沪之战虽然失败了，但是，中国军人所表现出来的浴血苦战、视死如归的爱国精神与牺牲精神必将长留在中华民族的史册上。

原载《中国社会科学院学术委员会集刊》第 1 辑，社会科学文献出版社 2005 年版

附记：当华北战场危急之际，蒋介石主动开辟淞沪战场。旧说之一以为，这是蒋介石为了将日军的进攻矛头由自北而南引向由东而西，以免日军过早地攻占武汉，截断国民政府自南京西迁的道路，是一项很高明的战略决策云云。此说曾引起激烈争论。一派主张蒋在事前即有明确意识，一派主张蒋在事前并无明确意识。两说长期相持不下。

关于开辟淞沪战场的原因，蒋 1938 年 5 月 5 日曾在《杂录》中写道："敌军战略本以黄河北岸为限，如不能逼其过河，则不能打破其战略，果尔，则其固守北岸之兵力绰绰有余，是其先侵华北之毒计乃得完成，此于我最大之不利。我欲打破其安占华北之战略，一则逼其军队不得不用于江南，二则欲其军队分略黄河南岸，使其兵力不敷分配，更不能使其集中兵力安驻华北。中倭之战必先打破其侵占华北之政策，而后乃可毁灭其侵略全华之野心。总之，倭寇进占京沪，其外交政策已陷于

---

① 《总统蒋公大事长编初稿》卷 4（上），总第 1200 页。
② 《本周反省录》，《蒋介石日记》（手稿本），1937 年 9 月 11 日。

不可自拔之境，而其进占鲁南，则其整个军略亦陷于不可收拾之地也。"[1] 据此可知，当时蒋介石开辟淞沪战场的目的，在于分散日军兵力，粉碎其首先占领华北的侵略计划。

---

[1] 《蒋介石日记》（手稿本），1938年年末。

珍珠港事变前夜的中美交涉

一、美日谈判：美国为推迟战争，拟向日本提出妥协方案

历史上，美国长期执行孤立主义的外交政策，以"不干涉"为原则，不主动卷入任何外部军事冲突。20 世纪 30 年代，日本发动侵华战争，美国垄断资产阶级为了私利，向日本大量出售钢铁、石油等战略物资，名为中立，而实际上助长日本侵华实力。据统计，日本所需废钢的 90％，铅的 45％，铜的 90％，石油和石油制品的 65％，发展飞机和坦克工业所需机床的 70％，均来自美国。[①] 1939 年 7 月 20 日，蒋介石致电美国总统罗斯福，建议采取办法，削弱日本的战斗力与经济力。同月，美国政府接受蒋介石建议，宣布于半年后废止美日商约，对日实行经济制裁。美国政策的这一改变，沉重地打击了日本的侵华政策。

日本政府深知，解决中国问题，推行向东南亚扩张的"南进"政策，必须妥善处理和美国的关系，调整日美之间的外交。自 1940 年冬，美日两国的一些非官方人士开始接触，到 1941 年 4 月 16 日，日本驻美大使野村吉三郎与美国国务卿赫尔会谈，美日谈判由民间转向官方。[②]

---

① 樊亢等：《外国经济史》第 3 册，第 189 页，人民出版社 1983 年版。
② 赫尔（Cordell Hull，1871—1955），或译霍尔，本文为统一，一律称"赫尔"。

日方提出《日美谅解案》，企图通过谈判促使美国减轻对日的经济压力，承认日本对中国的侵略成果，诱使重庆国民政府接受其投降条件。美国政府则企图通过在中国等问题上对日本做出某种让步，以此拆散德、意、日三国同盟，防止美国面临在大西洋和太平洋同时作战的不利局面。

9月6日，日本御前会议批准日本政府与大本营联络会议通过的《帝国国策执行要领》。该文件提出"最低限度的要求"多项，其主要内容有：美英不得干涉或妨碍日本对"中国事变"的处理，关闭滇缅路，停止对蒋政权的军事、政治及经济援助；确保日本在华驻军；容忍日本与法属印度支那的特殊关系；美英须协助日本获得所需物资，恢复对日通商，保证向日本供应其生存所必需的物资等。文件提出，以10月下旬为限，做好对美国、英国、荷兰的战争准备，若届时谈判不成，将立即开战。文件同时提出"最大限度的承诺"，不以法属印度支那为基地向除中国以外的近邻地域行使武力，在确立公正的远东和平后，有意从法属印支撤兵，等等。① 同日，日本向美国提出一份新的《日美谅解草案》，要求美国承诺不采取任何不利于日本的措施，取消对日本的资产冻结令，在此前提下，日本才考虑撤退在华军队。日本的这一要求遭到美国拒绝。10月2日，美国向日本提出《备忘录》，重申"作为国家关系"的四项基本原则。首相近卫认为日本对美开战，不可能长期支持，主张暂受委屈，"舍名求实"，形式上靠拢美方提案，而在实质上坚持在中国驻兵。但10月18日，主张对美强硬的东条英机内阁成立，军国主义极端派掌权。

11月5日，日本御前会议制订第二次《帝国国策遂行要领》和《对美交涉要领》，视为日本"不可再让"的方案。其中《帝国国策遂行要领》规定，如果谈判不成，即于12月1日发动对美战争。同日，日本政府派来栖三郎为特使飞赴美国，协助野村进行谈判。11月7日，

① 日本外务省编：《日本外交年表与主要文书》（1840—1945）下卷，第544—545页，东京原书房1988年版。

日方向美国国务卿赫尔提出《对美交涉要领》中的甲案。20 日，改提乙案。该案共四条：（1）日美两国政府承诺，双方均不在法属印度支那以外的东南亚及南太平洋行使武力。（2）日美两国政府协力确保在荷属东印度获得必要物资。（3）双方通商关系恢复至资产冻结以前的状态，美国向日本供应其所需的石油。（4）美国政府不采取妨碍日中两国和平努力的行动（包含停止对蒋援助）。① 日本的目的在于用有关在法属印度支那问题上的让步，换取美国在中国问题上的让步，解除其经济封锁。谈判中，日方要求制定一个"临时过渡办法"。美方认为日方所提要求不能接受，但同意草拟"临时过渡办法"。美方要求，日本承诺撤退现驻印度支那南部的部队，并不再补充，美国政府允许变通冻结在美的日本资产及出口贸易限制条例。

大约在 11 月 20 日左右，罗斯福亲笔手书一份《备忘录》给赫尔，内容有四条：（1）美国恢复对日本的经济关系，（向日本供应）一定数量的石油和大米，以后再增加。（2）日本不再向印度支那、满洲边境，或南方的任何地方增兵（荷属、英属殖民地或暹罗）。（3）日本同意，即使美国卷入欧战，日本也不援引（德、意、日）三国条约（加入战争）。（4）美国介绍日本与中国会谈，但美国不参加双方对话。该《备忘录》标明有效期为"六个月"，说明"太平洋的协议以后再议"。②

赫尔根据罗斯福提出的《备忘录》，拟就以三个月为期的"临时过渡办法"，其内容有：日本不对东北亚、北太平洋地区、东南亚和南太平洋地区采取军事行动，从印度支那南部撤军，驻扎于印度支那北部地区的日军不超过 2.5 万人；美国同意修改冻结在美日本资产的命令，每月向日本供应不超过 60 万美元的原棉和一定数量的民用石油，从日本进口生丝等。③

当时，英国正倾注全力于欧洲战场，"反对任何可能惹怒日本的举

---

① 《日本外交年表与主要文书》（1840—1945）下卷，第 555 页。

② 《美国对外关系文件集》（*Foreign Relation of the United States*），以下简称 *FRUS*，1941，Vol. 4，U. S. Government Print Office，Washington D. C.，p. 626。

③ *FRUS*，1941，Vol. 4，pp. 643—644.

动"，深恐一旦日本继续在远东扩张，英国无力保护其在亚洲的利益，因此，也寄希望于美日谈判，期望华盛顿与东京达成谅解。时任中国驻英大使的顾维钧回忆说："实际上，它的政策就是在不损害自身利益的情况下，竭力讨好日本，而不惜牺牲别国利益，特别是中国的利益。英国人企图使日本不要在中国以外的地域打仗。"①

11 月 22 日、24 日，赫尔先后两次向中、英、澳、荷四国驻美使节通报了他所草拟的"临时过渡办法"，征求意见。

长期以来，美国的孤立主义、中立主义势力强大，反对美国参加或卷入国际战争。为了争取美国的同情和援助，1939 年 7 月 20 日，蒋介石派老资格的外交家颜惠庆到美国，会见罗斯福，交换对"远东大局"的意见，建议对日采取经济报复手段。蒋介石认为，美国当时可以采用的"有效武器"，包括：绝对禁止对日输出军用材料与军用品，特别是钢铁与石油；禁止日本重要物品输入，增加日本物品进口税率；不许日本船只使用特种商港等。蒋介石致函罗斯福，认为上述办法可以"削弱日本战斗力及其一般经济力之失效"，"已足使日本之军阀，感觉美国道义与舆论之力量，而不敢继续漠视"。② 6 天后的 1941 年 7 月 26 日，美国政府宣布美日两国于 1911 年签订的友好商务通航条约于半年期满后失效，美国冻结日本在美国的全部资产，约合 1.31 亿美元，实际中断对日贸易。8 月 1 日，美国事实上对日本实施了包括石油在内的全面禁运。美国政府采取的上述措施通称经济封锁政策。它们沉重地打击了日本的对外侵略扩张政策，极大地限制和阻遏日本进一步扩大对华和对东南亚侵略的阴谋。

罗斯福于 11 月 20 日左右提交赫尔的《备忘录》显示，美国政府企图恢复已经冻结的美日经济关系，解除经济制裁，换取日本不向印度支那等地增兵，用以争取时间，推迟日本对美国的进攻，同时企图介绍日

---

① 《顾维钧回忆录》第 5 册，第 37 页，中华书局 1987 年版。

② 秦孝仪主编：《中华民国重要史料初编——对日抗战时期》第三编，《战时外交》(1)，台湾，中国国民党中央委员会党史委员会 1981 年版，第 83 页。以下简称《战时外交》(1)。

本与中国会谈，调解日中关系。这自然是从原来的立场上大步后退，是对日本的重大妥协和让步。

二、 胡适两电报警，蒋介石强烈反对美国对日妥协

美日谈判期间，赫尔曾断断续续地向中国驻美大使胡适透露过部分情况。11月21日，胡适电告蒋介石，从赫尔处得知：日方急于和美国成立一个"经济放松之过渡办法"，其中有日本"从安南撤军"一项，似属可信。赫尔表示，谈判能否继续，取决于三大问题：（1）日本是否继续成为希特勒的同盟助手？（2）美国近年来所主张的经济互惠政策，其基础是和平的贸易之路。（3）美对中国问题，曾屡次声明其根本原则，日本是否已决心尊重此等根本原则？在电报中，胡适告诉蒋介石，日本谈判特使来栖三郎已电示日本政府，目前尚无继续谈判的基础。[①]

11月22日，时任中国驻美大使的胡适再次致电蒋介石，报告当日早晨与赫尔的会谈情况：赫尔先与英国、澳大利亚、荷兰三国驻美使节会谈；下午，又约胡适参加。赫尔称，据各方面形势看，目前战争尚有拖延时间的必要，越南局势似乎最为吃紧。中国政府担心的是日本由越南进攻云南，英国与荷兰政府则担心日本侵略泰国和缅甸。对此，各方面虽已略有准备，但恐怕尚不足以应付在大西洋和太平洋这"两大洋全面作战"的局面。因此，希望商量一个假设的问题，即日本如能撤退在越南全境的军队，或仅留两三千人，不再向其他新方向进攻，从而求得一个将经济封锁略微放松的"暂时过渡办法"。英国大使同意"此时似尚有拖延时间之必要"，但表示，对日放松经济封锁，必须使日本不能够借此机会积储军用物品，扩大军力。胡适询问赫尔：（1）所谓不向其他新方向进攻者，是否包括中国在内？（2）所谓经济封锁放松者，

---

① 《蒋中正总统档案：事略稿本》（以下简称《事略稿本》）第47册，第484—485页，台湾"国史馆"2010年版。

以何者为度？英国大使所称，不可使日本积储军用物品，是否有具体限度？针对胡适的问题，赫尔答称：所谓不向其他新方向进攻，仅指由越攻滇，恐不能包括中国全境。关于放松经济封锁问题，美日双方尚未谈到具体办法。日方希望解除所冻结的在美资金，使其得以购买油类与粮米等物。他表示，美方仍拟继续维持出口管理的特许办法，不会全面放开。胡适则表示：此两点皆与中国有密切关系。（1）日本不能南进或北进，则必用全力攻华，是中国独被牺牲，危险甚大，切望注意。（2）经济封锁是美国最有效之武器，但只实行四个月，尚未达到其主要目的，必不可轻易放松这一武器。如日军由越攻滇，中国军队当奋力抵御，但中国缺乏空军，希望能得到英美的援助。①

在英使辞出后，胡适又向赫尔重申所言最后两点。赫尔表示：日方曾要求美国停止援华政策，美国自始即撇开不理，在根本问题上日美谈判很少接近之处。来栖三郎在三五日之内即将束装回国，这是意中之事。赫尔强调，刚才所谈，只是探讨有无暂时过渡办法之可能，除蒋委员长及郭泰祺外长外，乞不与他人谈论此事。电末，胡适补充说：顷又得密讯，日方原提案，只是撤退越南南部的日军，所谓自越南全境撤退，仅是赫尔的意见。②

美日谈判攸关中国战局与中国前途。自来栖三郎赴美后，蒋介石一直高度关注美日谈判的情况。他了解美国孤立主义、中立主义力量的顽强，担心美日谈判出现对中国不利的局面。11 月 17 日，国民参政会第二次大会在重庆开幕。开幕前一日，蒋就决定要在第二天的报告中有针对性地放话，"使美国不能与倭使来栖有妥协余地"，"使敌国知英美在远东军备确已完成，而发生恐惧"。③ 次日，蒋介石在开幕词中宣布，自从罗斯福与丘吉尔制订《大西洋宪章》以来，国际反侵略阵线已成事实，民主国家相互合作，共同肩负维护人道与正义的使命。他说：

---

① 《事略稿本》第 47 册，第 488—491 页。
② 同上，第 488—492 页。
③ 《蒋介石日记》，1941 年 11 月 16 日，美国斯坦福大学胡佛档案馆藏。以下均同，略。

"我可以断言，英美不仅在利害上与荣誉上绝不会与日本作任何妥协，而在他们的主义上与责任上也必然要挺身起来，与中国共同消灭这一个侵略祸首，不然所谓正义人道与文明，都将完全失其意义了。"他又说："英美各国在远东的军事准备最近业已完成，她们民主国家无论为实行条约义务，或保全本国利益，断不能背弃这个义务，而违反其一再宣示之神圣的主义"，"这是千钧一发的时机，要我们使旋转乾坤的全力，我们中华民族在这个时期，要须尽其最大的努力，以求得最后的胜利"。① 这篇讲稿，经过蒋介石精心构思、修改，"自觉多有独到之见"。讲完当天，他乐观地估计这篇开幕词"对敌国之神经必发生影响，使美倭谈判无法继续"。② 在战略安排上，蒋介石一向主张"先亚后欧"。11月18日，他在日记中明确写道："警告欧美，对德、意根本解决欧战，必须以先肃清东方之日本，以太平洋为控制大西洋之根据。"③ 不难想象，在这样的时刻，美国的对日妥协和让步会对蒋介石形成怎样巨大的思想上和情感上的冲击。

11月24日，蒋介石日记云："接阅美国所拟对倭放松妥协之条件，痛愤之至，何美国愚懦至此！从此可知，帝国资本主义者惟有损人利己，毫无信义可言。昔以为美国当不至此，故对美始终信仰，其非英可比，今而后知世界道德之堕废，求己以外，再无可信之所谓与国友邦也。然而本来如此，乃余自痴，信人太过，何怪他人。"④ 此前，蒋介石曾盛赞罗斯福所领导的"伟大国家"是"中国危难中之真友"，他就任第三任总统是"世界和平的曙光，且为人类正义之福音"。蒋甚至希望美国能"出而领导远东问题"，"使英、美、法、苏对远东问题能共同一致对日"。⑤ 然而，由于美国政府提出对日妥协方案，蒋介石对美国的感情发生变化，转而对美国和罗斯福总统进行了最严厉、最尖锐的

① 国民参政会秘书处：《国民参政会第二届第二次大会纪录》，1942年9月。
② 《蒋介石日记》，1941年11月17日；《事略稿本》第47册，第468—469页。
③ 同上，1941年11月18日。
④ 同上，1941年11月24日。
⑤ 《战时外交》（1），第86—87、110页。

批判。

当日，蒋介石又手拟复胡适电，陈述对美国放松对日经济封锁政策的极度不满，认为这一政策的实施将使中国抗战立见崩溃。电称："此次美日谈话，如果在中国侵略之日军撤退问题没有得到根本解决以前，而美国对日经济封锁政策，无论有任何一点之放松或改变，则中国抗战必立见崩溃。以后美国即使对华有任何之援助，皆属虚妄，中国亦不能再望友邦之援助，从此国际信义与人类道德，亦不可复问矣。请以此意代告赫尔国务卿，切不可对经济封锁有丝毫之放松，中亦万不信美国政府至今对日尚有（如）此之想像也。"① 该电手稿中原有"请以此意告罗总统与赫尔国务卿"一语，后来蒋介石将"罗总统与"等四字删去，只对赫尔一人说话，这虽然减弱了批判锋芒，但"国际信义与人类道德"等语，仍然表达了蒋介石对美国政府的强烈失望、愤怒与谴责。②

同日，赫尔再次召集中、英、荷、澳四国外长会议，进一步说明美国拟向日方提出的"临时过渡办法"。罗斯福《备忘录》拟定的对日经济放松有效期是六个月，赫尔此次则说明，"临时过渡办法"的有效期仅有三个月。他特别说明，这一时间的确定系出于军方需要，"据海陆军参谋部的报告，现时实需两三个月的准备时间"。他进一步声称："日本既以和平为标识而来，美方不能不有一度之和平表示，以为对和平及对世人留一个记录。"关于日本留驻越南的军队，22 日会议时赫尔原称"仅留两三千人"，此次则坦承："无论如何不得超过 2 万 5 千人。"对此，胡适立即表示，2.5 万人其数过多，实足威胁中国。荷兰、英国的使节也同意胡适的意见，觉得此数不妥。③

会后，胡适立即致电外交部部长郭泰祺，报告四国外长会议情况，说明美方用意及美国军方的态度。这时，他对说服美国政府已不抱希望，认为美国外长"此举似亦有其苦心，恐不易阻止"。他要求中国外

① 《事略稿本》第 47 册，第 499—500 页。
② 《战时外交》（1），第 55—56、149 页。
③ 《事略稿本》第 47 册，第 520—521 页。

交部"迅速电示中央方针，以便遵行"。①

　　然而，蒋介石却不肯就此罢休。11 月 26 日下午，蒋介石接胡适 24 日来电后，立即嘱咐外交部部长郭泰祺复电，坚决反对美国政府的妥协政策。郭虽然认为，美国所提"临时过渡办法"在事实上对中国"无大害"，但他仍然在致胡适电中表示："在精神与心理上将于我军民各方发生甚巨大之影响"，希望其按照蒋致胡适及宋子文两电的指示，"坚持反对"。郭并询问胡适："究竟美政府真意如何?""当日谈话时，赫尔是否曾明言，此临时协定三个月后当不致再行续订?""美方对介公电有何反应?"②

　　蒋介石对美国政府所拟"临时过渡办法"危害的认识远较郭泰祺严重。11 月 26 日晚，蒋介石手拟复胡适长电，要求胡适面告赫尔，说明日方正在宣传美日间已经达成协议，因而中国人心动摇。他要求美国立即宣明"与日决不妥协之态度"，借以安定人心，挽回大局，免使中国抗战前功尽弃，民族牺牲虚掷。电称："美日谈判延宕不决，因之日本在华三日来宣传美日妥协已密订协定，其内容以中日战争美国不再过问，则日本亦不南进，双方解除资产冻结为要点。此种谣传日甚一日，因之全国人心惶惑，军事经济之动摇，皆有立即崩溃之现象。如美政府希望中国再为太平洋全局与民主主义继续抗战，而不至失败，则惟有请美政府即时宣明与日决不妥协之态度，并声明如日在华侵略军队之撤退问题，未有根本解决以前，则美国对日之经济封锁与冻结资产之一贯政策，决不有丝毫之放松。如此日本必能转变其威胁态度，即不然，日本亦决不敢与美开衅，至多不过停止交涉而已。是则中国军民心理方可安定，大局尚有挽救之望。否则中国四年半之抗战，死伤无穷之生命，且遭受历史以来空前未有之牺牲，乃竟由美政府态度之暧昧游移，而为日本毫不费力之宣传与恫吓，以致中国抗战功败垂成，世界祸乱迄无底止。"1938 年 9 月，英德等国在慕尼黑会议，结果，英国首相张伯伦向

―――――――――――

　　① 《事略稿本》第 47 册，第 523 页。

　　② 同上。

希特勒妥协，从而牺牲捷克、波兰。蒋介石的电报以此为例，警告美国，必须以当年的张伯伦为戒，立即鲜明地表达对日本的不妥协态度。电称："回忆往年，英德妥协，捷克、波兰遭受无故牺牲之痛史，殷鉴不远，能不惶悚！务望美政府当机立断，不再因循，坐误时机。"他要求胡适将此意代达罗斯福总统。①

三、 蒋介石再电宋子文，宋向美国海、 陆、 财三部部长求助

为了争取美援，并与罗斯福交换意见，蒋介石于 1940 年 6 月任命宋子文为国民政府赴美特使，授以商洽全权。宋子文不负委任，成绩突出。当年 10 月，与美国达成 2500 万美元的钨砂借款。12 月，获得 1 亿美元的粮油、坦克和稳定货币的平准基金借款。1941 年，签订《金属借款合约》与《平准基金协定》。5 月 6 日，罗斯福宣布《租借法案》适用于中国，拨给中国总值 2600 万美元的物资。鉴于宋子文和美国已经建立的良好关系，因此，在反对美国对日妥协方针时，蒋介石自然仍然要充分发挥宋子文的作用。

11 月 24 日，蒋介石致电胡适，要求胡将其 22 日、24 日的电报抄送宋子文"密察"。② 11 月 25 日，蒋介石又亲自致电宋子文，要求宋设法将上述两电之意，转告主张对日强硬的美国海军部长诺克斯和陆军部长史汀生二人，向他们"口头说明此事严重之程度"，同时，蒋也要求宋子文将电报译送美国总统行政助理居里。居里曾在 1941 年 2 月访问重庆，和蒋介石进行过近 30 个小时的谈话，主张美国给予中国和英国同样的待遇。蒋电称："如美对日经济封锁或资产冻结果有一点放松之意念，或有此种消息之泄露，则我国军心必立受影响。因两月以来，日

---

① 《事略稿本》第 47 册，第 524—526 页。11 月 29 日，蒋致电胡适称："如尚未转达美政府，则此时可不再交。"12 月 3 日，胡适电复，因 26 日晚，美已重申其基本原则立场故未交去。见《事略稿本》第 47 册，第 544 页。

② 同上，第 500 页。

本在华宣传，多以本月内美日谈话，必可如计完成，故我国南北各方动摇分子确有默契，只要美日一旦妥协，或美国经济封锁略有一点放松，则中日两国人民观感，即视为美日妥协已成，中国全被美国牺牲。如此全国人心不仅离散，而亚洲各国失望之余，因其心理之激变，必造成世界上不可想象之惨史，从此中国抗战崩溃固不待言，日本计划乃可完全告成。果至此时，美国虽欲挽救亦不可能。此岂中国一国之失败？"电报强调："此时惟有请美国政府立即宣明与日本决不妥协之态度，并声明如日本在华侵略之军队撤退问题未有根本解决以前，美国对日经济封锁政策决不有丝毫之改变放松，则中国军民心理方可安定，大局方有补救。否则美国态度暧昧，延宕不决，而日本对华之宣传必日甚一日，则中国四年半之抗战，死伤无数之生命，遭受历史以来空前未有之牺牲，乃由美政府态度之暧昧游移，而与日本毫不费力之宣传与虚声恫吓，以致中国抗战功败垂成，世界祸乱迄无底止，不知千秋历史，将作如何记载矣。"①

上电发出后，蒋再电宋子文，要求他将电文抄送胡适，与胡"切商对美有效之交涉方法"，通力合作，"总使美政府能迅速明白表示其对日决不妥协之态度。关系重大，务请协力以赴之"。②

宋子文接到蒋介石 25 日电后，感到时机紧迫，立即按照蒋的指示，访问美国军部首脑。当日，宋子文会见海军部长诺克斯。诺克斯听了蒋的意见后，"极为动容"，首先向宋子文保证："请信我为中国忠实友人。今以友人地位奉告中国，绝对无须顾虑。不过以政府立场，有许多话恕不能奉达以慰蒋委员长耳。"

诺克斯虽言之谆谆，但宋子文需要的不是空言保证，他对诺克斯说："足下之言，我无不信之理，但委员长为中国军事领袖，责任綦重。值此危急存亡之际，凡不以事实根据之安慰，恐无裨补。据胡大使猜赫尔之言，要求日本停止南进或北进，不提中国，是日本更将全力进攻中

---

① 《事略稿本》第 47 册，第 506—508 页。
② 同上，第 508—509 页。

国。如有此种情形，中国军民心理必将崩溃。"

诺克斯说明，赫尔"并未将全部条件告胡大使"。他透露说："美国种种条件，要求日本必须彻底改变其政策。假使日本接受，其内阁必被推倒，绝不能维持二十四小时。依我推测，日美战争时期已到，战事发生，各事皆易解决矣。"

诺克斯声言，美国提出的条件是要求日本"彻底改变"政策，这与胡适从赫尔处所得到的"妥协"消息大为不同，宋子文便用种种方法继续探询。诺克斯进一步透露说："此次主要条件之一，即为日本脱离轴心。日本今日方与轴心国家续订五年之约，焉能立即取消？总之，日本切腹之时已非远矣！"

宋子文对诺克斯透露的消息将信将疑，再问："据胡大使转告赫尔谈话，此次不得不商拟暂时办法，因海陆军参谋本部要求最好再有三个月之期间，以资准备。"诺克斯承认对日作战须有准备时间，但美方已有准备，不须以做出"牺牲"去准备。他说："任何海陆军均无准备完全之终期，时间充裕自属更佳。但在今日已有之准备，我辈固不必再因准备之故，而有任何牺牲。处置日本，易如反掌。"

尽管诺克斯透露了绝密消息，并对解决日本问题表示了极为乐观的态度，但宋子文仍然疑虑难消。他说："据胡大使见告，赫尔于星期一谈判之后，颇现惊慌之色。澳洲公使亦有同样之感想。"诺克斯解释说："赫尔年高体弱，乃紧张状态，非惊慌也。日本已到绝地，中国应感觉欣幸，无须顾虑。"

在得到诺克斯一再保证后，宋子文仍担心因德日同盟，德国夺取了法国海军，会妨碍美国的军事行动，便提出另一问题："谣传德国攫夺全部法国海军，对于美国计划是否有碍？"对此，诺克斯仍然不以为意，回答说："即使如此，因训练等事，德在六个月内亦不能使用。"诺克斯最后告诉宋子文说："英国无胜德之武力，美国必须在大西洋、太平洋即行参战。"他要求宋子文，"勿向任何人宣泄谈话内容"。

美国既准备在大西洋对德作战，又准备在太平洋对日作战。这对中国是喜讯，也是蒋介石等人长期以来的期望。但是，宋子文深知美国军方和美国国务院的意见并不一致，电告蒋介石称："诺为人甚为积极，向来主战，与国务院相反，所以是否能代表美国政府全体意见，及所言美方确未将所有条件尽告适之，尚待事实证明。"①

在和诺克斯谈话后，宋子文还于11月25日晚约美国财政部长摩根韬共进晚餐。摩根韬对向中国提供财政援助态度积极，他批评美国国务院"态度向来懦怯"，特别提起两年前的中美桐油借款一事。当时，中国方面提出以桐油换取美国贷款，但赫尔担心日本将进行报复，使美国卷入战争，反对该项贷款。后来摩根韬利用赫尔去南美参加会议的机会，才得以使贷款告成。他说："冻结日本资产，我已费两年心力，艰难可知。美日谈判，何等重要，事前亦未与我相商，殊不免令人反感。"他向宋子文表示："日美妥协，不易实现。对于日本，只有以武力制裁。"②

早在11月6日，史汀生就曾邀宋子文共进午餐，对宋表示，援华重于援苏，"中国在蒋委员长领导之下，已抗战四年余，今滇缅路为生命线关系，焉可不加以支援"③！在12月2日，宋子文会见史汀生时，史又称："蒋委员长困难情形，可想而知。同情之余，应有数言，略表慰藉。"并向宋透露："今日陆军已准备妥当，虽一个月后更有把握，亦可毋须等待。"当宋子文表示，中国所最担心者是"不适当之暂时办法"时，史汀生只说了"中国不必"几个字，就不再说话了。④

四、 罗斯福召见宋子文与胡适，宋慷慨陈词，罗无词可答

英国原是美国对日绥靖政策的支持者，然而丘吉尔在得知罗斯福对

---

① 《事略稿本》第47册，第509—512页；吴景平、郭岱君编：《宋子文驻美时期电报选》(1940—1943)，第133页，复旦大学出版社2008年版。
② 吴景平、郭岱君编：《宋子文驻美时期电报选》(1940—1943)，第15页。
③ 同上，第128页。
④ 同上，第139—140页。

日让步的决定后，认为这将使中国的处境更加困难，危及欧洲战局，遂于 26 日凌晨打电话给罗斯福，称："我们为中国担忧，如果他们垮了，我们的共同危险就会大大增加。"[1] 丘吉尔的态度，加之此前蒋介石表示强烈的愤慨和坚决反对，影响到了罗斯福。罗斯福和赫尔决定，"抛弃这桩蠢事"。[2]

罗斯福是美日谈判的最高决策者，宋子文在访问美国军方和财界首脑的同时，通过两条渠道和罗斯福联系。一是通过中国国防供应公司的法律顾问高可任（Thomas Cochran），二是通过协助罗斯福处理日常事务的行政助理居里。此二人都和罗斯福关系密切，属于罗的亲信和智囊。

11 月 26 日下午 2 点半，罗斯福约见胡适与宋子文，谈话约 1 小时。罗斯福首先介绍了美国与日本的会谈情况。他说：蒋因滇缅路危机，多次来电商量救急之方。但日本特使来栖到美，表示不希望美国调解中日和议，因此中日问题无从谈及。后来日方提出的临时过渡办法中，有不再增加在越南的日本军队一项。罗斯福认为此中或可有帮补中国解决滇缅路危急的途径。赫尔外长在讨论临时过渡办法时，注重减少越南的日军人数，使之不能危害滇缅路。赫尔的本意是首先取得中国、英国、荷兰、澳大利亚四国同意后，再与日本开谈。美方方案迄今尚未向日本提出，但昨晚美方得到报告，日本 30 余艘军舰由山东南驶，已过台湾南下，所运军队约 3 万至 5 万人，可见日方毫无信义。似此情形，与日本的会谈即无继续可能，太平洋上"大爆发"恐已不远。言至此，罗斯福再次强调："此案不但未交去，谈话或即有中止之可能。"

在罗斯福介绍情况之后，胡适说明了中国政府的忧虑。他说："我政府之意旨，侧重两点：一则经济封锁之放松，可以增加敌人持久力量，更可以使我抗战士民十分失望灰心；二则敌人既不能南进与北侵，必将集中力量攻我国，是我独蒙其害，而所谓过渡办法，对此全无

---

① 罗伯特·达莱克著，陈启迪等译：《罗斯福与美国对外政策》上册，第 443 页，商务印书馆 1984 年版。

② 同上。

救济。"

罗斯福承认美国的"临时过渡办法"确有缺点。他说："外长所拟办法，只限于局部的临时救急，其中确不能顾到全部中日战事。譬如当前有两个强盗由两面攻入，若能给五元钱使其一人多弯几十里山路，以便全力以抗其他一人。我方用意不过如此。"

宋子文进一步阐明美国"办法"对中国的危害。他说："美国以日本不侵犯西比利亚及荷属东印度、泰国、星加坡为恢复有限制的经济关系之交换条件，我国军民心理必以为无异表示日本对华可以进攻。日本军事布置有三点：一、攻西比利亚，二、南进，三、全力侵略中国。前两者既不可行，中国势必独受其祸。"

关于"滇缅路之保护"问题，宋子文分析说，此点"固属重要，但仅限制日本越北驻军亦属无济于事，日方仍可以越南为运输根据，调遣大军，由桂入滇，且此者为历史上战争必经之路。即便滇缅路暂时不受攻击，其他区域仍不免于蹂躏，滇缅路仍旧感受威胁也"。

宋子文的结论是，美国对日"有限制的恢复经济关系，殊不能使中国军民了解。中国军民只知解除封锁，日本即可获得油料，以供飞机轰炸。是以蒋委员长深为焦虑，认为日美一旦妥协，即是中国被牺牲，中国军民抗战之心理，势不能维持。是以余敢谓，如因欲保护滇缅路而放松经济制裁，中国宁愿抵抗敌军之攻击。盖放松经济封锁，影响中国军民心理至大，抗战前途，不堪设想也"[1]。据宋子文向蒋介石报告，罗斯福"无词可答，态度似露窘状"[2]，只是说，"现时局势变化多端，难以逆料。一两星期后，太平洋上即有大战祸，亦未可知"。[3]

胡适和宋子文会见罗斯福后，联名致电蒋介石报告：（1）所谓"临时过渡办法"，尚未提交日方，此一点（胡）适在外部已得证实。（2）在未得四国同意之前，或不致开谈，只此一点，当再向外部方面

---

① 吴景平、郭岱君编：《宋子文驻美时期电报选》（1940—1943），第136—137页。

② 同上，第135页

③ 同上，第137页。

证实后续报。（3）若日方此时增加南面军力，则谈话即可决裂，而战事或将不免。①

宋、胡联名电发出后，宋子文又单独密电蒋介石，说明罗斯福谈话中的"可注意各点"。其中谈到：（1）总统首谓，钧座或因所闻不实，似有误会云云，实则钧座 25 日电（《有电》）之动机，乃根据胡适廿二、廿四日两电报告赫尔、美、澳、荷各使谈话之事实。（2）胡适两电，颇有美国原则已定，事在必行之意，故不能再事商量。但总统云，向来主张美方之提议，先向关系友邦征求同意，再向日本提出。（3）赫尔前所持主要理由，为美陆海军不得不要求三数月之时间，俾得充分准备，总统则只字不提。（4）总统云，昨日据报，日本由山东海上运输二三万军队南下，正值两国谈判之时，而有如此行动，是无诚意，谈判似难继续等语。总统是否藉此转圜，未可妄测。（5）总统以美方提案乃完全注重保护滇缅路，经文一再申述，按照提案，该路仍不能避免威胁，各地仍不能避免蹂躏，则中国毋宁因抵抗攻击而牺牲，不愿因日美妥协之故而崩溃。（6）胡适过分相信美国国务院，以为赫尔方案，为循守美国既定政策，不可变更，故不愿在原则上力争，仅在驻越北日军的多寡问题上计较。舍本逐末，何济于事。此次若能挽回牺牲中国之厄运，实由钧座义正词严之一电。胡适对于美政府权要素少接洽，仅与英、澳各使约略商谈，真象不明，几致贻误事机。②

宋子文和胡适同时在华盛顿负责对美外交，争取美援等工作，二人在工作中互有意见。此电中，宋子文既肯定蒋介石 11 月 24 日电义正词严，对于挽回美国妥协政策的巨大作用，又批评胡适持事不坚，真相不明等缺点。电末，宋子文特别申述："当此千钧一发之际，适之不能胜任，殊可危虑矣。"③ 不久，宋子文被迅速提升为外交部长，1942 年 9 月，蒋介石批准胡适辞去驻美大使一职。

---

① 吴景平、郭岱君编：《宋子文驻美时期电报选》（1940—1943），第 137 页。
② 同上，第 135 页。
③ 同上，第 135 页。

五、 美国顾问拉铁摩尔支持蒋介石

在说服美国改变对日妥协政策方面，除了胡适、宋子文外，罗斯福派到蒋介石身边的政治顾问拉铁摩尔也起了重要作用。

拉铁摩尔于 1920 年来华，任职于上海英商安利洋行，不久转入英国人在天津开办的《京津泰晤士报》任星期周刊编辑。他曾沿丝绸之路到新疆旅行，又曾赴中国东北考察。"九一八"事变后任《太平洋事务》季刊编辑。1941 年 7 月，以罗斯福的私人代表名义再次来华。

蒋介石接到胡适的报警后，即与拉铁摩尔讨论。11 月 24 日，拉铁摩尔致电居里，报告蒋介石在得知美国对日妥协政策之后的状况。电称："委员长对此有强烈之反应。其激动之状，实前所未有。"他建议居里向罗斯福总统"急切陈言"，说明美国"松弛经济之压迫，或解除资金之封存，以期解除滇缅路之威胁，势将增强日本在中国其他各线之军事优势，而使中国感受危险。除非日本撤退所有在华部队，美国压力之松弛，不论其为实质的，或表面的，皆将使中国趋于崩溃"①。

1940 年 8 月，英国屈服于日本压力，不顾世界舆论，悍然封闭中国的国际通道滇缅路，曾经在中国引起巨大震动，中国政界一度出现与英国绝交的呼声。拉铁摩尔以此为例说："即使有关于妥协之最微弱之传闻，亦将动摇中国对美之信心，其程度且过于滇缅路之封闭。英国前已因此而长时期丧失其威望。日本与中国之战败论者，将立刻利用此种失望，高呼东方一体以共抗西方之阴谋。中国被弃于生死关头，则其感伤决非以往之援助，或继续之协助所能补偿。"电报警告美国，绝不能使中国政府丧失对美国的信心，电称："委员长对总统守信其一贯之政策，具有深刻之信念。但必须为先生告者：如果中国对美之信心，因关于日本之外交胜利以逃避其军事之失败而丧失，则以后之局势，虽委员

---

① 《事略稿本》第 47 册，第 501 页。

长亦不能掌握矣。"①

11 月 26 日，居里复电拉铁摩尔，保证罗斯福的"根本态度迄未改变"，对日本的提案"无关重要，不必重视。若获成立，其条件自将公布。如能以适当方法发表，则中美二国民众对于此事当亦能了解"。他表示，届时日本的经济封锁虽然得到部分解除，但空军燃料并未包括在内，中国的滇缅路可以免受严重威胁，而且美国仍然"控有减弱日本经济力量之方法"。居里特别表示，中美两国皆须计划 1942 年之新攻击，美国将加大对中国的军事援助，在 3 个月内，中国将可获得澳洲中部之强力空军、大炮、坦克、弹药及兵工材料等。居里声称，以他个人观察，"中国为获得自由计，则其长期之利益，至少某一方面，军事当较外交为重要。请向委座代陈，凡有关前线事项，（居）里无不在进行中"②。

11 月 26 日，拉铁摩尔再次致电居里，报告蒋介石得知美方对日所提方案要点后的"惊讶"，认为美方此举比之当年英国封锁滇缅路还要"恶劣"。蒋希望罗总统能够明了，基本问题不在条件文字，而在离开原则，牺牲中国，冷漠无情。电称："中国战事将因遭遇可怖艰难而趋困顿，《租借法案》之援助仍须相当时日方能生效，而美国建议之让步，将立使日本复行更生。美日谈话之延宕不决，业已普遍引起严重之惊骇。因美国态度之坚定，显可致日于败亡。若美不即公开宣明日本一日不撤退在华军队及接受推翻侵略之基本解决，美国亦一日不放松资金之冻结与其它之限制，则中国之失败论调势必猖狂。资金既已冻结，油类既已禁运，如再予以放松，则其影响所至，为害无穷。"③

此前，阎锡山受美日谈判影响，误判形势，正处于动摇妥协中。9 月 11 日，阎锡山的部下与日本华北占领军订立停战协定，蒋介石正苦

---

① 《事略稿本》第 47 册，第 501—502 页。
② 同上，第 502—503 页。
③ 同上，第 530—531 页。

心积虑，防范阎锡山等将领叛变投敌。① 拉铁摩尔表示："山西统治者及其他军已有一时之动摇，日本对彼等最有力之引诱，即为美国终将妥协。如欲中国维持团结，继续抗战，则对暗中滋长，谓民主国家将牺牲中国以助长侵略者之谣说，必须予以反击。经五月之广泛接触，鄙人已确信中国不能停留于孤立状态中，而必须寻求与国。其国民之意向则愿在目前和将来，与美国相联结，但惧美弃遗之危险继续增长，势非重予保证不可。"②

拉铁摩尔的这些电报对于促使罗斯福改变原拟妥协方案，提出对日强硬新方案，显然再加了一把助力。

六、 美国政府向日本表明强硬态度

从蒋介石、拉铁摩尔的电报看，胡适、宋子文对美国高层的游说终于发生作用。11 月 26 日晚，赫尔向日本野村大使面交"试拟的，并无拘束性"的文件，提出关于美日两政府国及所有其他政府之间的四条基本原则：（1）每一个及所有国家及领土完整及主权不可侵犯的原则。（2）对别国内政不干涉的原则。（3）平等原则，包括商业机会与待遇的平等。（4）在原则上信赖国际合作和协调，以避免争端与和平解决纠纷，并用和平方法与程序改善国际形势。③ 以上四条原则，最早由赫尔在1941 年4 月16 日和野村大使的谈判时提出，10 月2 日在《美利坚合众国备忘录》中重申，此次是第三次提出。

文件同时提出美国与日本及与其他国家和人民间的五条"经济关系"原则，如在国际商务关系中"不歧视"、"经济合作"、充分保护消费国家及消费人民的利益，建立有助于继续发展的国际金融制度等。

---

① 卫藤审吉等：《近代日中关系史年表》，第 610 页，岩波书店 2006 年版。参见《事略稿本》第 47 册，第 657—600 页。

② 《事略稿本》第 47 册，第 529—532 页。

③ 《美国与中国的关系》（白皮书），《中美关系资料汇编》第 1 辑，第 492—493 页，世界知识出版社 1957 年版。

文件的重点是提出美国政府与日本政府所拟采取的十项步骤。在这些步骤中，美日将缔结贸易协定，互相给予对方最惠国待遇，彼此解冻在各自国家的存款，但是，日本却必须首先停止对中国和法属印度支那等地的侵略：（1）美国政府与日本政府将致力于缔结英帝国、中国、日本、荷兰、苏联、泰国及美国间的多边不侵犯公约。（2）两国政府将致力于缔结美、英、中、日、荷、泰等国政府之间的协定。依据该协定，各政府担任尊重法属印度支那的领土完整，遇有印度支那的领土完整遭受威胁时，并应立即互相协商，以便采取必要与适宜的手段，借以应付上述威胁。（3）日本政府从中国及印度支那撤退所有陆海空军及警察武力。（4）美国政府与日本政府无论在军事上、或政治上、或经济上，不支持除去暂时以重庆为首都的中华民国政府以外任何其他政府或政权。（5）两国政府放弃在华所有治外法权，包括有关公共租界及专管租界之各种权益，以及1901年辛丑和约中的权利。

按照以上五项，特别是第三项，日本多年来侵华所取得的利益和成果都将丧失。

据说，日本特使来栖三郎早已探得美国政府准备妥协的消息，原本以为大事已定，因此在奉召进入美国国务院时，满面笑容，及至收到书面答复时，懊丧而返。①

美国时间27日晨，赫尔召集美籍记者会，通报美日谈判情况，给宋子文的感觉是"似为谈判决裂之先声"。②

同日，合众社电称：据消息灵通方面的观察，美日谈判成立协定，解决"远东纠纷"已经完全没有机会。电讯将美国此项最后变故的原因归之于中国，说明"因为中国向白宫请求的结果，使美国打消对日妥协的计划，仍旧坚持原有的强硬政策"。③

在赫尔向日本使者递交文件之前，罗斯福再次召见胡适和宋子文，

---

① 《事略稿本》第47册，第542页。
② 同上，第535页。
③ 转引自《事略稿本》47册，第536—537页。

要求中国应完全信任美国，他本人和赫尔"无时不注重中国之利益"。①

当日，蒋介石日记云："本日美国对倭提议之内容，完全照余所要求者提出，与昨日以前之妥协态度根本改变。昨晚家人与拉顾问皆忧愤之际，余曰，外交形势无常，今日之不好消息，即可变成明日之好消息也。今果如此应验矣，是穷理尽性之效乎?"②

罗斯福在很短的几天内，大正大反，大起大落，戏剧性地迅速改变其对日政策。对于这一过程，宋子文于11月28日致蒋介石电有细致的分析。关于赫尔，宋子文说：美国国务院为缓和派所包围，该派亟欲与日本妥协，虽牺牲中国，亦所不惜。赫尔原拟延宕时间，但因来栖为压制日本国内激烈派，要求赫尔须于26日，嗣改29日以前有一办法。这无异于"哀的美敦书"。赫尔焦灼之余，不得不顺从缓和派的意见。关于美国军方，宋子文说：军方固已有相当准备，在国务院征询是否需要延长准备时间时，从"准备本无终期"的角度出发，自然欢迎延长。关于罗斯福，宋子文认为，总统虽"明知日美战事不可避免，但政治家素喜运用手腕，又以为过渡办法于中国无多大损害。故加赞同"。关于居里，宋子文认为，居里本人虽坚决反对，但身为罗斯福部属，人微言轻，罗又向来"主见甚强"，因此不敢表态。③ 及至罗斯福得知蒋介石的态度后，感到过渡办法确实不妥，其时，美国政府中又有重要人物向罗斯福进言，罗斯福遂于26日午后召见宋子文与胡适。密谈后，罗斯福即召见赫尔，决定放弃临时过渡办法，改用准备美日决裂时所定的基本原则。电末，宋子文恭维蒋介石说："挽回危局，全仗钧座刚明沉毅之决心，非惟救中国，亦救美国，而正义公道，亦赖以维持。历史命

---

① 《王世杰日记》第3册，第194页，台湾"中研院"近代史研究所1990年版。

② 《蒋介石日记》，1941年11月27日。

③ 《事略稿本》第47册，第541页。

运，往往决于片刻。追述经过之余，益增钦服。"①

宋子文的这些话，蒋介石读起来当然很舒服。当日日记云："此次美国对倭态度之强化，全在于自我态度之坚定与决心之强毅，尤在于不稍延迁时间，得心应手，穷理致知，乃得于千钧一发时，旋转于顷刻也。而内子力助于内，子文辅佐于外，最为有力。否则，如胡适者则未有不失败也。"② 从该日日记可发现，在蒋介石决策过程中，宋美龄也发挥了积极作用。

宋子文在接到蒋介石 25 日电后，立即分别转达史汀生和诺克斯，这两位军方首脑都鲜明表态，但赫尔对宋子文的做法深为不满。蒋介石得悉后，致电宋子文慰问："此次幸赖兄在各方努力呼吁，乃得转败为胜。国务院不满一节，何足用怀。尚望以后不断注意，期能收得更大之功效也。"③

12 月 5 日晚，蒋介石与拉铁摩尔顾问谈话，次日再谈。蒋称："至此，我国根本之危机已成过去，实乃我外交史上之最大成功。"他推测日本必定不敢立即还手，将拖延时日，等待德国在欧战中进展时，再图对美报复。当时，拉铁摩尔即将回美，蒋建议他切告罗斯福："当此利害成败之关头，必须对倭进一步用武力压迫，方可使其早日就范，且可使其倭国内之和平派抬头，则远东形势，在此四个月内，未始不可告一段落也。"④

蒋介石的这段谈话说明他完全低估了日本侵略者的疯狂和冒险，同时，也对中国的抗日战争做了过于乐观的估计。他对拉铁摩尔透露：将在 1942 年 6 月以前，完成反攻武汉、广州的计划；在 1943 年 6 月以前，完成反攻东北的部署。此前，宋子文曾电告蒋介石，美国有舆论认

---

① 《事略稿本》第 47 册，第 539—543 页。王世杰亦持相同看法。他在日记中说："此次美英两国之卷入战争，系因拒绝对日作任何妥协；美政府态度如此坚决，大半系因中国反对妥协（前月蒋委员长致罗斯福之电，尤有重大关系）。"见《王世杰日记》第 3 册，1941 年 12 月 8 日，第 204 页。

② 《蒋介石日记》，1941 年 11 月 28 日。

③ 《事略稿本》第 47 册，第 545 页。

④ 同上，第 593—594 页。

为，中国可以承认"满洲国"，用以换取日本交还其他的中国占领区。宋建议蒋加强在美国关于中国东北的宣传。① 因此，蒋介石特别要拉铁摩尔转告罗斯福："中国决不能放弃东北，否则新疆、西藏皆将不保，外蒙亦难收复。"其结果是，日、俄、英等国"四面环伺，步步紧逼"，争夺在中国的利益，远东与世界的战争将"循环不已"。他说："如欲求太平洋上长期之和平而无战争，或赤祸之患，惟有使中国能独立自主，而不受他国侵略之一道，以中国传统历史与精神，皆为一和平而反侵略之民族。"②

七、 日军偷袭珍珠港，蒋介石力促组成世界反法西斯统一战线

没有资料可以证明，日本政府了解蒋介石、胡适、宋子文等这一时期和美国政府交涉的情况，但是，日本政府很敏感地意识到其间的关系。12月1日，日本御前会议得出结论："美国已彻头彻尾地成为蒋介石的代言人"，"日清战争、日俄战争和中国事变以来的一切成果将付诸流水"。会议决定"对美、英、荷开战"。③ 12月2日，裕仁天皇批准海军军令部总长发出的第12号命令，将攻击日期定为12月8日。其间，罗斯福总统曾正式责问日本，何以在越南集中兵力，对于美国的提案，为何迄无回答。又曾亲自致函日本天皇，劝阻日军南进。

12月8日（美国时间12月7日）上午2时，日军在马来半岛登陆。3点25分，日本海军联合舰队偷袭珍珠港，击沉美国主力舰4艘，重伤4艘，击毁击伤美机230架，同时轰炸香港、马尼拉等地，摧毁美国在菲律宾的大部分飞机。4时20分，野村和来栖向赫尔手交日本的最后通牒和向美、英宣战的天皇诏书。日本在复照中指责美国"顺从重庆方面之愿望"，"漠视日本在对华战争中所受之牺牲，威胁日本帝国

---

① 《宋子文驻美时期电报选》（1940—1943），第132页。
② 《事略稿本》第47册，第593—596页。
③ 《日本外交年表并主要文书》（1840—1945）下卷，第564页。

之生存，侮辱其尊荣与威望"，与英国及其他国家"合谋阻挠东亚新秩序之建立，并使中日两国继续战争，以保持英美之利益"。^① 至此，太平洋战争爆发。同日，美、英对日宣战。

日本突袭珍珠港，蓄谋已久。而其所以发生于12月初，则与美国政府接受中国政府意见，改变对日妥协政策相关。多年以后，美国政府在回顾1941年的美日谈判的发展过程时曾经说："日本所要求的若干项之一，即是美国不再继续援助正在抵抗日本侵略的重庆政权。美国拒绝停止援华和美国不愿意对中国主权的原则上有所让步，这些就是1941年12月7日日本偷袭珍珠港的一部分原因。日本的侵略，突然结束了双方非正式的会谈。"^②

重庆获知日军偷袭珍珠港，时在12月8日凌晨。当日上午10时，国民党召开中央常委会特别会议紧急讨论，决定对日、德、意宣战。蒋介石随即向苏、英、美大使建议成立军事同盟。12月9日，蒋介石通电全国各战区，宣布这是一个新起点，"自兹我国乃真正参加世界共同反侵略之战争"，"与英、美、苏联等诸友邦并肩作战，共负摧毁侵略暴力，保卫整个文明之使命"。^③ 同日，罗斯福致电蒋介石，告以美国已对日宣战，号召"所有参加此奋斗之一切国家"，向中国军民学习，集中力量，专一意志，共同奋斗。电称："本国得与阁下及阁下所领导之伟大民族相为联合，本人殊以为荣。"^④ 12月10日，蒋介石复电罗斯福，对美国所受攻击表示悲悯，电称："际兹悲惨之时，美国亦遭诡诈侵略者之攻击，中国人民对于美国人民所曾给予之帮助与同情，重申谢忱。为吾辈目前共同之战斗，中国将贡献其所能与其所有，愿与美国相联合，以待太平洋与全世界于暴力之灾祸及无穷之诡诈下获得解放也。"^⑤ 同日，蒋介石接见在重庆的美军事代表团团长马格鲁德将军，

---

① 《对米觉书》，加濑俊一：《日本外交史》，第302—312页，日本经济新闻社1965年版；《事略稿本》第47册，第602—604页。
② 《美国与中国的关系》（白皮书），《中美关系资料汇编》第1辑，第98页。
③ 《事略稿本》第47册，第633页。
④ 《战时外交》（3），第44页。
⑤ 《战时外交》（3），第45页。

建议由美国出面，商订中、英、美、苏、荷五国军事协定，以重庆为参谋会议地点。12 月 16 日，罗斯福致电蒋介石，建议最迟在 12 月 17 日，由蒋在重庆召集联合军事会议，交换情报，讨论在东亚战区的最有效的陆海军行动，以击败日本及其盟国。12 月 23 日，中、英、美三国代表所组织的重庆军事会议成立，通过远东联合军事初步计划 6 条。次日，蒋介石电告罗斯福，提议在华盛顿组织最高联合军事总机构，制定作战计划，并派宋子文为最高军事会议的中国总代表。

1941 年 12 月 31 日晚 9 时，罗斯福约见宋子文，商谈发表联合宣言，在座者有英国首相丘吉尔及苏联驻美大使等。罗斯福称：将由英、美、俄、中四强先行签字，其余各国将于明日签字。宋子文当即代表中国签字。[①] 1942 年 1 月 1 日，美、英、苏、中等 26 个国家在华盛顿签署《联合国家宣言》，世界反法西斯统一战线正式形成。中国的抗日战争由此进一步获得世界许多国家的同情、声援和支持，成为取得最后胜利的最大、最坚强的保证。

四年前，淞沪战役失败，南京危急，国民政府决定迁都重庆。当时，蒋介石主持国防最高会议，发表演说，题为《国府迁渝与抗战前途》，中称："现在侵略国家的对面，一定会产生一个英、美、法、苏的联合阵线来，可以说国际形势，已被我英勇抗战所改造了，如果我们继续努力抗战下去，一定可以达到各国在远东敌视日本，包围日本的目的，一定使日本陷于绝对的孤立。这个目的是不远的，是很容易达到的。"[②] 历史的发展证明，蒋介石当时的估计是正确的。

原载《近代史研究》2015 年第 2 期

① 叶惠芬编：《中华民国与联合国史料汇编》，第 4 页，台湾"国史馆"2001 年版。

② 秦孝仪编：《先总统蒋公思想言论总集》第 14 卷，第 656 页，台湾，中国国民党中央委员会党史委员会，1984 年。

小品・随笔

李白最佩服的诗人

一、一生长忆

前代诗人，李白没有几个佩服的，但是他却经常称道当过宣城太守的南齐诗人谢朓。其《金陵城西楼月下吟》云：

> 月下沉吟久不归，古来相接眼中稀。解道"澄江静如练"，令人长忆谢玄晖。

"眼中稀"，是说眼中没有几个人。谢玄晖，就是谢朓。"澄江静如练"是谢朓的一句诗，这句诗，使得李白对他一忆、再忆，长忆不已。

还是在月下，李白泛舟独酌，又想起了谢朓，作诗云："独酌板桥浦，古人谁可征？玄晖难再得，洒洒气填膺。"（《秋夜板桥浦泛月独酌怀谢朓》）

还有一次，李白在宣城谢朓楼宴别一位朋友，谈起汉魏以来的诗坛，一时兴起，作诗云："蓬莱文章建安骨，中间小谢又清发。俱怀逸兴壮思飞，欲上青天揽明月。"（《宣州谢朓楼饯别校书叔云》）这里的小谢，指的也是谢朓。

谢朓楼，又称谢公楼、北楼、叠嶂楼，宣城名胜，李白一登再登。

他的集子中还有一首《秋登宣城谢朓北楼》，诗云："江城如画里，山晓望晴空。两水夹明镜，双桥落彩虹。人烟寒橘柚，秋色老梧桐。谁念北楼上，临风怀谢公。"

此外，李白还到过谢朓在宣城的住所，面对荒庭衰草，废井苍苔，写过一首《谢公宅》，同样表现出对谢朓的崇敬之情。

在李白的集子中，怀念谢朓，赞美谢朓的诗还有"三山怀谢朓，水澹望长安"（《三山望金陵寄殷淑》）、"我吟谢朓诗上语，朔风飒飒吹飞雨"（《酬殷明佐见赠五云裘歌》）。

由于李白对谢朓的一再推崇，所以清人王渔洋说李白"一生低首谢宣城"（《论诗绝句》）。

谢朓诗确有其出色之处。

二、 写景高手

谢朓最善于写景。如：

> 远树暖阡阡，生烟纷漠漠。鱼戏新荷动，鸟散余花落。
> ——《游东田》

> 余霞散成绮，澄江静如练。喧鸟覆春洲，杂英满芳甸。
> ——《晚登三山还望京邑》

读了这样的诗，你能不被江南春色所吸引吗？

又如：

> 轻云霁广甸，微风散清漪。连连绝雁举，眇眇清烟移。
> ——《奉和随王殿下之十一》

> 余雪映青山，寒雾开白日。暧暧江村见，离离海树出。
> ——《高斋视事》

读了这样的诗，你能不被秋之神、冬之韵所感染吗？

谢朓笔下的自然是多姿多彩的。"云生满池树，中月悬高城。""露湿寒塘草，月映清淮流。"这里的境界是幽静、娴雅的。"四面寒飚举，千里白云来。""红尘朝夜合，黄沙万里昏。"这里的境界是雄伟、豪壮的。"花丛乱数蝶，风帘入双燕。""香风蕊上发，好鸟叶间鸣。"这里的境界是纤细、柔和的。

清人方东树云："元（玄）晖诗如花之初放，月之初盈，骀荡之情，圆满之辉，令人魂醉。"信然。

三、 善于构图

谢朓善于"出景"，或曰善于构图。平常的自然，经过谢朓的剪裁、排列，就成了一幅绝妙画图。如："窗中列远岫，庭际俯乔林。"远山本是常见景，然而诗人让你从窗中望出，就像为它镶上了镜框。"云端楚山见，林表吴岫微。"楚山、吴岫都是美丽的，然而，却隐藏在飘渺的云团和疏密有间的树杪中，使人有分外妖娆之感。

后代的诗人都向谢朓学习过"出景"法。孟浩然诗云："枕席琴书满，襄帷远岫连。"李白诗云："开窗碧嶂满，拂镜沧江流。"王维诗云："林疏远村出，野旷寒山静。"从这些地方，你不是可以感到谢朓的影响吗？

白居易诗云："谢玄晖没吟声寝，郡阁寥寥笔砚间。无复新诗题壁上，虚教远岫列窗间。"（《宣城崔大夫以近诗见示，吟讽之下，喜成长句寄题郡斋》），可见，谢朓的"窗中列远岫"给白居易留下了深刻的印象。

四、 "细密" 是优点

钟嵘在《诗品》中批评谢朓，说他"微伤细密"。其实，这正是谢朓的优点。惟其细密，始能刻画入神，引人入胜。陆时雍说："若情事关生，形神相配，虽秋毫毕具，愈见精奇。"

还是让我们再来读谢朓诗吧！

"日华川上动，风光草际浮。"这里，诗人将太阳照在江面上的晶莹闪烁的景象以及绿意可掬、欣欣向荣的野草表现得那样逼真、生动，恰是不可移易一字。其他如："池北树如浮，竹外山犹影。""新萍时合水，弱草未胜风"等，处处可以见到谢朓体物之精，状物之细。车尔尼雪夫斯基说过："美是生活。""凡是独自表现生活或使人忆起生活的，那就是美的。"正因为谢朓对于自然能刻画入神，表现它的千姿百态，因而就能启发我们的想象，使我们"忆起生活"，沉浸到一个丰富、美丽、多彩的大自然中去。

五、 写景与写人

在谢朓的许多诗里，写景和写人是统一的，写景是为了写人，特别是人的感情。如：

> 夕殿下珠帘，流萤飞复急。长夜缝罗衣，思君此何极！
>
> （《玉阶怨》）
>
> 绿草蔓如丝，杂树红英发。无论君不归，君归芳已歇。
>
> （《王孙游》）

前首写秋夜，后首写春日。它们都将主人公安置于一个特征鲜明的典型环境中，从而加强和烘托主人公思想感情的发展。在这里，诗人的天才就在于给出了"对于某种场合是最鲜明和最有效的东西"（歌德）。

> 佳期期未归，望望下鸣机。徘徊东陌上，月出行人稀。
>
> （《同王主簿有所思》）

这里，诗人并没有着力写主人公怎样惆怅、焦急，只是给我们展示了一幅"月出行人稀"的图画，而一缕剪不断、理还乱的情思也就通过这幅图画展现了出来。它的妙处就在于言不及情，而情自在于其中，具有使你反复玩味、兴致无穷的艺术魅力。又如：

江路西南永，归流东北骛。天际识归舟，云中辨江树。

（《之宣城郡出新林浦向板桥》）

前人对它的评价简直高极了。王夫之说："隐然一含情凝眺之人，呼之欲出。"

六、 佩服者不止李白

李白之前，萧衍曾说："三日不读谢诗，便觉口臭。"李白同时，杜甫也很佩服谢朓。他在《寄岑嘉州》诗中说："谢朓每篇堪讽诵。"李白之后，晚唐的李商隐也说："谢朓真堪忆。"（《怀求古翁》）又说："正是澄江如练处，元（玄）晖应喜见诗人。"（《和韦潘前辈七月十二日夜泊池州城下先寄上李使君》）可见，佩服谢朓的不止李白一人，但是，最佩服、最倾倒于谢朓的仍然是李白。

王充以后又一人

——说李商隐

提起李商隐，人们大体都知道，他是晚唐的一位著名诗人；很少人知道，他还是一位具有强烈反传统思想的异端思想家，堪称王充以后又一人。

李商隐有一篇《上崔华州书》，中云：

> 愚生二十五年矣，五年诵经书，七年弄笔砚。始闻长老言，学道必求古，为文必有师法，常悒悒不快。退自思曰：夫所谓道，岂所谓周公、孔子者所独能耶？盖愚与周、孔俱身之耳！以是有行道不系今古，直挥笔为文，不爱攘取经史，讳忌时世，百经万书，异品殊流，又岂能意分出其下哉！

中国人过去有两大弊病，一是好尊崇古代，一是好制造偶像。人们爱将夏、商、周说成是好得不能再好的黄金时代，周公、孔子说成伟大得不能再伟大的超级圣人，于是，一切以古为法，以周公、孔子之言为准，似乎只有这两位才有发现和掌握真理（道）的资格，他们的话，句句都是"道"的体现，人们只要以他们的是非为是非就可以了。然而，李商隐偏不信这个邪，说是："道"并非周公、孔子"所独能"，我李商隐和周公、孔子同样是人，也都能发现和掌握"道"（俱身之耳）。因此，治国、平天下（行道）不必区分今古，写文章不必从经书、史书中找依据，也不必顾及当代忌讳。你看，李商隐的口气有多大，多么狂妄！幸亏唐代没有"四人帮"一类人物，否则必定打翻在地，定成什么"反周、孔分子"不可。

李商隐的上述思想是不是偶然的呢：不是。他还有一篇《容州经略史元结文集后序》，内称：

> 论者徒曰次山不师孔氏为非。呜呼！孔氏于仁义道德外有何物？百千万年圣贤相随于途中耳！次山之书曰：三皇用真而耻圣，五帝用圣而耻明，三五用明而耻察。嗟嗟此书，可以无书。孔氏固圣矣，次山安在其必师之列耶！

次山，就是元结，中唐时代的一位文学家。大概当时有人批评元结"不师孔子"，这当然是个极为严重的批评，严重得可以丢官、抄家、身毁名裂的，然而李商隐却不以为然，一句"孔氏于仁义道德外有何物"，表露出对孔子的几分不敬；又一句"百千万年圣贤相随于途中"，就将孔子摆到了一个正常的系列中。真理的发展是一条既漫长又宽阔的历史大道，在这条路上，前有逝者，后有来人，谁也不能垄断真理，谁也不能终结真理，不会几百年、几千年才出一个。"孔氏固圣矣，次山安在其必师之列耶！"在李商隐看来，三皇五帝各有其治国、平天下之道，各不相师，各因所宜，自然，孔子的那一套也不必师守不变。

自汉代儒学定于一尊后，孔子的地位就日渐升高，于是，有王充出而挑战。中唐以后，韩愈作《原道》，把周公、孔子作为尧、舜以后代代相传的"道统"重要环节，孔子的地位再次升高，于是有李商隐出而挑战。明乎此，就会明白《旧唐书》为什么批评李商隐"恃才诡激"了。

牙旗玉帐真忧国

——三说李商隐

李商隐的《无题》诸诗写得太好、太有名了，所以他留给世人的印象大抵是个风流才子和写爱情诗的能手，其实，他还有另一面，这就是，他还是一位忧国忧民的诗人。清人姚莹《论诗绝句》六十首之一云：

锦瑟分明是悼亡，后人枉自费平章。牙旗玉帐真忧国，莫向无题觅瓣香。

姚莹的这首诗有两个缺点，一是论定李商隐的《锦瑟》是悼亡之作，过于武断，其实，它也可能是一首追忆生平的自叙诗。另一缺点是否定李商隐的《无题》诗，显得道学气重了点。不过，姚莹的这首诗的第三句："牙旗玉帐真忧国"，以之论李商隐，却是很正确的。

李商隐《重有感》首二句云："玉帐牙旗得上游，安危须共主君忧。"全诗写唐文宗时期的"甘露之变"。当时，宦官仇士良专权，皇帝被挟制，宰相李训与凤翔节度使郑注等人合谋，以石榴树上有甘露为名，引诱仇等前往观看，准备乘机加以诛杀，但不料事机不密，反为所害。仇士良因之大杀朝官，株连至于千人。李商隐此诗，表达了对宦官专权的愤恨，期待在外手握兵权的将军们能够兴兵除害。《重有感》之前，李商隐还写了《有感》二首，也是为"甘露之变"而发。在那个"白色恐怖"时期，李商隐一而再、再而三地作诗议政，说明诗人正义感和责任感的强烈。

姚莹之外，林则徐也有诗论李商隐道：

> 江湖天地两沦虚，党事勾连有谤书。偶被乘鸾秦赘误，讵
> 因罗雀翟门疏。郎君东阁骄行马，后辈西昆学祭鱼。毕竟浣花
> 真髓在，论诗休道八叉如。
>
> ——《河内悼玉溪生》

李商隐是有安邦定国之志的人，其《安定城楼》诗云"永忆江湖归白发，欲回天地入扁舟"，表明他曾经想先做一番事业，回转天地，然后归隐江湖。林则徐此诗，首论李商隐的用世（天地）和退隐（江湖）之志双双落空，其原因在于他不幸做了王茂元的女婿，牵连到晚唐的牛、李党争中，因此成了牺牲品。继论李商隐的诗虽然后来发展为滥用典故的西昆派，但是，李诗得到杜甫的"真髓"，不是温庭筠一流所可以相比的。

把李商隐说成杜甫的继承人，有没有道理呢？有。除了上述为姚莹所肯定的《有感》《重有感》之外，李商隐的《行次西郊作一百韵》《灞岸》《寿安公主出降》等诗，或抨击藩镇割据，或哀叹民生凋敝，都恰有与杜甫诗相通之处。他的大量政治讽刺诗在风格上虽与杜诗有异，但在关心国事民瘼这一层次上又并无二致。

在近代中国，认为李商隐继承了杜甫的并不只是林则徐一人。有位姜白贞，写了一部《玉溪生诗解》，姚燮为它作过一篇序，中云："夫义山之遇，贾生也，而其心则杜老也。"后来成为戊戌六君子之一的刘光第也曾说过"二樊忠爱有遗篇（樊川、樊南）"，以"忠爱"二字评李商隐和杜牧，也是意在和杜甫相联系。

鸦片战争以后，中国国势凋敝，杜甫、李商隐的诗都曾流行过。有一阵子，杜甫的《诸将》成为众多诗人模拟的榜样。又有一阵子，李商隐的《有感》《重有感》成了众多诗人模拟的对象。翻开清人鲁一同、顾复初、陈玉树等人的诗集，都可见拟李之作，有的干脆标明：《甲午冬日拟李义山重有感》，那是甲午战争，中国人被日本人大败的时候了。

朱熹的 "变天" 诗

朱熹是哲学家，不过，他很喜欢写诗。他的诗，也有写得很不坏的。这些，先不谈，想谈的是给他带来麻烦，差一点惹下大祸的诗。

福建崇安是朱熹的第二故乡，该地的武夷山是有名的风景区。1183年（南宋淳熙十年），朱熹在那里修了一座别墅，称为武夷精舍，是收徒讲学的地方。第二年（淳熙十一年），朱熹在精舍闲居时，曾和朋友们乘着小船，游山玩水，颇得其乐，高兴之余，写了十首《棹歌》。棹歌者，船歌也。这十首歌是：

> 武夷山上有仙灵，山下寒流曲曲清。
> 欲识个中奇绝处，棹歌闲听两三声。

> 一曲溪边上钓船，慢亭峰影蘸晴川。
> 虹桥一断无消息，万壑千岩锁翠烟。

> 二曲亭亭玉女峰，插花临水为谁容？
> 道人不复阳台梦，兴入前山翠几重。

> 三曲君看架壑船，不知停棹几何年？
> 桑田海水令如许，泡沫风灯敢自怜！

四曲东西两石岸，岩花垂露碧氋氍。

金鸡叫罢无人见，月满空山水满潭。

五曲山高云气深，长时烟雨暗平林。

林间有客无人识，欸乃声中万古心。

六曲苍屏逸碧湾，茅茨终日掩柴关。

客来依棹岩花落，猿鸟不惊春意闲。

七曲移船上碧滩，隐屏仙掌更回看。

却怜昨夜峰头雨，添得飞泉几道寒。

八曲风烟势欲开，鼓楼岩下几萦回。

莫言此处无佳景，自是游人上不来。

九曲将穷眼豁然，桑麻雨露见平川。

渔郎更觅桃源路，除是人间别有天。

武夷山有四十九峰、八十七岩、九曲溪、桃源洞、流香洞、卧龙潭、虎啸岩等名胜。本诗当是歌咏九曲溪之作。第一首总写，第二首以下分写各曲。十首诗除了略有沧海桑田之叹以外，主要写自然景色，可以说毫无政治内容。朱熹意想不到的是，十年之后，这首诗却成了他梦想"变天"的证据。

在对道学的态度上，南宋王朝有道学与反道学之争。1194 年（绍熙五年），支持道学的宰相赵汝愚被免去相位，赶出朝廷，发遣边地，最后病死衡州。在此同时，受到赵汝愚支持的朱熹也受到激烈攻击。御史沈继祖上疏，指责朱熹有"不孝其亲""不敬其君""不忠于国""欺侮朝廷""哭吊汝愚""有害风教"等六大罪。其中作为重要证据的就是《武夷棹歌》中的一句诗。他说：当赵汝愚病死衡州，朝野交庆的时候，朱熹却以"死党"身份，带着百余名门徒在野外号哭，并且在诗中写道:"除是人间别有天"。在古代,"天"是皇帝的象征。"除是人间别有天",不是梦想"变天"是什么?所以沈继祖厉词问道:"人间岂别有一天耶?其言意岂止怨望而已!"按照他的这种逻辑定罪,将朱熹充军、监禁,以至杀头都是可以的。然而,正如读者已经知道的,此诗写于十年前,是一首风景诗。"别有天"者,别有洞天,别有境界,别有天地之意,是写自然界的景色变换的,和赵汝愚案根本无关。

为了证明朱熹有"变天"的企图,沈继祖又写道:

> 剽窃张载、程颐之书,寓以吃菜事魔之妖术,以簧鼓后进,张浮驾诞,私立评题,收招四方无行义之徒,以益其党伍,相与餐粗食淡,衣褒带博,或会徒于广信鹅湖之寺,或呈身于长沙敬简之堂,潜行匿迹,如鬼如蜮,士大夫之沽名嗜利觊其为助者,又从而誉之、荐之,根株既固,肘腋既成,遂以匹夫窃人主之柄,而用之于私室,飞书走疏,所至响应。

朱熹及其门徒们饮食简单,"餐粗食淡",这是事实,但是沈继祖却和"吃菜事魔之妖术"联系起来,问题可就严重了。宋代民间有摩尼教,尊奉汉代黄巾起义的领袖张角为教祖,那是被认为"吃菜事魔"的,后来发展为有名的方腊起义。沈继祖那么写,朱熹岂不成了方腊第二了吗?

沈继祖说朱熹"或会徒于广信鹅湖之寺,或呈身于长沙敬简之堂",也是事实。但是,一次是和陆九渊见面,一次是和张栻见面,所讨论的都是道学中的基本理论问题,用今天的话来说,都是学术问题,并未议论时政,然而,在沈继祖的笔下,那是"黑帮"和"黑帮"之间的"黑会"。"潜行匿迹,如鬼如蜮",不是"黑帮""黑会"是什么!

沈继祖深文周纳,目的是在政治上将朱熹打倒,使他"永世不得翻身",但是,沈继祖觉得还不够,于是在疏文中继续提出朱熹的其他罪名,如:收取高额学费,巧计夺朋友之财、接受贿赂等,其中有一条虽不算大问题，但却使朱熹浑身臭烘烘的罪名是：诱引尼姑二人做小老婆，出去做官时公然随身带着，云云。

笔者不拟在这里讨论宋代道学和反道学斗争的是非曲直，本文只想指出，对政敌的这种斗争方式是不可取的。"文革"中有"批倒批臭"一语，意思是不仅要在政治上将人打倒，而且要在思想、道德、生活等方面将人批臭，于是，无中生有、无限上纲、武断事实、牵强附会、任意解释、罗织入罪等手段一一使出，无所不用其极。一般人以为"批倒批臭"是"文革"的"新事物"，史无前例，其实，这倒是敝国的国粹，古已有之的。其例证之一就是上述朱老夫子的遭遇。

西郊落花何处寻

——读龚自珍《西郊落花歌》

落花，在古人的笔下，大都"感芳华之易逝，叹盛时之不再"，凄凄惨惨。最有名的就是曹雪芹代"林妹妹"写的那首《葬花词》，中云："一年三百六十日，风刀霜剑严相逼。明媚鲜妍能几时，一朝飘泊难寻觅。"又云："侬今葬花人笑痴，他年葬侬知是谁？试看春残花渐落，便是红颜老死时。"将落花之悲与身世之戚融为一体，凝铸出一种凄婉动人的艺术力量。年轻时读过，而今垂垂老矣，却仍然记得。

不过，也有将落花写得很美的。陶渊明的《桃花源记》有句云"落英缤纷"，就很美。可惜，只有一句，没有展开。记忆中，将落花作为一种美的意境，写得令人赞叹、令人神往、令人豪气满胸的作品，要数清人龚自珍的《西郊落花歌》。中云：

> 西郊落花天下奇，古来但赋伤春诗。西郊车马一朝尽，定庵先生沽酒来赏之。先生探春人不觉，先生送春人又嗤。呼朋亦得三四子，出城失色神皆痴：如钱唐潮夜澎湃；如昆阳战晨披靡；如八万四千天女洗脸罢，齐向此地倾胭脂……

请看，这是一幅何等壮丽的图画，又是何等令人心魂震撼的场面：落花漫漫，无边无际，有如浩浩江潮，有如大厮杀之后的战场，有如八万四千美丽绝伦的天女一齐泼来的胭脂……古人谁曾这样写过落花？没有，绝对没有。龚自珍接着写道：

> 先生读书尽三藏，最喜维摩卷里多清词。又闻净土落花深
> 四寸，冥目观想尤神驰。西方净国未可到，下笔绮语何漓漓。
> 安得树有不尽之花更雨新好者，三百六十日长是落花时！

龚自珍不仅欣赏落花，赞美落花，而且希望"树有不尽之花"，一年到头，永远处在又"新"又"好"的飘飘落花中。这又是何等美丽的想象，何等奇特的境界！

本诗写于道光七年（1827年）。当时，龚自珍正住在北京。诗前有序，略云，出丰宜门一里，海棠大十围者八九十株。三月二十六日大风。次日，风稍定，和几位朋友一起出城赏花饮宴，因有此作。

我初读此诗，还是50年代在北大念书的时候。那时，正和季镇淮教授一起编注《近代诗选》。自然，要查清"丰宜门"在何处，当年如此美丽的海棠花又在何处？然而，困难的是，北京的城门中并没有称为"丰宜门"的。季先生费了很多力气，翻了许多书，终于查明丰宜门原是金中都的南门，其旧址约在今右安门与丰台之间。又从当时诗人张祥河的笔记中查到："京师丰宜门外三官庙海棠最盛，花时为士大夫宴集之所。"这样，丰宜门及海棠花的种植之处都找到了，对这首诗的注释也就定稿了。我没有想到过，应该去现场踏勘，或者说，想到过，却始终舍不得为此花上半天，或一天时间。

一直到1999年11月末，黄宗汉先生在城南大观园召开"宣南文化"座谈会，邀我参加。黄先生近年来倡建大观园，倡修湖广会馆，对北京市的文化建设贡献颇大。七八十岁的人了，却在破例拿到硕士学位后又接着读博士，"宣南文化"就是他的博士论文题目。我既受黄先生勤学精神的感动，又受到住大观园，品红楼宴的诱惑，于是，谢绝了南方某地一个会议的邀请，欣然住进"园外山庄"。其间，自然谈到了清代文人在宣武门外的诗酒宴集，谈到了在宣南住过多年的龚自珍，也谈到了三官庙的海棠花。会散了，北京出版社的赵洛先生告诉我，三官庙现在是丰台区的一所中学，距此不远，何妨一访。我想：既然很近，自

应一偿宿愿，错过这次机会，以后就难说了。于是，便欣然与赵洛先生同行。

那天是个艳阳天。出得右安门，沿大街南行，过西二条，右拐，进西三条，就找到了那所中学——右安门第二中学。借用传达室的电话向校长说明来意，得到许可，进入三官庙旧址。原来，那里不久前是一所小学，学校已迁，只剩下几排门窗全无的平房，大概还是要继续拆的。平房之外，有一个不算大也不算小的院子，一群学生正在那里上体育课。院子里有一株光秃秃的柿子树，孤零零地站着。哪还有什么三官庙！哪还有什么八九十株大可十围的海棠树！我们二人不甘心，就在院子里搜寻残碑。一块断碑上还依稀可见捐款建庙人的名字，另一块则积满灰土。赵洛先生以考古学家的认真精神找来笤帚，学生们端来清水，一同干起"自将磨洗认前朝"的事来。然而，除了花纹之外，已经什么字迹都没有了。这时来了一位教师，他说，当年拆庙时，没有通知文物部门；等文物部门赶来时，已经晚了。

我们极为遗憾地打"的"离去。车上，赵洛先生哼起了《西郊落花歌》中的警句："如八万四千天女洗脸罢，齐向此地泼胭脂……"听着赵洛先生的吟诵，我的心头一阵怅然：太可惜了，龚自珍当年歌咏的落花景色再也无法领略了。

附记：三官庙的旧址找到了，然而，丰宜门呢？写此文期间，终于查明：丰宜门在今右安门西南之凉水河立交桥北岸，亦即原祖家庄南石门村东一带；龚自珍、张祥河所称丰宜门，实际指的是右安门。

谭嗣同的《狱中题壁》诗

　　有的诗，读者可能并不十分理解它，但却非常喜爱。谭嗣同的《狱中题壁》就是这样。全诗为：

　　　　望门投止思张俭，忍死须臾待杜根。我自横刀向天笑，去留肝胆两昆仑。

该诗写于一百多年前，是诗人的绝命诗。它虽只是一首七言绝句，但意象阔大，磅礴有力，充斥着一种至大至刚的浩然正气，谭嗣同的人格美和诗歌的悲壮美得到了充分的体现。

　　谭嗣同是戊戌维新运动时期的激进派。年轻时漫游南北，养成了慷慨任侠的性格。甲午战争中国惨败后，在民族危机日益深重的情况下，爱国热情更加激昂，改革中国的愿望也愈加迫切。他在所著《仁学》一书中，激烈地批判封建专制制度和封建伦理，号召"冲决网罗"。1898 年在湖南参与创办南学会，推行新政。同年秋入京，任军机处章京，参与变法活动。西太后发动政变时，谭嗣同拒绝出走避难，曾表示："各国变法无不从流血而成。今日中国未闻有因变法而流血者，此国之所以不昌也。有之，请自嗣同始。"9 月 25 日被捕入狱，写下了上述诗歌，28 日，从容就义。

　　"望门投止思张俭。"张俭，东汉人，任山阳东部督邮，因弹劾为非作歹、残害百姓的宦官侯览，受到社会敬重。后被迫逃亡，看到有人家的地方就去投宿，人们冒着破家灭族的危险接待他。本句写对流亡在外的康有为、梁启超的思念，期望他们像当年的张俭一样受到人们的接待和保护。

"忍死须臾待杜根。"杜根，东汉人。安帝初年任郎中。当时邓太后临朝执政，重用外戚，杜根上书太后，要求归政皇帝，太后大怒，命人把他装在袋子里，在殿上扑杀。执法者因钦仰他的为人，命施刑人不用重力，杜根当时死去，但随后苏醒。邓太后命人检查，杜根装死三天，隐身逃亡，在外当酒保。邓太后死，安帝亲政，邓氏人或诛或逐，杜根复出为侍御史。本句写对同时被捕的维新党人的期待，希望他们中有人能像杜根一样，虽受酷刑而仍能忍死生存，在备历困厄后终得胜利。西太后发动政变时，与谭嗣同先后被捕的尚有杨锐、林旭、刘光第、杨深秀、康广仁等人。

以上两句用典。由于中国古典诗歌高度精练，要求在最小的篇幅里包含最丰富的内容，因此，诗人就不得不借助于历史上的人物和故事来表达当时的事件和感情。这样，就可以引起熟悉有关历史的读者的丰富的联想，从而增加诗歌的思想内涵，扩大其表现力量。以该诗前两句为例，它写的是东汉后期的两个著名历史人物，表述的却是19世纪末年中国维新党人的斗争和处境。其中既有对战友命运的系念，也有对战友坚持斗争的期待。

"我自横刀向天笑。"这是全诗写得最明朗的一句，也是艺术精华所在。如果没有这一句，全诗将黯然失色。诗人被囚在狱中，但豪情不减，他把自己想象为横刀跃马的威武斗士。

"天"是尊严的、神圣的，主宰一切的，但诗人却以一"笑"相对。这一"笑"，典型地表达了谭嗣同藐视威权、藐视艰难、藐视命运、藐视生死的英雄主义精神，一个顶天立地的高大形象站立起来了。

"去留肝胆两昆仑。"这是全诗最难解的一句，也是解说最纷纭的一句。

梁启超在《饮冰室诗话》中提出："两昆仑"，一指康有为，一指侠客大刀王五。梁称，谭嗣同少年时曾向王五学剑。光绪被软禁后，王五曾准备到中南海瀛台夺门营救。但是，此说有一个重大的缺陷，即：康有为与王五不能构成"去"与"留"的对照，而且，康、王不是一个社会层次的人物，谭嗣同也不会将二人并列。敝意以为：去，指出亡国外的康有为、梁启超；留，指留京被捕的维新党人。西太后发动政变时，谭嗣同决意留京，作中国为变法流血的第一人，他力劝梁启超出走时曾说："不有行者，无以图将来；不有死者，无以酬圣主。""肝胆两昆仑"，意谓不论出走或留京的维新党人，都肝胆磊落，如昆仑般高大、巍峨；言外之意是，在他们身上，寄托着中国的希望。此解似可贯通全诗，不知读者以为然否？

鲁迅 《自题小像》 新探

　　《自题小像》是鲁迅青年时代的一篇重要诗作，其中有句云："寄意寒星荃不察。"对这一句，过去的解释是："述同胞未醒，不胜寂寞之感。"[①] 此说一出，大家沿用，有的更进一步发挥说："借指祖国人民。作者认为，他的爱国热情还没有被当时的人们所察识。"[②]

　　实际上，此说是不妥的。按："寄意寒星"出自《楚辞·九辩》"愿寄言夫流星兮"，王逸注云："欲托忠策于贤良也。""荃不察"出自《离骚》："荃不察余之中情兮"，王逸注云："荃，香草，以喻君也。人君被服芬香，故以香草为喻。"《九辩》，宋玉讽谏楚怀王而作；《离骚》，屈原被楚怀王放逐后自写其牢骚而作。"荃"，指的就是楚怀王。可见，"荃不察"云云，完全是埋怨和责备君主之词，为什么到了鲁迅诗里，却可以借指"同胞"或"人民"呢？有什么根据吗？"不胜寂寞"，是一种自我感觉；"荃不察"，是彼我关系。怎么能用前者去诠释后者呢？"作者认为，他的爱国热情还没有被当时的人们所察识。"这样，鲁迅岂不是在那里埋怨群众，孤芳自赏？而且，鲁迅当时到底发生什么事了？他怎样"寄意"，又怎样不被"人们所察识"，从而决心血荐轩辕了？这些，恐怕都是"同胞""人民"说者所无法回答的。

---

　　① 许寿裳：《我所认识的鲁迅》，人民文学出版社 1978 年版。

　　② 复旦大学、上海师大中文系：《鲁迅诗歌散文选》，上海师范大学出版社 1973 年版。

要正确地理解这首诗，首先必须正确地考订它的写作年代。

鲁迅自己说："二十一岁时作。"过去，不少同志认为鲁迅计算年龄，"向来依照中国习惯"，定此诗为 1901 年 2 月到 1902 年 2 月之间的作品。但是，这时鲁迅还在南京，浙江绍兴并没有什么大的变动，何来"风雨如磐暗故园"之感呢？近来，有人引证 1902 年《清国留学生会馆第一次报告》鲁迅自题二十岁的事实，说明鲁迅所说的"二十一岁"乃是实足年龄，定此诗为 1903 年作。[①] 我同意这一看法，并进一步提出两项证据：

一是 1903 年 4 月 17 日出版的《浙江潮》第 3 期所刊《浙江同乡留学东京题名》，中云："周树人（豫才），二十一岁。"二是同年出版的《日本留学中国学生题名录》（清国留学生会馆第二次报告），其中，鲁迅的年龄仍然明确地记载为二十一岁。可见，鲁迅计算年龄并不全依"中国习惯"。他所说的二十一岁，乃实足年龄，诗当作于 1903 年。

诗的年代确定了，"荃不察"等便易于理解了。

1900 年，沙俄帝国主义武装抢占我国东北。1903 年 4 月，沙俄拒不按规定撤出金州、牛庄等处的军队，反而派兵前往安东，重新占领营口，并进一步提出七项侵略新要求，我国人民掀起了轰轰烈烈的拒俄运动。拙文曾经指出，鲁迅是这一运动的积极参加者，在东京中国留学生成立拒俄义勇队之后，他译作了小说《斯巴达之魂》，以激励中国青年奋起反击沙俄帝国主义侵略。《自题小像》正是此后的又一篇洋溢着爱国主义精神的作品。

大敌当前，人们曾经希望清朝政府改变政策，抵御沙俄。拒俄义勇队给当时掌握军权的北洋大臣袁世凯发出函电，指出"俄祸日迫，分割在即"[②]，要求开赴前线，与敌死战。在改名为军国民教育会后，又推举两名特派员归国，面陈一切。然而，清王朝却恐惶万状。特派员尚未出发，清朝政府驻日公使蔡钧就分别致电袁世凯、魏光焘和端方等官

---

① 王若海、文景迅：《鲁迅〈自题小像〉作年新考》，《中山大学学报》1976 年第 5 期。

② 《军国民教育会之成立》，《江苏》第 2 期。

僚，声称："留学生结义勇队，计有二百余人，名为拒俄，实则革命，现已奔赴各地，务饬各州县严密查拿。"① 特派员刚到上海，清朝政府军机处又接得上海来电："近来，爱国党欲假拒俄之说，拟将北上，恐有不轨事宜。"② 特派员到了天津，袁世凯拒不见面。6月5日，上海《苏报》揭载了以光绪皇帝口气发出的《严拿留学生密谕》。清朝政府大骂拒俄义勇队"有碍邦交"，要蔡钧等"时侦动静"，要各地方督抚查拿"行纵诡秘""有革命本心"的归国留学生，"就地正法"。

《密谕》激起了海内外爱国人士的巨大愤怒，反清革命随之高涨起来了。《苏报》介绍了邹容的《革命军》，发表了章太炎的《康有为与觉罗君之关系》等文，号召"皇汉民族四万万男女同胞"，为祖国请命，掷头颅，暴肝脑，"与尔之公敌爱新觉罗氏相驰骋于枪林弹雨中"。7月初，特派员回到东京。5日，军国民教育会开欢迎大会于锦辉馆，特派员汇报了归国之行，秦毓鎏等十余人提出《意见书》，建议将原订宗旨中"实行爱国主义"改为"实行民族主义"，以反对"满洲政府"为目标。③

毛泽东说过："辛亥革命是革帝国主义的命。中国人所以要革清朝的命，是因为清朝是帝国主义的走狗。"④ 一小撮满族贵族投靠沙俄帝国主义，镇压拒俄运动，背叛了中国各族人民的利益，当然要成为人民革命的对象。

随着反清革命的高涨，对黄帝的宣传便空前突出起来了。6月25日，《江苏》第3期发表《中国民族始祖黄帝像》，并题诗云："帝作五兵，挥斥百族。时维我祖，我膺是服。亿兆孙子，皇祖式兹。我疆我里，誓死复之。"同日出版的第4期则发表了陈去病的《革命其可免乎》一文，赞美黄帝说："惟吾祖之雄伟兮，挥神斧而荡四隅。"文章高呼："吾黄胤兮革命其可免乎？"稍后，上海出版了"黄帝子孙之多

---

① 冯自由：《中华民国开国前革命史》上编，广西师范大学出版社 2011 年版。
② 《苏报案纪事》，上海租界 1903 年版。
③ 《东京军国民教育会》，《革命逸史》初集，中华书局 1981 年版。
④ 《唯心历史观的破产》，《马克思恩格斯全集》，人民出版社 1972 年版。

数人"撰述、"黄帝子孙之一个人"编辑的《黄帝魂》。此外，当时报刊上，"辕孙""轩裔""黄孙"之类的笔名几乎比比皆是。

显然，《自题小像》正写作于这一时期。首句自述对祖国的强烈爱情，次句写沙俄帝国主义霸占我国东北、拒不撤兵的危急形势，三句隐喻清王朝不理睬拒俄义勇队和广大爱国人士的抗敌愿望，密令镇压，末句反映鲁迅推翻帝国主义走狗清王朝，为民族解放而奋斗的革命决心。许寿裳说："一九〇三年他二十三岁，在东京有一首《自题小像》赠我的。"[①] 许寿裳是拒俄义勇队成员，曾被编入乙区队二分队。鲁迅赠他这首诗是很自然的。不过，由于鲁迅始终没有向他解释过这首诗，所以许寿裳也不能完全理解正确。这是并不奇怪的。

---

① 《我所认识的鲁迅》，许寿裳这里说的二十三岁，乃是虚岁。

两句唐诗的启示

江南园林常常题有"曲径通幽"四字，它源于唐人常建诗《题破山寺后禅院》，原诗云：

> 清晨入古寺，初日照高林。曲径通幽处，禅房花木深。山光悦鸟性，潭影空人心。万籁此俱寂，但余钟磬音。

据说，宋朝的欧阳修特别欣赏"曲径"一联，想模仿它而久不可得。

常建的这两句诗写得确实好。吟诵之余，不由悟得了创作上的一条道理。

树木丛生，花开似锦，如此美景，自当尽兴饱览为快。但这美景又被安排在园林深处，造园者绝不让你三步两步就走到它的跟前，也不让你一张目就尽收眼底，而是先隐隐约约地让你先窥见一点端倪，激起你探幽寻胜的强烈愿望，然后再引导你走上一条曲曲折折的途径，最后才豁然开朗，佳木名花，一气展现。

创作何尝不如此？意境贵深不贵浅，情节贵曲不贵直。优秀的作品决不一下子把什么都和盘托出，决不让读者一览无余，看到上文就猜到下文，而是丰富多彩，曲折多姿。当你自以为山穷水尽时，突然峰回路转，柳暗花明，又是一个新的天地在招引你了。明人李梦阳有诗云：

"浩浩长江水，黄州若个边？岸回山一转，船到堞楼前。"其所述意境差近。

"曲径通幽"，该也算得是一条艺术规范吧！

据说，"曲径"，一本作"竹径"。诚如斯，则此句意味索然，所谓点金成铁者是也。

杜牧的《清明》诗

　　旧时儿童读物《千家诗》中有一首标明杜牧的《清明》诗，传诵很广。诗云：

　　　　清明时节雨纷纷，路上行人欲断魂。借问酒家何处有，牧童遥指杏花村。

此诗不见于杜牧本集，是否杜作，暂且不论，这里只讨论对该诗的几种修改。

　　明人谢榛在《四溟诗话》中说："此作宛然入画，但气格不高。或易之曰：'酒家何处是？江上杏花村。'此有盛唐调。予拟之曰：'日斜人策马，酒肆杏花西。'不用问答，情景自现。"

　　谢榛这个人好改人诗，但往往改得并不高明，此亦一例。

　　细雨霏霏，微风拂拂，正是雨酥风腻，桃红柳绿的清明时节，主人公沐雨栉风，一路行来，不觉魂断魄消，酒兴勃发。他向一个骑在牛背上的缓缓行来的牧童问道："小哥，借问酒家在何处？"牧童用手指着遥遥处一个隐隐约约被杏花掩映着的村落回答："那里就是。"

　　这就是《清明》诗所创造出来的意境。这个"遥"字用得实在好。曾经有人问我，改成"牧童手指杏花村"如何？我答之曰："不好！有'遥'字，境界全出；无'遥'字，境界索然！"

　　诗必须创造感性形象，除了给人以色彩感、数字感、声音感、动作感之外，也还必须给人以空间感。无"遥"，则杏花村近在眼前，可以一目了然，意境是逼狭的；有"遥"，则诗中的天地顿时宽阔起来，我们的视线也仿佛随着牧童的手指而射向远方。我们都会想到，主人公要一解酒渴，就还得穿花过柳，在风雨中赶上几里路吧！不仅如此，有"遥"，则杏花村景就是隐隐约约、看不真切的；唯其看不真切，就更感到无限丰富，不知其中隐藏着几许美景，几许春光，就更加挑逗起主人公兼程赶路的无限情致。陆时雍《诗境总论》云："吞吐深浅，欲露还藏，便觉此中无限。"说的正是这个道理。

　　古代画家是很懂得这个"遥"字的意义的，所以他们作画讲究"孤城置之天边，墟市依于山脚"，"孤峰远设，野水遥拖"①。一幅画，总要有近景，有远景，在"不厌其详"地铺设了正面的"溪山林木"后，还讲究"旁边平远峤岭，重叠勾连，飘渺而去，不厌其远，所以极人目之旷望也。"②

---

① （宋）李成：《山水诀》。
② （宋）郭熙：《林泉高致》。

从刘效祖的《挂枝儿》说到艺术的露与藏

明代散曲家刘效祖有一首《挂枝儿》：

> 新竹儿依朱栏清风可爱，香几儿靠北窗雅称幽斋，千叶榴，并蒂莲，如相比赛。槐荫下，清风净，垂杨外，月影筛。忽听得几个娇滴滴的声音也，笑着把茉莉花采。

这首散曲，并不能算是上品，但却可以借用来说明抒情诗美学中的一个重要问题。

散曲中，作家首先着力描写的是环境：新竹、朱栏、槐荫、垂杨、清风、月影，构成了一幅十分优美的图画。这里，作家的笔墨是可以称之为铺陈唯恐不尽的，但是，一写到人，笔墨却突然吝惜起来了。作家没有肯让我们看看这群活泼、美丽的少女的容态和她们采花时的欢乐情景，而只让我们听到了她们"娇滴滴"的声音，从笑声中知道她们在"把茉莉花采"。

这里，不禁使我想起了我国古典艺术理论中的露与藏问题。艺术，要露，也要藏。不露，则不能造成鲜明、生动的形象，不能语语如在目前，不能使诗成为"无形画"；但又不能过露，过露则无余韵，因此，艺术又要藏，藏了，才能含蓄蕴藉，构成"画外意"。聪明的诗人和画家总是善于动员读者、欣赏者来积极进行思维活动，挑逗他们的想象力，使他们浮想联翩，不能自已。他们绝不把什么都无保留地献给读者，绝不培养读者成为思想上的懒汉。

刘效祖的这首《挂枝儿》何尝不然。你看，作家在描写少女们的活动环境时花了如许笔墨，这是露，露得很充分；但在写人时，却只轻轻地点了一笔，旋即收住，藏起来了。这时，作者的艺术创造完成了，但读者的思维活动却被激发起来了。他们从"几个娇滴滴的声音"里，完全可以想象少女们的美丽容态和欢乐情景，读者完全可以用自己的生活体验去补充它、丰富它。

绘画，使用的是色彩、纸张；雕塑，使用的是石头、木块；文学，使用的是语言。任何材料都是有限的，但读者的思维能力却是无限的。古人说："山欲高，尽出之则不高，烟霞锁其腰则高矣；水欲远，尽出之则不远，掩映断其派则远矣。"① 任何画幅都是有限的，要在一张纸上表现山的高，山总不能显得很高，但是，如果在山腰上画上一抹云霞，山就显得高了，这是读者的想象力在起作用。同样，如果刘效祖只是企图从正面来描写少女们的容态，而不是动员读者的想象力，那么，不管他驾驭语言的能力如何高，描写得如何细致，恐怕其效果也不会很好。古人提倡"意到笔不到"，又提倡"以缺代全"，"以虚运实"，良有以也。

古人作诗论画，讲究虚实相生，藏露相辅。作画，要"山腰云塞，石壁泉塞，楼台树塞"②，要"道路时隐时显，桥梁或有或无"③。论诗，要"意有余而约以言之"，要"神余言外"，"有弦外音，味外味"。总之，要有藏也有露，有虚也有实。惟其有藏，有虚，所以作品才有不尽之意，欣赏者才有不尽之思。我国古典园林的杰作颐和园，要用一个小岛将昆明湖"藏"起一半来，决不让游人一览无余，其道理也在于此。

唐志契《绘事微言》云："若笔笔写到，便俗。"

---

① （宋）郭熙：《林泉高致》。
② （唐）王维：《山水论》。
③ （宋）李成：《山水诀》。

读张维屏的《新雷》

造物无言却有情，每于寒尽觉春生。千红万紫安排着，只待新雷第一声。

——张维屏《新雷》

按照通常的说法，诗和哲学的关系是疏远的。但是，本诗却和一个古老的哲学问题紧密相连。

我们生活在一个丰富、复杂的世界上。它变化万千而又整齐不紊。不是吗？凛冽的寒冬之后，必然继之以明媚的春色；火热的盛夏刚过，丰硕的金秋又接踵而来。岁岁如此，从无例外，仿佛有一种不声不响的力量在主宰着。这种力量，古人称之为"天"，或称之为"造物"。孔子说过："天何言哉！四时行焉，百物生焉。"商、周以来的传统观念是，天像人间的帝王一样具有喜怒哀乐，可以口吐纶音，发令行政，孔子认为天不讲话，自然是一种进步。

本诗的作者从孔子的名言落笔，但是，却并不是为了回答哲学问题。

诗人为严冬所苦。冰封雪盖，万物潜藏。萧条的大地使人寂寞，呼啸的朔风使人瑟缩。然而诗人懂得四时迁代的规律，从寒尽之处觉察到了春之萌动。他满怀喜悦地告诉人们：造物是多情的，眼前虽然冷落单调，但是，花团锦簇的美妙世界已经安排就绪，只需一声震人心弦的新雷，它就会光彩焕发，突然闪现在你的面前。

　　一首好诗，常常是鲜明和含蓄的统一。景与境力求鲜明，情与意力求含蓄。既使人神与物游，浮想联翩，又使人探之弥深，引之弥长。本诗正如此。

　　春天是色彩斑斓的。诗人写春天，只用了"千红万紫"四字，立刻就让你感到了春的艳丽、妖娆、多姿多彩和广袤无边。

　　春之雷与夏之雷不同。春雷清脆洪亮，夏雷粗豪猛烈。诗人写春雷，只用了一个"新"字，准确地传达了春雷的气质和神韵。

　　色彩、声音都是构成形象的要素。本诗通过对二者有特征的表现，创造了鲜明的形象，使人有如在目前，如在耳际的感觉。它不是绘画，却唤起了人们的视觉印象；它不是声响，却唤起了人们的听觉印象。

　　数量也是构成形象的要素。中国古诗历来重视数量的表现。"欸乃一声山水绿"，"竹外桃花三两枝"，"七八个星天外，两三点雨山前"，都是表现数量极为成功的典型。该诗在这一点上也很有特色。它以"千"状红，以"万"状紫，以"一"状雷声，不仅加强了形象的明晰度，而且也通过数字大小两极的对照，突出了新雷的神奇力量。

　　诗言志。创造形象并不是目的，在形象之内、之外，诗人总要传达给读者一些什么，也总要留一些什么让读者去体察、思考、补充。它可能是一种思想，也可能是一种情绪，甚至只是一种气氛。由于它是借助于特定形象来传达的，因此具有确定性。由于它存在于形象之内、之外，读者的体察、玩味又常常带着个人的特点，因此又具有不确定性。在这一点上，古来一些优秀的、脍炙人口的名句大都如此。例如"沉舟侧畔千帆过"，"山雨欲来风满楼"等。它们的意境并不能由读者任意构想，然而千百年来的吟咏者又都可以用自己的理解去丰富它。本诗主旨在于写迎春的喜悦和期待，这是很显然的。然而，我们如果把"千红万紫"理解为一种光明、美好的局面，把"新雷"理解为一种使万物昭苏、振奋的力量，那么，这首诗的内蕴岂不是更丰富、更深刻了吗？

　　郭沫若有一首题为《日中文化交流协会成立十五周年纪念》的诗：

　　　　漫天飞雪迓春回，岭上梅花映日开。一自高丘传号角，千
　　红万紫进军来。

这首诗明显地受了张维屏的影响，可看作是对《新雷》意境的一种新开掘。

诗并不排斥知识、学问、思想、哲理以至历史，然而诗歌艺术的主要特征毕竟在于意境。唐宋以后，中国诗歌发展中滋生着一种以议论为诗或以书卷为诗的风气。诗人们獭祭典故，大掉书袋，把诗作为展览学问、知识的手段，或者把诗写成有韵的政论。这些做法，忽视了诗的特征，因而也就难以写出感人的作品。该诗作者生活在一个以书卷、学问为诗的时代，然而却能不囿于风气。《新雷》一诗虽然也掉了书袋，但不露痕迹。全诗的艺术力量主要建筑在鲜明而有深度的意境与新颖、独特的构思之中，这是难能可贵的。

该诗语言浅近、凝练，富于表现力。"安排着"一词，是地道的口语。在张维屏（1780—1859）以前的文人诗中还很难见到。作者以之入诗，显示了一种勇气与魄力。

三 谈小说

《水浒》为何成了 "断尾巴蜻蜓"？

——旁门说《水浒》之三

《水浒》较早的本子是百回本，它包括了梁山泊聚义、受招安、征辽、打方腊等内容。明代万历年间，有人加进了打田虎、王庆的故事，成为百二十回本。到了明朝末年，金圣叹自称得着《水浒》的古本，认为招安以前是施耐庵所写，招安以后都是罗贯中所续。于是，把七十回以后一刀砍去，改原来第一回为楔子，增写了最后一回，这就成了"断尾巴蜻蜓"——七十回本。

鲁迅在《中国小说的历史变迁》中说："金圣叹为什么要删'招安'以后的文章呢？这大概也就是受了当时社会环境底影响。"鲁迅的这段话开了个头，没有进一步展开。

一、金圣叹的 "当世之忧"

金批七十回本《水浒》出现于 1641 年，正是明王朝行将覆灭的前夜。这一年，李自成的农民起义部队攻克洛阳。三年后，李自成改西安为西京，国号大顺，改元永昌。不久，率师东征，于 3 月 19 日攻入北京，推翻明王朝的统治。金圣叹对《水浒》的批释中，有不少是针对明末政治现实而发的评论。例如第十五回，杨志对梁中书说："这厮们一声听得强人来时，都是先走了的。"金圣叹在此批道："借事说出千古官兵，可恼可笑。"这里，显然流露出金圣叹对明朝官兵镇压农民起义不力的不满。又如第五十一回，金圣叹批道："今也，纵不可限之虎狼，张不可限之馋吻，夺不可限之几肉，填不可限之溪壑，而欲民之不叛，国之不亡，胡可得也。"金圣叹这里所说的"今也"，同样指的是明王朝。当时，统治者纵容贪官污吏，肆意掠夺、榨取，连金圣叹都感到"民之不叛""国之不亡"是不可能的了。再如第六十九回，金圣叹批道："然而世无伯乐，贤愚同死，其尤驳者，乃虽走险，至于势溃事裂，国家实受其祸。""走险"，指的是投入农民起义军；"势溃事裂"，正是明王朝覆灭前夕的真实写照。

可见，《水浒》虽然成书于明初，但金批《水浒》却产生于明末的政治土壤。在《水浒序二》中，金圣叹写道："虽在稗官，有当世之忧焉！"金圣叹的砍《水浒》乃是出于他的"当世之忧"。

二、 对农民起义，金圣叹主 "剿"

对付农民起义军，统治者历来有"剿""抚"两手，交互使用。所谓"剿"，即武力镇压；所谓"抚"，就是"招安"。二者的目的完全相同，只是由于形势不同，认识不同，统治者中会形成不同的策略重点，甚至会形成"剿""抚"两派的策略分歧。

金圣叹属于主"剿"派。他一再表示，农民起义军为"王道所必诛"。他说："有王者作，比而诛之，则千人亦快，万人亦快也。"在他看来，只有"剿"，只有"大正其罪"，才能"昭往戒，防未然，正人心，辅王化"。所以，他坚决反对招安。其理由：第一，他认为农民起义军受招安根本不可信。他说："狼子野心，正自信你不得！"又说："夫招安，则强盗之变计也。"第二，他认为招安有损王朝威严，破坏国家法制。在《宋史目》中，他批评主张招安宋江的宋朝官僚侯蒙"一语有八失"，如"温语求息，失朝廷之尊"，"轻与议赦，坏国家之法"等等。金圣叹认为，强盗不办罪就不能治天下。在《梁山泊英雄惊恶梦》这一回中，他借嵇叔夜之口骂道："万死狂贼，你等造下弥天大罪，朝廷屡次前来搜捕，你等公然拒杀无数官军，今日却来摇尾乞怜，希图逃脱刀斧，我若今日赦免你们，后日再以何法去治天下！"不仅如此，金圣叹又直接出面批释，誉之为"不朽之论"。第三，也是最主要的，金圣叹认为，对农民起义军实行招安，就起不到警戒作用，不能防止农民革命的再起。在他看来，招安的结果，农民军"进有自赎之荣，退有免死之乐"，"有罪者可赦，无罪者生心"，造反的便会越来越多。他说："彼一百八人而得幸免于宋朝者，乌知不将有百千万人思得复试于后世者乎？"基于以上考虑，金圣叹就坚决而强烈地反对招安了。

在《水浒》中，宋王朝后期对梁山泊起义军采取的是招安政策，这正是金圣叹所反对的。于是，他砍去了宋江等受招安等内容，另外编一个卢俊义的"恶梦"，预示凡参加农民起义军的都要——明正典刑："将宋江、卢俊义等一百零八个好汉在于堂下草里一齐处斩。"金圣叹并在这段文字后面批道："真正吉祥文字。"

三、 明王朝招安政策一再失败的结果

任何人的思想总是他所处时代的产物，总要受当时社会环境的制约。金圣叹之所以砍《水浒》，原因在于明朝政府实行招安政策的一再失败。1630 年，陕西三边总督杨鹤，曾发给农民起义军以"免死牒"，企图招安当时正遍布关中的王嘉胤等起义军。王嘉胤等拒绝受"抚"，进一步壮大革命力量。1631 年，起义军发展为 36 营，拥有 20 余万之众的浩大队伍。在这种情况下，明朝政府以主"抚"失策的罪名逮捕杨鹤下狱。1634 年，农民起义军高迎祥部误入车箱峡绝地，向总督河南、陕西等五省军务的兵部侍郎陈奇瑜要求"招安"，当农民起义军走出栈道时，一齐杀死了明朝政府的"安抚官"，继续坚持战斗。于是，明朝政府逮捕陈奇瑜，充军边地。1638 年，总理南京、河南等地军务的熊文灿向农民起义军赠送鱼肉，张贴招安文榜，一次又一次地派使者去农

民起义军中"招抚",但最终还是失败了。熊文灿因此被明朝政府逮捕,并于 1640 年被杀。"大败公事,为世僇笑。"这是金圣叹对宋朝的主"抚"派侯蒙的评语,也是对明朝主抚派的嘲笑。金批《水浒》出现的时候,正是明朝政府砍下熊文灿脑袋后的四个月。当时,明朝政府的策略重点已由"抚"转为"剿",再次组织对农民起义军的大围攻。金圣叹砍《水浒》正适应了明朝政府策略重点的这一转变,也可以说,是这一转变的信号。

《西游记》 断议

一、 为 《西游记》 找寻主题的困境

人们爱为《西游记》找主题，然而，麻烦很多。早些年，有学者说，孙悟空大闹天宫是中国封建社会中无数次农民起义的艺术反映。此说被誉为是一种马克思主义的分析，颇流行了一阵子。然而，人们很快发现，此说如成立，孙悟空就被摆到了一个很尴尬的位置——他当弼马温岂不是接受招安，成了农民革命的叛徒？后来的扫平各种妖怪，岂不是为地主阶级当打手了？于是，又一种新的说法出现了——反映人类为追求理想而勇猛直前、克服一切艰难险阻的精神。这种说法避免了让孙悟空当叛徒的命运，然而，书中何必有大闹天宫的情节？对《西游记》的主题还有种种说法，但衡以小说实际，往往扞格难通。敝意以为，《西游记》没有全书统一的主题。

二、 理解 《西游记》 的钥匙

《西游记》不是文人的个人创作，也不是某个时期的作品。它孕育于说书人和戏曲艺人，无数民间作者参加创作，经历了漫长的流传、衍变、丰富的过程。这是理解《西游记》的钥匙。

《西游记》的发端原来是一则宗教故事，其基本情节骨架是：玄奘

（唐僧）克服种种艰难险阻去印度（西天）取经。这一基本情节骨架的基本意义是表现出宗教徒的虔诚、苦行和一心向佛的坚贞与毅力。玄奘的两个弟子写过一本《大唐大慈恩寺三藏法师传》，它在叙述玄奘途中所遇到的沙河、雪山、热海的同时，也出现了一些怪异的记载，如"逢诸恶鬼""夜则妖魑举火"等。后来的说书人和戏曲艺人在此基础上加以想象、推衍，情节越来越丰富，出现了孙悟空，出现了大闹天宫，出现了降妖伏魔，但是，始终没有改变上述基本情节骨架，因而它的基本意义也就被或明或隐地保存着。这种情况，即使到了吴承恩手里，也没有发生根本变化。

大闹天宫不过是佛法无边的铺垫：孙悟空本领再大，不是终被我佛如来压到五行山下了吗？

真佛不易见，真经不易求。唐僧所遇到的种种劫难，孙悟空的降妖伏魔，不过是为了表现宗教徒向佛、取经的虔诚和坚贞而已。

就宗教故事而言，《西游记》的情节首尾一贯，并无矛盾。

三、 民间艺人为宗教故事的骨架填补了血肉

《西游记》故事的基本骨架虽是宗教故事，但是，在长期的衍变过程中，无数说书人为它敷施了血肉，投进了自己的喜怒哀乐，也投进了自己的美学趣味和价值取向。因此，它再也不是一个单纯的宗教故事了。

你说它是宗教故事吧，它偏要在有的地方嘲笑佛祖。你说他歌颂宗教徒的虔诚吧，它偏要让孙悟空成为第一主角，让唐僧退居次要地位。

于是，大闹天宫的故事被突出起来了。

降妖伏魔的故事被渲染起来了。

孙悟空的神通和智慧被强调起来了，越来越惹人喜爱了。

猪八戒、沙和尚的形象创造出来了。

这样，它的宗教气味就越来越淡，而神话的色彩就越来越浓了。

这一切，都是说书人敷施在原取经故事骨架上面的血肉，它们的基

本意义自然和宗教故事大不相同，甚或相反。应该承认，真正使这个宗教故事丰富起来、生动起来，充满神话色彩的是无数的民间艺人，特别是说书人。

四、 骨架和血肉的矛盾

天上的神都是人塑造的，有着现实的影子、人间的影子。

《西游记》写神魔世界，自然，也有现实的影子、人间的影子，鲁迅所谓"讽刺揶揄则取当时世态"，又所谓"神魔皆有人情，精魅亦通世故"是也。然而，它只是一种片断的、曲折的影子，一种折光，不能胶柱鼓瑟，不能一一对号。

《西游记》虽然被改造为神话小说，但是又保留着宗教故事的基本骨架。它的骨架和血肉之间有矛盾，它的基本意义也就具有双重性。吴承恩只是《西游记》的整理者，不是创作者。现存《永乐大典》13139卷"送"字韵部分有一段"魏征梦斩泾河龙"的文字，引书标题已是《西游记》。保存下来的这一段约一千二百余字，主要情节、文字和今本《西游记》基本一样，只是没有韵文，文言色彩略重，记叙也不及今本详细。它说明《西游记》在元代已经基本成型。

吴承恩不是曹雪芹，没有曹雪芹的艺术自觉。从吴承恩到曹雪芹，还隔着一百三十多年。吴承恩更不是当代作家，不会有当代作家的艺术自觉，我们用现代人的艺术自觉去要求《西游记》，检验《西游记》，没有不出错的。

陈范与《红楼梦》研究

提起陈范，人们往往会想起他在清末接办《苏报》的功绩，但我认为，他还是民国初年用民主思想研究《红楼梦》的第一人，这一点也不应被忽视。

陈范，原名彝范，字梦坡，晚年改名蜕，号蜕盫，江苏阳湖（今常州）人，1899年中举，曾任江西铅山知县。后去职，到上海接办《苏报》，延聘章士钊为主笔，因为发表了《驳康有为书》，直斥光绪皇帝为"小丑"，又因为介绍邹容的《革命军》，引出了《苏报》案。陈范逃亡日本，会见孙中山。后归国被捕，在狱中关了一年多。1910年在长沙参加革命文学团体南社。武昌起义后，参加湘桂援鄂联军。1912年到上海任《太平洋报》编辑。不久，到北京创办《民主报》。1913年初病逝。

陈范关于《红楼梦》的研究著作有《列〈石头记〉于子部说》《梦雨楼〈石头记〉总评》《忆梦楼〈石头记〉泛论》等，其中谈到贾宝玉时，曾盛赞他的思想品德，认为"可以为共和国民，可以为共和国务员，可以为共和议员，可以为共和大总统"，由此可以推知，他的这些著作当写作或发表于"共和肇建"的1912年。

据陈范说，贾宝玉的言论具有强烈的反封建批判色彩，"举数千年政治、风俗之弊，悉抉无遗"。他曾列举许多例子，认为贾宝玉"论文臣死谏、武将死战一节，骂尽无爱国心之一家奴隶；论甄宝玉一节，骂尽无真道德之同流合污；论禄蠹则恨人心醒醒也；论八股则恨邪说充塞也；论雨村请见则恨交际浮伪也；于秦钟则曰：'恨我生于公侯之家，不得早与为友'，恨社会不平等也；于贾环则曰：'一般兄弟，何必要怕我'，恨家庭不平也；于宝琴则曰：'原该多疼女孩儿些'，恨男女不平等也；接回迎春之论，恨夫妇不平也；与袭人论红衣女子事，恨奴主不平也；闻潇湘鬼哭，则曰：'父母作主，你休恨我'，叹婚姻不自由；贾政督做时艺，则曰：'我又不敢驳回'，恨言论不自由。至其处处推重女子，亲近女子，则更本意全揭，见得生今之世，保存大德，庶几在此，故曰：'怎么一嫁男人，就变的比男人更可杀'；又曰：'我生不幸，琼闺绣阁之中，亦染此风'。真有遗世独立之概。"贾宝玉是曹雪芹着力塑造的正面人物，他的思想和行为中有许多背逆封建传统的民主主义因素。如果我们对照《红楼梦》，检核一下陈范的上述分析，那就会发现，它是道出了贾宝玉思想性格的若干特征的。当然，贾宝玉"可以为共和国民"以至"可以为共和大总统"是一个荒谬的命题，但这个荒谬命题中包含着合理因素，这就是贾宝玉不属于贾政所代表的阶级，而是一个属于未来的新人，他的思想行为和辛亥时期的民主思潮有其相通之处。

"开谈不说《红楼梦》，读尽诗书是枉然。"从有《红楼梦》之日起，就有了《红楼梦》研究，也就同时有了对贾宝玉这一艺术典型的分析和评论。有人认为这一典型的特征是"痴"，有人赞誉贾宝玉是"圣之情者也"，还有人认为这一典型好似"不知有汉，无论魏晋"的"武陵源百姓"。这些看法不能说完全没有道理，但实在是肤浅得很。戊戌维新运动以后，才逐渐有人从反封建的民主主义角度分析贾宝玉这一典型的内涵，陈范即是其中突出的一个。

关于《红楼梦》，陈范也还有一些值得重视的看法。例如他说："《石头记》一书，虽为子书，然其涵义，乃有大政治家、大哲学家、大理论家之学说，而合于大同之旨。谓为东方《民约论》，犹未知卢梭能无愧色否也？"这是从思想内容上对《红楼梦》的高度肯定。又如他认为，曹雪芹是"古今殆无可比"的"大文学家"，《左传》《国语》

《庄子》《列子》《史记》《汉书》等著作，虽然有某些片断可以和《红楼梦》相比，但就气魄的宏大说来，"一百二十回数十万言作一篇，岂么麽余子所能梦到"！这是从艺术成就上对《红楼梦》的高度肯定。两方面的肯定都有其偏激之处，但同样具有合理内核。

我以为，在"红学"研究史上，应该有陈范的地位。

《斯巴达之魂》 和近代中国拒俄运动

　　《斯巴达之魂》是鲁迅青年时代的作品，写的是古希腊人英勇抗击入侵者的故事。其中可能既有鲁迅翻译的成分，也有他改写、创作的成分。

　　鲁迅为什么要译作这样一篇小说呢？当我们把它放到 20 世纪初叶的历史背景中去加以考察时，就会发现，它是近代中国拒俄运动的产物。鲁迅写它，是为了借斯巴达人不惜以生命保卫祖国的英勇事迹，激励中国青年奋起抗击老沙皇对中国的侵略。

　　小说译作于 1903 年，发表于同年 6 月东京中国留学生出版的《浙江潮》第 5 期和 11 月出版的第 9 期上，署名"自树"，后来被收入《集外集》。

　　1900 年，沙俄帝国主义一面参加八国联军侵入我华北地区，一面又派遣军队占领了我整个东北三省。"它们杀人放火，把村庄烧光，把老百姓驱入黑龙江中活活淹死，枪杀和刺死手无寸铁的居民和他们的妻子儿女。"① 沙皇尼古拉二世狂妄地准备成立所谓"黄俄罗斯"。② 1903 年 3 月，沙俄政府不仅拒不履行按期分批撤兵的协定，而且进一步向清朝政府提出侵略东北的蛮横要求。于是，一场中国人民轰轰烈烈的拒俄

① 《中国的战争》，《列宁选集》第一卷，第 215 页，人民出版社 1960 年版。
② 《苏联共产党（布）历史简明教程》，第 69 页，人民出版社 1949 年版。

运动在各地兴起。

1903 年 4 月 27 日，上海各界人士一千多人首先在张园召开拒俄大会。在日本的中国留学生于 29 日，在东京也召开了全体大会，决定成立拒俄义勇队。会上，群情激昂，纷纷签名入队。他们向清朝政府发电报，写信，要求立即开赴前线，与沙俄侵略军作战。信中说："亡国之惨，痛于杀身；奴隶之辱，酷于斧钺。生为无国之民，不如死为疆场之鬼。苟得亲握寸铁，刿刃于俄人之腹，虽摩顶放踵，犹有余甘。"① 与此同时，留日中国女学生也组织赤十字社，准备随义勇队出征，担任看护。

5 月 2 日，留日中国学生第二次集会，将义勇队改名为学生军。11 日，再次改名为军国民教育会。军国民，就是武装国民。它要求每个会员有"保全国土，扶植民力"的责任。军国民教育会揭露了沙俄帝国主义的强盗面目，他们一针见血地指出，"俄罗斯驻兵东三省，包藏祸心，志在吞并"，决心"以拒俄为天下倡"。②

与此同时，北京京师大学堂的学生也在 4 月 30 日举行了抗争集会。上海的中国教育会和爱国学社同样组织起义勇队，积极进行军事训练。稍后，湖北、安徽、直隶、江西、浙江、广东等地也掀起了拒俄运动。

《斯巴达之魂》正译作于拒俄运动高潮时期。当时，鲁迅正在日本东京弘文学院学习。他决心一辈子献身于中华民族的解放事业，誓言"我以我血荐轩辕"。他怀着满腔的爱国热情，"赴会馆，跑书店，往集会，听讲演"，积极参加了东京中国留学生的各项爱国活动。③

拒俄义勇队在写给清朝政府的信件中，曾慷慨陈词：

> 昔波斯王泽耳士以十万之众，图吞希腊，而留尼达士（即黎河尼佗的另一音译。——笔者注）亲率丁壮数百，扼险拒守，突阵死战，全军歼焉。至今德摩比勒之役，荣名震于列

---

① 《拒俄事件》，《浙江潮》第 4 期。
② 《军国民教育会之成立》，《江苏》第 2 期。
③ 鲁迅：《且介亭杂文末编·因太炎先生而想起的二三事》。

国，泰西三尺之童，无不知之。夫以区区半岛之希腊，犹有义

不辱国之士，何以吾数百万方里之帝国而无之乎?!

此信发表于《浙江潮》第4期。紧接着，第5期上，就发表了鲁迅的
《斯巴达之魂》。可以看出，它进一步发挥了拒俄义勇队信件的上述思
想，以壮烈感人的艺术形象再现了信件所歌颂的斯巴达人的爱国主义精
神。两者间的内在联系是很紧密的。

特别值得注意的是鲁迅为《斯巴达之魂》所写的前言："西历纪元
前四百八十年，波斯王泽耳士大举侵希腊。斯巴达王黎河尼佗将市民三
百，同盟军数千，扼温泉门（德尔摩比勒）。敌由间道至。斯巴达将士
殊死战，全军歼焉。兵气萧森，鬼雄昼啸。迨浦累皆之役，大仇斯复。
迄今读史，犹懔懔有生气也。"这一段话与上面引述的拒俄义勇队信件
的相应段落不仅内容、精神一致，而且，"死战""全军歼焉"等词句
也完全一样。为了彼此照应，鲁迅还特别在"温泉门"三字下加注了
"德尔摩比勒"。这些，都证实了鲁迅是在拒俄义勇队信件的启发下译
作《斯巴达之魂》的。

鲁迅的前言与拒俄义勇队的信件也有不同，这就是它增写了获得全
胜的浦累皆战斗，小说也突出描写了这次战斗。这就更有积极意义，更
有鼓舞力量。

从当时的情况看，《斯巴达之魂》于6月15日刊出，距拒俄义勇
队、学生军、军国民教育会的成立不过三四十天，译作时间当然更近；
拒俄义勇队、学生军、军国民教育会都先后号召中国青年从军出战。很
显然，鲁迅在前言中鼓励青年"掷笔而起"，就是激励他们要像斯巴达
人那样英勇地保卫自己的祖国，反击老沙皇的侵略。

关于这篇小说的译作，许寿裳曾经回忆说："刚刚为了接编《浙江
潮》，我便向他拉稿。他一口答应，隔了一天便缴来一篇——《斯巴达
之魂》。"[1] 可见，鲁迅是怀着强烈的革命激情迅速写稿的。

此外，1934年，鲁迅在《集外集序言》中提到《斯巴达之魂》时

---

[1] 《亡友鲁迅印象记》，人民文学出版社1953年版。

曾说："一篇是斯巴达的尚武精神的描写。""尚武精神"，这正是军国民教育会的宗旨。在军国民教育会的公约里，头一条就是"养成尚武精神，实行爱国主义"①。

因此，我们可以确认：《斯巴达之魂》是中国近代拒俄运动在文学方面的一个重要反映，它充分表现鲁迅反对沙俄帝国主义侵略的爱国主义精神。

---

① 《江苏》第 2 期。

四 谈历史

"天王圣明" 与杨继盛之死

韩愈这个人，很有点道学家的气味。例如，他写过一首诗，题为《拘幽操》，是以周文王的口气写的。诗云："目窈窈兮其凝其盲，耳肃肃兮听不闻声。朝不见日出兮，夜不见月与星。有知无知兮，为死为生？呜呼臣罪当诛兮，天王圣明。"史载，周文王被商纣王囚禁于羑里时，曾鼓琴作歌，以解忧愁，韩愈的这首诗就是揣想当时情景所拟作的歌词。按说，纣是昏君，文王是大圣人，纣囚禁了文王，当然是冤狱无疑。文王总该有点牢骚吧？然而没有，仍然念念不忘"天王圣明"，自认"臣罪当诛"，完全符合道学家的伦理准则："臣子无说君父不是底道理。"所以，无怪乎北宋的程颐、南宋的朱熹都大夸韩愈这首诗写得好，说是："通文王意中事，前后之人，道不到此。"

我想起了明朝的杨继盛，也就是杨椒山。今天的读者对此人可能感到陌生，但在明朝中叶，那是鼎鼎大名的。话说那时正值嘉靖皇帝当朝，权相严嵩当国，杨继盛在上皇帝书中，弹劾严嵩有十大罪、五大奸，要求皇帝除此"内贼"，重则按律论处，轻则勒令退休。但是，严嵩圣眷正隆，皇帝看了奏章之后，不但不去触动严嵩一根汗毛，反而将杨继盛投到狱里，下令"杖之百"。明代的廷杖是一种对官吏的酷刑。轻则残废，重则送命，很可怕的。执行之前，一位同情者给杨继盛送来一块蟒蛇胆，要他和酒服下。杨继盛却说："本人自己有胆，要蛇胆何用！"打完之后，杨继盛真是应了旧小说中的两句话：一佛出世，二佛升天，直到半夜，才苏醒过来。杨继盛大概有点治疗杖刑的知识，懂得必须将腐血放出来。但是狱中既无医生，也没有刀子，杨继盛便打碎茶盅，将碎片扎入体内放血。一直扎了五六十个窟窿，流出了十数碗血，神智才清楚了。过了一些时候，左腿溃肿，杨继盛又亲自操刀，将腐肉一一割去。狱卒在旁看得心惊胆战，感叹说："当年关公刮骨疗毒，还要靠别人，不能像老爷这样自割！"确实，杨继盛很勇敢。我想今天的读者大概也会为之感叹的。

但是，杨继盛其人的思想却并不值得感叹。他在狱中有一首《苦阴雨》诗道："扪胸向心心转迷，仰面呼天天不语。混宇宙兮不分，霭烟雾兮氤氲。西风起兮天霁，挂远树兮夕曛。聚还散兮暮云平，晦复明兮日初晴，何时回怒兮天王圣明？"这位杨继盛无疑是读过韩愈的《拘幽操》的，所以他记得"天王圣明"这一名句。尽管杨继盛挨了刻骨铭心的一百杖，然而，还是希望嘉靖皇帝有朝一日，回怒作喜，将他释放出狱。不幸的是，嘉靖皇帝并不"圣明"，下诏将他"弃市"。临刑之前，杨继盛又写了两首诗："浩气还太虚，丹心照万古。生前未了事，留与后人补。""天王自圣明，制度高千古。平生未报恩，留作忠魂补。"

古人作诗，主张"怨而不怒，哀而不伤"。可见有点怨气是不妨事的。

然而，杨继盛的诗却一丁点儿怨气也没有，还在表示，要在死后报答"圣明"的"天王"，这自然是可以使封建统治者放心，并且高兴的。所以嘉靖皇帝虽然杀了杨继盛，继位的隆庆皇帝则下令嘉奖，封他为中顺大夫、太常寺少卿，并且给了一个谥号：忠愍。到了清朝，顺治皇帝不仅专门写了一篇《表忠录论》，表彰杨继盛可以"与龙逢、比干先后合辙"，而且坦率地承认，他喜欢杨继盛临刑前的两首诗，"不胜三叹"。

韩愈的思想到近代才受到了挑战，柳亚子早年诗云："臣罪当诛缘底事？昌黎误尽读书人。"这是在明确地批判韩愈的《拘幽操》了。其实，韩愈所"误"的何止是杨继盛一类的"读书人"。旧时奴才每逢主子发怒时总有一句口头禅，叫做"小的该死"，这不正是"臣罪当诛"的普及版吗？所以尽管我知道，韩愈提倡古文运动，"文起八代之衰"，但是，感情上总有点儿不大喜欢他。

马桶阵、面具兵与"五虎"制敌

鸦片战争时期有几则故事，堪称战争史上的奇谈。

其一为杨芳大摆马桶阵。那是 1841 年春，道光皇帝派杨芳为参赞大臣，随靖逆将军奕山赴广州，防剿英国侵略军。说起这位杨芳，原是清朝嘉庆、道光年间的一位名将，在镇压川、楚白莲教及河南天理教起义中，屡立战功，官也从把总一直升到提督，成为省一级的高级将领。当他初到广东之际，人们耳闻他过去的事迹，"所到欢呼不绝，官亦群倚为长城"。不想在他进入广州之后，却突发奇论，说是：我在实地，夷在海上，风波摇荡，然而夷炮能经常打中我，我炮却不能打中夷，肯定夷人有邪术。于是传令保甲大量收集妇女使用的马桶，载在木筏上，派一副将率领，自己带兵埋伏在岸上。约定当侵略军来犯时，一声炮响，所有木筏一字排开，马桶口一齐指向敌人，他自己则从旁抄出夹击。令下之后，保甲当然照办，副将也遵命布阵。其结果当然可想而知。

其二为宋国经驱遣面具兵出战。侵略军打到浙江了，杭、嘉、湖地区的行政长官、道台宋国经想以奇兵制胜。他想到了宋朝名将狄青披发、戴铜面具作战的前例，便派人向市上购买纸糊面具数百个，招募了 342 个乡勇，装成鬼怪，在衙门内昼夜演习。操练纯熟之后，再派都司一人、千总一人率领这支"特种部队"出战。那天是个大白天，三百四十多个乡勇，人人戴着假面具，"跳舞而前"。其结果，当然也可想而知。

其三为奕经据签语决定反攻时间。奕经是道光皇帝的侄子，位居吏部尚书。1841 年 10 月，道光皇帝任命他为扬威将军，带兵驰赴浙江，反攻英军。途经杭州时，在关帝庙求得一签，签语中有"不遇虎头人一唤，全家谁保汝平安"之句。奕经大喜，决定以"虎"制敌。按旧时说法，寅属虎，于是奕经便选择壬寅年、壬寅月、戊寅日、甲寅时作为反攻之期。这样便把时间定在道光二十二年正月二十九日（1842 年 3 月 10 日）夜四更，共四虎。为了增加一"虎"，奕经又特命生年属虎的安义总兵段永福统率西路兵马。根据这样的原则确定的反攻，其结果当然更可想而知。

上述三事，第一事见于梁廷枏《夷氛闻记》与佚名的《夷匪犯境闻见录》，第二事、第三事见于贝青乔的《咄咄吟》，都是当时人记当时事之作，所述自当可信。特别是《咄咄吟》，它的作者原是苏州的一介书生，激于爱国义愤自动投到奕经麾下，"始命入宁波城侦探夷情，继命监造火器，寻又带领乡勇派赴前敌，终命帮办文案"，"内外机密，十能言之七八"，因此，他的著述就更加可靠。

鸦片战争中，堂堂的"天朝上国"居然败在"蕞尔岛夷"的手下，人们读了这三段故事，也许可以恍然于其原因了。

中国的封建统治者历来重道轻器，把人伦、义理看得高于一切，视科学为雕虫小技，再加上长期实行闭关锁国政策，上上下下形成了一种异乎寻常的昏庸和愚昧。龚自珍曾经慨叹，当时不仅没有才相、才史、才将、才士、才民、才工、才商，甚至连才偷、才盗也没有。杨芳、宋国经、奕经的事例虽是个别的，但又是有代表性的。其他人的知识水平并不见得比他们高明多少。官僚如此，百姓们又何尝相反。以后来的义和团为例，相信一道灵符下肚便可以刀枪不入，其实和杨芳的马桶阵之类并无多大差距。

愚昧不能抗敌，自然也不能兴邦裕民。中国要奋飞，就必须于铲除旧制度根基的同时，铲除滋生于这一土壤上的形形色色的愚昧。五四时期的先驱者于呼喊民主之外，又呼喊科学；今之国家领导人既提倡决策的民主化，又提倡科学化，都实在是对症的良方。

太平天国的 "太阳"

偶翻史书，发现太平天国竟也有一位"太阳"，那就是洪秀全。据说，那是在 1837 年，洪秀全应试失败，正是十分落魄的时候，忽然造梦上天，见到"天父上主皇上帝"，蒙赐金玺、金剑，封为"太平天子"，醒来时，"太阳照身"，于是，吟诗一首：

> 鸟向晓兮必如我，太平天子事事可。
>
> 身照金乌灾尽消，天将天兵都辅佐。

这里，洪秀全还只是"身照金乌"，金乌者，太阳也。但不久，洪秀全就逐渐与"太阳"合二而一了。他的《真日诗》云：

> 五百年临真日出，那般爝火敢争光？
>
> 高悬碧落烟云卷，远照尘寰鬼蜮藏。
>
> 东北西南群献曝，蛮夷戎狄尽倾阳。
>
> 重轮赫赫遮星月，独擅贞明耀万方。

战国时，孟老夫子有过"五百年必有王者兴"的说法，此诗则称"五百年临真日出"，这个"真日"，普照大千，光焰万丈，它温暖"东北西南"，倾倒"蛮夷戎狄"。"真日"指谁，诗中没有明言，但洪秀全以之自喻是无疑的。果然，这一层意思很快就点明了。他另有一诗云：

爷立永约现天虹，天虹弯弯似把弓。

弯弯一点是洪日，朕是日头故姓洪。

这里，洪秀全干脆自称："朕是日头"，把自己等同于太阳了。

太平天国实行严格的禁欲主义，虽夫妇不得自由同宿，违者处以极刑。当然，领袖们是不在此限的。洪秀全的《多妻诏》规定：东王、西王十一妻，南王、豫王六妻，高级官员三妻，中级官员二妻。至于他自己有多少老婆，恐怕最精明的历史学家也考证不清，据《洪大泉自述》，洪秀全"有三十六个女人"。据幼天王自述，他"有八十八个母后"。这么多后妃集中在一起，管理教育自然是个大问题。于是洪秀全又以"天父"的名义作诗晓谕：

一心对日是娘娘，心不对日罪难当。

果然心正邪难入，万载千秋配天王。

狗子一条肠，就是真娘娘。

若是多鬼计，何能配太阳？

晓照本心是娘娘，不照本心罪难当。

不照本心就是鬼，速照本心对太阳。

草木接日得菲芳，臣下接日得荣光。

智者踊跃接为福，因何草不接太阳？

这里的"太阳"都是洪秀全自称。诗中，洪秀全要求他的后妃们"一心对日"，不搞"鬼计"。此类《天父诗》共五百首，其中四百多首都是对后妃的"诗教"。它们细致地规定了服侍天王的各种要求，以至娘娘们的姿势、声调、眼神、头颈、口形、动作等，都有明确的阐述，如：

悠然定叠莫慌忙，细气娇声配太阳。

> 月亮不同星宿伴，各炼长久做娘娘。

这是在告诫"娘娘"们行动文雅，谈吐柔媚了。蒙昧社会里不会有近代文明。洪秀全自称"太阳"，以之作为号召群众，推翻清政府的手段，对此，不应过多地非议，但用以管理他的"娘娘"，则实在蒙昧之至。

在太平天国时代，并不只是洪秀全自称"太阳"，别人也是这么称呼他的。某次，杨秀清审问叛徒，其词为"皇上帝有无所不知之能，又知得日头能照得普天下，今天父皇上帝在此，尔主天王日头又在此"。可见，在杨秀清的嘴里，天王和"日头"已经紧密相连而不可分。

古书上说："天无二日，士无二王。"又说："圣王在上，则日光明而五色备。"还说："日者，太阳之精，人君之像。"可见，在我们民族的古老文献中，太阳从来是和"王"、"君"一类人联系在一起的。这种现象出现于封建社会，自无足怪。洪秀全虽然是太平天国的革命领袖，但他是小生产者的代表。小生产者总是皇权主义者，他自称"太阳"，也无足怪。然而，在号称"史无前例"的年代，"红太阳"，"心中最红最红的红太阳"一类呼声响彻神州大地，这倒是一个值得深思的现象。

《天朝田亩制度》与 "割尾巴"

不知怎的，近来读《天朝田亩制度》，常常想起大办人民公社那些年头的"割尾巴"。《天朝田亩制度》规定："凡天下田，丰荒相通，此处荒则移彼丰处，以赈此荒处，彼处荒则移此丰处，以赈彼荒处。务使天下共享天父上主皇上帝大福，有田同耕，有饭同食，有衣同穿，有钱同使，无处不均匀，无人不饱暖也。"这是我们的史学著作竞相引用的名言，一向被认为是农民革命的伟大理想。这诚然是不错的。对于缺少土地、啼饥号寒的广大被剥削、被压迫的农民来说，无疑是向他们展示了一个诱人的美丽的天堂，会激励他们去推翻现存的只给他们带来贫穷和痛苦的社会。但是，未来社会果真是那么诱人吗？《天朝田亩制度》接着写道："凡天下，树墙下以桑。凡妇蚕绩缝衣裳。凡天下每家，五母鸡，二母彘，无失其时。"

这就是说，每家都束缚在土地上，除种地外，还要植桑、养蚕、缝衣，可以养五只母鸡，两头母猪。这里就产生了两个问题：第一，家家只养母，不养公，如何交配、繁殖？不能交配、繁殖，如何能生生不已地养下去？第二，如果有一家想多养几只鸡、几头猪怎么办？对于第一个问题，《天朝田亩制度》没有回答，笔者无从揣想；那第二个问题倒是好解决的。《天朝田亩制度》接着说："凡当收成时，两司马督伍长，除足其二十五家每人所食可接新谷外，余则归国库。凡麦、豆、苎麻、布帛、鸡、犬各物及银钱亦然。"这里说得很清楚，每家只能留足自己的使用部分，其超额部分，则要无偿"平调"，"归国库"了。自然，你要是多养了一只鸡、一头猪，也是要"归国库"的。这就是为什么会使笔者想起那些年头的"割尾巴"的原因。虽属比拟不伦，但总不是匪夷所思吧？

史书上说，太平天国地区，农民生产积极性很高，太平军所到之处，地主不是被杀，就是逃亡，无地、少地的农民也就有了土地，自然积极生产。然而史书上又说：《天朝田亩制度》似乎从未实行过，因为它根本行不通。先不论它那烦琐的平分土地的办法，即以规定每家"五母鸡，二母彘"而论，也不足以调动广大农民的生产积极性，更不足以造成强大的社会生产力。动不动就"余则归国库"，谁还肯多干呢？

太平天国以"处处平匀"相标榜，它之所以规定"余则归国库"，看来也是为了保证"处处平匀"，不至于造成贫富分化的"不匀"现象。但是，"处处平匀"从来都只是一种幻想，即使在太平天国也没有严格实行过。就拿吃肉来说吧，太平天国规定：天王每日给肉十斤（天哪！我不知道洪秀全的肚子如何吃得下），依次递减，至总制（相当于知府），每日半斤，总制以下则不给肉。至于鱼，有材料说，只有诸王才可食用。所以，凡是平均主义盛行的地方，总是伴生着森严的等级制度，同时也伴生着普遍的贫穷和匮乏。

没有不可变的 "祖宗之法"

——戊戌维新运动一百周年感言①

中国古代是一个建立在血缘关系上的宗法制农业社会，所以除"敬天"之外，又提倡"法祖"。凡祖宗，都是神，祖宗之法，都是"良法""美法"，无论如何都动不得，变不得。

光绪二十三年（1897年）冬，康有为第五次上书皇帝，提出"大集群臣而谋变政"等主张。皇帝本来想当面和康有为谈谈，但格于"四品以下不得召见"的"祖宗之法"，只好命王大臣代为问询。次年正月初三日，康有为到清政府总理各国事务衙门西花厅接受召见。代替皇帝出面的是李鸿章、翁同龢、荣禄、刑部尚书廖寿恒、户部左侍郎张荫桓五人。本来，恭亲王奕䜣、庆亲王奕劻二人也是应该参加的，但他们就是不肯出席。康有为到后，初时还算客气，"待以宾礼"。接着讨论"变法之宜"，荣禄劈头一句就给康来了个下马威："祖宗之法不能变！"

同年八月初六日，慈禧太后发动政变，重新垂帘训政，行礼如仪之后，第一件事就是审讯光绪皇帝。她疾言厉色地责问说：

> 天下者，祖宗之天下也。汝何敢任意妄为！诸臣者，皆我
> 多年历选，留以辅汝，汝何敢任意不用！乃竟敢听信叛逆蛊

---

① 原载《百年潮》1998年第5期。

惑，变乱典型。何物康有为，能胜于我选用之人？康有为之
法，能胜于祖宗所立之法？汝何昏聩不肖乃尔！变乱祖法，臣
下犯者，汝知何罪？试问汝祖宗重，康有为重？背祖宗而行康
法，何昏聩至此！难道祖宗不如西法，鬼子反重于祖宗乎？

慈禧太后的话，反反复复，说了几遍，但核心还是荣禄的那句话："祖
宗之法不能变。"

查阅史籍，戊戌时期其他顽固派、半顽固派反对变法的理论武器也
无非此语。它虽然只是简单的一句话，却像一座大山似的压在所有要求
改革的志士仁人头上。

康有为第一次上书皇帝，要求变法，是在光绪十四年（1888年）。
当时，他竭力争辩的主题就是"祖宗之法"可变。此后，他二上书、
三上书，直至光绪二十四年第七次上书，十年间，每次上书的内容虽有
侧重，但都要论证同一个主题。

祖宗之法不可变吗？康有为在接受荣禄等人召见时回答得好："祖
宗之法，以治祖宗之地也；今祖宗之地不能守，何有于祖宗之法乎？即
如此地为外交之署，亦非祖宗之法所有也。因时制宜，诚非得已！"在
荣禄的汹汹气势面前，康有为一点儿也不怯场，回答得很勇敢，也很
有力。

祖宗之法，有好有坏。那坏的，自当革除；那好的，也当斟酌情
况，决定弃取。遥想当年，康、乾之世，中国是世界上少有的统一、繁
荣的大帝国，那时的法，一定有相当好的部分。但是，正如龚自珍所
言，"一祖之法无不敝"。再好的法，在岁月的迁移中也会或衰败，或
过时，不能再用。到了戊戌时期，中国人已经被洋人打败好几次，不
仅败于西洋，而且败于崛起不久的东洋，赔款之外，还要割让辽东半岛
和台湾。可说真是丢尽了脸面。丧权辱国，孰此为甚！一切的一切，都
足证"祖宗之法"已不能保障"祖宗之地"，必须"变法图强"了。然
而，荣禄和慈禧太后等人却仍然坚持："祖宗之法"不能变。

祖宗之法，不仅有好有坏，有适用于当世者，有不适用于当世者，
而且更重要的是，祖宗见闻、经历有限，不可能十分清晰地预见后来的

事情，因而他们制定的"法"也不可能包罗万象，解决后来的各种问题。例如，康、乾之世，和中国来往的"夷人"还不多，还没有设立外交机关的必要，但是到了道、咸、同、光，进入"海通"时代，不设外交机关行吗？所以还是康有为说得好："即如此地为外交之署，亦非祖宗之法所有也。"这一问，问得荣禄等人哑口无言。

在和荣禄辩论时，康有为提出了一个原则："因时制宜。"这实在是一个极为正确、必要的原则。任何"法"，都是特定时代和社会环境的产物，目的在于解决当时当地的问题。历史发展了，环境变化了，"法"就要相应变化。一个伟大的政治家，一个英明的政治集团，绝不能"执古方以药今病"，抱住"祖宗之法"不变，而必须根据发展变化了的情况，决定自己的政策，选择适宜于当时当地的制度。中国有两句古话说得非常好：一句叫"实事求是"，一句叫"因时制宜"；一句是唯物论，一句是辩证法。

荣禄和慈禧太后坚持"祖宗之法"不可变，并不惜动用屠刀镇压变法派，但是，他们并不可能长期坚持下去。戊戌政变后不到两年就是八国联军之役，慈禧太后急匆匆携着光绪皇帝逃难。大概是风尘仆仆中受到了点教育，到西安之后，慈禧太后就发表诏书，声称"无一成不变之法"，"不妨如琴瑟之改弦"；表示要"取外国之长"，"去中国之短"云云。不过，诏书又称："世有万祀不易之常经"，"不易者三纲五常"，还是不肯彻底抛掉"祖宗之法"。于是就应了康有为的话："一姓不自变，人将顺天代变之。"孙中山起而领导民主主义革命，彻底推翻了清朝统治。

所以，从历史的某一段来说，顽固派可以得意于一时，而就历史的长河来说，胜利终将属于改革者。

光绪皇帝的新闻思想

　　光绪皇帝给人的印象是"窝囊废"，是个一见西太后，就心慌意乱，两腿发软的人物。人们的这一印象当然不错，笔者丝毫没有为他"翻案"之意。对于光绪皇帝的优点，例如，他主张抗击日本侵略，支持康有为等人维新变法，史家们已经说得不算少，笔者也不拟在此啰唆。本文想说的是，在上述两项优点之外，他还很有点见地，例如，他的新闻思想就很进步，领先于当时的时代潮流，对后世也不无借鉴意义。关于这一点，此前似乎还没有历史学家谈过。

　　据说，中国人自己办的第一份中文报纸是1858年（咸丰八年）创刊的《中外新报》，地点在香港，当时是英国的殖民地，内地人见不到。三年以后，传教士伍德等在上海创办《上海新报》，这是上海最早的中文报纸，不过，那其实是一种七天出版一次的周刊，半年后才改为三日刊。直到1872年（同治十一年），英国商人美查等人在上海创办《申报》，中国内地才出现了第一份严格意义上的中文报纸。该报既登商业新闻，也登政治新闻，并且破天荒地发表"论说"。此后，中文报纸就一天天多了起来。

　　对《申报》的出现，中国统治者并不高兴。早些年，我在伦敦档案馆里查到过一份照会。递送者是清廷总理各国事务衙门的恭亲王奕䜣殿下，受件人是英国驻华公使威妥玛。其中引用了一段上海道台给英国驻上海领事的公文：

> 查上海英国租界有英商美渣于上年创设申报馆，所刊之报，皆系汉文，并无洋字。其初原为贸易起见，迨后将无关贸易之事逐渐列入，妄论是非，谬加毁誉，甚至捏造谣言，煽惑人心，又复纵谈官事，横加谤议，即经职道函致英领事饬禁，未允照办。

照会要求威妥玛饬令英国驻上海领事："凡不关贸易之事，不准列入《申报》。"

这是一份典型地表现了清朝统治者专制、横蛮、愚昧的照会，也典型地表现了清朝统治者的新闻思想。在奕䜣等人看来，报纸只能谈"贸易"，其他新闻，均在不准之列；至于"妄论是非"，"纵谈官事"，那就更加不准。1895 年（光绪二十一年），康有为在北京创立强学会，发行《万国公报》（后改名《中外纪闻》），但不久就被清朝统治者下令封闭，强学会改为官书局，报纸也被改为《官书局汇报》。清廷规定："皆译外国之事"，"不准议论时政，不准臧否人物"。

光绪皇帝也糊涂过，封强学会，封《中外纪闻》，都经过他同意，但是，他很快就后悔，很快就进步。1898 年（光绪二十四年）7 月，光绪皇帝派康有为去上海督办《时务报》时发布过一道"上谕"。"上谕"者，那个时期的"最高指示"也。中云：

> 报馆之设，所以宣国是而达民情，必应官为倡办。该大臣所拟章程三条均尚周妥，着照所请，将《时务报》改为官报，派康有为督办其事，所出之报，随时呈进。各报体例，自应以胪陈利弊，开拓见闻为主，中外时事均许据实昌言，不必意存忌讳，用副朝廷明目达聪、勤求治理之至意。

《时务报》原是维新派在上海创办的一份报纸，以梁启超为主笔。创刊之后，倡言"民权"，再加上梁启超那支通俗而又饱含感情的文笔，于是，受到广泛欢迎。然而，世间事常常是，受到的欢迎愈热烈，受到的反对也就愈强劲。有人扬言，要打"民权"屁股一万板。张之洞虽然在一定程度上支持维新派，但是，也不喜欢"民权"之说，指令在《时务报》担任经理的亲信汪康年设法"收敛"，其后，《时务报》遂为汪康年掌握，光芒大失。百日维新中，康有为企图借官方力量收回《时务报》，指使御史宋伯鲁向光绪皇帝上奏，要求将《时务报》改为《时务官报》，仍派梁启超办理。光绪皇帝将这一道奏章批给当时掌管文化教育的"管学大臣"孙家鼐，孙家鼐于 7 月 26 日复奏，认为梁启超正在奉旨"办理译书事务"，太忙了，建议派康有为到上海督办《时务报》。当时，北京的顽固派正在攻击康有为，光绪皇帝想让康避避风头，就同意了，因此就有了上面引述的那道"最高指示"。

为什么说光绪皇帝的上述"最高指示"在当时领先于时代潮流，于后世也不无借鉴意义呢？

第一，光绪皇帝认为报纸有两重任务。一是报道国家的政策、法令，即所谓"宣国是"；一是反映社会动态，表达百姓的愿望与意志，即所谓"达民情"。中国古代的《邸报》，清代的《宫门抄》，其内容都是皇帝诏令，官家意旨，光绪皇帝要求报纸"达民情"，反映人民的心声，显然是个大进步。

第二，光绪皇帝要求报纸"胪陈利弊"，这就是说，报纸的言论要全面，既要报"喜"，也要报"忧"。朝廷的政策、法令、兴革、举措，要允许人们议论，有"利"言"利"，有"弊"言"弊"，报纸上不能只有"睿智""圣明""万岁"一类的恭维话，颂扬话。

第三，光绪皇帝要求报纸"开拓见闻"，这就是说，报纸不仅是一种宣传工具，而且该传播知识，扩大、增进人们对世界和社会的了解。

第四，光绪皇帝表示："中外时事均许据实昌言，不必意存忌讳。"这就是说，报纸取舍稿件的标准是客观实际，只要"实"，就可以"据实昌言"，而不必"意存忌讳"，顾虑这，顾虑那，这也不敢写，那也不许登，也不必吞吞吐吐，说半句，留半句。"许"者，许可也，对于此类文章，此类办报方针，光绪皇帝采取"均许"态度，一律批准。

第五，光绪皇帝认为，这样做的目的是为了使朝廷"明目达聪"，找到治理国家的正确办法。正确的决策源于对情况的正确、全面的掌握。只有报纸说真话，说实话，才能帮助"朝廷"了解实际，了解民情，作出正确的决策。

我想，不必再多解释了。光绪皇帝的这道"最高指示"发布于一百多年前，是否过时了呢？我想，也许不会有人认为过时了吧！

保皇会的 "妙语妙事"

因为工作关系，接触过康有为、梁启超一派人流亡海外时期的文献，觉得很有些"妙语妙事"，可以介绍给读者。

俗话说："江山好改，本性难移。"历史上有一流人，形成了某种立场、观点之后，就很难改变。戊戌变法前，康有为、梁启超把维新的全部希望寄托在光绪皇帝身上；变法失败后，仍然纹丝不变，把扶助光绪皇帝复位作为头等重要的政纲。为此，他们大造舆论，把光绪皇帝说成是中国历史上几千年才一见的"天纵之资"。所谓"天纵之资"，用现代语言来说，就是天才了。

在康、梁看来，光绪不做皇帝，中国就要亡国，光绪一做皇帝，中国就要成为头等强国。光绪皇帝的才能可谓大矣哉！神矣哉！要问什么是个人迷信的话，此即一例。

1899 年 7 月，康有为在加拿大组织保皇会，全称"保救大清皇帝会"。8 月 4 日，适逢光绪皇帝生日，康有为率领侨胞在中华会馆庆祝。那场面，据描写是："烛设辉煌，箫鼓铿锵，冠裳璀璨，龙牌在上，龙旗在顶"，一群人或长袍，或短衣，一律"拳跪起伏，九叩首"。康有为因为感情冲动，竟至于号啕起来。当然，那时有不少加拿大人在旁看热闹，康有为以为他们也很感动，居然记载说："西人左右视，皆以为未之见云。"

这以后，保皇会逐渐发展到中美、南美、檀香山等一百四十余个城市，会员据说有数百万之多。该会逐渐形成了一套仪式和规条。其内容据记载是："会所奉万岁圣牌，会众悬皇上圣像，圣寿则张灯结彩而恭祝，旬日则召众议事而齐来。会所之室，尊奉万寿之牌，会员之衣，人悬圣主之像。"一处说是"万岁圣牌"，一处说是"万寿之牌"，两相比勘，推想起来，不外是一块牌子，写上"恭祝今上大清皇帝万岁万万岁"，或"恭祝今上大清皇帝万寿无疆"之类的语句。至于"人悬圣主之像"，笔者因对徽章史素无研究，不知道保皇会员胸前所挂的是个什么样的东西。铜质乎？铁质乎？圆形乎？星形乎？三角形乎？还有，更重要的是，在当时的技术条件下，光绪皇帝的"御容"是怎样制作上去的？这些问题，均不得而知。国内文物部门倘有收藏，那是亟愿一观的。

至于会议程序，檀香山保皇会有一次会议是这样开的：

"先生（指梁启超。——笔者注）率同志一齐起立，恭祝皇帝万寿，齐声喝彩三声，声震全市；次祝康先生到处平安，又喝彩如前。"不仅要祝"皇帝万寿"，而且要祝康先生"平安"，还要"齐声喝彩三声"。笔者读了这段记载，想到了"文化大革命"中的某些场面，不禁哑然失笑。历史是何等相似呀！当年，"四人帮"之流以"扫四旧、立四新"相号召，口口声声指责别人为"保皇派"，然而，他们所立的"新"呢，不过是康、梁保皇会的余唾而已。

历史有着巨大的惰性。霉腐的封建陈渣有时会包裹着华丽的装潢，仿佛是什么代表时代趋向的新事物。从这个意义上，读点历史，长长见识，还是很有必要的。

梁启超游美国而梦俄罗斯

　　1903年2月至10月，梁启超应美洲保皇会之邀，逛了一趟美国。这一逛不打紧，梁启超的思想发生了大变化。

　　戊戌维新之前，梁启超就暗中向往共和；维新运动失败后，梁启超流亡海外，向往共和之情更常常溢于言表。但是，他一到美国，这个他不久前歌颂过的"世界共和政体之祖国"时，却大大失望了。

　　在美国，梁启超见到了城市的壮丽，工农业的繁盛，见到了19世纪与20世纪之交出现的"怪物"——托拉斯，见到了美国的"平民政治""地方自治"，见到了美国的社会主义运动，但是，他也见到了纽约的贫民窟，见到了美国的"党派之私"和"选举之弊"，还见到了华侨社会的种种缺点，于是，他得出了结论，共和不适用于中国。在《新大陆游记》中，他写道："自由云，立宪云，共和云，如冬之葛，如夏之裘，美非不美，其如于我不适何！"他甚至说："今日中国国民，只可以受专制，不可以享共和。"

　　早在1899年，梁启超就介绍过德国政治学家伯伦知理的学说。从美国回到日本不久，梁启超又读到了德国人波伦哈克的著作——《国家论》。这两位洋人，都攻击共和制度，梁启超觉得找到了理论根据，于是决定与共和制告别。他在《政治学大家伯伦知理之学说》一文中写道：

　　　　吾党之醉共和、梦共和、歌舞共和、尸祝共和，岂有他哉，为幸福耳，为自由耳。而熟意稽之历史，乃将不得幸福而得乱亡；征诸理论，乃将不得自由而得专制。然则吾于共和何求哉，何乐哉！

梁启超的文章一向以"笔锋常带感情"著称，写着写着，他不禁哭将起来：

> 呜呼痛哉！吾十年来所醉、所梦、所歌舞、所尸祝之共和，竟绝我耶？吾与君别，吾涕滂沱。吾见吾之亲友者而或将亦与君别，吾涕滂沱。吾见吾之亲友昔为君之亲友而遂颠倒失恋不肯与君别者，吾涕滂沱。

梁启超大概哭得很伤心，所以一连写了三句"吾涕滂沱"，又写了一句"吾与汝长别矣"，以示其悲感之深。其后，他忽然觉得有人可能会问，那么中国今后怎么办，是不是以"君主立宪"为追求对象，于是，他接着写道：

> 不然，吾之思想退步，不可思议，吾亦不自知其何以锐退如此其疾也。吾自美国来而梦俄罗斯者也。

原来，他与共和、民主告别之后，梦寐以求的对象是俄罗斯——沙皇专制主义的俄罗斯。1906 年，他干脆大谈"人民程度未及格""施政机关未整备"，提倡在中国实行开明专制了。

19 世纪末、20 世纪初，梁启超一度领导中国的思想界和舆论界，成为许多年轻人的偶像，但是，自从他发表"游美国而梦俄罗斯"的言论以后，他在那个时代年轻人心目中的地位就一落千丈了。

1904 年 4 月，上海附近的一个小镇上，有一位年轻人，读了梁启超上述关于伯伦知理学说的文章后，写了三首诗寄给他，其一云：

> 新相知乐敢嫌迟，醉倒共和却未痴。君涕滂沱分别时，正余情爱最浓时。
>
> ——《读任公所作伯伦知理学说题诗三章即以寄赠》

这位年轻人，就是后来的南社发起人，自号江南快剑的高旭（天梅）。

《楚辞》云："悲莫悲兮生别离，乐莫乐兮新相知。"高旭的这首诗，前两句明确表示，"共和"是自己的"新相知"，心虽沉醉，却是理智的清醒选择；后两句以调侃的语气讽刺梁启超：你涕泪滂沱地和"共和"告别，而我却正在与"共和"热恋，情爱浓烈。高旭原来是《新民丛报》热心的作者和读者，这以后就明确地和保皇派分手了。后来的历史表明，这一分手是正确的。

在近代中国历史上，像梁启超这样"游美国而梦俄罗斯"，因不满于西方文化、西方民主而转回东方文化和专制主义的颇不乏人。他们不了解，当时的西方民主主义文化远胜于东方的专制主义文化。历史的任务应该是吸收西方民主主义文化的一切优良部分，超越它，克服它的局限和弊端，而不是笼统地拒绝它，往回走。

关于托尔斯泰《致一个中国人的信》

晚年的托尔斯泰特别关心中国，反对中国"西化"。

1906 年，辜鸿铭通过俄国驻上海总领事寄给托尔斯泰两本他自己用英文写的书，一本题为《尊王篇》，一本题为《当今，皇上们，请深思！论俄日战争道义上的原因》。当年 9 至 10 月间，托尔斯泰写了复信，题为《致一个中国人的信》。该信先后发表在德文《新自由报》、法文《欧罗巴邮报》、日文《大阪每日新闻》上。信中，托尔斯泰谴责了侵略中国，"躬为兽行"的西方列强，表述了他对中国文化的倾慕之情，同时也对中国今后的道路发表了意见。他说："支那近岁中，浮躁之伦，以新党自标，以为改革支那，不外仿行西法。有言建代议政体者，有言兴陆海军者，有言振西法之商工业者。众议纷嚣，如蜩如螗。此非惟浅拙之谈也，抑亦至愚之解。以予所知于支那者论之，此制实与支那民族大相驰背。今举法制、军制、工业诸大端，惟西人之是效，不过使支那农业生活丧失于一旦耳。"托尔斯泰指出：西方的所谓"代议政体"，不过是使一切权力由"少数强权"（君主、贵族）移于"多数强权"（议员）之手。中国人民"断不宜取法西人"，应该"保守农业生活，信从儒、释、道三教，则祸患自消"。

托尔斯泰此信在欧洲发表时，似乎没有引起多大反响；而当 1907 年初在日本发表时，却立刻引起中国革命党人的注意。宋教仁认为此信所言"支那人不可学欧洲人之武装及代议政治"等，"亦有至理"。另一个革命党人张继则准备把它翻译出来，登在同盟会的机关刊物《民报》上。宋教仁赞成张继的这一想法，并自任翻译。他说干就干，第二天就译出了第一节，"大抵痛诋欧洲人之残忍、鄙利、暴戾，而谓支那人有沉静、忍耐之德"云云。但是后来，《民报》只发表了托尔斯泰的肖像，题为《俄国之新圣杜尔斯兑》；直到1907年11月，它才发表在由何震出面而实际上由刘师培主持的《天义报》上。一共发表了两次，第一次是节译；到了1908年春，又发表了全译的一部分；与此同时，则出版了单行本。有的学者认为，该信1911年在上海《东方》杂志上刊出时，它才第一次与中国读者见面，这是不确切的。

《天义报》是一份无政府主义的刊物。它的编者当时正认为，中国"西化"将威胁农民和手工业者的生活，只有克鲁泡特金的"共产无政府主义"才是救中国的"不二法门"。因此，对托尔斯泰的信极为重视，每次发表时都加了按语。第一次的按语说："此书之意，在于使中国人民不复仿行西法，其言最为沉切。至其要归，则在中国实行无政府。"第二次的按语说："俄托尔斯德《致中国人书》，其大旨在于使中国人民实行消极无政府主义，不可效泰西代议政体，较之巴枯宁之昌破坏，苦鲁巴金（指克鲁泡特金——笔者）之言共产，虽有殊异，然其重农数端，则固中国人民所当遵守者也。"

托尔斯泰晚年，俄国刚从农奴制度下解放出来，农村正在经受资本的残酷洗劫，农民面临破产和丧失土地的危险。与巨大的财政资本、大规模的工商业出现的同时，贫困、饥饿、野蛮、卖淫以及梅毒等"原始积累时代"的一切灾难也就随之降临。托尔斯泰反对资本主义在俄国的发展，以"最深沉的感情和最强烈的愤怒对资本主义进行了不断的揭露"，自然，他也不愿意中国走上同样的道路。《致一个中国人的信》正是在这一思想基础上写作的。

这一时期，托尔斯泰还给日本《报知新闻》写过一封信。在该信中，托尔斯泰批评当时的日本，"凡百事业，悉以欧人为模范"。他认为，即使中国像日本一样，全盘"输入欧人之制度"，也不可能驱逐那些入侵中国的"欧人"，其结果只能使中国人民"所处之地位，亦渐次而趋于困难"。他不了解，中国人只有走现代化的求富求强之道，才能摆脱贫穷，避免落后挨打。他也不了解，对于西方文明所创造出来的一切，可以有选择，有批判地吸收，"取那善果，避那恶果"（孙中山语）。

托尔斯泰既是一个伟大的艺术家，又是一个"发狂地笃信基督的地主"。他的观点充满着矛盾，既是深刻的，又是保守和反动的。就其无情地批判资本主义剥削，揭露西方资产阶级民主的虚伪一面来说，是深刻的；就其企图永恒保持东方农业社会和儒、释、道等"亚洲制度的思想体系"，鼓吹"勿以暴力抗恶"来说，是保守和反动的。这两方面，在他的《致一个中国人的信》里，都有所表现。《民报》之所以没有刊出这封信，其原因大概就在于此！

章太炎为何要砸拿破仑与华盛顿的头

读者也许以为本文是在讲一则关公战秦琼式的故事。拿破仑，法国人；华盛顿，美国人。他们与章太炎之间国籍不同，生活年代也差得很多，可谓风马牛不相及。章太炎咋会要砸他们的头呢？

谓予不信，有文为证。

那是在 1907 年，章太炎正在日本东京编《民报》。他写了一篇文章，叫做《官制索隐》，本来是研究中国古代的职官制度的，然而，作者的笔锋突然一转，写道："藉令死者有知，当操金椎以趋冢墓，下见拿破仑、华盛顿，则敲其头矣！"请看，这里写得明明白白，足证笔者没有瞎编。中国旧俗一向以扰人丘墓为极大的不道，然而，章太炎却不管这一套，他要到拿破仑与华盛顿的坟墓里去"敲"，也就是砸，而且是用"金椎"，金者，铁也，分量不会很轻。看来，章太炎对这两位历史人物很有点愤懑之气呢！

几年之前，章太炎可不是这样儿。那是在 1903 年，他正和康有为辩论中国革命问题，把拿破仑与华盛顿二人简直捧上了天，称之为"魁梧绝特之彦"，称之为"二圣"，甚至誉之为"极点"。康有为认为，中国一时产生不出华盛顿这样的人物来，因此不能革命。章太炎同意这一看法的前半部，但他表示："中国亦望有尧、舜之主出而革命，使本种不亡已耳，何必望其极点如华盛顿、拿破仑者耶！"显然，在章太炎那时的眼中，拿破仑、华盛顿这样的洋圣人，要比尧、舜这样的国产圣人高明。

真是世事茫茫，浮云苍狗。几年之间，拿破仑、华盛顿的身价就大起大落，从九天跌入了九渊。这种变化并不止发生在章太炎身上，柳亚子1907年有诗云："华、拿竖子何须说？"把华盛顿、拿破仑称为"竖子"，也是很不敬的。

鸦片战争中，中国人被西方打败，于是转而学西方。开始学船坚炮利与声、光、化、电，后来学民权与立宪，再后来学民主与革命。到了1903年，民主与革命的调子高唱入云，拿破仑、华盛顿这两位资产阶级革命的鼻祖也就成了"极点"。其后是大批人出洋，章太炎本人也于1905年到了正在学习西方的日本。一看，不对了，所谓民主，不过是富人的民主，而且充斥着各式各样的怪事和丑闻。于是，失望、愤懑之情油然而生，拿破仑与华盛顿的身价也就随之暴跌。在《官制索隐》中，章太炎激烈地指责西方的选举制度，认为所谓"代议士"（议员），大都耗资巨万，靠钻营入选，与中国的"行贿得官"并无两样。他说：民主立宪，世人都以美、法两国为榜样，但现在法国的政治，全靠贿赂，美国人也要通过行贿才能致身显贵，实在"猥贱"得很。其所以幻想手持"金椎"，以拿破仑、华盛顿的头作为挞伐对象者，盖为此也。章太炎这个人爱冲动，又不懂得历史主义，其幼稚、偏激之处，读者谅之！

那么中国怎么办？

章太炎想来想去，觉得西方民主的脓疮是议会，于是惨淡经营，洋洋洒洒地写了一篇《代议然否论》，主张"代议"必不可行，议员决不可选，同时提出了一个从多方面"恢廓民权，限制元首"的方案。例如，提高法官的权力，不论是总统，还是百官，有了过失，或者溺职受贿，法官都可以"征之""逮之""治之"；倘若法官执法不公，老百姓可以要求"学官"集中一批法学家来共同处治法官，等等。然而，不知道是章太炎觉得这个方案未必可行，还是因为对中国历史过于有感情了，他有时又觉得，中国的封建专制制度也并不坏，开元、贞观年间，中国不也治理得很好吗？于是，他又表示："盛唐专制之政，非不可以致理。"甚至说:"今之专制,直刑罚不中为害,它犹少病。"这就又转而肯定封建专制主义了。

章太炎的矛盾反映了近代中国部分知识分子的困惑。他们失望于西方民主模式,而又找不到新的出路,只能向后看。然而,向后看又是没有出路的。世界历史发展的总趋势是从专制走向民主,而不是从民主复归专制。

刘师培的平均奇想

在中国平均主义思想史上，我以为应该特别提到刘师培。

一提刘师培，熟悉近代史的人就会想起他劝袁世凯当皇帝的行为。其实，刘师培曾经"革命"过，那时，他是"响当当的左派"。他认为，"中国的事情，没有一桩不该破坏的"，专门给自己起了个笔名，叫做"激烈派第一人"。那意思自然是说，宇宙之大，唯我最"左"，唯我最革了。

最初，刘师培在上海、安徽等地提倡"种族革命"，受到清政府注意。1907 年流亡日本，接触到当时的"新思潮"，于是突发奇想，设计了一个实现"共产"的社会方案。据刘师培说，在那个社会里，不仅土地、生产资料公有，而且一切产品和财富也都公有。这个社会的最大特点是"完全平等"。这种平等不仅表现于没有任何统治者或管理者，而且表现于消费、生活的各方面。例如，刘师培提出，"人人衣食居处均一律"，要求大家穿一样的服装，吃一样的饭，住一样的房子。既然中国的传统服装是宽松的连衣裙式"深衣"，那你就别想穿洋服；既然食堂供应窝窝头，那你就别想吃白面馍馍。（附带说明，刘师培是近代公共食堂的提倡者，他要求在每乡建立"会食之地"。）至于"居处"，刘师培更明确提出："所筑之室，其长短广狭均一律。人各一室。"要求每人有一间房子，这使至今居处还很局促的笔者很神往，但是，蓝天白云之下，所有的房子都一个模样，彼此之间，既不宽一寸，也不高一分，那又是一幅多么令人难以入目的画面！

　　刘师培的"共产"社会的最大特点是"均力"。他认为：人人作工，人人劳动，固然是平等了，但是，同一工作，苦乐难易，大不相同。譬如造钉制针，活儿很轻松，而筑路盖房，干起来就很吃力，两者之间还是不平等。因此，他提出了一种平均苦乐难易的理论——人类均力说。按照这种理论，他将人分为三个年龄段：（一）二十岁以前，在老幼栖息所受教育。（二）二十一岁至三十六岁，从事农业劳动，兼做其他工作。即二十一岁筑路，二十二岁开矿伐木，二十三岁至二十六岁筑室，二十七岁至三十岁制造铁器、陶器及杂物，三十一岁至三十六岁纺织及制衣。（三）三十六岁以后，免除农业劳动，从事各种工作。即三十七岁至四十岁烹饪，四十一岁至四十五岁运输货物，四十六岁至五十岁当工技师及医师，五十岁以后入栖息所任养育幼童及教育事。刘师培要求每一个人都按照这一铁定程序轮换。你想当运输工人吗？先干十六年农业活儿，再当四年厨师，在四十一岁至四十五岁之间才行。你想献身于人民教育事业吗？那就要等到五十开外，遍历农、工各种行业之后。也许你不想当医生，但轮换表中有此一项，非当不可。至于科学家、作家、艺术家、新闻家，轮换表中没有，你也别胡想。刘师培把他的这种设计称为"人人为工，人人为农，人人为士"，是"权利相等，义务相均"的最高美满境界。

　　不能认为刘师培的"均力"说完全荒唐。从有分工以来，人类就渴望打破分工的束缚。欧文、傅立叶、马克思、恩格斯等人都曾设想过，在未来社会里，劳动者可以全面地发展自己的能力，按照自己的志趣经常地自由地调换工种，从一种劳动转到另一种劳动。但是，社会主义大师们所设想的是生产力高度发展基础上人的全面解放，而刘师培所设想的则是自然经济基础上人的全面束缚，其结果只能是社会生产和科学、文化事业的大破坏和大倒退。

　　刘师培提出了"均力"说，其实并不准备实行，所以他很快就归附了清朝政府，后来又成为"筹安会"六君子之一。

　　倒是"史无前例"的十年间，将工人调到大学和研究机关去"掺沙子"，将知识分子赶下"干校"去"学工""学农"，很有那么一点实行"均力"说的意味。不是吗？

刘师培的 "水灾共产主义"

我在一篇小文中说过，在中国平均主义思想史上，应该有刘师培的位置；本文想说，在中国共产主义思想的传播史上，也应该为刘师培写几笔。这是因为，他是近代中国最早的"共产主义"的鼓吹者之一，并且曾经设想过一种"贫穷共产主义"的典型"水灾共产主义"。

刘师培是个经历复杂的人物，因此，人生的色差很大。可以说：既曾"大红"，也曾"大黑"。关于他的"黑"，本文暂且不表。这里先说他的"红"。那还是清朝末年，刘师培正在上海做革命党。某日，他顾盼自雄，起了个笔名叫"激烈派第一人"，那意思是说，他是当时天下革命性最强、最彻底的人。当然，这在清朝政府统治下是无法安身的，于是，刘师培跑到日本。正巧日本的社会党发生分裂，一派激烈，一派温和。自然，作为"激烈派第一人"的刘师培便成了日本社会党"激烈派"的朋友，变得更加"激烈"起来。

那时，孙中山正在提倡民族、民权、民生三大主义，刘师培认为其革命性太差，不能从根本上拯救百姓。于是，他便邀约了几个人，组织"社会主义讲习会"，作演讲，搞翻译，办报刊，提倡俄国人克鲁泡特金的"无政府共产主义"。这样，刘师培就成了东京中国革命党人中"红"极一时的"共产"迷。

那时，刘师培写了许多鼓吹在中国实行"共产主义"的文章。其中有一篇写于1908年，题为《论共产制易行于中国》，引证大量古书，说明中国古代早就实行过"共产"制。例证之一是《礼记·祭法》篇中"黄帝明民共财"一语，刘师培认为："共财"即"共产"。其二是东汉班固等人所编《白虎通》书中的一段话："古者所以有宗者，所以长和睦也，通其有无，以财理族。"刘师培以此证明："古代一族之财，为一族所共有"，可以称为"宗族共产制"。其三是《汉书·食货志》对古代井田制的描绘："井方一里，是为九夫，八家共之，力役生产，可得而平。"刘师培赞美这一制度，"同力合作，计亩均受，于均财之中寓共财之义"，是所谓"乡里共产制"。因此，刘师培的结论是：中国社会和欧美不同，中国实行共产远较欧美容易，其方法是：于一乡一邑之中，将田主所有之田，官吏所有之产（如仓库），富商所管之财（每乡富民均有蓄藏，又典当各业多为富民所开设），均取共有，以为共产之滥觞。若各境之民互相效法，则此制可立即施行。

这就是说，只要改变生产资料（土地）的所有关系、财富的所有关系和分配关系，"均取共有"，就"立即"实现共产主义了。至于生产力，那可以在建立了共产制之后再发展。他说：

> 此制既行，复改良物质，图生产力之发达，使民生日用之物质悉供全社会人民之使用，则争侵不起，而共产制度亦可永远保存。

刘师培毕竟是中国最早介绍马克思主义的人。还在 1907 年，他就在他主持的刊物上译介过《共产党宣言》的部分章节，因此，他懂得生产力这一概念，但是，他以为那不是建立共产主义的必要条件，可以先实行"共产"制，然后再"图生产力之发达"。他完全不懂得，生产关系一定要和生产力相适应，生产关系超前了，其结果将不是促进，而是阻碍以至摧毁生产力。

刘师培甚至认为，闹起水灾来，就可以在中国立即建立"共产主义"。1908 年，广东大水，他便写了两篇文章，一篇题为《论水灾即系共产无政府之现象》，一篇题为《论水灾为实行共产之机会》。刘师培称：水灾一来，田地也没了，房产也没了，金银珠宝也没了，大家只能一起相率逃难，其结果必然是，到处被逐，叩头哀求而难得一饱。于是，他号召饥民起来"革命"。文章说：

> 这种做饥民的，既然到这个地步，一定是要起来革命了，但革命的方法，一定是要依共产无政府的方法的。到一处杀一处的官，并把那钱粮仓库取出来，大家使用，这就是反抗政府了。遇着有钱的人家，或是开当典、开大店，窃藏粮食不肯出卖的，都把他抢空，大家用着度命，这就是反抗财主了。

至此，文章进一步点拨说：

> 我现在奉告饥民的话，就是教他杀官、抢富户。这两件事做到尽头，就可以做成共产无政府了。

你看，何等便捷！何等快当！中国古代有所谓立地成佛法，说的是一个人只要念头一变，就可以立即进入佛家的最高境界；到了刘师培这里，又找到了立地建成"共产主义"的窍门。现代社会生活中人们喜欢追求的"速成"法，盖亦古已有之。

据刘师培叙述，这种"水灾共产主义"的境界是："大家一起盖茅篷"，"要饭也要大家一起要"，"得了银钱，也要大家一起用。得了粮食，也要大家一起煮，一起吃。"可见，是一种"贫穷共产主义"。建成这种"共产主义"快则快矣，当然谁也不想领教。它对人们有什么吸引力呢？我想不会有。

刘师培的"水灾共产主义"提出于本世纪初，今天的读者也许会视作一种笑谈。但是，它在思想史上留下的教训却是深刻的。在近代中国，无视生产力的发展状况，以为在生产力低下，物质匮乏的情况下，只要变革生产关系和分配关系，就可以建成社会主义，以至共产主义的想法，并不是个别的。"贫穷不是社会主义"，这是人们吃了不少苦头之后才认识到的真理。

袁世凯伪造的孙中山 "卖国协约"

袁世凯想当皇帝前后，曾经散布过几种宣传品，大肆攻击和诬蔑以孙中山为代表的革命党人。以笔者所知，有《孙文小史》《黄兴小史》《乱党之真相》等几种。最近见到一种《中华革命党总理孙文与日本民党首领犬养毅所结协约概略》，颇有点意思。

原件为毛边纸油印本，计二十条。妙文难得，抄录部分条文如下：

（一）中日两国，既属同洲、同文、同种，彼此自当互相提携，维持东亚和平。

（二）中华革命党成功时，应与日本民党创制五权宪法，组织中日联邦。

（三）中日联邦成立时，应尊日本国王为联邦皇帝。

（四）中日联邦成立时，中华应改民主为君主，尊孙文氏〈为〉中华国王。

（五）中日联邦成立时，中日两国民党之劳绩卓著者，应由联邦皇帝叙爵赏勋。

（六）中日两国与他国开战时，中华海陆军须受日本政府之管辖，平时则否。

（七）中华政府与他国有交涉时，须受日本外务省之指导。

（八）中日联邦成立时，两国平时内政，彼此不得干涉。

以上八条，规定了两国的政体和相互关系的根本原则。接着四条，规定"日本民党"援助"中华民党"的义务，如："凡中华民党，在日本者，日本民党应请其政府格外优待"；"凡中华民党在中华有危险时，日本民党应请其政府饬驻中领事妥为保护"；"中华民党当起事前后，日本民党应请其政府接济军火及军费"；"中华民党当危急时，日本民党应请其政府助以兵力"等等。

其次六条，为"中华民党"应允给予日本的利权：

（十三）中华民党成功时，应以满蒙一切特权让与日本。

（十四）中华民党成功时，应割福建与日本。

（十五）中华各行政机关，应聘日人若干名为顾问。

（十六）中华路矿诸政，应许日人以投资之优先权。

（十七）中华海陆军，应聘日人若干名为教员。

（十八）中华各学校，应聘日人若干名为教员，并加日语科……

最后两条，规定中华民党不能成功时，日本民党，应请其政府位置中华民党的重要人物，并说明协约发生效力的时间及修改的有关问题，不录。

笔者不想为孙中山作全面辩护。在还没有认识到必须"以俄为师"之前，为寻找支援力量，孙中山确实对日本政府存在过幻想。但是，这份《协约》却是地地道道的假货。

作伪者很费了一点心思。他知道孙中山和犬养毅关系密切，也读过孙中山组织中华革命党时的《誓约》，因此懂得使用"创制五权宪法"一类的词语。但是，作伪的痕迹仍然很明显，例证之一就是"组织中日联邦"。在中国近代史上，康有为确实有过类似想法，但孙中山则从未有过。例证之二是"中华应改民主为君主，尊孙文氏〈为〉中华国王"的条文。孙中山是坚定的民主主义者，他怎么会想自己当"国王"呢！例证之三是所谓"应尊日本国王为联邦皇帝"，日本只有"天皇"，没有"国王"，作伪者竟连这一点常识都忽略了。

袁世凯为什么要制造这样一个伪件呢？大概是：自己想当皇帝，便说孙中山想当国王，自己与日本签订"二十一条"，便说孙中山与日本签订二十条，这样就彼此彼此了吧！

钱玄同自揭老底

　　五四时期的钱玄同，确实是位勇士。他写过不少犀利的文章。其中有一篇《中国今后之文字问题》，认为中国两千年来的所谓学问，所谓道德，所谓政治，"无非推衍孔二先生一家之学说"；所谓《四库全书》，十分之八是教忠教孝之书；所谓史，不过是"大民贼"的家谱或"小民贼"杀人放火的账簿；要使中国不亡，使中国民族成为"二十世纪文明的民族"，必须以"废孔学"作为"根本之解决"。这些话，在今天看来，难免显得偏激，但当时，在推倒偶像，破除迷信，解放思想方面，又自有其不可磨灭的功绩。

　　然而，谁想到，钱玄同还曾是个复古迷呢！

　　那是在辛亥革命时期，部分革命党人热衷于复古。当时有句流行的口号，叫做"光复旧物"。有的人考证出，中国文化的黄金时期是在夏、商、周三代。据说：有一种"通天屋"，比现代的摩天楼还好；有一种"深衣"，穿起来满惬意；有一种《鹿鸣》之曲，听起来可以感到"皇汉"民族的尊严；还有一种"干舞"，跳起来可以不失"陶唐氏之遗风"。受此影响，钱玄同也觉得：光复之功告成以后，应该将清朝的政制仪文，"一一推翻而复于古"。不仅复于明，且将复于汉唐，不仅复于汉唐，且将复于三代。总而言之，一切文物制度，凡非汉族的都是要不得的；凡是汉族的都是好的，而同是汉族的，则愈古愈好。钱玄同是个言必行、行必果的人。武昌起义之后，"辫发胡装"自然可以免去，但西装革履也非所愿。怎么办呢？他想起了"深衣"。

古书上记载，这是诸侯、大夫和士平时在家闲居时所穿的一种服装，上衣和下裳相连，大概是一种男式连衣裙吧？古代没有摄影术，也没有裁剪大全一类的书籍，具体式样早已失传。好在钱玄同曾经从学于国学大师章太炎，考证是拿手好戏。于是，从1911年12月中旬起，他便参考《礼记》、司马光的《书仪》、题为朱熹所著的《家礼》以及黄宗羲、任大椿、宋绵初、张惠言、黄以周诸家的论述，做了一部书，叫做《深衣冠服说》，并且照所说的做了一身。1912年3月，钱玄同到浙江军政府教育司当科员，便穿上这一身自制的套服：头戴"玄冠"，身穿"深衣"，腰系"大带"，上办公所去，其结果是赢得大家笑了一场。

上述故事，见于钱玄同的一篇回忆文章《三十年来我对于满清态度底变迁》。文中，钱玄同还坦率地承认，更早的时候，他是个地地道道的保皇派：崇拜清朝"皇上"；为此，撕毁过谭嗣同的《仁学》；指责过具有革命思想的朋友："吾侪食毛践土，具有天良，胡可倡此等叛逆之论？"钱玄同写这篇回忆文章是在1924年末。那时新文化运动早已"铙歌奏凯"，钱玄同也早已成了名人了。

世事多艰。人难免要做错事，走错道，贵在能不断总结，弃旧图新。钱玄同复了一阵子古，在袁世凯称帝的时候，他"大受刺激"，"知道凡事总应前进，决无后退之理"，于是进而"疑古"，这就好；又进而在成为名人之后，仍能自揭老底，以自己做错的事、走错的路昭示来者，这就更好。生活、事业都需要这种精神。

有些人，总想塑造自己一贯正确的圣哲形象。讳言错误，讳言失败，明明有错，却硬不认错，甚或饰非为是，又甚或打击别人，以非作是。这种人，在钱玄同精神面前，是否感到汗颜呢？

柳亚子不当 "新顽固"

刚写下题目，一位朋友就提出："世上只有老顽固，何来新顽固？"看来，先得交代来历了。

大概是 1924 年吧，吕志伊写信给柳亚子，反对新诗。同年 6 月，柳亚子复信吕志伊，为新诗辩护，谆谆告诫："二十年前，我们是骂人家老顽固的；二十年后，我们不要做新顽固才好。"考吕志伊其人，字天民，云南思茅人。1905 年参加同盟会，致力于反清斗争。1912 年南京临时政府成立，出任司法部部长，是位鼎鼎大名的革命派。他与柳亚子同隶于当时的革命文学团体南社，彼此相交甚厚，因此，柳亚子才有上述告诫。"新顽固"指的是曾经走在时代前面而后又落伍、守旧的那种人。

其实，柳亚子也险些当了"新顽固"呢！那是在 1917 年。胡适正在兴致勃勃地提倡以白话写诗，有一首题为《朋友》的诗说："两个黄蝴蝶，双双飞上天。不知为什么，一个忽飞还。剩下那一个，孤单怪可怜。也无心上天，天上太孤单。"柳亚子对此类诗看不惯，写信给杨杏佛，批评胡适所作的白话诗，"真是笑话"。他认为，文学革命只能是内容的革命，"所革当在理想，不在形式；形式宜旧，理想宜新"，白话诗断不可作。对于柳亚子的这一观点，胡适讥之为"不成理论"。中国最早的诗歌总集《诗经》中有一首《清庙》诗，据说是周公祭祀文王的乐歌，还有一首《生民》，据说是周公祭祀第一代祖宗后稷之作，都以四言为主,自然古色古香,佶屈聱牙。胡适以此为例,责问柳亚子,既然你主张"形式宜旧",那么,南社诸君为什么不以此为楷模,而要写作唐宋时代才发展起来的"近体诗"和更"近体"的词呢?

柳亚子终于渐渐想通了,转变为白话诗的热烈拥护者。在给吕志伊的信中,他说:"文学是善于变化的东西,由四言而变为五、七言,由五、七言的古体变而为律诗,变而为词,再变而为曲,那么现在的由有韵诗变为无韵诗,也是自然变化的原则。"又说:"时下的新诗,也许有浅薄无聊的作品,总不能归罪于新诗的本身呀!"你看,柳亚子很懂得区分新事物及与新事物同时出现的弊端呢!

俗话说,习惯成自然。人们常常满足于按老套子生活。因此做改革派难,一辈子做改革派尤难。在近代史上,往日的改革派成为后来的"新顽固"者大不乏人。就拿康有为来说吧!戊戌变法期间,一百零三天之内,促使光绪皇帝连发改革诏谕一百余件,真可谓领导时代新潮流。然而,曾几何时,却堕落为保皇派,什么改革都反对,连民国废跪拜也抗议,说是不跪不拜,留此膝盖何用。真是发昏得可以!柳亚子的可贵之处就在于一辈子不当"新顽固",永远随时代潮流而动,前进不止。

据说,商汤曾在自己的浴盘(洗脸盆)上铸文,辞曰:"苟日新,日日新,又日新。"这段铭文出于商汤还是出于秦、汉时期儒家的伪托,尚待考证。不过,我认为,这种"日新"不已的思想却应该视之为我们民族文化的精粹。

溥仪要求参加苏联共产党

伪满洲国覆灭后，溥仪仓皇出逃，于 1945 年 8 月在沈阳被苏军逮捕，解往苏联赤塔。这时，他最怕的是落到中国人手里，以为那样必死无疑。他想：如果落到外国人手里，可能还有一线生望。苏联和英美是盟邦，不妨先在苏联住下来，然后设法迁往英美作寓公。

主意既定，溥仪便为此努力。据他本人回忆，在苏联五年期间，口头不算，曾三次上书苏联当局，申请永远居留。溥仪的这些上书，他本人没有存稿，因而不见于其口述历史《我的前半生》，但是，却被俄罗斯史学家找到了。有关情况，莫斯科 1992 年 10 月出版的《珍闻》杂志作过报道，1997 年 12 月，台湾《传记文学》发表了该报道的中文译本。据该文可知，1945 年 12 月末，溥仪上书斯大林云：

> 我十分满意，承蒙贵国政府之垂顾和不杀之恩，悉心照料，赖以存活于苏联境内，安然无恙，为此让我再次深表谢意。不揣冒昧，斗胆提出，请求贵国政府允许我永远留住在苏维埃社会主义共和国联盟的境内，这将是我完善自己科学认识的最好机会。我真心愿意学习苏联的社会主义，同时，也要学习其他的科学……

由于该文从俄文译出，因此，并非溥仪原文。

关押期间，溥仪曾组织"皇室马列学习小组"，成员除他本人外，还有他的两个侄儿和弟弟溥杰。每天早晚各学习一次，每次一个小时。早晨学《联共党史》，晚上学《真理之声》。关于这一点，可以从《我的前半生》得到部分印证。该书云："为了我们学习，收容所当局发给了我们一些中文书籍，并且有一个时期，叫我的弟弟和妹夫给大家照着本子讲《列宁主义问题》和《联共党史》。"

令人意想不到的是，溥仪不仅申请留居苏联，学马列，而且竟要求参加苏联共产党。据当时给溥仪当翻译的格奥尔基·佩尔米亚科夫回忆："他当然被拒绝了。"不过，溥仪并不明白他何以被拒绝。

"共产党中连一个皇帝都没有吗？"他向苏联内务部官员提问。

"没有。"苏联内务部官员回答。

"真遗憾。我头一个加入就好了。"

为了达到留居苏联的目的，表现其进步，溥仪真可谓"使尽浑身解数"了。

历史和历史人物的性格都极为丰富多彩，它所衍生的各种情节、细节、人物的语言和行为方式常常既有其普遍性，又有其独特性；既有规律可循，而又出人意表。就求生、讨好、力图减轻罪责等方面来说，溥仪的行为反映出某一类人共同的性格，但是，身为战犯而企图加入苏联共产党，这又只能是久居深宫，不知世事的溥仪的独特行为。谁也不会想到这位皇帝竟是这样：既聪明，又愚笨；既可笑，又可气。

从这里，是否能悟到将历史人物写"活"的某些道理呢？

以"理"制"欲"是人类社会永恒的道德要求

——略谈宋儒关于"理""欲"关系的论述，兼谈文化传统的创造性转化与阐释问题

　　对于外国先进文化，鲁迅曾提出"拿来主义"。对于中国文化的优良传统，中国思想、中国文明、中国智慧、中国精神的许多部分，我认为，也是可以"拿来"就用的。中央文史馆编了一部《中国传统美德一百句》，摘录了历代先贤们的许多名言，都是可以"拿来"就用的。我想说的是，还有一部分，看似糟粕，看似落后、应予淘汰、应予批判的部分，实际上经过"创造性地转化"，或"创造性地阐释"之后，也可以点铁成金，化腐朽为神奇，成为大有用于社会主义，大有用于新时期的思想成分。例如，宋儒关于"理""欲"关系的论述，清儒戴震就曾激烈地批判其"以理杀人"，然而，实际上它也包含着"真理的颗粒"，可以捡拾、发挥。

　　欲，人的欲望，或者说人的物质和文化需求，这是与生俱来的。古人说："食色，性也。"又说："饮食男女，人之大欲也。"这就是说"食"和"色"，是人的天性，是基本需求。没有饮食之"欲"，没有男女之"欲"，人类无法生存，社会无法发展。从这个意义上说，正是人的欲望，人的不断增长、不断发展的物质和文化需求，推动了人类的社会生产和科技进步，因此，人类社会也才能不断发展、进步，世界才一

天比一天美好。孟子说：天下人都喜欢易牙那样的名厨，师旷那样的音乐家，子都那样的美男子。这是人们共同的喜好，也是人们共同的欲望。人类因为追求美味，才产生了日益丰富的美食文化和日益发达的食品工业。因为喜好悦耳之音，才发展出各种各样的乐器和各种流派的声乐和器乐作品。因为追求美，才发展出越来越精美的纺织品和纺织工业、化妆品和化妆工业。依此类推，人因为想走得快，才产生了车辆、轮船、飞机等交通工具。因为要听得远，才产生了各种各样的有线、无线通讯工具。可以说，现存的人类文明都是为满足人类欲望的基础上发展起来的，人欲是人类发展、社会发展的推进力量。人欲无尽，人类与社会的发展也无尽。人而无欲，人类、社会都将停止发展。

但是，"人欲"又是危险的。一般说来，任何社会产品、财富都是有限的，而"人欲"则是无限的。中国有句成语叫"欲壑难填"，说的就是"人欲"的这种无限性。为了满足"人欲"，占有得更多，享受得更多，就会发生对劳动力和劳动产品的争夺，发生对权力和财富的追求，发生唯利是图、损人利己、尔虞我诈的种种现象。其结果是，人与人之间的矛盾、斗争日益加剧，以至不可调和，进一步诉诸压迫和暴力，社会就会发生扰攘、动乱以至血与火的战争。资本主义社会最大的弊病就在于贫富两极分化，金钱万能，物欲横流。因此，听任"人欲"膨胀，必将危害他人，危害社会，危害人类。为了避免这种状况，维持社会的秩序、安宁和进步，人类有必要制订对有限产品、有限财富的分配制度，有必要将每个人的欲望限制在合理的范围内。中国古代的"礼"，孔子所说的"克己复礼"的"礼"，后来的各种各样的等级、身份规定都是为了这一目的，伦理、道德的产生和制订也是为了这一目的。

宋儒强调"天理人欲不并立"，普遍主张"克人欲，存天理"。朱熹主张，对"人欲"，要像抓"贼"似的，将"人欲"一个一个抓出来，消灭干净，甚至主张像抓老虎一样将"人欲"抓起来。他说："圣人所以下个克字，譬如相杀相似，定要克胜得他。"明朝的王阳明继承朱熹的思想，将"人欲"视为"心中贼"，要求人们"将好色、好货、好名等私，逐一追究搜寻出来，定要拔去本根，永不复起，方始为快"。王阳明强调，只要心中有一毫"私欲"，就会"众恶相引而来"，必须铲除干净，使"此心纯乎天理"才是。宋明儒学的这些思想我将之概括为"以理制欲"，用道德观念来控制、克服不正当的过于膨胀的欲望。

宋明儒学的错误在于：1. 以伦理为本体，将产生于特定时期、特定社会条件下的伦理、道德视为"天理"，或者将它视为人的本能，与生俱来，不学而知，不习而能。2. 将"人欲"简单化地视为"罪恶"，忽视"人欲"对推动社会发展一面。3. 片面夸大、神化道德和"德治"的作用，排斥法治，排斥讲求富国强兵的事功学派。其结果是生产不事，富国强兵之学不讲，驯至积贫积弱。鲁迅在《老调子已经唱完》一文中曾说："宋朝的读书人讲道学，讲理学，尊孔子，千篇一律。虽然有几个革新的人们，如王安石等等，行过新法，但不得大家的赞同，失败了。从此大家又唱老调子，和社会没有关系的老调子，一直到宋朝的灭亡。"这是对历史经验的深刻总结。

概括上文可见：人欲，人的物质欲望，人的精神欲望与生俱来，不可没有，是合理的，正当的，是推动社会进步、发展的力量。所以，国家、政府、执政党，应该充分地发展物质生产，充分地发展精神生产，满足人民群众不断增长的合理的欲望。但是"人欲"又是危险的，听任其发展、膨胀，是可以通向罪恶、通向毁灭的。近年来，我们揭露了不少腐败分子，揭露了不少贪官，他们之所以成为腐败分子，成为贪官，原因何在？不就是不能够控制自己对金钱的欲望，不能控制自己肉体的欲望嘛！贪污了一千万还不够，还要贪污两千万，贪污三千万，贪污一个亿、两个亿。占有了一公斤、两公斤黄金不够，还要占有几十公斤，一个"二奶"不够，还要两个"二奶"，三个"二奶"，几十个"二奶"。所有的腐败分子，所有的我们现在已经抓出来的"老虎"，都在于他们不懂得对"欲"要控制。

怎么办？作为政府，要将以法治国和以德治国结合起来。就是说，除了"法治"，还要用制度的力量，用法律的力量来管住贪腐分子，使之无法贪，不能贪，同时使之震慑，不敢贪，贪了就一定会受到惩处。此外，还必须提倡道德观念，提倡个人修养。一方面依法治国，一方面以德治国。作为个人，除了遵纪守法外，还必须用道德伦理来约束、控制自己的欲望，这就是要像孔子所说，"克己复礼"，宋儒所说"克人欲，存天理"，或者说"以理制欲"，使自己不仅不敢贪，而且自觉认识到不愿贪、不应贪。

"理"和"欲"的矛盾是人类社会的永恒矛盾，认识和发现这一矛盾是宋儒的贡献，中国思想家的贡献，因此，提倡以"理"制"欲"，是人类社会的永恒道德要求，不仅是救治资本主义物欲横流的良药，也是在一切社会中反贪腐、反奢靡的良药。这也是宋儒的贡献、中国思想家的贡献。

宋儒辨析理欲关系，主张"克人欲，存天理"，本意在于维护封建社会的安定。我们应依据创造性转化、创造性阐释的原则对之加以分析，可以看出，它完全可以突破时间和空间的局限，适用于今后和未来的社会，可以大大提高人们的思想和道德水平，提高社会的文明度和廉洁度，创造和谐、安定、繁荣的局面。

吸收与保存两主义并行

——简论高旭的文化思想

在近代民主主义革命大潮中，南社成员不仅投身革命和革命的宣传鼓动工作，创造了许多慷慨激昂，充满爱国主义与民主主义精神的诗词作品，而且提出了许多先进的、卓越的思想。过去，我们将南社看成是文学团体，偏重于作家、作品的研究，而对于南社成员的思想，则相对重视不够。事实上，南社成员在近代中国的思想发展上也做出了自己独特的贡献。这里，我想以南社主要成员、发起人之一的高旭所写的《学术沿革之概论》为例，阐述他的文化思想。

高旭的《学术沿革之概论》最初发表于1905年9月29日在日本东京出版的《醒狮》杂志，时当同盟会成立，以"保存国学"为核心价值的国粹主义思潮正在兴起之际。1914年重新发表于《国学丛选》第5集。这时，思想、文化界正处于一片复古热潮中，民国的空头招牌已经行将不保。高旭的这篇文章以精练的语言和高度的概括力全面总结了中国思想、学术、文化发展史，提出了今后中国思想、学术、文化发展的原则、方向、方针，切中时弊，见解卓越、高超，充满了革命民主主义精神。在当时不多见，在今天也仍然具有参考、借鉴意义。

（一）总结中国古代学术、思想、文化的发展，分为神学全盛、官学昌明、诸子竞争、儒学统一、佛老混合、理学发明、考据学披猖、西学输入八个时代。

高旭对这八个时代，持辩证的分析态度，不全盘肯定，也不全盘否定。高旭特别注意批判中国专制政体和专制主义对于思想、学术、文化的控制、垄断和窒息。例如秦始皇焚书坑儒，汉武帝罢黜百家以及清朝统治者的兴文字狱等。儒学，高旭认为儒学"专讲名分，与君主专制政体吻合"，"至东汉，其专制为达于极点"。他批判周敦颐的"濂学"、二程的"洛学"、朱熹的"闽学"，认为他们提倡主静、主敬，"使人形如槁木，心如死灰"，抹杀了人的"活泼泼"的"真精神"，高旭试图从儒学之外找寻民主、法制的因素。推崇墨子为"中国之圣人"，推崇申不害、商鞅、李斯的"法制"可以和西方洛克、孟德斯鸠的学问相比并。康有为，属于改良派，戊戌政变后和高旭政治上对立，但是高旭对他也持实事求是的态度。他一方面批评康有为学术上的主观主义，"私心妄断，附会滋多"，但是，同时也肯定康"力张新说，开他人不开之口，发前人未发之谈"。在"西学输入时代"一节，高旭充分肯定西方哲学、政治学、社会学传播对于鼓动革命风潮，改造中国社会的巨大作用。"一书发行，风动全国"，"震荡天地，摇撼山岳"。

（二）反对片面的保存国学观。高旭认为，一国必有一国之学。但是，国学是变化的、发展的。国家因时势而变迁，学术也应该跟随时势而改变。死守不变，国学、国家都不能保。怎样保存国学呢？他认为必须"欢迎新学术以调和之、补助之"。

（三）对比中外，认为中国学术思想不进步的根源在于中国的"专制政体"，而西方"文明国"社会的学术思想日益进步在于"政体文明"。他说："文明国"的宪法规定人民有三大自由：言论、思想、出版，因此，西方社会的人民高度尊重"创造"精神："其著书立说，一听其脑筋之电力所至，无今无古，无人无我，纵横六合，惟所创造。"因此，全国人民相争相竞，文化日益发展。中国社会呢？只能说古人已经说过的话，扼杀创造精神，"若古人所未言，而为我所独创，与古人意相反对者，则目之为非圣无法，而诛之、戮之、割剥之，牛马之"。其目的，高旭一针见血地指出，在于维护封建统治，"以遂其时君私天下之侈心"。

（四）在今后中国文化发展的原则、方向上，既反对全盘西化论，也反对全盘复古论。高旭提出，前者主张，"必将中国一切旧学扫而空之，尽取泰西之学，一一施于我国"，而后者则主张"欲强我国，行我古代圣王之法"。高旭认为，这是两种片面性，都是错误的，"楚则失矣，齐亦未为得也"。

（五）中外两种文化都有其优缺点：中国国学"可遵守而保持者固多，然不合于世界大势之所趋者亦复不少"；外国之学，"固优美于我国，然一国有一国之风俗，夏裘而冬葛，北辙而南辕，不亦为识者所齿冷乎"？不能机械照搬，而要从国情出发。

（六）提倡吸收、保存两主义并行。高旭主张，对于国学，不可一概菲薄，而要"拾其精英，弃其糟粕"，珍重保护，采取"保存主义"。对于外国学术，则"掠取"其"大利于我国者"，"以为补助之资料"，"于我国现势不合者，则毋宁舍之而不顾"。这就是"吸收主义"。高旭认为，这样，对于西学，可以避免"食而不化"，对于"中学"，则可以"晦而复明"。

高旭对于中国古代学术的分期和具体评判，当然可以讨论，但是，证以辛亥以来中国的思想、学术、文化发展史，高旭的上述观点显然有其先进性和预见性。20世纪初年，也就是1903年前后，中国革命党和革命文化人生气勃勃，充满创造性，充满活力，他们继承维新派的成果，思想革命、文界革命、诗界革命、小说界革命继续向前发展。在南社成立前，白话文运动、戏剧革命方兴未艾，生机无限，但是，自从革命派内部提出"保存国粹"的主张后，向西方学习，输入国外先进文化的努力被认为将是中国文化的灾难，革新旧文化、创造新文化的努力停滞了。南社之所以只是一个革命文学团体，而未能成为文学革命的团体，其原因就在这里。

弥补了辛亥革命时期文化不足的是五四新文化运动，这一运动的重点是大力从国外输入新文化，马克思主义就是五四前后从国外输入的，但是，这一运动的局限是未能充分注意保存中国传统文化中的优良成分。共产党人陈独秀认为，从传统文化中找精华，无异从牛粪中找香水。国民党的吴稚晖主张将线装书扔进厕所里。无党无派的钱玄同主张废汉字、汉语，使用世界语，连鲁迅都曾一度主张不读或少读中国书。这样，就正如高旭所批评的，只注意吸收，而不注意保存、发扬民族文化的优良成分和优良传统。

历史经验证明，高旭的吸收和保存两主义并行的思想是正确的。在建设中华民族新文化的过程中，我们既要善于保存、发扬民族文化的精粹，又要广泛、充分地吸收外国先进文化，特别是其中"大有利"于我们民族的进步和发展的成分。我们今天已经是世界第二大经济实体，但是，我们的思想、学术、文化仍然有许多不能适应时代、适应人民需要的成分，因此，在大力弘扬"国学"的同时，千万不能忘记百年之前高旭提出的吸收与保存两主义并行的主张。

"格君心之非" 与 "面刺寡人之过"

    我读过王康同志的一篇回忆文章，题为《我参加审查胡风案的经历》。王康同志去世后，其家属编了一本《王康纪念文集》，读后颇多感慨。王康同志原任中共中央宣传部干部处副处长，胡风案发生后，派往中央肃反领导五人小组任办公室副主任，亲自参加胡风案的审查。在审查中，他发现胡风在解放前是被国民党严密监视的左派人士，而被说成是胡风集团重要骨干的阿垅，则已由周恩来等人证明是中共的地下工作人员，因此，他于1956年春天在"肃反"领导小组会议上提出，胡风集团中没有反动历史的人是否可以不定为反革命分子。没想到，罗瑞卿却声色俱厉地批评说："王康！你这个意见是个坏意见。"多年以后，王康因此被定为右倾机会主义分子。

    其实，罗瑞卿也并非没有和王康类似的看法。某次，公安部罗瑞卿、高检梁国斌、高法高克林等开"三长会议"，研究审判胡风反革命集团的准备工作。罗瑞卿说："把胡风集团作为与美蒋密切联系的反革命集团是勉强一点，但这是毛主席亲自定的，大家看怎么办？"另外"两长"也认为证据不足，最后罗瑞卿表示："还是按照毛主席的意见办吧！"于是，胡风集团的反革命性质就这样定下来了。

    为什么明知"证据不足"，"勉强一点"，还是定为反革命集团呢？理由就是"这是毛主席亲自定的"。其后，周扬曾和罗瑞卿商量，是否召开十人小组全体会议讨论一下，但罗表示，胡风集团是毛主席定的性，怎么能讨论？又其后，公安部上报过一份给部分"胡风分子"甄别平反的报告，陆定一和罗瑞卿决定，压下这个报告。其理由是，报给毛主席，毛主席也不会批准，只会干扰主席的全局部署，费力不讨好。明知毛泽东错了，就是不愿或不敢向毛泽东提出，将错就错，以错为正，于是，一场牵连甚广、危害极大的冤案就这样造成了。

为什么会出现这种状况呢？我想起了孟老夫子的一句话和战国时齐威王的一则故事。

孟老夫子说过："格君心之非。"格者，正也，"格君心之非"，说的是，君主有了错误念头，儒者，或为臣者可以出面批评他、纠正他。

汉朝的刘向编了部《战国策》，其中谈到齐威王的故事。威王为了鼓励人们给自己提意见，曾经下令说："群臣吏民能面刺寡人之过者，受上赏；上书谏寡人者，受中赏；能谤讥于市朝，闻寡人之耳者，受下赏。"据说，此令既下，提意见的人络绎不绝，齐国因此大治。历史上的齐威王是否真的如此虚心大度，因为没有更多佐证，不敢肯定。不过，这个故事反映出儒家的一种理想，即国君的位子虽高，权力虽大，也需要听取批评，越是当面的、尖锐的批评，越应该受到奖励。

权力可以为善，也可以为恶。权力越大，为善与为恶的能耐也越大。因此权力需要制衡，使之尽可能为善，而不为恶。国君，自然是一国最高权力的掌握者。其为善，一国之人受惠，其为恶，一国之人遭殃。怎么办？于是，便有"格君心之非"的提倡与"面刺寡人之过"故事的提出。儒家虽然承认国君的最高权力，但是并不承认国君是最高道德和最高智慧的代表者，企图用"格"与"刺"的方法防制其对"权力"的滥用。这是儒家聪明的地方。这种地方，无以名之，勉强概括，也许可以说，是一种"儒学民主主义"吧。在这种"儒学民主主义"的培育、熏陶下，中国历史上出现过不少敢于向皇帝提意见的名臣，例如唐代的魏征、宋朝的朱熹、明代的海瑞等皆是。有了这种"儒学民主主义"，有了魏征等这些名臣，他们敢于冒犯天威，犯颜抗争，才使得皇帝们有可能少做错事、坏事。自然，儒学提倡的这种"格君心之非"与"面刺寡人之过"对皇权的限制力很小，很可怜，倘若碰到一个"昏君""暴君",儒家就无所施其技了。

然而,很可惜,有一段时期,我们连"格君心之非"这样可怜的一点"儒学民主主义"都不被允许,自然"面刺寡人之过"更被认为"大逆不道"了。罗瑞卿等固然不敢纠正毛泽东等关于胡风案的错误定性,"大跃进""无产阶级文化大革命"这样全国性、全局性的错误,当时又有多少人敢于出面指明!彭德怀、张志新等人是勇士,他们敢于提出不同意见,然而,不是被扣上"右倾机会主义"的帽子,罢官批判,就是被作为反革命分子,割喉枪决。那时候,毛泽东不仅拥有最高权力,而且被认为是最高智慧和最高道德的体现者。人们信仰一种理论,毛泽东说的话,句句是真理,一句顶一万句,自然,绝对正确,永远正确。谁如果认为毛泽东也会讲错话,做错事,那就是反对毛泽东和毛泽东思想,就要踩上一千只脚,一万只脚。罗瑞卿等审查胡风案的时候,"句句是真理"一类语言虽然尚未出现,但对毛的"个人迷信"与其"绝对权威"都早已形成,罗瑞卿等人的表现,良有以也。

在历史上,一个人能成为领袖,必有其过人之处。革命领袖,如果能充分掌握并运用人类已经创造出来的知识宝库,又善于集中当代广大人民群众的无穷智慧,就可能比常人站得更高,看得更远,其所思、所言、所行可能更正确,更少谬误而更多真理,然而,世界上没有全知全能的圣人,其"心"有"非",其行有"过",说错话,做错事,做出错误决策都是难免的。这就需要民主,需要监督、制衡,做到有"非"允许别人"格",有"过"允许别人"刺",这样,其"非",其"过"就可能及时改正,不会造成巨大的社会灾难。倘若认为领袖不会有"非",有"过",也不允许别人去"格",去"刺",那就十分危险了。在这方面,胡风案的定性,"大跃进"和"文化大革命"的决策就是前车之鉴,值得人们深长思之、再思之。

"城中好高髻" 的联想

那是好多好年前了，还是在大学读书的时候，读到一首汉代民谣："城中好高髻，四方高一尺；城中好广眉，四方且半额；城中好大袖，四方全匹帛。"说的是汉代时尚流行的情况。据考，汉代京师贵族女子崇尚高髻、广眉、大袖，各地群起效法，结果愈来愈发展，愈来愈强化，于是头发梳得愈来愈高，高至一尺以上；眉毛愈画愈宽，以至宽到遮住半个额头；衣袖愈做愈大，以至耗费整匹绸缎。

这是一首很有哲理，富于警示意味的歌谣。何以然呢？

世间万事万物都有度。在一定的条件下，一定的范围内，它是合理的，但是，超过了一定条件，一定范围，它就变成不合理了。例如，头发梳得高一点，眉毛画得宽一点，衣袖做得宽松一点，也许很美；但是，过高、过宽、过大，也许就成了怪物，由美变丑了。这就是掌握"度"的重要性。我们的老祖宗说"过犹不及"，那意思是说：过度与不足，"左"和右是两个极端，都不可取，必须"执两用中"，在"左"与右的两个极端中取其"中"。这里所说的"中"，就是"度"，也就是合理的分寸。

想起 1958 年的事情来了。那时候，上面提倡深耕、密植，借以增加农业生产，目的也许是不错的。但是，下面却愈耕愈深，愈植愈密。有一次，我所在的班级到京郊平谷县东鹿角村锻炼，和村民们一起深耕。好家伙，那地几乎挖了两人深，站在地底要费好大劲儿才能把土甩到地面上。自然，来年严重减产，丰收的希望变成了歉收的懊恼。为何？耕得过深的结果是，适宜谷物生长的熟土层被破坏，不适宜谷物生长的生土被翻到了上面，不减产才怪呢！

那年头，这样的例子似乎很不少。上面号召大炼钢铁，下面就全民炼钢，处处炼钢，人人炼钢。记得我所在的北京大学提出，国家争取年产1070万吨钢，北大要争取年产1070吨钢。于是，立即行动，在宿舍旁就地挖坑，从教授家中的壁炉上拆来耐火砖，从卧室床上拆来铁制脚蹬子，煤炭、劈柴、废铁，混置共冶，轰轰烈烈地炼起"炒钢"来，自然，炼出的是一堆废渣。河北省有一个徐水县，为了响应上面"大跃进"的号召，提出"跑步进入共产主义"。那"跑步"的时间原定三年，不久就听说，已经进入"共产主义"了，于是大家纷纷去"取经"，参观那靠"红薯"撑饱肚皮的"共产主义"。遗憾的是，很快连"红薯"也供应匮乏了。

"城中好高髻，四方高一尺。"这首民谣所描述的是民间"时尚"的变形走样，然而它同样适用于其他领域。例如，一种"主张"，或者一种"号召"，提出之后，经过流传推行，就可能层层加码，愈演愈烈，以至完全扭曲。聪明的领导者要了解这一"规律"，自觉地加以防止。汉代的政治家们就很懂得这一点，不止一个人阐述过这首民谣的警示意义，认为它可以告诉人们："改政移风，必有其本。上之所好，下必甚焉。"那意思是：上面不仅要慎其所"好"，而且要严防下面发展为"甚"。好事一过头就会成为坏事，真理往前一步就是荒谬。

至于坏的决策呢，一"甚"起来，可就惨了！

走笔至此，想起著名老一代漫画家丰子恺。他在1956年11月发表过一幅漫画：三个古装女人，一个高髻冲天，一个阔眉蔽额，一个大袖扫地，奇形怪状，毫无美感可言。那画的题目就是"城中好高髻"，显然，老画家是看出了这首民谣所包含的哲理或警示意义的。然而，不幸的是，这幅漫画后来却被视为"反党、反社会主义的大毒草"。其批判词有云："当时正是匈牙利反革命事件爆发不久，国内外反动派蠢蠢欲动的时刻，正处在右派分子猖狂向党进攻的前夕，一贯反共的老手丰子恺，立刻跳出来，配合了这股反革命的气焰，利用他'小中能见大'、'弦外有余音'的反革命伎俩，首先向党发起进攻。"云云。

想起此事，不禁感慨系之！

说真话真难

| ——也和温总理谈谈心

2006 年 11 月至 12 月，接连在海外参加了几个学术会议，回国之后，朋友兴奋地告诉我，温总理在文联代表会上作了个非常好的讲话，说他最尊敬的作家有冰心、巴金、吴祖光、赵丹等人。是么？我有点不大相信自己的耳朵。连忙上网检索、阅读、学习，发觉朋友的转述虽不尽准确，但基本精神没错，特别是温总理关于解放思想，贯彻"双百"方针等论述，字字说到我心坎上，于是，我也跟朋友一样兴奋起来。见到了熟人就问：你知道温总理最近有个非常好的讲话吗？中国成语中有所谓"奔走相告"一词，用在此时的我身上，大概很合适。2007 年新年，在《炎黄春秋》杂志上再次读到温总理的讲话，也读到了袁鹰等同志的文章《我们也和总理谈谈心》，顿起续貂之意。

温总理在报告中提到巴金，说是"我过去读过他不少作品，那本《随想录》出版后，我读了受到极大的震撼，感到那是一部写真话的著作"。"说真话"，"写真话"，这是温总理对巴金作品的准确评价，也是温总理对文学家、理论家、各级干部以至广大公众的基本要求。

温总理喜欢听真话，我是有亲身体会的。2003 年 9 月 10 日，温总理视察国务院参事室和中央文史研究馆，我躬逢其盛。为了欢迎温总理视察，有关方面作了充分的准备。谁发言，讲什么，一一作了妥善安排。据说，甚至还部分"预演"了一通。不料温总理就座以后，却谢绝事先安排的主持人，拿过话筒，说，今天由我本人主持，自由发言。这样，有关方面原先的安排就全被打乱了。温总理说，他喜欢听真话，希望大家都讲真话，而听到真话又很难。接着，温总理就讲了他本人的一个故事。某年，他视察某地，当地党委事先作了安排，但温总理谢绝了，提出要到当地最穷困的某地方去。党委领导声称，当地交通不便，汽车开不进去，但温总理坚持要去，党委领导无奈，只好尊重总理的意见。于是，总理和随员及当地党委领导等共乘一辆面包车出发。最初，汽车还可以开，只是最后一段，汽车真的开不动了。当地党委同志表示，到此为止吧！但温总理决定下车步行，终于到达目的地，掌握了所要调查的情况。

治国安邦，当然要听真话，不听假话，而这首先就要让人民说真话，让真话有上达的机会。然而，说真话真难啊！试举数例。

陈云同志的秘书朱佳木写道：1977 年 3 月中央工作会议，陈云同志率先提出天安门事件的平反和让邓小平重新出来参加党中央领导工作两条意见，结果在简报组那里就通不过。他在《陈云同志的感情世界》一文中说：

> 会议简报组要求他同意在简报上删去这两条意见，说要和当时主持中央工作的那位主要负责人的讲话口径保持一致。陈云同志拒绝了他们的要求，说保持一致不等于不能讲意见。如果都讲一样的话才叫保持一致，那好办，每份简报都把中央领导人的讲话重复一遍就行了。当天晚上，那位中央主要负责同志又亲自登门"做工作"，劝他收回那两条意见，说否则他的发言不好登简报。陈云同志表示，这两条意见不能收回，如果你们不便登简报，那只有"开天窗"。谈话一直持续到夜里 11 点多，结果，陈云同志的发言终于没有给登简报。（《百年潮》2005 年第 6 期）

简报是内部资料，反映会议情况，自然要真实、全面。然而陈云同志以"伟大的无产阶级革命家"之尊、"党和国家重要领导人"地位之重，他的意见却连登在内部简报上的资格都被剥夺了。为天安门事件平反，让邓小平同志重新出来参加中央领导工作，是关系到中国命运和社会主义前途的两条重要意见，然而却被以"保持一致"的理由压制了。当然，由于陈云同志不是一个人，有一批从"无产阶级文化大革命"中走过来、觉醒了的老一辈无产阶级革命家在，陈云同志的意见最终没有压制住，否则中国的命运可真是危险啊！

我想起了与自己略有关系的一个例子。有一段时期，知识贬值，搞导弹的不如卖茶叶蛋的，一个研究生的待遇不如一个安徽小保姆。我很着急，有一次，和当时的中国史学会会长戴逸教授一起吃饭，便说："戴先生，你是全国人大代表，为什么不在会上把这个问题提出来？"戴先生反问我："你怎么知道我没有讲？我在会上讲了，但是，整理简报的同志找我，说是这种情况中央领导同志知道，是不是就不要上简报了吧！"听了戴先生的话，我只能无言。一个整理简报的同志就可以凭己意决定人民代表的意见，何者可上报，何者不能上报，领导者何能真正听到人民的声音！

刘大年同志是中共老党员，前中国科学院哲学社会科学部学部委员，多年担任近代史研究所副所长和所长，又曾是全国人大常务委员会委员。他的女儿刘潞写过一篇回忆——《刘大年与中国抗战史研究》，其中谈到上世纪抗战史研究热潮初起时的情况：

> 对研究抗日战争来说，当时面临的一个重要问题就是如何客观评价国民党、蒋介石在抗日战争中的作用。以往的主流思想，对国民党和蒋介石在抗战中作用的看法，基本上都是消极的。能不能根据历史事实，对此给予客观评价，是在抗日战争研究中能不能坚持历史唯物主义的一个试金石。但是在90年代初期，提出这个问题，不但需要科学精神，更需要胆识。
>
> 1987年中日两国学者在京都和东京共同举办的"'七七'事变50周年国际学术研讨会"，父亲向这次会提交的论文是《抗日战争与中国历史》，提出"武汉失守前，（国民党）抗战是积极的……是在为保卫祖国而战"，"在蒋介石国民党全部

22年统治中，那时它达到了值得称赞的最高度"。1991年9月在沈阳召开的"九一八"事变60周年国际学术讨论会上，他在提交的论文《抗日战争与中华民族的统一》中又说："消极抗日也还是抗日"，而且国民党以后实行的"还是抗日第一，反共第二"。……蒋介石原来反对抗日，但他毕竟在民族灾难大风暴来临时转变过来了。……没有蒋介石政权的参加，就谈不上全国的抗日行动。中国民族就仍然是分裂的民族。蒋的转变给中国带来的，不是旧篇页的重复，而是新篇页的谱写。（《百年潮》2005年第11期，以下均同）

刘潞又写道：

> 到1991年抗日战争史学会成立，他在谈学风、会风时，又强调"抗日战争去今未远，关系复杂"。某些问题看法不但矛盾对立难以避免，而且可能触发人们情感激动。这就需要百家争鸣和在争鸣中使方向趋于端正。……记得他在家中审阅当时编写的一些有关抗战史书时，多次听他说过："这不是抗战史的写法，是党史的写法啊！""写法"当然不止是如何写，更主要的是如何认识的问题。父亲反复强调抗日战争是全民族的对外战争，显然与当时学界主流尚缺乏这种认识有关。1995年是抗战胜利50周年，他已80高龄，但仍忍受着折磨了他多年的脉管炎，写了三篇论文。其中一篇《抗日战争的几个问题》发表在某大报上。文中谈到蒋介石国民党主导正面战场的作用，但在发表时，被报社删掉了。

刘大年是中国抗战的参加者，公认的我国马克思主义历史学家，其理论修养和对抗战史研究之精深，显然都不是某大报的某一位编辑所可以比拟的。他的上述观点，符合历史实际，是他多年研究之后的"真知灼见"，属于"真话"之列。其中对武汉失守前国民党在抗战中的表现的评述，和毛泽东的看法基本一致；对蒋介石在中国抗战过程中的作用的估计，和胡乔木、胡绳等同志的看法也基本一致；然而，他的文章的有关观点竟粗暴地"被报社删掉了"，事前并不商量，也不通知。须知，即使是一家之言，只要言之成理，持之有故，也是可以参与争鸣的呀！

删掉之后如何呢？刘潞接着写道：

> 我曾向父亲询问原因，但他什么也没说，只是叹道："写得心在滴血啊！"并说以后再也不给他们稿子了。看着父亲苍老的脸颊，当时我只感到心酸，以为他是在为学术贬值叹息，不理解他那执着背后的深刻用意。10年后的今天回过头再看，如果那时我们能够实事求是地对待抗日战争，海峡两岸的对话可能会另有一番风景。

我和大年同志相熟，也不止一次和他在一起讨论民国史上的各种学术问题。看了刘潞的回忆，我可以想象得出大年同志当时的"苍老的"容颜和他内心的痛苦。

2005年，那时我还在主编《百年潮》，中央党校党史教研部郭德宏教授写了篇纪念抗战的文章，涉及国民党在抗战中的作用，我觉得好，说了真话，送请负责为杂志把关的同志审阅，有关同志也说好，但表示没有"依据"，不能登。不久，胡锦涛同志在纪念抗战胜利60周年纪念大会上的讲话出来了，那里面明确讲道："中国国民党和中国共产党领导的抗日军队，分别担负着正面战场和敌后战场的作战任务，形成了共同抗击日本侵略者的战略态势。以国民党军队为主体的正面战场，组织了一系列大仗，特别是全国抗战初期的淞沪、忻口、徐州、武汉等战役，给日军以沉重打击。"我建议将锦涛同志这一段话加进去，作为"依据"，再次送请有关同志审阅，结论依旧，还是不能登。无独有偶，我的一位一向被目为"左派"的同事有一篇文章，其观点和郭德宏类似，送请有关同志审阅，也没有通过。不过时代毕竟进步了。两位作者分别将文章投给了另外两个刊物，都刊出了，至今也没有听到"阅评组"有什么不良反应。

偶读今年 1 月 3 日《北京青年报》的一则消息，其中记载，几天前，有媒体到病房访问已经 95 高龄的季羡林教授。记者和季老之间有一段问答：

"这一辈子，你说过假话吗？"

"我说出口的都是真话，但真话未必都说出了口。"

来访者不罢休："那为什么不都说出口呢？"

老人凝神、正色："你能做得到吗？"

这一段记载，充分表现出季老的坦诚和睿智。他的问题"你能做得到吗"，值得每个人深思。

走笔至此，倒想起关于季老的一则故事来了。《百年潮》曾经发表过季老的一篇散文，题为《站在胡适之先生墓前》，那是一篇"说真话，写真情"的好文章，曾被评为那一年的全国最佳散文。但是，就在差不多的时刻，有人写密信向中央揭发，称季老的文章是"毒草"，理由是"吹捧胡适"。我不曾将这一情况向季老报告，一是我和季老不熟，二是我不愿用此类事情干扰季老的文兴。

说真话真难啊！

2007 年 1 月 6 日下午至晚上，一气写成。

附记：文章写完，翻读登载温总理讲话的《炎黄春秋》2007 年第 1 期，中有《赵树理怎样成了"贫下中农的死敌"》一文，其中记赵树理去世前的一段感慨："这些年来，我几乎没有写什么，因为真话不能说，假话我不说，只好不写。"因与本文主题有关，故附记于此。

充分解放精神生产力

　　社会生产有两种：一种是物质生产，其成果体现为粮食、钢铁、汽车、飞机等物质产品；一种是精神生产，其成果体现为思想理论、学术著作、文艺作品。显然，生产力也有两种，一种是物质生产力，一种是精神生产力。两种生产力都需要解放。改革开放以来，我国的物质生产力得到比较充分的解放，因此，综合国力迅速增强，国家面貌、社会面貌有了巨大改变。但是，精神生产力的解放问题，似乎尚未受到人们足够的重视，甚至还无人提及。近年来，中央领导人多次发表关于社会科学和自然科学同等重要的讲话，鼓励人们增强创新意识，进行理论创新、制度创新，我觉得，这就预示着，我国的精神生产力也将得到充分的解放，我国的思想理论界、人文社会科学界、文学艺术界必将出现一个前所未有的繁荣局面，从而催生出一批又一批无愧于我们时代的理论成果、学术著作和文艺作品来。

　　解放物质生产力，有一个调动生产者的积极性和创造性问题。解放精神生产力，同样也有一个调动生产者的积极性和创造性的问题。如果生产者情绪不高，或者思想保守、僵化，是很难产生大批优秀成果的。

　　怎样解放精神生产力，调动精神生产者的积极性和创造性？我认为，主要靠政策，其中最重要的就是毛泽东所制订的"百花齐放，百家争鸣"的方针。历史证明，这一方针是对中国文化史、人类文化史发展规律的正确总结，是实现理论创新，繁荣学术、文化的唯一正确的方针。实行它，就思想活跃，学术昌盛，成果丰硕，大师迭出，反之，则思想僵化，学术萎缩，成果贫乏，人才枯竭。

怎样贯彻"百花齐放，百家争鸣"的方针，我觉得，这就要：

其一，正确地对待既有的理论成果，坚决反对教条主义、本本主义。多年来，我们有些同志，不是用实践来检验真理，而是常常用既有的条条、本本来检验真理。如果一种理论或观点，本本上没有，或者和既定的条条、本本不合，就常常被视为异端邪说，遭到否定和批判。因此，教条主义、本本主义是理论创新的大敌，是阻碍人们认识真理、发现真理的最大绊脚石，必须坚决反对。中央领导同志提出过："必须始终反对以教条主义的态度对待马克思主义理论"，"自觉地把思想认识从那些不合时宜的观念、做法和体制中解放出来，从对马克思主义的错误的和教条式的理解中解放出来"。这就提示我们，反对教条主义、本本主义仍然是新时期的一项重要的、不可忽视的任务。但是，教条主义、本本主义很顽强，势力很大，不是轻易可以反掉的。你反掉了一种教条主义，还会有另一种教条主义出现。五四时期，我们否定了将"儒学"定于一尊的老八股、老教条，但是，后来又出现了各种各样的新八股和新教条。林彪之流的"句句是真理"，前些年的"两个凡是"都是一种新八股、新教条。可见，反对教条主义、本本主义是长期的、艰巨的任务。教条主义、本本主义不除，理论创新无望，马克思主义的发展无望。

其二，提倡正确的健康的批评与反批评。百花齐放，百家争鸣，当然会有是非之别、真理与谬误之别、全面性与片面性之别。这就需要开展批评与反批评。要相信，真理本身具有强大的说服力，人民群众又具有很高的鉴别力。通过批评与反批评，真理将不仅愈辩愈明，而且将愈丰富，愈全面，愈深刻，并且愈易为群众所掌握。在真理面前人人平等。要允许被批评者反批评，千万不要再采用过去的极端粗暴的"大批判"的办法。要以理服人，力戒以势压人，以权整人。这方面，我们过去的教训太多了。试问，如果精神生产者都谨小慎微，战战兢兢，时刻担心犯"错误"，被"批判"，事事要探"风向"，对"口径"，揣摩

"上级意志"，创造性思维如何产生？

要正确地对待伟人和理论大师。应该承认，任何伟人的脑袋都不是全知全能的，任何伟大的理论著作也都不可能尽善尽美，没有任何局限，可以适用于一切时代、一切地域。伟人和理论大师的著作也会有缺点、不足、局限甚至错误，指出这些，将使伟人和理论大师的著作得到更完美的发展。即使批评错了，也会促使人们从正反两面的比较中获得教益。这是理论发展的常规，不值得大惊小怪。恩格斯当年就容忍了杜林的批评，并且在写作《反杜林论》时发展了马克思主义。毋庸讳言，邓小平既继承了毛泽东思想，又批评了毛泽东的错误。如果没有对毛泽东错误的批评和反思，何来邓小平理论？

多年来，似乎没有人说过，伟人和理论大师们的著作和言论不可以商榷、批评，然而，我们多年来却流行着一种伟人崇拜。似乎理论界的任务只是学习、领会、宣传伟人们的著作。于是，只要某个伟人提出一种观点，甚至只说一两句话，不论其对与错，理解与不理解，就一窝蜂地跟进，盛赞其英明、伟大，不允许任何人补充、讨论，更不允许任何人质疑、反对。其典型例子就是对待毛泽东的态度。"文革"中，毛泽东的任何一条语录发表，都会出现敲锣打鼓举国游行、欢呼的场面。"在无产阶级专政条件下继续革命"的理论明明是错误的，当时"腹诽"的也不止一人，然而，谁敢公然站出来？又哪里有讨论、研究的可能？"万马齐喑究可哀"，这是一种事实上的思想专制。结果，一人错则举国皆错，终于导致国家、民族的巨大灾难。这一悲剧的惨痛教训应该永远记取。

其三，努力创造有利于思想解放、理论创新的学术环境。人们在物质生产中，会发生这样、那样的关系，只有将这种关系调整到最佳状态，物质生产力才会以最快的速度发展。精神生产和物质生产不同，是一种个体劳动，但是，它也是在这样那样的社会关系中进行的。因此，必须将各种关系调整到最佳状态，创造出有利于思想解放、理论创新的学术环境来。这方面要做的工作很多。其中很重要的一点就是认真总结20世纪50年代以来贯彻、执行"双百"方针的历史经验和教训，制订一系列政策，采取一系列措施。要鼓励人们敢于进行理论探索和理论创新，变"怕"字当头为"敢"字当头。过去，"棍子"、"帽子"伤害过许多精神生产者。改革开放以来，我们的学术环境有了很大改善，但是，是不是人们在进行理论探索方面的顾虑就完全消除了呢？我看还没有，在这方面，我们还有许多工作要做。

解放精神生产力是个大问题。一个国家，一个民族，不能只有一个人或少数人可以自由思维，那样，产生不了伟大的精神产品，中央领导同志所希望出现的"与时俱进"、理论创新的局面也就很难出现。相反，如果亿万人的灵明才智都能得到开发，得到解放，中华文化的伟大复兴也就可以预期了。

书前书后

一 自叙

《寻求历史的谜底》后记

年轻时做过许多梦。那时，共和国刚刚建立不久，正在扩建鞍山钢铁厂，于是，想当钢铁工程师；其后，地质勘探工作展开了，又想当地质学家；再以后，认识了数学的重要后，又想当数学家。只是，做过的梦虽然很多，却完全没有想到会研究历史。

1955 年，怀着讴歌新生活的美好愿望，我考进了北大中文系。一度废寝忘食地写诗、写小说；后来，对美学发生兴趣，又想研究现实主义、浪漫主义、世界观与创作方法一类问题；再后来，中国古典诗歌读多了，又想研究唐诗，仍然没有想到会研究历史。

我研究历史，完全是偶然的事。1958 年，盛行"拔白旗，插红旗"，不幸，我被视为"白旗"。于是，一切美好的梦都不敢做了，只想如清人龚自珍诗所云，"至竟虫鱼了一生"，为古书作点注释。不想，连这一点愿望也无法实现。大学毕业后，分配到了一个培训拖拉机手的单位。本该从此革面洗心，和学术研究分手，但无奈禀性难移，仍然挤时间读书、写作。我的工作单位在北京南苑附近的一个小镇上，于是常常星期六晚上进城，借住在朋友单位的传达室里，星期天一早赶往北京图书馆看书，晚上闭馆后再赶回南苑。有时误点了，末班车已过，就只好步行几十里回去。同事见我星期天都不在，问我是不是去会女朋友了。那时候，在不少单位，谈恋爱，打扑克，侃大山，遛马路，都是合法的，不会有人干涉，但利用业余时间做研究，就会带来很多麻烦。于是，我只能微笑着默认。1962 年，调到城里工作，到图书馆看书方便了，但工作很忙，能用来研究的时间很少，只能挑灯夜读。本职工作做得是出色的，但仍然被有些人目为异端。"史无前例"的年代来到了，于是，又成了"修正主义苗子"和"资产阶级反动学术权威"（天晓得，那时我才发表了很少一点东西）。那时，别的研究无法做了，就研究鲁迅；还曾偷偷地跟吴则虞教授学佛，帮他编《中国佛教思想文选》。同时，开始研究宋明理学。关于王阳明、朱熹、泰州学派的几本书就是那时候写的。当然，这一切都是绝密的"地下工作"。直到"四人帮"被粉碎，拨乱反正，多年的"左"的思潮得到批判，我被调到中国社会科学院近代史研究所后，才真正有了从事科学工作的条件。

我在大学后期对近代诗歌有兴趣，深深感到，研究文学，研究作家，必须研究历史，研究社会思潮。因此，又由研究文学史而旁及于近代史和近代思想史。这本集子中的《关于宣南诗社》《龚自珍的〈明良〉四论》《论辛亥革命前的国粹主义思潮》等几篇文章，写于 60 年代，大体上反映了我从文学到思想史、近代史的研究趋向。其他文章则都写作于 1978 年以后。

历史学的任务在于记述和说明人类社会已经发生的一切。首先，它必须忠实地记述历史过程，再现历史的本来面貌。在此基础上，进一步说明历史，分析历史现象和历史发展的必然性，并由此作出价值评估，总结经验，探讨规律，为人们提供借鉴。这里，需要强调指出的是，如果这种分析、评估、总结、探讨不是建立在正确的史实基础上，那么，其结论就极易陷入谬误。人们常常可以读到这样一种历史著作，必要的史实还没有搞清楚，或者还没有说清楚，就急于作分析，下结论。这样的著作也许可以流行于一时，但终将为历史所湮没。

历史是复杂的。历史的真相常常被种种烟雾所遮盖，而且，在很多情况下，环境还会为史家立下许多有形、无形的禁忌和戒律。因此，要忠实地记述历史过程，再现历史的本来面貌，不是一件容易的事。它既要求史家有董狐的直笔，又要求史家有严肃的科学态度和严格的求实精神，充分掌握一切必要的资料，去粗取精，去伪存真，经过缜密的比较分析，清理出真实的历史过程和本来面貌，作出必要的理论概括。既有的成说、观念、原则都必须接受史实的检验。史家应该有勇气抛弃那些虽然盛行但却被史实证明是不正确的观念，也应该有勇气提出自己从史实中提炼出来的一时不为人们所喜的看法。

比较起来，中国近代史更为复杂，血与火的政治斗争常常和诡秘多变的权谋相结合，因此，历史的真相也就掩埋得更深，未知领域也就更广，不少重大的事件就像难解的谜一样困惑着人们。要正确而生动地再现中国近代史的面貌，就必须抉幽钩隐，解开这些谜团，将那些深藏的历史奥秘揭示于光天化日之下。本书中的大部分文章都是为此而写的。但是，历史的海洋实在太深了。这里用得着一句话："余虽有志，而力不逮焉。"本书命名为《寻求历史的谜底》，只是表达作者企图正确地记述和说明历史的志向而已。

人的行动受思想支配，社会政治运动受社会思潮指导。史家不仅要善于发掘产生于幕后和密室中的奥秘，而且要善于发掘人们头脑中的奥秘。不了解社会思潮的起伏涨落及其彼此间的排拒与融会，就无法理解斑斓多彩的社会政治运动，也无法理解政治家的思想、理论、纲领、政策及其变化发展，同样不能揭开历史之谜。本书中有几篇文章，论述在近代中国发生了重大影响的几种社会思潮，正是基于这一考虑。

1992 年 6 月于北京东厂胡同

原载《寻求历史的谜底》，首都师范大学出版社 1993 年版

《中华民国史》 第二编第五卷前言①

本卷所述，大略从 1926 年 5 月北伐先遣队入湘，到 1928 年 6 月北伐军进入京津，时间约两年多。这是风雷激荡、中国人民革命精神空前高扬的时期，也是风云变幻、历史发生重大转折，因而内涵极为丰富、复杂的时期。其间，国共两大政治力量由并肩对敌到彼此刀兵相见，盛极一时的北洋军阀由撑持半壁江山到终于覆灭收场。

北伐反映了中国人民争取国家统一、独立、富强的伟大愿望。辛亥革命后，在帝国主义列强的操纵和支持下，中国出现了军阀混战、国家分裂的局面。孙中山为了完成从兴中会开始的未竟之业，备经困顿，屡蹶屡起，不幸赍志而殁。1926 年开始的北伐战争正是这位先行者和许多英烈未竟事业的继续。它的战略目标是消灭吴佩孚、孙传芳、张作霖三大军阀集团和其他小军阀集团。由于它顺应时代潮流，符合人心所向，由国共两党合作进行，并有苏联援助，因此，进展迅速。在 8 个月左右的时间内，克两湖，下江西，平定福建、安徽、浙江、江苏，先后击溃吴佩孚、孙传芳两大军阀集团，西南、东南的小军阀们纷纷望风归顺。中国革命出现了前所未有的好形势。

然而，北伐又是在相当复杂的矛盾和背景中进行的。

打倒列强，打倒军阀，振兴中华，这是国共两党共同的奋斗目标，

---

① 2011 年版中华书局合订本改为第六卷。

北伐统一战线正建立在这一基础上。但是，在中国革命的前途、领导权、方针、政策、思想理论以至北伐的时机等问题上，国民革命阵营内部又存在许多分歧。北伐前夕，发生中山舰事件，反映出国民革命阵营内部争夺领导权的尖锐斗争。共产国际、苏联顾问以退让求团结，协助蒋介石达到了他前此未曾达到的权力高峰，当时的中共中央也接受了这一现实。但是，在北伐开始后，共产国际、苏联顾问、中共中央又感到对蒋介石策略的不当，企图限制和削弱他的权力。为此，双方展开了一系列的斗争。国民政府迁都武汉和国民党二届三中全会的召开标志着国民党左派和中共的胜利，但是，蒋介石已经军权在握，左派和中共的胜利并不巩固。

列强在中国拥有巨大的权益，因此，一直关注着北伐战争的发展和国民革命阵营内部的变化。在中国人民革命运动蓬勃发展的历史条件下，列强逐渐感到，单一的武力镇压未必可行，也未必能取得最佳效果。他们倾向于软硬兼施，怀柔与威胁并用。在次要权益上，可以作出这样、那样的让步；在主要权益上，则竭力加以维护。在他们逐渐看清了国民革命阵营内部存在着"激进"与"温和"两派的分歧后，便企图利用矛盾，施展各种手段，分化、软化中国革命。在这一过程中，英国由于实力下降，不得不逐步后退，日本由于实力上升，日渐发展为侵略中国的头号力量。

群众运动的蓬勃发展是国民革命时期的重要特征。北伐期间，爱国官兵、广大工人、农民、知识分子、工商业者积极投入反帝、反封建斗争，为战争的胜利提供了根本保证。但是，当时统一战线内部对群众运动的态度却相当复杂。有两种偏向：一种是反对群众运动，部分人并因运动中群众的失序与过火而仇视群众；另一种是全盘肯定群众运动，忽视必要的领导和政策、策略的指引，从而使失序与过火现象不能得到及时而有力的纠正。1927 年春，根据共产国际指示，部分地区的农村革命由减租减息突然跃进到重新分配土地。这一跃进引起了社会的巨大震动，扩大和加深了本已存在的各种分歧和裂痕。中国的民族资产阶级在参加国民革命统一战线时本来就是顾虑重重的，当群众运动的烈火越烧越旺的时候，他们便转而向革命阵营中的"温和"派寻求保护。

国民革命阵营的内部矛盾在1927年春演变到了白热化阶段。在列强的诱迫和江浙金融资产阶级的支持下，蒋介石于4月12日在上海发动政变，实行暴力"清党"，随即在南京另立国民政府。接着，武汉汪精卫集团实行"分共"，中共则在南昌发动起义，走上了武装反抗国民党统治的道路。曾经并肩作战的国共两党化为不能两立的仇敌，中国近代历史发生了令人为之扼腕的变化。"清党"和"分共"的结果使国民党失去了大量精英，也失去了工农群众，国民党内的专制与腐化现象与日俱增。

中国共产党积极参加了北伐战争，在群众运动、军队政治工作、部分国民党地方党部中取得了领导权或支配地位，为前期北伐战争的胜利作出了巨大贡献。但是，中共当时正处在幼年时期，还不能制订出正确的战略与策略，在共产国际和苏共中央的影响下，右的、"左"的错误都有。中国共产党的成长，还需要历史的长期磨炼。

国共两党分裂后，国民党内部经历了宁汉对立与合流等一系列复杂的变化。北方的张作霖集团也粉墨登场，建立安国军政府，成为北洋军阀的末代王朝。1928年，国民党内部的蒋介石、冯玉祥、阎锡山、李宗仁四大派系获得暂时妥协。同年4月，蒋介石发动第二次北伐。日本帝国主义不愿中国顺利统一，悍然出兵济南，蒋介石下令部队忍辱绕道，继续北进。此时，张作霖集团已经成了孤军，被迫接受南京国民政府的"政治解决办法"，退出关外。1928年6月，日本侵华激烈分子制造皇姑屯事件，炸死张作霖。同月，南京北伐军和平进入北京和天津。自1912年袁世凯上台开始，长达16年的北洋军阀统治终于结束。自此，中国历史即进入国民党一党专政的"党治"时期。

为了写好这一时期的历史，我们尽可能地收集、研究了这一时期各方面、各种类型的公私档案和文献，中国的、日本的、美国的、英国的、苏联的，只要我们力所能及，都加以收集、利用。我们认为，历史学的任务是记述、揭示历史的客观运动进程，再现历史的本来面貌。在此基础上，解释、分析以至评价历史。真实是历史的生命。客观的史实只能有一个，解释、分析、评价却可能多种多样。写历史要尽量减少主观性，力争最大限度地符合实际。历史学家要为读者，特别是后代的读者、研究者作出正确结论提供必要的条件。基于此，我们将清理、再现历史的本来面貌作为第一任务。我们不指望读者完全同意我们的观点，但是，我们希望本书所阐述的史实能经得起各个时代、各种读者的推敲和质疑。我们的写法是以叙述为主，适当加以分析、评论，有时则只叙事实，不作评论。

历史是复杂的，历史上的政派和人物尤为复杂。中国戏曲常常喜欢将人物脸谱化，忠奸分明，美丑立判。社会生活里也往往有类似现象，扬之则上九天，抑之则入九渊。历史学不能采取这样简单化的处理方法，而要从历史真实出发，写出历史的全部复杂性和多姿多彩的特点。为尊者讳，为亲者讳，为贤者讳，固不足取，对反面势力、反面派别、反面人物所做的好事，视而不见，一概骂倒也不可取。有一说一，有二说二，有好说好，有坏说坏，是为正道。北洋内阁是为军阀处理内政外务、治民理财的机构，本书在指出它的这一特质的同时，也充分肯定它在"修约外交"中的作用。对北洋系人物维护民族利益的言行，本书也如实作了叙述。爱而知其过，憎而知其善，仍然是应该提倡的科学态度。

忠于历史，实事求是，言所当言，既不为权势所屈，利害所动，也不为派别所囿，风向所移，并不是一件容易的事。历史学家写的虽然大都是过去的事，但是，由于种种原因，下笔时总不能不有所避忌。距离现实愈近，这种避忌也就愈多。例如：过去讲共产国际，只讲其正确，不讲其失误，所有的板子都打在陈独秀等人身上。又如，对1927年的南京事件，只讲帝国主义炮轰，不讲此前中国士兵（包括北伐军散兵）对外人在宁机构、人员的抢劫，而在中国军民死伤人数上，又采用当时为了宣传而大大夸张了的数字。如此等等，例子不少。这样的写法，自然很难成为信史。

忠于历史，不等于迷信史料。人有片面性，史料也有片面性。因而，我们在写作中，力求参稽、比较各方面的史料，加以淘筛分析，以求其真。譬如报刊，既读革命一方的，也读北洋一方的；既读广州、上海出版的，也读北京、东北、四川、河南等地的；既读国民党的，也读共产党的；既读中国的，也读外国的。总之，史料掌握得多一点，全面一点，片面性就可能少一点。有些史料，真伪混杂，就更加细心地加以考订鉴别。1927 年，张作霖集团查抄在北京的苏联大使馆，事后将所得文件汇编成书。其中有篇文件，被海外的有些历史学家视为共产国际指使中共制造暴乱和排外事件的铁证，但是，也有的历史学家认为这篇文件可疑。在编写本书过程中，我们已经查明：此文是根据张作霖的指示伪造的，其他文件的翻译虽不可靠，但并非赝品。苏联政府当时否认全部文件的真实性，不过是一种姿态。

历史活动的主体是人。文学是人学，历史学也是人学。两种"人学"有共通点，也有相异点。其共通点是都要求"人"有性格，有血肉，其相异点是：文学家可以集中，可以想象，可以夸张，使用典型化的艺术手法，即鲁迅所说的"嘴在浙江，脸在北京，衣服在山西"。只要生活中可能有，而不必求其实有。历史学家则不能像文学家那样自由，他所写的一切，连细节在内，都必须是历史上实有的。历史学家要把人写"活"，只能依靠历史人物自身实有的思想和行为。本书努力这样做了，但远未能将人写"活"。比之中国古代的某些史学名篇来，我们于惶愧之余也有一点困惑，在当时的条件下，古代的历史学家是怎样掌握那些使人物"活"起来的资讯的？

"言而无文，行之不远。"中国古代的史书大都讲求文采。我们当然也希望自己的书能写得生动一点、活泼一点。但是，我们主张无一事无来历，而且必须是可靠的来历。我们决不做因文伤真，以文害意的事。我们不敢以想象来填补史料的空白，不敢想当然地猜度人物的心理和行为动机，不敢编造细节来塑造人物，渲染气氛，那种以牺牲真实性来换取可读性的做法，不是严格的历史学的方法。科学和文学有别，不加区分，会造成历史学的灾难。

写战争，可以从军事学的角度写，也可以从政治学的角度写。前者着重兵力配备、作战过程和战略战术的运用，后者着重战场内外错综复杂的政治关系和战场上的人物活动。本书企图将这两种写法结合起来，在大的政治背景中表现北伐战争的各次主要战役。是否有当，尚祈读者鉴定。

近代以来，中国和世界的关系日益密切，国内政坛的风云变幻常常和国际舞台声息相关。为了深入地揭示这一时期列强和中国革命的关系，我们在研读日本外务省文书、美国国务院档案、英国外交部机要文书和内阁档案上下过较多工夫，因此，本书的相关论述也就多一点，希望它能帮助读者了解这一时期的许多重大外交机密。

唐人贾岛诗云："十年磨一剑。"修史如同磨剑，不能急就。本书从准备资料到定稿付印，已经超过十年。当然，其中插进了各种各样的事情，大部分执笔者在完成初稿后也都离开了编写组，但是，我们用在这本书上的时间仍然是不算很短的。尽管如此，我们仍然有这样那样的遗憾，也一定会存在某些疏漏的讹误。如果我们有机会读到台湾大溪和苏联的档案，我们是乐意进行一次大的修订的。

原载《中华民国史》第 2 编第 5 卷，中华书局 1996 年版

《横生斜长集》 自序

收在本书中的都是我的小文章，大底是文史小品之类。一部分发表过，一部分是新写的，一部分则是旧稿新改，重新写过的。

那是很久以前了。《光明日报》文艺版有一个栏目，名叫"说文谈史"。有关编辑约我连续为这个栏目写点什么，我欣然从命，于是，就写开了。后来，《团结报》约我主持一个专栏，我也欣然从命了。

我之所以"欣然"，那是我对小文章有一点偏爱。它虽然"小"，不起眼，但是，麻雀虽小，无妨飞天。它可记事，可议论，可抒情，可考证；大文章能完成的任务，有许多它也能完成。而且，由于它"小"，因此，庄言之可，谐言之可，亦庄亦谐言之亦可。作者有挥洒自如，信笔写来之乐；读者无阅读八股套腔，头昏脑涨之苦。这是两利两便的事，何乐而不为哉！

"袖里乾坤大，壶中日月长。"小文章要小中见大，其实并不易写。一篇好的文史小品，除了要有思想，有知识，有资料，有掌故之外，而且还要有文采、有情致，甚至于还要有意境。谋篇布局，俱见匠心；造句遣词，才情毕现。以为它小，就觉得它好写，其实是一种误解。苏州有个网师园，地不过数亩，然而，亭台楼阁，假山小池，布置得曲曲折折，玲珑有致。我相信，它的设计者是费过心思的。

小文会速朽吗？不一定。相反，千古以来传诵的名文倒常常是小文。以人们熟悉的《古文观止》为例，其中何尝有"大文""长文"！

话说回来，我虽然偏爱小文，但是，这些年来，我的岗位规定了我只能以主要精力去写"大文""长文"，以至"大书""长书"，小文写得并不多，而且，由于才力不逮，读书不多，这些小文也写得并不满意。所以，当这本书有机会奉献到读者面前时，我是既高兴，又惭愧的。

我年轻时喜欢文学，在大学里读的是"文学专门化"，没想到经历诸多坎坷之后，却弄起了历史，横生斜长起来，所以，这本集子就命名为《横生斜长集》了。

原载《横生斜长集》，百花文艺出版社1998年版

《百年潮》杂志发刊词

　　自鸦片战争以迄今日，时光流逝了一百五十余年，放到中华民族几千年的文明史中去考察，不过是短短的一段。然而，这一段的内容却极为丰富多彩。中华民族和中国社会在此期间发生的变化，至深至大，没有任何一个历史时期可以与之相比。

　　中国历史有过辉煌的往昔，但是，一百五十多年前，却已经疲弱不振。在和来自万里之外、所知甚少的敌人交手之后，中国人发现了自己的落伍，于是，奋起图强，开始了振兴中华，建立现代文明社会的伟大努力。自此，潮起潮落，一浪又一浪，一代又一代，无数志士仁人弄潮搏浪，前赴后继，奋斗不已。本刊的创办，旨在记述百年来中华民族的灾难与奋斗，黑暗与光明，失败与成功，用以纪念以往，激励现在，为民族和国家的振兴，为建设有中国特色的社会主义事业贡献绵薄之力。

　　史学的主要职能是记事。本刊提倡记事史学，发展回忆录、口述史、人物传、本末体等史学体裁，在马克思主义指导下，努力按照历史的本来面目记叙一百多年来中华大地上所发生的一切。本刊的原则是：实事求是。本刊的追求是：信史、实学、新知、美文。真实是历史的生命。倘有虚饰，即非本相；再加抑扬，更离科学。因此，本刊将真实视为最高准则。同时，本刊也将力图再现历史本身所具有的丰富性和生动性，希望向读者奉献既新颖真实而又斐然可读的作品。中国古代的史学杰作大都情节盎然，人物及其语言高度性格化，这应该是我们努力继承的优良传统。当然，这一境界很不容易达到，但是，我们"心向往之"。

生活是多样化的，历史作品的体裁也应该多样化。长篇宏议，固为繁荣史学所必须，而札记、随笔、短论，亦为史学园地所不可少。因此，本刊体裁不拘，风格不限，提倡量体裁衣，因材作文，能写短决不拉长，能轻松决不故作严肃，希望既力避八股陈腔，而又不媚俗取宠，保持高雅的风格，示人以清新活泼的面孔。

我们的老祖宗喜欢把历史比作镜子，说明中华民族很早就认识到历史的重要作用。但是，历史的作用又不止是镜子。人人都生活在历史中，也都参与历史的创造。了解历史，不仅有益于兴邦、兴业，而且也有益于立身处世，提高作为现代文明人所必须具备的精神素质。因此，我们希望，历史能从史学家的书斋中走向社会，走向民间。倘若本刊能兼顾学术性与可读性，真实性与生动性，使提高与普及相结合，发表的作品既对专家有研究之助，又对一般读者有增长知识、智慧和道德、文化修养之效，则是我们莫大的荣幸。

唐朝的大诗人白居易作诗要使"老妪"都能明白，我们的史学作品能否做到雅俗共赏、老少咸宜呢？

原载《百年潮》杂志1997年创刊号

《杨天石文集》 自序

年轻时喜欢文学，大学读的是中文系。没有想到，命运却让我研究起了历史，而且竟是一条不归路。这辈子，没有重温旧梦的可能了。

历史如流水，是已经消失的过去。从严格意义上说，人不能两次踏入同一条河流，自然，人也不可能两次进入同一段历史。历史学的首要任务是，借助文字、图像等手段，表述已逝的人物、事件、事物、群体、社会或自然的变迁，再现历史的本来面目，从而帮助读者认识、了解历史。真实是历史的生命，也是历史学和历史学家追求的目标。在这块领域内，容不得任何歪曲和虚假，也不能允许一切有意的粉饰、增减与遮掩。

历史学家为了再现历史，最大限度地追求客观真实，其第一步是收集相关的实物、档案与文献。宋朝的哲学家朱熹提倡"格物致知"，他说："上而无极、太极，下而至于一草、一木、一昆虫之微，亦各有理。一书不读，则缺了一书道理；一事不穷，则缺了一事道理；一物不格，则缺了一物道理。须着逐一与他理会过。"朱熹所说的道理看来有点"迂"，但其精神完全适用于历史学，特别是其中的政治史。一件史料看不到，就有可能造成历史学家认识的缺失或谬误；而一件或一批新史料的发现，就可能接续历史残缺的链条，填补前所未知的空白，或是揭开迷雾，使某一段晦暗不明的历史顿时开朗。

近代史料的特点一是多，多到要用浩如烟海四个字来形容。二是分散，这里收藏一部分，那里收藏一部分。近代史的研究者要将这些分散于各国、各地的资料都收集起来，才有可能做全面的研究。我自己就常有这样的体验：研究一个问题，除了看收藏于大陆的各种类型的相关资料外，还要看国民党人带到台湾去的，以及美国、日本等国收藏的档案。资料多，又分散，当然会给近代史的研究者带来很大困难，但是，不会有古代史研究者常有的"文献无征"的遗憾，许多历史疑案常常有可能得到比较圆满的解决。

"史料"的情况多种多样，有真有假，纷纭歧异，同一事件，可能众说不一，甚至互相对立。历史学家追寻本相，首先要对"史料"进行严格的、科学的检验，去伪存真，去粗取精，从丰富、复杂的"史料"中淘筛出那些真正反映历史面貌和历史进程的"史实"来。这种对史料进行检验的方法之一就是考证和分析。只有经过科学的考证和分析，确保"史料"真实无误，才可能写出真史、信史。既往的史学研究证明，误用"史料"是危险的，不经考证、分析，轻率地取已所需也是危险的。

历史学家都生活在特定的社会环境中，有那个特定环境中的真、善、美理念；历史学家也都生活在特定的学术环境中，会接受前人和他人的学术遗产。因此，当历史学家的研究工作开始之前，他可能就已经有了对研究对象的这样或那样的观念，这些观念可能是正确的，也可能是错误的。正确的观念会使研究者神清眼明，而错误的观念则可能造成误导，使之在"史料"选用、"史实"叙述等方面出现偏差。恩格斯说过："原则不是研究的出发点，而是它的最终结果；这些原则不是被应用于自然界和人类历史，而是从它们中抽象出来的；不是自然界和人类去适应原则，而是原则只有在符合自然界和历史的情况下才是正确的。"史学家作出历史判断的基础是"史实"，而不是某种先入之见。同理，检验史学判断的唯一标准也是"史实"。一切既往的、现行的史学判断都要接受"史实"的检验，符合者为真判断，应该坚持，反之，则为假判断，应该推翻。

历史学家不可能单纯地记录历史，在再现历史本来面目的同时，史学家会提出自己对历史的认识，做出种种分析或评价，同时也表达自己的爱憎，借以褒善贬恶，扬清激浊。但是，所有这一切都必须建立在高度历史真实的基础上，从"史实"中自然引申出来，做到爱之不增其善，憎之不益其恶。离开了历史真实，一切解释、分析、评价、褒贬都是沙上楼阁，无论多么高大辉煌，终究易于倒塌。

以上所述，可能属于历史研究的基本常识，但是，愈基本也就愈重要，它们是我从事历史研究的准绳。"中心藏之，何日忘之!"至于做得如何，就要请读者评判了。

我离开大学已经四十余年，进入中国社会科学院从事近代史研究也已近三十年。古有"学书不成则学剑"之例，对我说来，是从文不成则从史了。但是，我并不后悔，历史学有其独特的魅力，除需要才能、智慧之外，还需要理论、思想、学问、见识、阅历和毅力，有时还需要勇气。中国近代史有广大的原野需要开垦，许多已经研究过的问题需要重新研究，有些公认的结论也还可以进一步推敲、斟酌。功夫不负有心人。付出耕耘的辛勤，就会有收获的愉悦。2004 年 10 月，我曾经写过一首小诗——《贵州山行》：

> 不畏崎岖径路艰，
> 只缘贪看贵州山。
> 平生已惯颠簸苦，
> 大趣常存过险关。

从表层看，它写的是登山观景，但是，它也可以用来说明个人学术研究中的感受。

多年来，我研究过文学史，也研究过哲学史，但归宿则在中国近代史、中华民国史。除专著与小册子外，写过大小学术文章二三百篇，出过几本集子。今从已经发表过的近代史文章中选出三十余篇，献给关心这一领域的读者。其中早者写于 1961 年，晚者写于 2004 年冬。某些"少作"，以前修订过，这次编集，为了保存走过来的足迹，除订正个别史实外，一律不再改动。

2005 年 1 月

原载《杨天石文集》，上海辞书出版社 2005 年版

台湾七卷本《杨天石文选》自序

　　人们生活在今天，规划并创造明天，自然希望了解昨天，昨天就是历史，一切过去了的都是历史。

　　了解历史的最重要的办法是阅读历史著作。自然，这样的历史著作必须是真实的、客观的、公正的。假的或掺了假的历史书，人们不会愿意看；讳饰或有所讳饰的历史书，人们也不会乐意看。但是，历史著作要达到真实、客观、公正，并不容易。这是由于：1. 历史创造者的活动常常具有诡秘性，许多事件，策划于密室，进行于幕后，公开者、示人者往往一鳞半爪，半真半假，甚至全假。2. 历史本质的显露需要一段过程，在这一过程尚未终结之前，人们一时还难于全面认识其本质。3. 历史创造者分为不同的派别，各有不同的立场、观点，即使对同一事件，也常常会有不同的陈述和评价。4. 历史的记录者大都有自己的倾向、爱憎，其记录自然也难免反映这种倾向和爱憎，有某种偏见、局限、谬误、片面性，在所难免。5. 许多事件没有记载，或挂一漏万，或众说纷纭，莫衷一是。所以，研究历史难，写出真实的、客观的、公正的历史更难。历史学家的可贵就在于能克服上述种种困难，尽最大可能为世人记录、再现、还原真实的历史本相。达到了这一境界，就达到了历史科学的基本要求。

　　然而，在现实中，人们常常并不将历史学看作科学，而是将之视为工具——一种政治斗争的工具，或者是一种宣传工具。例如：政治家常常从自己出发，利用历史来宣扬本派主张的正确，批评对立派别的谬误，或者用来宣扬某种于己有利的观点，以期影响社会，塑造舆情，争取群众，为己服务。权力机构会为史家规定这样、那样的禁律：什么可以写，什么不可写；必须如何写，不能如何写之类。其结果是：有利于某派或某种需要者，张扬之、放大之、变造之、奖掖之；不利于某派或某种需要者，则隐匿之、缩小之、扭曲之、禁绝之。在这种情况下写出来的历史，往往妍媸随意，美丑随时，真正成了任人打扮的小姑娘。哪里有真实可言，哪里有科学可言！

当然，历史学必须为人类社会的进步和发展服务。中国古代讲究经世致用，于史学，则特别强调其"资治"功能，这都是不错的。历史学如果不能为人类社会的发展和进步服务，要它何用！因此，本书著者赞成史家关注现实，"经世""资治"，但是，千万要注意，史学的这种功能必须建立在严格的科学基础上，符合历史的真实和本质，无论如何不能也不应该违背历史，故意扭曲、剪裁历史以为己用。有些人常常不懂得，人们可以被蒙蔽于一时，但却不会被蒙蔽于永远。扭曲者有时会取得某种效果，但有时则反是，其效果等于零，甚至是负数。林则徐有诗云："青史凭谁定是非。"从人类发展的长河来看，历史的真相会大白，是非也会有公论。

本书著者年轻时志在文学，但造化弄人，最终走上了研究历史的道路。一转眼，已经三十余年。面对历史学的汪洋大海，常生去日苦多，所成无几之叹。不过，有一点可以告慰读者的是，本书著者一贯以揭示历史奥秘，追求历史真实为鹄的，决不做讳饰历史、扭曲历史的勾当。当然，由于本书著者的局限，书中各文又成于多年中，自然也难免存在这样、那样的缺点、问题甚至谬误。诚恳地希望专家、读者指正。民国史充满着政治斗争，治民国史有其特殊的困难。在这个领域内，政治的干扰和影响最多，未经厘清的史实最多，观点的对立和分歧也最多，本书著者的希望是：在宽松、自由的学术环境下，海内外学界切磋讨论，问难攻防，经过长期的不懈努力，使民国史著作的科学水平日渐提高，逐渐臻于真实、客观、公正。

"中研院院士"张玉法教授为本书作序，蒋方智怡女士惠允利用《蒋介石日记》，风云时代出版公司陈晓林先生投入巨资，出版拙著，均此致谢。

2009 年 8 月 3 日写于北京九华山庄

原载《杨天石文选》，台湾风云时代出版公司 2009 年版

《帝制的终结——简明辛亥革命史》[1] 自序

　　原始社会实行氏族民主制，无所谓帝制。帝制，全称君主专制制度，或称皇权专制主义，源自原始社会的酋长制。中国传说中的尧、舜禅让应该属于氏族民主制，而夏禹传子应该是帝制的雏形。公元前221年，出生于赵国邯郸的39岁的嬴政统一中国，建立了统一的中央集权制的秦帝国。他自称始皇帝，设想此后的历史就这样"二世""三世"地传下去，万世一系，以至永远。"百代都行秦政法"，秦帝国虽然二世而亡，此后的中国，朝代不断更迭，君主专制制度却一直延续下来，始终是中国的统治制度，长达两千多年。

　　君主专制制度的特点是：1. 皇帝掌握至高无上的绝对权力，国家的行政、立法、司法三大权力都集中到一个没有任何限制，不受任何监督的个人身上。因此，社会兴衰、国家强弱、民生苦乐，也均系于一人之身。2. 实行终身制和以宗法血缘关系为继承原则的世袭制。皇帝没有任期，童稚幼儿可以登基，老眛糊涂不须去职。其人不论德或不德，才或不才，即使是痞子、流氓或者低能、弱智，均可按照宗法血统原则承袭。3. 以天命论为护符。皇帝又称天子，宣称其统治的合法性来自天命，神圣不可侵犯。反对皇帝，那就是逆天，是最大的罪恶和不道。不论是庸君、昏君，甚或暴君，人民都只能接受、拥戴而无权另择。因

---

　　① 该书获《新京报》2011年最佳历史类图书奖。

此，君主专制制度是一种十分落后、十分腐朽的制度，它和中国自给自足的地主—小农经济相结合，构成了我国的中古社会——皇权专制地主小农社会，也就是人们通常所说的封建社会，使中国长期陷于发展缓慢、滞后的状态。[①]

然而，这个在中国延续了两千多年的君主专制制度却在公元1911年被推翻了。那一年，按照中国传统的纪年法，是辛亥年。当年10月10日，爆发武昌起义。从那一刻起，历史老人突然青春焕发，健步如飞。自武昌新军打出第一枪起，至南京临时政府成立，亚洲第一个共和国——中华民国诞生，不过前后80多天，三个月不到。如果从孙中山在异国他乡成立兴中会，提出"振兴中华"的伟大口号算起，也不过18年。在一个幅员辽阔、浩瀚无垠的超级大国里，推翻绵延多年、根深蒂固的君主专制制度却如此迅速，不能不是一个奇迹。

凡革命，大都免不了流血、牺牲、破坏。有一种说法：革命不是请客吃饭，不是绘画绣花，革命是暴动，是一个阶级推翻另一个阶级的暴动。辛亥革命前，康有为曾经以法国革命为例吓唬人们说，革命会人头滚滚，血流成河，伏尸百万，然而，辛亥革命虽然有流血，有牺牲，但是并不大，社会更没有大破坏。苏州反正时，为了表示象征意义，只命人挑去了巡抚衙门屋顶上的几片瓦。不旋踵之间，制度大变，出现了新旧两重天的迥异局面。这不能不也是个奇迹。

辛亥革命之所以胜利快，代价小，原因很多，其原因之一在于满洲贵族集团的自作孽，不可活。

满洲贵族入主中原，靠残酷的屠杀与严酷的镇压建立统治秩序，本来就缺乏正当性与合理性。晚清末年，国势衰微，政权腐败，列强入侵，满洲贵族割地赔款以求苟安，其统治就更加缺乏合理性与正当性。甲午战败，维新运动兴起，以慈禧太后为首的满洲贵族集团镇压了维新

[①] 我将中国历史分为远古（传说时代）、古代（夏至战国）、中古（秦至清中叶）、近代（鸦片战争至中华人民共和国成立）、现代（中华人民共和国成立以来）等几个阶段，其中中古时代，我称之为皇权专制地主小农社会，其特征为地主、农民的小农经济组合与皇权专制主义，其理由在此不能详论。

派，使中国失去了一次改革、奋起的机会。紧接着，义和团运动失败，八个帝国主义国家联合入侵，慈禧太后抛弃国都，挟光绪皇帝西逃，这是中国多年未有的奇变。庚子回銮，满洲贵族集团创巨痛深，不得不捡起被他们否定过的维新派的改革方案，实行"新政"。客观地说，这次改革在某些方面迈出的步子更大，是有成绩的。例如，废科举，兴学堂，奖励实业，鼓励资产阶级发展，以及编练新军，实现军事现代化，以及法制改革的部分内容，等等。

对"新政"的成绩，人们应该承认，但是，不应该夸大。在实行"新政"的过程中，满洲贵族集团始终拒绝对君主专制制度作实质性的改革。一方面，它派人出洋考察，宣布预备立宪，摆出一副要引进世界先进政治制度的姿态，但是，1908 年颁布的《钦定宪法大纲》、1911年成立的"皇族内阁"却彻底暴露了满洲贵族集团的虚伪和顽固。

《钦定宪法大纲》宣布"大清皇帝统治大清帝国，万世一系，永远尊戴"；"君上神圣尊严，不可侵犯"。皇帝可以颁行法律，发交议案，召集及解散议院，设官制禄，黜陟百司，统率陆海军，编定军制，订立条约，总揽司法，委任审判衙门，集诸般权力于一身；对"臣民"则规定了种种"不得置议""不得干预"的限制。它虽然也照虎画猫，学着西方宪法，规定"臣民"有言论、著作、出版及集会、结社等自由，但强调必须在"法律范围"之内，实际上将这些"自由"又取消了。清廷在此前颁布的《集会结社律》中规定，凡"宗旨不正，违犯规则，滋生事端，妨害风俗"者，均在取缔之列；凡结社、集会、游行等事，民政部、地方督抚、巡警道局、地方官等均可用"维持公安"的理由饬令解散。在《大清报律》中规定，报纸、杂志不得揭载"诋毁宫廷""淆乱政体""扰害公安""败坏风俗"等类语言，并均须在发行前一日中午 12 时以前送"该管巡警或地方官署随时查核"。[①] 可见，清廷制订这些法律并没有给人民自由，不是在提升和发展"民权"，而是给予清廷官吏管制、取缔、镇压的最大自由，旨在进一步巩固满洲贵族的专制

① 见《东方杂志》第 4 期。

统治。

1909 年 11 月，慈禧太后临危，在去世之前，抢先毒死光绪皇帝，命令只有三岁的小儿溥仪即位，由光绪皇帝的亲弟弟载沣摄政。载沣摄政后，首先致力于集中军权，然后，进一步将政治权力集中到满洲贵族手中。1911 年，载沣宣布内阁名单，在 13 个内阁成员中，汉人仅 4 人，而满族大臣则有 9 人，其中皇族 5 人，所以当时被称为"皇族内阁"。清初，满洲贵族为了拉拢汉人，曾在部分中枢机构实行"均衡满汉"政策，例如：内阁大学士，规定满汉各二人，协办大学士，满汉各一人；吏、兵、礼、户、刑、工等六部尚书，满汉各一人，侍郎 4 人，满汉各半。然而到了"皇族内阁"，却出现了前所未有的大倒退。

《钦定宪法大纲》的颁布和"皇族内阁"的成立，表明满洲贵族集团不想"让权于民"，也不想"分权于民"，相反，却将权力更多地集中到君主个人和一小撮贵族手中。晚清时期，中国出现过立宪派和颇具规模的国会请愿运动，他们求稳怕乱，害怕激烈的革命会造成社会的巨大变动和破坏，力图走君主立宪道路，但是，满洲贵族集团的倒行逆施让他们彻底失望。1911 年，满洲贵族集团宣布铁路国有，与民争利，这就彻底与广大人民对立。轰轰烈烈的保路运动兴起，几乎所有的人都站到了革命方面，武昌起义的炮声一响，立刻风起云动，全国响应。革命在哪里发生，何时发生，有其偶然性，但是，在偶然性中，又存在着历史发展的铁的必然性。

辛亥革命成功，亚洲第一个共和国——中华民国诞生，紧接着六岁的小儿溥仪退位，帝制终结。但是，孙中山很快就让位于袁世凯，袁世凯很快又复辟帝制。论者常常以此责难辛亥革命，贬损其价值。然而，殊不知，革命党人胜利虽快，却缺乏争取彻底胜利所需要的力量。定鼎南京后，缺乏北伐所必需的经费，四处借贷，四处碰壁。革命党人的金库里一度只剩下 10 块大洋，不仅无法支付进军北京所必需的庞大军费，连维持政府的周转也艰窘异常。在这种情况下，何能北伐！更何能彻底革命！

1911 年 12 月，当孙中山风尘仆仆，自海外归国时，就曾制订策略。那时，孙中山的亲密助手胡汉民已经出任广东都督，劝孙留在广东，练兵北伐，对抗已经掌握清政府军政大权的袁世凯，然而，孙中山不以为然地说："谓袁世凯不可信，诚然，但我因而利用之，使推翻二百六十余年贵族专制之满洲，则贤于用兵十万。纵其欲继满洲以为恶，而其基础已远不如，覆之自易，故今日可先成一圆满之段落。"① 所谓"利用"，就是应许袁世凯，只要其"反正"，就推举其为民国大总统。果然，袁世凯为总统的宝座所诱惑，停止进攻革命军，与革命党人谈判议和。其后，孙中山虽多方筹集经费，准备北伐，直捣北京，以便彻底推翻清帝国统治，为民主、共和奠定坚实基础，但是，筹款始终没有进展，孙中山不得不采取此前所订策略，接受和议。不久，清帝即宣布退位。世界历史上出现了一个"以和平收革命之功"的例子。② 袁世凯后来虽然背叛了自己的诺言，在 1916 年当了皇帝，但是，只当了 83 天，就在全国人民的反对中倒台并且一命呜呼了，完全应验了孙中山的"覆之自易"的预言。次年的张勋复辟寿命就更短，只不过 12 天。中国历史上前所未有的民主共和制度终于确立。从这个意义上，孙中山是大智者，是最终的胜利者。

孙中山曾经将清朝的司法比喻为希腊神话中国王奥吉亚斯的"牛圈"，养了三千头牛，三十年中从不打扫，粪秽堆积如山。实际上，中国的专制制度，特别是皇权专制制度也是这样的"牛圈"。辛亥革命胜利得快，代价小，自然难免有其弊病，这就是孙中山早就说过的："满清遗留下之恶劣军阀、贪污官僚及土豪地痞等之势力依然潜伏，今日不能将此等余毒铲除，正所谓养痈遗患，将来种种祸患未有穷期，所以正为此忧虑者也。"③ 但是，这只能说明，中国的需要打扫和清除的"粪秽"太多，历史包袱过于沉重，即以君主专制主义而言，它既然绵延两

---

① 《胡汉民自传》，《革命开国文献》第一辑，《史料》一，台湾"国史馆"1995 年版，第 141 页。

② 许师慎：《孙中山先生自美经欧返国》，《革命开国文献》第一辑，《史料》三，第 2061 页。

③ 《孙中山三赴纽约》，《近代史资料》总第 64 号，中国社会科学出版社 1987 年版。

千余年，又何能在短时期内就铙歌奏凯，彻底清除其影响和流毒。辛亥革命只是"先成一圆满之段落"，就这一点上来说，它是成功的。我们不能要求它在短时期内完成所有中国革命应该完成的任务。段落不是文章，孙中山和他的同志们一生都在写一篇大文章。为此，孙中山辛勤奋斗，鞠躬尽瘁，至死方已。他也一直提醒人们："革命尚未成功，同志仍须努力。"我们纪念辛亥革命，就要继续写好这篇大文章。

辛亥百年，辛亥革命研究也已百年，但是，对这次革命的若干基本问题似乎还可以讨论。例如，多年来，人们将辛亥革命定义为资产阶级革命，其领导力量定为资产阶级革命派。但是，对此却一直缺乏认真的、充分的、强有力的论证，也很少有人要求这样的论证。似乎是一种无须论证，不言自明的真理。其实不然。

在西方，推翻君主专制制度本来是资产阶级的任务，但是，中国的辛亥革命却与之不完全相同。第一，这一革命的目的之一是反对满洲贵族集团，具有种族斗争的意义，这是西方资产阶级革命所没有的。第二，这一革命发生的主要原因在于列强入侵，中国面临瓜分危机，救亡图存成为第一紧急要务，这也是西方资产阶级革命所没有的。第三，西方资产阶级革命时，它只面对专制制度、封建贵族等敌人，但是，当它革命成功、资本主义发展起来之后，很快就发现自己的身后站起一个新的反对者，这就是早期的工人阶级和工人运动。中国的革命者有鉴于此，力图避免资本主义前途，或者取其"善果"，避其"恶果"，节制资本主义在中国的发展。南京临时政府成立后，并没有提出强有力的、有利于发展资本主义的政策，在这一方面，他们还赶不上清政府实行的"新政"。关于此点，读者只需比较"新政"时期发展资本主义的措施和南京临时政府颁布的多项法令，就不难明白。当然，他们的某些政策，例如，实行"平均地权"，征收单一的地价税，免除其他税种，会有利于资本主义的发展，但是，这一政策惠及社会大多数，是革命党人视为消灭贫富悬殊、造福全民的良方。我觉得，如果就这次革命过程中提出的动员口号来说，革命党人的主观愿望是使革命成为种族革命、政治革命、社会革命的三合体，但是，革命党人所期望的"社会革命"

始终未及实行，因此，就这次革命的实际内容来说，是以推翻满洲贵族为主体的君主专制制度的爱国的民族、民主革命。

关于这次革命的领导，最初的一种说法是资产阶级、小资产阶级领导的，后来干脆省略小资产阶级，只说是资产阶级领导的了。但是，遗憾的是，中国资产阶级并不为这说法争气，放眼辛亥革命史，资产阶级热衷的似乎只是收回利权运动一类的爱国抗争和立宪运动一类体制内的改革，对体制外的革命并不感兴趣，他们宁愿跟着康有为、梁启超和袁世凯跑，而不愿意追随孙中山。有鉴于此，有些学者不得不提出，中国民族资产阶级分上层和中下两个阶层，辛亥革命是民族资产阶级中下层领导的，然而，客观存在的历史事实也并不支持这种说法。有关史家们说不出这两个阶层是如何划分的？各自的代表人物是谁，其经济地位如何影响着他们政治主张的分野？客观存在的事实是，辛亥革命前后，中国只存在一个发达不足、力量微弱的资产阶级，资产阶级只支持一种政治主张，走康有为、梁启超倡导的君主立宪道路。只是在革命即将或已经在全国爆发时，资产阶级和"立宪派"的士绅们才逐渐地、部分地转向革命。

辛亥革命的领导者实际上是一批青年学生，留学生或者国内新式学堂的学生，也就是 19 世纪末年至 20 世纪初年在中国出现的新型知识分子。据统计，至 1905 年，仅当时在校的留日学生就有八九千人之多，而至 1910 年，国内新式学堂的学生已达 150 余万，成为一支很大的社会力量。这批人，和中国社会的传统知识分子不同，所受的不只是儒家文化的浸染，也不需要通过科举以谋进身之阶。在他们的思想、文化结构里，既增加了声、光、化、电等近代自然科学知识，也增加了西方 17 世纪以来逐渐发展起来的民主主义以至社会主义的成分。他们在校或者离开学校后就成了职业革命家，或者投笔从戎，成为"混"进军队的职业军官和职业士兵，有的则投身新兴文化事业，成为脑力劳动者，办报，办学堂，办出版社，当记者、教师、文人。众所周知，马克思主义是根据人们在社会生产体系中的地位，同生产资料的关系，在社会劳动组织中所起的作用，以及取得社会财富的方式来划分阶级的。这批革命者大部分尚未进入社会经济结构，人们根据什么来为他们划阶级呢？能根据他们的思想和世界观吗？须知，其中有若干人向往"社会主义"，主张"社会革命"呢！早在同盟会成立前，孙中山就曾访问设在比利时的第二国际执行局，请求接纳他的党，表示："中国社会主义者要采用欧洲的生产方式，使用机器，但要避免其种种弊端"，"工人不必经受被资本家剥削的痛苦"。① 在《民报》发刊词中，孙中山就明确表示：中国不能重走欧美资本主义老路，他说："近时志士舌敝唇焦，惟企强中国以比欧美，然而欧美强矣，其民实困。观大同盟罢工与无政府党、社会党之日炽，社会革命其将不远。吾国纵能媲迹于欧美，犹不能免于第二次之革命，而况追逐于人已然之末迹者之终无成耶！"② 朱执信在《民报》发表的文章曾大骂资产阶级是"掠夺盗贼"，③ 后来孙中山也大骂资本家"无良心"，"以压制平民为本分"，"对于人民之痛苦，全然不负责任"。④ 将大骂资本家的思想家定为"资产阶级"是不是有点冤？

某次讨论会上，一位学者表示："孙中山不是资产阶级革命家，难道是无产阶级革命家？如果将孙中山定为无产阶级革命家，他一定会跳起来反对。"孙中山生前，曾表示要当"工人总统"。⑤ 将孙中山定为无产阶级革命家，他会不会跳起来反对，我看不一定，但将他定为资产阶级革命家，我估计他一定会跳起来反对。列宁在分析俄国革命时，曾经分析过俄国先后出现的"三代人物"，第一代是十二月党人和赫尔岑等贵族知识分子，第二代是以车尔尼雪夫斯基和民意党为代表的"平民知识分子革命家"。第三代才是"无产阶级"。⑥ 可见，列宁不曾认为

---

① 陈锡祺主编：《孙中山年谱长编》上册，第335—336页，中华书局1991年版。

② 《孙中山全集》第1卷，第288—289页，中华书局1981年版。

③ 《德意志社会革命家小传》，《民报》第2期。

④ 参见拙作《孙中山与中国革命的前途》，《哲人与文士》，第124页，中国人民大学出版社2007年版。

⑤ 《孙文力助工人之宣言》，《香港华字日报》1921年6月9日。

⑥ 《纪念赫尔岑》，《列宁全集》第18卷，第15页，人民出版社1963年版。

"非无即资",政治舞台上除了这两大阶级外,没有其他阶级或阶层。毛泽东在分析五四运动时也曾认为,五四运动在其开始,是共产主义的知识分子、革命的小资产阶级知识分子和资产阶级知识分子三部分人的统一战线的革命运动。① 他并没有说,五四运动是资产阶级领导的,还是无产阶级领导的,似乎至今也没有史学家或其他人对此做出判断。那么,我们有什么充分的理由论定早于五四运动的辛亥革命是资产阶级领导的呢?

在《民报》和《新民丛报》的辩论中,梁启超主张实行"制限选举",反对给家无足够储粮、目不识丁的"贫民"以选举权和被选举权。在他看来,如果穷光蛋、大老粗们进了议会和政府,那么,就"不知议会果复成何议会,而政府果复成何政府"②。革命派与此相反,主张实行没有任何财产和文化限制、向"贫民"开放的"普通选举"。反问说,何以家无足够储粮,就没有资格成为议员,"犹是横目两足,犹是耳聪目明,独以缺此区区阿堵故,不得有此权利,吾不知其何理也"③。值得指出的是,孙中山很早就鄙弃西方资产阶级的政治制度。1906 年,他在东京《民报》创刊周年庆祝大会上演说时表示:"我们这回革命,不但要做国民的国家,而且要做社会的国家,这绝是欧美所不能及的。"孙中山这里所说的"国民的国家",也许可以理解为资产阶级的国家,但是,他所说的"欧美所不能及"的"社会的国家"呢?联系他所提倡的"社会革命"来考察,难道不应该理解为孙中山对一种"破天荒"的前所未有的政体的追求吗?1912 年,辛亥革命刚刚胜利不久,他一方面肯定美利坚、法兰西是"共和之先进国",但是,他同时以极为明确的语言表示:"两国之政治,操之大资本家之手","英美立宪,富人享之,贫者无与焉"。④ 1915 年 11 月,他致函第二国际,

---

① 毛泽东:《新民主主义》,《毛泽东选集》合订本,第 660 页,人民出版社 1967 年版。
② 梁启超:《开明专制论》,《新民丛报》第 75 号,第 21 页。
③ 县解《论社会革命当与政治革命并行》,《民报》第 5 号,第 61 页。
④ 分别参见《孙中山全集》第 2 卷,第 354、371 页。

要求派人协助他"把中国建立成为全世界第一个社会主义国家"①。到了 1924 年国民党第一次全国代表大会的宣言中，孙中山就把他的国家理想表达得更显豁："近世各国所谓民权制度，往往为资产阶级所专有，适成为压迫平民之工具。若国民党之民权主义，则为一般平民所共有，非少数者所得而私也。"

在资本问题上，梁启超歌颂资产阶级是"国民经济之中坚"，认为中国应该"以奖励资本家为第一义"，为了与外资竞争，应该有大资本家，有托拉斯垄断集团。革命派则主张实行国家民生主义，将一切操纵国计民生的大企业掌握在国家手中，使国家成为大资本家。他们针锋相对地提出，不能只考虑资本家的利益，置其他人的利益于不顾，必须郑重研究财富分配问题，避免出现欧美社会贫富悬绝，劳动者如在地狱的情况。姑不论今天我们应该如何分析这些争辩的是非曲直，但这些情况至少可以说明，当时，梁启超等人是在为资产阶级说话，代表的是资产阶级的利益和要求，而革命党人则是在为广大人民群众说话。考虑到当时的革命者追求的是与君主专制相反的"共和"制度，以"平民"自居，自称所从事的革命为"平民革命"，因此，我以为称这批革命者为"共和知识分子"或"平民知识分子"较为恰当。

历史是已经发生过的历史。历史学家的任务是还原、重建、说明已经发生过的一切。有一种说法，当时，如果不革命，按照清政府"新政"的路子，或者按照康有为、梁启超设想的道路走下去，是不是更好？所付出的社会代价是不是会更小？历史不能假设，我不赞成这一种研究方法。因此，本书只以辛亥革命的实际发生过程为叙述对象，而不做离开这一过程的猜想式的分析和议论。

我踏入辛亥革命研究这一领域，如果从研究那一时期的文学团体南社算起，断断续续，已经有 50 多年历史。如果从参加写作《中华民国史》第一编《中华民国的创立》算起，也有 30 多年了。其间曾比较深入地研究过孙中山思想、新型知识阶层的兴起、同盟会的内部矛盾、发

---

① 《孙中山集外集补编》，第 186 页，上海人民出版社 1994 年版。

生于保路运动之后的保界拒约运动、南京临时政府的财政困难与北伐夭折等专题，写作过若干篇论文，这些论文，大部分已结集为《从帝制走向共和——辛亥前后史事发微》一书，后来则收入拙作《杨天石近代史文存》中的《晚清史事》和《国民党人与前期中华民国》。2000年至2001年期间，我还参加过蔡美彪先生主持的《中国通史》第12卷的写作，负责撰写戊戌维新和辛亥革命两章的初稿。这本小书就是在综合自己的上述研究，又部分吸收前辈和同辈们的成果基础之上完成的。我的原则是：简明而不失其要，采择众说而又保持自己的独立见解，尽力发掘尚未被学界利用的新资料，希望以不大的篇幅，全景式地讲述辛亥革命的历史，使读者能以较少时间全面了解这一革命。我曾经想重读重要资料，更广泛地参考海内外诸家的著作，但是，写作中间插进了一段赴台访问、讲学，归来后，交稿时间已迫，只能就这样见读者了。乱头粗服，在所难免，修订、加工，精益求精，期以异日。

谭徐峰先生为本书配图，谨致衷心的谢意。

原载《帝制的终结——简明辛亥革命史》，岳麓书社2011年版

《中国国民党史》 总序

多年以前，有几位上海学者写信给胡乔木同志，建议编写中国国民党党史，乔木同志批示：这种书还是由中国社会科学院近代史研究所来写为好。乔木同志将此事批给当时的中国社会科学院院长胡绳同志，胡绳迅速批转近代史研究所。当时的近代史所副所长兼民国史研究室主任李宗一同志和我商量，我们觉得，本室编写《中华民国史》的任务已经很繁重，实在无力开辟新的写作领域，因此转请本所近代政治史研究室承担。其后，近代政治史研究室的同志告诉我们，该室的研究范围从未超过五四。这样，皮球就又踢了回来。李宗一同志再次和我商量，要我和他共同主持此事。我不能再推托，于是，组织班子，进入角色。但是，天有不测风云，李宗一同志不幸故去，其他两位年轻学者，一位去了英国，一位准备去美国，写作因此搁浅。

情况虽然变化，但是，乔木同志交下的任务总得完成。于是，在由我主编的《中华民国史》第二编第五卷出版以后，我便重新组织班子，致力于国民党史的研究与写作。这时，国内同行的同名著作已多有问世。其一般写法是，自 1894 年孙中山创立兴中会起，以时间为经，陆续叙述同盟会、国民党、中华革命党以至中国国民党的发展过程。这种写法，近代史著作中一般不能不写的晚清政权、北洋军阀、列强侵略以及中国共产党的成立和发展都可以作为背景处理，比较单纯，但是，作为研究国民党的专门史书，这样写又似乎不够。怎样写，颇费踌躇。

中国古代无党，实行"帝治"，靠以皇帝为绝对权威的官僚系统治国。政党的出现是中国历史进入"近代"阶段以后的产物。最初在历史舞台上活动的是松散的政治性团体，然后才逐渐出现有明确政纲、党纲和特定组织形式的政党。政党的主要活动是从政。因此，写一个政党的历史，就不仅要写这个党本身的党务和组织发展，而且要写它的政治方针及治国经历。中国国民党主张以党治国，长期一党专政，实行"党治"，因此，写国民党的党史，最重要的是写出它在近代中国社会生活，特别是政治生活中的地位和作用。这是全书的轴心。以此为轴，然后写出它的方方面面。

如果从兴中会算起，中国国民党已经走过 113 年的历史，称得上是名副其实的"百年老店"。自 1894 年至 1912 年南京临时政府成立，是它的革命时期，其对象是腐朽、顽固的清政府。自 1912 年至 1927 年"四一二"政变前，是它的继续革命时期，其对象是北洋军阀。从 1927 年 4 月南京国民政府成立，至 1949 年中国人民解放军攻克南京，是它统治全国的执政时期。1949 年之后则是它的退守台湾时期。在这一百余年中，中国国民党在中国社会生活的各个方面留下了深远而广泛的影响。《中国新民主主义革命史》的主编李新曾经将该书比作大观园，14卷书就是 14 座建筑物，"统一在一个园林里，从全局来看是统一的，就各个建筑物来说又是独立的。好比大观园里的怡红院、潇湘馆、蘅芜院等一系列的庭院，每一处都独具匠心，而又互相联结，构成统一的整体——大观园，这样就更加美丽和壮观"。李新同志的意见对我们有启发，经过反复思考、研究，我们决定尝试一种新的写法，即条块结合，经纬相成，分门别类，深入考察国民党史上的若干问题，例如思想理论、党务组织、内外政策、国共关系、执政工具等，每一方面写一本书。分之可为国民党的若干专门史，合之则为国民党的总体史。这种写法，有助于对国民党史的深入和全面开拓，也有助于为读者提供在一般著作中不易获得的知识。

中国国民党是孙中山与许多仁人志士为"振兴中华"而建立的革命政党。它在历史上为中华民族建立过四大功绩。一是推翻清王朝的腐朽统治，终结帝制，开辟共和，实现了中国历史的一次前所未有的飞跃。一是和中国共产党合作，实行北伐，在这种合作破裂后，继续北伐，推翻了辛亥革命后北洋军阀对中国的十六年统治，试图重建国家统一。一是再次和中国共产党合作，抗击日本侵略，最终打败日本帝国主义，挽救了近代中国最严重的一次亡国危机。一是退守台湾后，坚持一个中国政策，坚决反对"台独"势力，并且实行经济、政治改革，促进了台湾的经济起飞和两岸关系的改善。当然，在其历史长途中，中国国民党也犯过这样、那样的过错，给中国人民带来过许多灾难。如1927 年的"清党"，对苏区的十年围剿，抗战胜利后的三年内战，等等。国民党的功绩和过错都是中国历史，特别是中国近、现代史的一部分，都应该科学地加以阐述和总结。

在组织类型和治国模式上，国民党最初效法西方政党。自上世纪20 年代起，它接受苏共模式，实行一党制，至 40 年代，国民党先后召开"制宪国大"和"行宪国大"，号称"还政于民"，而一党制的实质未变。政治上的高度专制，统治层的普遍腐败，多年战争带来的经济上的不堪重荷与一系列的政策失误，特别是在它执政的二十多年间，始终未能解决孙中山视为历史重心的"民生"问题，长期不能满足农民的温饱和土地需求，终于使它成为中国共产党所领导的人民革命的对象，并且因此失去了对中国大陆的统治。退守台湾后，它痛定思痛，实行在大陆时期早就想实行而未果的对党的改造，推行了部分新政策，但是，由于种种复杂的原因，使它在 2000 年的政党竞争中未能保住执政地位。这些，也都应该科学地加以阐述和总结。至于它是否能历劫不磨，浴火重生，则有待于它自己的努力。

中国国民党和中国共产党虽然有过两次合作，但也有过两次分裂。关系不同，彼此对于对方的评价也就因之不同。合作的时候，彼此之间自然会或多或少地称扬对方；双方分裂、厮打的时候，为了要将对手打翻在地，除了使用武器的批判外，也还要使用批判的武器。例如，抗战初期，毛泽东曾肯定国民党"有它光荣的历史""有光明的前途"，而后来则指责其统治集团代表的是"大地主、大银行家、大买办阶层的利益"。又如，对蒋介石，毛泽东在 1938 年曾经誉之为国民党历史上继孙中山之后的第二位"伟大的领袖"。① 然而，蒋介石发动反共内战以后，就被指斥为"独夫、民贼"和"人民公敌"了。这种情况，有各自不同的背景和缘由，可以说是政治斗争中的常见现象。只有在尘埃落定、雨过云收之后，人们才有可能撇开一时的恩怨和偏见，冷却爱恨情仇，不是局限于某时某事，而是纵观前后，通览全局，对既往的历史作出全面、公正、客观的评价。今天，摆在海峡两岸人民和政治家面前的课题是结束敌对状态，交流对话，协商谈判，开创两岸关系和平发展的新局面，为最终实现民族和谐、祖国完全统一而奋斗。在这样的情况下，对在近、现代中国历史上起过重大作用的中国国民党的历史作科学的、全面的审视，不仅必要，而且可能了。

唯物主义的研究原则是充分占有和研究历史资料，在此基础上按历史事实写作，尽最大可能还原历史本相。客观存在的历史事实既是历史科学的源泉，又是检验一切历史观念和判断的唯一标准。我们一直勉励自己，努力按照这一原则进行研究和写作，也希望读者用这一原则来检验和评判我们的成果。近、现代的历史距今未远，人们的政治态度不同，对这段历史有各种各样不同的认识并不奇怪，重要的是允许讨论，允许探索，允许争鸣，在讨论、探索、争鸣中不断接近真相和真理。

退守台湾是中国国民党历史上的大事件，本书以此为界，有不同的编写体例。现在陆续呈奉读者的是反映它的革命时期、继续革命时期和全国执政时期的各卷。此后的各卷难度更大，尚在写作中。

本书是一项大工程，我们已经进行多年。我在这里要向合作的同事和朋友们致以最深切的敬意和谢意。没有他们长年孜孜矻矻的辛勤劳作，就不可能有本书的出版。倘若读者过目之后，能够感到，它不是一部匆促拼凑之作，那就是我们莫大的安慰。

原载杨奎松《国民党的"联共"与"反共"》（中国国民党史之一），社会科学文献出版社 2008 年版

---

① 毛泽东：《论新阶段》，中央档案馆编《中共中央文件选集》第 11 册，第 595—597 页，中共中央党校出版社 1991 年版。

《钱玄同日记》（整理本）前言

钱玄同是近代中国著名的学者，以文字音韵学见长，但又是思想家、教育家、史学家、编辑家、文化改革家，有着多方面的造诣。

钱玄同祖籍浙江湖州。1887年9月12日（清光绪十三年七月二十五日）出生于苏州。原名师黄，字德潜。辛亥革命前改名夏，别号中季，亦称季。1916年改名玄同，1921年以疑古为别号，自称疑古玄同。1937年11月，再次名为"夏"。

父亲钱振常，曾任礼部主事及绍兴、扬州、苏州等地书院山长。异母兄钱恂，号念敏，清末历任驻日、英、法、德、俄、荷兰、意大利等国使馆参赞或公使。嫂单士厘，随钱恂出使各国，是近代中国最早走向世界的知识女性之一。

钱玄同幼受家教，熟读传统经籍。1902年前后赞同"保皇"，欣赏梁启超的政治主张。1903年冬，受《苏报》案影响，开始转向"排满革命"。1904年与方于笥（青箱）等人创办《湖州白话报》。1905年冬，钱恂出任湖北留日学生监督，钱玄同随兄赴日，进入早稻田大学师范科学习。次年，结识章太炎，成为章的崇拜者，主张"保存国粹""光复旧物"。1907年加入同盟会。当时，日本"左翼"知识界流行无政府主义思潮，钱玄同一度醉心于此。他一面参加国学讲习会，与朱希祖、朱宗莱、黄侃、周树人、周作人、龚宝铨、许寿裳、马裕藻、沈兼士等共同受教于章太炎，学习《说文》《庄子》《文心雕龙》等书；一面参加"社会主义讲习会",与无政府主义者刘师培等人交往。1910年,协助与同盟会分离之后的章太炎、陶成章创办《教育今语杂志》,批评当时知识分子中的"欧化"倾向,以白话讲述中国的文字学、经学、诸子学等方面的知识。同年,钱玄同归国,先后任教于湖州、海宁、嘉兴等地的中学堂。1911年春,拜见今文经学者崔适,自此,崇信今文经学派。后来并曾尊崔适为师。

武昌起义,浙江光复,钱玄同无比兴奋。1912年3月,钱玄同在浙江教育司任科员。他在"复古"思想影响下,参考《礼记》等书,自制"深衣""玄冠",穿戴上班,一时引为笑谈。1913年,钱玄同随兄到北京,任教于北京高等师范学校及附属中学。不久,兼任北京大学预科文字学教员。1915年,任北京高等师范学校国文部教授,兼任北京大学文字学讲师。1918年,在北大讲授音韵学。此后,钱玄同长期任北大教授。1922年2月,北京大学成立研究所,钱玄同任国学门第一届委员会委员。次年初,创办《国学季刊》,钱玄同任编委。1923年,北京高等师范学校改名为国立北京师范大学,钱玄同仍任教授。1928年任该校国文系主任。其间,曾一度在孔德学校、北京女子高等师范学校(后改北京女子师范大学)及中法大学服尔德学院兼课。

钱玄同热忱拥护共和,袁世凯复辟帝制的行为给了钱玄同以巨大刺激。当时,部分复辟分子利用孔子学说制造舆论,钱玄同因之主张"孔氏之道断断不适用于二十世纪共和时代"①。1917年1月,钱玄同读到胡适发表在《新青年》杂志上的《文学改良刍议》,致函陈独秀,表示"绝对赞同",同时激烈地攻击"《选》学妖孽"与"桐城谬种"。1918年初参加编辑《新青年》。他在该刊发表了大量批判旧文化,要求学习西方,在文化领域实行改革的文章,成为新文化运动中的一员骁将。但是,其间他也发表过一些废汉字、汉语、不读中国书的偏激之论,受到社会批评,以致连陈独秀也不得不出面声明:"这种用石条压驼背的医

---

① 《钱玄同日记》,1919年1月1日。

法，本志同人多半是不大赞成的。"① 他积极提倡白话文，曾化名王敬轩致函《新青年》，攻击新文化运动，供刘半农反驳，二人共同演出了一出有名的"双簧"。又曾多次访问正在埋头抄古碑的周树人，劝他为《新青年》写稿，鼓励周树人走上以文学改造社会的道路。1919 年 10 月，《新青年》仍归陈独秀一人编辑。次年，编辑部迁回上海，钱玄同与该刊关系日疏。1921 年 1 月，李大钊与胡适之间为《新青年》的办刊方针发生冲突，钱玄同认为是"猪头问题"。② 他主张思想自由，认为尽可任《新青年》"劳农化"，"我们和他们全不相干而已，断断不能要求他们停版"。③ 1922 年 3 月，与周作人、沈兼士等发表《主张信教自由宣言》，反对当时的"非基督教运动"，宣称人的信仰"应当有绝对的自由"。④

　　五四当日，钱玄同曾随学生一起游行。五四之后，当年的《新青年》同人向政治与学术两途分化，钱玄同选择的是学术之途。他坚持新文化运动的精神，继续反对复古倾向，认为"赛先生绝对不是西洋人所私有，的的确确是全世界人类所公有之物"，"分明是世界文化"。⑤ 因此，他积极主张：《新青年》的议论，"现在还是救时的圣药"。⑥ 当时，因整理中国传统文化而出现"疑古思潮"。钱玄同为了探讨中国古史和古书的真伪，积极支持胡适和顾颉刚的学术研究，鼓励他们对于"圣人"和"圣经""干'裂冠，毁冕'，撕袍子，剥裤子的勾当"。⑦ 他说："打倒伪经，实为推倒偶像之生力军。"⑧ 1921 年，他与顾多次通信，提倡收集古今辨伪著作，点校刊行，不仅辨"伪书"，而且辨"伪事"。他认为，《诗经》只是一部最古的"总集"，与后来的《文选》、

---

① 《本志罪案之答辩书》，《新青年》第 6 卷第 1 号。
② 《钱玄同日记》，1921 年 1 月 18 日。
③ 《胡适来往书信选》上，第 121—122 页，中华书局 1979 年版。
④ 见《晨报》1922 年 3 月 31 日。
⑤ 《钱玄同日记》，1923 年 4 月 6 日。
⑥ 周作人：《钱玄同的复古与反复古》，《文史资料选辑》第 94 辑。
⑦ 《胡适论学往来书信选》，第 1119 页，河北人民出版社 1998 年版。
⑧ 《钱玄同日记》，1922 年 12 月 24 日。

《花间集》等书无异，不是什么"圣经"。他要胡适为《诗经》中的《国风》"洗一个澡，替他换上平民的衣服、帽子"。[①] 1923 年，顾颉刚致函钱玄同，提出"层累地造成的中国古史"说，钱玄同在复函中评之为"精当绝伦"。函中，钱玄同并进一步提出自己对"六经"的怀疑意见。二人之间的通信一时成为"轰炸中国古史的一个原子弹"，[②] 引起学术界的激烈争论。"仰之如日星之悬中天，或畏之如洪水猛兽之泛滥纵横于四野。"[③]

1924 年 11 月，钱玄同与周树人、周作人、顾颉刚等共同发起创办《语丝》周刊。当时，适值冯玉祥发动"首都革命"，溥仪被逐出故宫，钱玄同曾在该刊发表《恭贺爱新觉罗溥仪君升迁之喜并祝进步》等文，坚持民主、共和立场，认为中国出路在于接受"全世界之现代文化"，而不是"复兴古人之精神"。[④] 他的文章，鲁迅曾评论说："玄同之文，即颇汪洋，而少含蓄，使读者览之了然，无所疑惑，故于表白意见，反为相宜，效力亦复很大。"[⑤]《语丝》出版后，迅速风行，成为《新青年》之后北京的又一名刊。1925 年 5 月，北京女子师范大学发生反对校长的风潮，钱玄同曾与周树人、周作人、马裕藻等共同发表宣言，支持女师大学生的正义斗争。1926 年，钱玄同反思五四前后的偏激之论，自称"十之八九都成忏悔之资料"。[⑥]

钱玄同一生用力时间最长、用功最勤的是"国语统一"和"汉字改革"运动。1917 年间，钱玄同曾加入中华民国国语研究会。同年，参与审订吴稚晖主编的《国音字典》。1919 年 4 月，教育部成立国语统一筹备委员会，钱玄同任委员兼常驻干事。同年，与胡适等共同提出

---

① 《胡适论学往来书信选》，第 1120 页，河北人民出版社 1998 年版。

② 顾颉刚：《我是怎样编写〈古史辨〉的》，《古史辨》第 1 册，上海古籍出版社 1982 年版。

③ 钱穆：《崔东壁遗书序》，《崔东壁遗书》，亚东图书馆 1935 年版。

④ 钱玄同：《回语堂的信》，《语丝》第 23 期。

⑤ 鲁迅：《两地书》，《鲁迅全集》第 11 卷，第 47 页，人民文学出版社 1981 年版。

⑥ 《胡适遗稿及秘藏书信》第 40 册，第 377 页，黄山书社 1994 年版。

《请颁行新式标点符号议案》。在推行"国语统一"的同时，钱玄同又提倡世界语，鼓吹汉字改革。1920 年，钱玄同撰文提出减少汉字笔画的建议。1922 年，任汉字省体委员会首席委员。同年，国语研究会出版《国语月刊》，钱玄同利用该刊，积极提倡"汉字革命"与"国语文学"。1925 年 4 月，章士钊出任北京政府教育总长，创办《甲寅》杂志，反对白话文和注音字母。钱玄同坚决反对文化界的昏谬和倒退，愤而与黎锦熙等创办作为《京报》副刊之一的《国语周刊》，钱玄同宣称，要与"僵尸""魔鬼"决斗，"拼个你死我活"，同时，提倡"丰富的、美丽的、新鲜的、自然的"民间文艺。① 同年 9 月，《新青年》旧日同人刘半农自欧洲归国，组织语音学团体"数人会"，钱玄同、黎锦熙、赵元任等均成为会员。该会研究的《国语罗马字拼音法式》于 1926 年 11 月公布，成为中华人民共和国成立后广为推行的《汉语拼音方案》的基础之一。1928 年，钱玄同被南京国民政府聘任国语统一筹备委员会常委。1931 年，兼任教育部国音字母讲习所所长。同年，《国语周刊》在北平《世界日报》复刊。1932 年，钱玄同耗费多年心力主持编纂的《国音常用字汇》由教育部公布。1933 年，与黎锦熙分任中国大辞典总编纂。1934 年，钱玄同提出"简体字"方案，于 1935 年通过，但未能推行。同年，任教育部国语推行委员会常委。

钱玄同是爱国主义者。五四运动后，他虽潜心治学，但仍关怀时事政治。1925 年，上海发生五卅惨案，钱玄同发表文章，主张一面"反抗帝国主义对于我国施加的政治和经济的侵略"，一面积极"唤醒国人"，"请德先生（Democracy）、赛先生（Science）、穆姑娘（Moral）来给咱们建国"。② 1933 年，日军突袭山海关，华北危急，钱玄同痛感于日本侵凌，而自己缺乏"执干戈以卫社稷之能力"，曾谢绝宴饮。5 月，傅作义所辖部队在北平近郊抗战。事后，胡适以白话为该部队牺牲将士墓撰写碑文，钱玄同为之书丹，反映出他们二人共同的爱国热情。

---

① 钱玄同：《国语周刊发刊词》，《国语周刊》第 1 期；参见该刊钱玄同启事。
② 钱玄同：《关于反抗帝国主义》，《语丝》第 31 期。

1936 年，与北平文化界七十余人联合签名，要求南京国民政府抗日救国。

自 1929 年起，钱玄同即患高血压、神经衰弱等病。1935 年，右目患视网膜炎，身体日衰，但他仍作文自勉，声称"一个人，无论事功和学问，总得要干，总得要努力干"。[①] 1937 年卢沟桥事变，北平沦陷，师大迁往陕西，钱玄同因病留平。他托人寄语随校西迁的老友黎锦熙，宣称决不"污伪命"。1939 年 1 月 17 日，因脑溢血逝世，终年 52 岁。其生平著作，近年已辑为《钱玄同文集》出版，但并不完整。

钱玄同的日记始于 1905 年 12 月 9 日东渡日本之初，终于 1939 年 1 月 14 日，距逝世仅三天，长达 34 年。

治史者大都重视日记，因为它记叙个人经历和亲见、亲闻的世界，比较准确，也比较具体，常常可以据此考证若干历史事件发生的时间、地点和人物关系，更常常有正史、官书所不可能有的"私房"情节，有助于补正史之缺，甚或解正史不能解之谜。但是，前人日记也有两种。一种是专为写给别人看的。这种日记，倘能真实地记录世事、人情，亦自有其价值；倘不以记录世事、人情为目的，而以装腔作势，自扮圣贤为事，则这种日记的价值就很小。另一种日记，是主要为写给自己看的。或为备忘，或为个人道德修养，或为情之所发，不能自己。这种日记，率性操觚，一任本真。其记录世事、人情者固然可贵，即使纯记个人经历或感情，也可以从中见到一个赤条条的未经包裹的"自我"。其价值不言而喻。钱玄同的日记，显然属于后者。他解剖自己时，坦率真诚，至情流露；论事论人时，直言无隐，毫无粉饰，不像日常交往和著书时总有不可避免的某些顾虑。

钱玄同一生，历经维新保皇、辛亥革命、五四运动，以至抗日战争等近代中国的许多重大历史事件。他的日记，不同程度地折射出时代的面影，可以帮助我们了解 20 世纪前半个世纪的中国史。钱玄同是文化人，他的生平活动关涉近代中国文化的启蒙与转型，可以帮助我们了解

---

① 钱玄同：《哀青年同志白涤洲先生》，《国语周刊》第 160 期。

那一时期的思想史、文化史、教育史、学术史。他的日记，不仅记个人经历、思想，而且大量记述自己的读书心得与研究成果。他是大学问家，研究面广，阅读面更广，涉及经学、诸子学、史学、文学、艺术、宗教、文字、音韵、训诂、碑帖、书法等门类，可以帮助我们了解钱玄同多方面的成就。钱玄同的日记还记录了他和同时代许多文化人的交往和对他们的评价，有助于我们研究近代的文化人。

钱玄同的日记书写极为潦草、紊乱，难于辨识，因此整理工作的第一步是"认字"。日记涉及许多专门的学术门类，除包含日文、法文、德文、世界语以及甲骨文、金文、篆文、国际音标、当时在讨论中的各类汉语拼音方案外，还有许多钱玄同自制的符号和词语，这使我们的整理工作分外艰难。有时，钱玄同将古书记错、古字写错，麻烦就会更大。本书的整理在 20 世纪 80 年代开始，断断续续地进行了近二十年，其重要原因之一固在于我个人各事丛杂，但另一重要原因则在于认读艰难。我们不愿也不舍得轻易放弃对疑难字词的辨识。一段文字，常常在反复阅读、反复揣摩之后，才能读懂，这以后还要广泛阅读各种古籍或相关文献，多方验证，方敢确定释文，施加标点。有些字，多年不识，年深日久，忽然解悟，相关段落也就豁然贯通。这时候，我们真有像发现一颗小行星那样的欢乐。在全书排出清样后，我又"大海捞针"，利用互联网进行检索和验证，解决了许多人工检索难以迅速解决的疑难问题。现在的整理稿中还有少数字，有的因原稿缺损，或因字迹漫漶，或因过于潦草，我们虽已尽力，而仍然无法辨识；在整理工作中，我们也可能还有其他讹误不当之处，均祈高明教之。

钱玄同日记的最大缺点是详略不一。有些日记洋洋洒洒，连篇累牍，有些日记则只有一两句话。钱玄同自称是一个"无恒"的人，日记时断时续，有些年，只有少数月份有记，有的年，则干脆一字不记。

钱玄同对自己的日记很重视，生前曾亲自清点，一一编号，最早的少部分日记还曾誊录重抄。钱玄同去世后，日记连同其藏书由其长子钱秉雄先生珍存。"史无前例"的年代中，日记一部分由鲁迅博物馆取走，一部分被查抄，其被查抄部分虽在"文革"结束后发还，但其中第 15 册（1916 年 10 月 26 日至 12 月 31 日）及第 46 册（1926 年 2 月 12 日至 6 月 22 日）已不见踪迹。20 世纪 80 年代，我参与编辑《中国哲学》，为刊物开辟稿源，不想却自此陷进此书的整理工作里。钱秉雄先生热情支持并授权我主持整理此稿，但钱先生生前未能见到此书的出版，这是令我深自愧疚的事。钱先生的长子端伟先生继承先人遗志，继续支持整理工作，热情古道，令我感动。鲁迅博物馆两任领导王士菁、陈漱渝教授均曾关怀并支持此事，谨致谢意。

本书由鲁迅博物馆阎彤、王燕芝、左瑾、陈盛荣提供整理初稿。辽宁师范大学刘贵福副教授协助我校订初稿并参加整理部分初稿。整理工作的指导及全稿的修改、审订、疑难问题的解决、部分初稿的整理以及最后的统稿、定稿均由我负责。整理工作中，曾得到日本伊原泽周教授的帮助，中国社会科学院近代史研究所马勇、左玉河、郑匡民、赵利栋、王法周诸位协助我阅读校样，编制附录，热忱可感。

本书由于某一家出版社的签约、毁约，因此其出版一度遭遇困难。承清华大学刘桂生教授、北京大学杨琥先生关怀，又承北京大学出版社张文定先生慧眼相中，封越建先生做了艰难、细致的编辑工作，均此致谢。此书由五四运动的发源地北京大学隆重推出，并作为《北大学者丛书》之一，这是最合适不过的处理了。

原载《钱玄同日记》（整理本），北京大学出版社 2014 年版

《当代中华诗词名家精品集·杨天石卷》 自序

　　年轻的时候就喜欢诗，特别是中国的古诗。有些诗，只读过一两遍，从未蓄意记诵，但过目不忘，一直到望八之年，垂垂老矣，居然还能够背诵若干首。这就是中国古诗的魅力所在吧！

　　不过，那时候，虽然喜欢旧诗，但自己动笔时，还是写新诗，即所谓白话诗。记得1952年考高中，无锡市统考，我居然利用语文卷的试题，写了首长诗，还得了高分。进了高中，第一次作文，语文老师命题"我们要和平"，我仍然写的是诗。记得语文老师批道："想象丰富，诗做得还好，但是否是自作，似乎可疑。"1953年，上高中二年级，生了一段病，读戈宝权翻译的《普希金文集》，继而读《莱蒙托夫诗选》，也很喜欢。此后便和几位同学一起组织鲁迅文学小组。正是对诗的爱好，使我放弃了想当工程师，当数学家的理想，决定学文，当文学家，当诗人。那时候，年轻气盛，不知道天高地厚，幻想自己在未来诗坛上将如何、如何。不仅自己写，还喜欢上了朗诵新诗。不仅在学校里，还居然有勇气在无锡市的人民大会堂演出过。1955年，我考入北京大学中文系。一入校，学生社团北大诗社正在发展新社员。我寄去了两首诗，一首题名《我走了，故乡》，一首题名《让我再看看你露水般的眼睛》。诗社的社长来找我，夸奖诗写得好，接受我入社，并称，诗将在新一期的《北大诗刊》上发表。我当然很高兴。然而，刊物出来了，我的诗作并未发表，社长告诉我，诗经过"校团委"审查，认为感情不健康。我反复自思，觉得没有什么不健康，曾将诗拿到诗社的一次分组会上讨论，大家也不认为有什么不健康。不过，从此我就失去了将诗作送出去发表的勇气。诗，虽然还在写着，记得写过一首长诗《关于黄河》，还曾根据宜兴的民间传说，写过叙事长诗《鸭妹花》。

在北大五年，读中外文学史，自然读了不少中外文学作品。中国诗歌，从《诗经》《楚辞》到汉代乐府，都是认真读过的。明人张溥的《汉魏百三名家集》等也是一卷一卷读过的。不过，我当时的兴趣已经从当作家、当诗人转为研究唐诗，想找寻唐诗发展、繁荣，成为中国古典文学高峰的原因，于是大量收罗唐人诗集，从初唐四杰一直到晚唐的皮日休、陆龟蒙的诗集，我几乎都从旧书摊上买到了，而且也几乎都读过。有一年，王力教授为我们讲授《汉语诗律学》，不过，那时已经进入"教育革命"年代，教授们，特别是有成就的名教授们都被视为"白旗"，他们的课，我们只是听听，不用考试，因此并不重视，也就没有好好学。1958 年以后，我的全部身心都投入选注《近代诗选》，选录从龚自珍到柳亚子等南社诗人的诗作并注解。诗是读了不少，不过目的在于选诗、注诗，并不研究如何做诗。诗早就不写了。"大跃进"年代，号召人人写诗，我却一首诗也写不出。

那一时期，我之所以不写诗，原因很多，其一在于我对中国诗歌发展道路的反思。

五四以后，新诗流行，这种诗，打破中国古典诗词的格律束缚，加强了自由度，同时，以白话、口语写作，使诗歌语言和生活语言相接近。这样，在表现时代、新生活，表达新思想、新感情方面有其优越性，也产生了一些好诗，以个人所见，郭沫若、艾青、臧克家、贺敬之、闻捷、公刘等人，都有一些诗写得不错，我个人很喜欢，但是，像中国古典诗歌一样具有长盛不衰的艺术魅力，便于记忆，便于吟诵，已经进入中国人精神世界的艺术珍品，确实不多。我至今一首白话新诗都背不出来。为何？

多年以前，我曾经写过一篇小文《新诗发展的忧思》，指出新诗发展中几个"脱离"现象：一是脱离中国古典诗歌的艺术传统，二是脱离诗歌创作的艺术规律。在我看来，诗词创作，贵在创造意境，高度精练，而且要有格律，有节奏，富于音乐性。这是中国古典诗词的共同特征，也是其艺术魅力奥秘所在。五四以后的新诗恰恰丢掉了这两个特征，相反，却形成了口语化、散文化的新特征。其结果是使诗的语言和一般的文学语言没有区别。没有区别的结果也就使诗不成为诗，其艺术魅力也就大为减色了。

我恢复写诗是在1998年进入中央文史研究馆之后。这里的馆员大部分能写旧体诗，我有了几位诗友，而且有一个发表旧体诗的园地《诗书画》，我忝列编委，于是，我在全力治史之余，偶尔也写点旧体诗。

写旧体诗，首先碰到一个格律问题。诗缘于情，情动于中，发之于声，于是便有了诗和歌。最初的时候，诗可能并没有格律，特别是固定的格律。格律是在诗歌发展中逐渐形成的。它可以使诗的语言更富于音乐美，节奏铿锵，音调和谐，但是，它又是可变的、发展的，中国的诗歌，由古体而近体，由四言而五言，而七言，而长短句，由诗而词，而散曲，都是格律不断变化发展的结果。因此，做旧体诗，格律不可不讲。但是，诗首先必须是诗，有无诗情、诗意，能否以精练的语言创造出鲜明、隽永的意境，即所谓诗情画意来，这是第一位的。是否符合格律，这是第二位的。鉴于旧体诗词格律过严，束缚思想，影响表现力量，因此，我赞成写旧体诗词时，对旧格律可以适当突破。在受命参加编选中央文史研究馆馆员诗词集《缀英集》时，我就提出，入选作品必须大体符合格律，但不以精严为准。这就是说，只要是诗，偶有破律、违律，在所不究。毛泽东的七绝《题庐山仙人洞照》有句云"乱云飞渡仍从容"，末三字均为平声，属于近体诗大忌的所谓"三平调"，但该诗仍不失为好诗、妙诗。有些作者，要求用韵必须严格以"平水韵"为准，我一向不赞成。我们所生活的21世纪的今日，语音已经有了很大变化。谁能说出一"东"和二"冬"之间的实际语音差别？当时属于同一韵部的字，今天读起来有的已经大不相同，出了韵了。写诗是为了给今人阅读或吟诵，不是在铸造古色古香的假古董，何必以宋元之际的语音写作？

有一次，文史馆召开诗词创作座谈会，涉及诗情、诗意、诗境、诗语、诗韵等各方面的问题。我在会上做了个发言，主张百花齐放，实行古人所称："万物并育而不相害，道并行而不相悖。"喜欢格律诗的人，自可继续写格律诗：不喜欢旧格律，可以创造新格律（我在北大时的老师林庚教授就提倡过"九言体"）；也可以继续写不受任何格律束缚的自由诗，但是，我更提倡打破五四以来"新诗"与"旧诗"互相隔绝、分道扬镳的壁垒，主张新旧交融，互相吸收，取优避短，别创新声。我特别提倡写作"半新半旧"的"解放"诗词。我当时说：

> 此类作品，从古典诗词脱化而来，讲求意境，语言凝练，按照现代的北京话押韵，句子长长短短，三、四、五、六、七言夹杂，甚至句子更长一点也可以，但是，必须有节奏，有音乐性。它可以讲平仄，也可以不讲；可以有对仗，也可以没有。在某些方面，它类似于古典诗歌中的"杂言体"，更类似于宋明时代的词和散曲，但是，却不必受词谱和曲牌的严格约束。这样的"长短句"（今人或称"自度曲"），伸缩自如，变化而又整齐，自由而又有格律。朗诵可，吟咏可，入乐歌唱亦可。它既便于表现新时代、新事物、新思想，又保留了中国古典诗词的主要特点。

我并举例说，清末的黄遵宪、民国初年的四川吴芳吉等人，都曾做过这一方面的试验，可惜，继起者不多，后继无人了。

此次中华诗词研究院出版《当代中华诗词名家精品集》，每个顾问出一集，限选一百首。我惭非，更远非"诗词名家"，多年治史，诗只是偶一为之，略抒性情而已。不过，限一百首，这很有点为难。自然，新诗、近于新诗者一概不取，以免淆乱体例。旧体诗中，所选者也大半循规蹈矩，至于我自己提倡的"解放"作品，则选得少而又少，丑媳妇羞于见人也。

编成，回想年轻时学诗、写诗时的情景，特别是那些使自己耳根发热的"宏愿"，不禁感慨系之。

原载《当代中华诗词名家精品集·杨天石卷》，中国青年出版社2015年版

《世纪三伟人》导言（代拟稿）

20世纪的中国是个需要伟人而且产生了众多伟人的时代。其杰出代表就是孙中山、毛泽东、邓小平。

孙中山出生于19世纪60年代。当时的中国，真可谓"长夜难明赤县天"。孙中山第一个喊出了"振兴中华"的口号，提出了"民族、民权、民生"三大主义，要求实现中国的民族独立、人民民主和共同富裕。通常的民主革命，有前两条也就够了，但是，孙中山纵览世界，看到了西方资本主义的弊病，接受了正在兴起的社会主义思潮的影响，提出了民生主义。孙中山多次解释，他的民生主义，也就是社会主义、共产主义。这是孙中山高于旧的民主主义革命家的地方。但是，孙中山又认为中国经济落后，主张当时的中国要以国有经济为主，在尽量限制私人资本主义祸害的条件下允许它的适当发展。同时，他主张实行开放政策，引进外资，利用外国资本主义以建设中国的社会主义。孙中山的经济建设思想，虽然粗浅，但显然有其合理内容。

在孙中山领导下，无数志士仁人前赴后继，英勇奋斗，建成了中国和亚洲历史上的第一个共和国，这是他的一个伟大的功绩。但是，孙中山在国内找不到可以依靠的强大社会力量，世界上也没有任何一个资本主义国家肯真正援助他，因此，孙中山在和旧势力的斗争中难免常常败阵。晚年，孙中山得到了苏俄和中国共产党的援助，看到了工农劳动大众的力量，及时调整和制订了新政策，从而使中国革命出现了新曙光。但是，他不幸过早逝世，赍志而殁。

毛泽东继承了孙中山的未竟之业，并且进一步将它向前推进。他没有学过军事，但是却极为出色地指导中国工农红军取得了二万五千里长征的胜利，从"左"倾错误路线的统治下挽救了中国共产党。他熟悉中国历史和社会，重视调查研究，善于从实际出发，独立思考，顶住来自共产国际和联共（布）中央及其"钦差大臣"们的洋教条，创造性地解决中国革命所遇到的各种问题。中国的辛亥革命和俄国的十月革命都是以城市起义为中心，中国共产党人在进行革命时自然也难以摆脱这一模式。但是，毛泽东却看出了中国农民中蕴藏的巨大能量，看出了在中国农村中长期积蓄和发展革命势力的可能，因此，提出了一条依靠农民，建立农村根据地，以农村包围城市的革命道路。他克服了孙中山将"国民革命"和"社会革命"两者结合，"毕其功于一役"的幻想，也克服了那种迅速进行社会主义革命的"左"倾急躁情绪，提出了中国革命分两步走的规划。第一步，建设新民主主义社会；第二步，建设社会主义和共产主义。他为在中国进行新民主主义革命制订了一系列正确的方针和政策。在他的领导下，中国共产党依靠以农民为主的军队打败了以蒋介石为领袖的南京国民党腐败政权，建立了中华人民共和国，从而结束了中国人民对外受列强欺凌，对内受军阀混战之苦的历史，实现了百年来"寤寐思之，旦旦求之"的理想。除台湾等少数地区一时尚未回归外，中国实现了前所未有的统一。新中国巍然屹立于世界东方。

马克思和恩格斯对社会主义社会有过许多原则性的阐述，但是，他们没有任何实践经验。列宁、斯大林领导苏联人民建成了世界上第一个社会主义共和国，但是，历史证明并不成功。毛泽东在领导中国人民进行社会主义建设的时候，注意借鉴苏联的成功和失败的经验。但是，他长期在中国农村中生活和战斗，对现代社会及其发展趋向缺乏足够的了解，又对新中国成立后的阶级斗争形势作了不正确的估计，思想上、作风上滋生了专制主义和"一言堂"倾向，于是就导致了他的晚年错误，不幸，中国共产党当时还缺乏纠正这种错误的体制和力量，因此，就出现了"文化大革命"。

邓小平一生有过多次起落，忽而处于党和国家的权力高峰，忽而跌入似乎是难以再见天日的深谷，但是，他都一次次地重新站立起来了。这种情况，固由于他的爱国、爱人民的高尚情操和坚毅不拔的性格，更由于他善于看清时代潮流，摸准群众脉搏，因此，才能无私无畏，敢于坚持原则，顶风而上。当举国滔滔，陷入"文化大革命"的狂潮之际，他独能勇敢地主张"整顿"，力图拨乱反正；当毛泽东已经被渲染为神、为超人，"两个凡是"之说盛行之时，他却坚决支持关于"真理标准"的讨论，大力倡导破除迷信，解放思想；当不少人以"右"为敌，谈"右"色变时，他正确、及时地指出，"左"是中国革命的主要危险；当"计划经济"被普遍视为"社会主义"不可动摇的铁的原则时，他力反旧说，提出石破天惊的新论。他继承前人，又不为前人所囿；既坚持毛泽东思想，又毫不犹疑地纠正毛泽东的晚年错误，一步步清除长期以来"左"的流毒。他谈理论的专门著作虽然不多，但是，他的理论成就却是巨大的、多方面的。他第一个提出：科学技术是第一生产力，第一个主张中国现阶段还处于社会主义初级阶段，第一个提出"社会主义市场经济"论，第一个倡导以经济建设为中心，实行改革开放，建设有中国特色的社会主义。这样，他就将中国的社会主义事业引上了一条正确的道路，在世界共产主义运动处于低潮时点燃了一盏明灯。可以毫不夸张地说，今日中国的各项成就和巨大变化，都和他的思想、理论相关；也可以毫不夸张地说，沿着邓小平理论所指引的方向前进，中国的明天就会更加灿烂辉煌。

孙中山、毛泽东、邓小平代表了 20 世纪中国革命的三个时期，他们的精神、品质已经深刻影响并将继续影响中国人民的民族精神，他们的思想理论已经并将继续成为中国和世界人民思想宝库的重要部分。当前，我们正站在 21 世纪的大门口，回顾 20 世纪，了解三位中国伟人的生平，进一步学习他们的思想理论，必将大有益于我们下一世纪的事业，有益于中国的发展和进步。

　　中国共产党第十五次代表大会是一次有重要意义的会议，江泽民同志在报告中科学地评价了孙中山、毛泽东、邓小平三位伟人的历史功绩。会后，我们迅速约请了龚育之、张磊等同志写作《世纪三伟人》一书，希望对读者了解 20 世纪的中国以及三位伟人的生平、思想有所裨益。

　　　　　　　　　　　　　原载《世纪三伟人》，广东人民出版社 1998 年版

"中国社会科学院学术委员文库"
序言（代拟稿）

去年初，中共中央发布的《关于进一步繁荣发展哲学社会科学的意见》是一份极为重要的文件，它表明了党和国家对哲学社会科学的高度重视，提出了在新时期繁荣、发展哲学社会科学的方针和意见。从那以后，中国社会科学院学术委员会即积极筹划出版一套文库，用以作为贯彻、落实中央《意见》的重要措施之一。现在这套丛书终于出版了，我很乐意说几句话。

学术事业的发展有如长江大河，前浪后浪，滔滔不绝，又如薪火传承，代代相继，光焰愈盛。后人做学问，总要了解前人已经做过的工作，继承前人的成就和经验，在此基础上继续前进。中国社会科学院学术委员会集中了我院几十个学科的几十名资深专家，他们在相关学科都有几十年的研究经历，大都在各自领域内卓有建树。现在出版的文库，由每位专家自选学术生涯中的代表作，集结面世，既可以显示他们孜孜兀兀，辛勤走过的学术道路，又可以从中看出几十年，特别是改革开放以来我国哲学社会科学各个领域的部分成就和发展，是一件很有意义的事情。

近年来，人们普遍重视青年学术人才的培养和中年学术骨干的重用，这当然是正确的、必要的，今后也仍然应该继续这样做。但是，我以为，我们一丝一毫也不能忽视对年事较高的资深专家作用的发挥。一般来说，哲学社会科学领域人才的成长期比较长，成熟期比较晚，许多人，往往多年积累，在中年阶段光辉迸发，至中年以后才进入大成时期。中国有句古话叫"大器晚成"，就包含着这一层意思。因此，我们要高度重视发挥资深专家的作用，一是请他们"传、帮、带"，将优秀的治学经验和治学作风传下来，以利于年轻学人的健康成长，同时，要充分创造条件，帮助他们总结、整理大半生的学术成果，并将其推向新的高峰。"莫道桑榆晚，为霞尚满天。"可以期待，代表我们时代和国家水平的传世巨著也许就将在他们笔下，或键盘敲击中产生。

恩格斯在评论欧洲16世纪的文艺复兴时代曾经说过："这是一次人类从来没有经历过的最伟大的、进步的变革，是一个需要巨人而且产生了巨人——在思维能力、热情和性格方面，在多才多艺和学识渊博方面的巨人的时代。"中国有悠久的历史和光辉灿烂的文化传统，产生过许多文化巨人，他们以自己的才智为人类的知识宝库增添了独特的贡献，是我们民族的骄傲。近代以来，我国在哲学社会科学领域也产生了一批学术大师和大家，他们对我国的社会和民族文化的发展也贡献良多。当前，我们正全面建设小康社会，开创中国特色社会主义事业的新局面，努力实现中华民族的伟大复兴，这也是一个需要巨人和必将产生巨人的时代。一方面，时代为哲学社会科学提出了新的任务，有许许多多新课题需要研究；另一方面，时代也为哲学社会科学的发展提供了新的契机和条件。前无古人的事业必定会产生前无古人的学术。只要我们坚决按照中共中央《意见》所确定的方针去做，我们就一定会迎来一个哲学社会科学人才辈出、成果辈出的时代。

2005 年 3 月

原载"中国社会科学院学术委员文库"，上海辞书出版社2005年版

《中国社会科学院学术委员会集刊》
序言（代拟稿）

1998 年，李铁映同志时任中国社会科学院院长，提议设立院学术委员会，至今已经六年。六年来，院学术委员会举行了若干次学术交流活动，在全国不同地区进行过多项学术考察。今年，根据大家意见，又出版这本《集刊》，发表各位委员的学术论文。计划今后每年出一本。

自然科学研究人类赖以生存、发展的物质世界，社会科学和人文科学研究人类社会和人类所创造的文明，哲学则是两种科学的概括，通常被归入后一类，统称为哲学社会科学。众所周知，两者都很重要。人类要发展，社会要进步，这两种科学必须比翼齐飞，相偕前进。一只翅膀强健，一只翅膀疲弱，甚至只有一只翅膀，那是不能飞高飞远的。今年初，中共中央下发《关于进一步繁荣发展哲学社会科学的意见》，对哲学社会科学的作用给予充分估价和高度重视，我们受到鼓舞，出版这本《集刊》，就是想为贯彻中央《意见》贡献微薄的力量。

历史和现实都证明，哲学社会科学的发展需要坚决贯彻"百花齐放，百家争鸣"的方针。在学术研究中，学者之间发生这样、那样的歧异是正常的、必然的。这些歧异，可能是正确和谬误之争，也可能是全面性和片面性之争，还可能各有所见，各有所长，是一种片面性和另一种片面性之争。正确一方的论点中可能包含着谬误因素，谬误一方的论点中也可能包含着可予吸收的合理成分。通过"争鸣"，让不同意见、观点、学派之间，相摩相荡，相融相拒，切磋、辩难，批评、反批评，人们对真理的认识会愈全面，愈深入，愈丰富，相关的学科就会得到推进和发展。我们出版这本《集刊》，也是想为贯彻"双百"方针贡献一点微薄的力量。

科学研究的大忌是陈旧、重复、炒冷饭，言人之所已言。人类社会不断发展，人类所创造的文明也在不断发展，哲学社会科学要解释不断出现的新事物、新现象，回答不断出现的新问题，提出新思考、新处方；即使是旧事物、旧现象、旧问题，随着新资料的发现，人们认识水平的提高或认识角度的变异，也要不断开掘，提出新叙述、新说明，努力使之更加接近于客观真理或历史本相。近年来，党和国家领导人不断号召"实事求是""解放思想""与时俱进""积极推进理论创新"，这些意见，完全符合时代要求和学术发展规律，对我国哲学社会科学的发展具有深远意义。本《集刊》将努力贯彻这些意见，以马克思主义为指导，力争多发表一些功力扎实，对相关学科有推进意义的"创新"之作。在文风上，我们将提倡严谨、朴实、流畅，符合国际公认的学术规范。

中国社会科学院学术委员会汇聚了本院几十个学科的几十名资深专家，收在这本《集刊》中的文章都是他们最近的研究成果，仓促编成，多有不足，敬请读者批评、指正。

原载《中国社会科学院学术委员会集刊》第 1 辑，
社会科学文献出版社 2005 年版

李金华主编 《中国审计史》 第二卷序

财权是人类社会的重要权力之一。古往今来，一切国家、政团、社团、企业、事业单位的机构运转，都要依赖于财力支持。运转之前，要有经济收入；运转起来之后，就会有消耗，有支出。如何保证入与支二者的合理性、合法性、规范性、真实性，最大限度地发挥有限财力的经济效益，最大限度地防止浪费、贪污等腐败现象的发生，这就需要监督。监督是多种多样的，有行政监督，有经济监督。审计就是一种经济监督。

中国古代很早就有审计活动。《周礼》一书说：西周时期有一种"宰夫"的官，其职权为"考其出入，而定刑赏"。这"考其出入"就是一种审计活动。《汉书》说：秦汉时设"御史大夫"，其职权为"察计簿，疑非实者，按之，使真伪毋相乱"。这里所说的"察计簿"，就是现代语言中的"查账"，更是名副其实的审计活动。"疑非实者，按之。"可见，造假账一类情况古已有之。有矛必有盾，有邪必有正，于是，"使真伪毋相乱"的审计就成为人类历久而不衰的监督行为了。

关于中国古代的审计制度以及晚清新政时期学习西方所作的变革，已详于《中国审计史》第一卷。本书所叙述的是中华民国时期。这一时期自 1912 年孙中山在南京创立临时政府始，至 1949 年中华人民共和国奠都北京止，时间不过 38 年，但是，这是中国比较全面地建立现代审计制度和体系的时期，有其突出历史地位，值得加以认真总结。

（一）将审计列入国家大法。自 1912 年颁布的《临时约法》确定对财政实行监督起，此后陆续颁布的《中华民国约法》（1914）、《中华民国宪法》（1923）、《中华民国训政时期约法》（1931）、《中华民国宪法》（1947）都对审计有所规定，这就空前地提高了审计工作的地位。

（二）设立专门机构。民国初年，湖南、广东、湖北、江西先后设立会计检查院、核计院、审计厅。1912 年 9 月，北京政府设立审计处（后改为院）。1923 年，孙中山在广州陆海军大元帅大本营设立审计局（后改为处）。1927 年，南京国民政府设立审计院（后改为监察院审计部）。它们都具有相对的独立性和权威性，有助于避免财政管理机关和相关行政部门的干扰。

（三）制订审计法。自 1914 年 10 月起，民国历届政府共颁布过四部审计法。此外，还颁布过若干"施行细则"和辅助条例。这些法规，有利于克服长官意志，使审计工作有法可依，有章可循。

（四）审计人员职业化，出现大批专门人才。1921 年，北京、天津、上海先后出现会计师事务所。1925 年，上海成立会计师公会。1933 年成立全国性的中国会计师协会。1946 年 11 月，中国审计学会成立于南京。凡此，都说明审计已经成为专门性的学问。

（五）监审合一。1925 年的广州国民政府规定由监察院行使审计职权，1928 年以后的南京国民政府沿袭此制，审计与监察之间，有相辅相成之效。

（六）审计领域扩大。举凡财政预决算、收入支出、内债外债、工程项目、经济案件等，均在审计之列。

（七）审计种类多样。如内部审计、外部审计、事前审计、事后审计、官员离任审计、就地审计、巡回审计、会计师审计、稽查监督等，表明民国时期的审计日趋严密。

上述各条，都明显地区别于中国古代，说明民国时期的审计工作已经步入现代化阶段。它既继承中国古代审计的优良传统，吸收西方国家的审计理念与制度，又有自己的时代特色。不过，由于种种原因，民国时期的审计制度与审计实践之间存在着巨大的落差。条规虽好，却常常流于具文。中国社会长期"权大于法"。当政权、军权以至个人权力无限膨胀时，法规的作用是微弱的。

本书除阐述民国时期占统治地位的历届政府的审计史外，还以大量篇幅总结中国共产党领导下各革命政权的审计工作。1931年，部分地区的苏维埃政权即有经济审查委员会一类组织。次年，中华苏维埃临时中央政府财政部设立审计处。1933年，设立独立于财政委员会之外的审计委员会。1934年，公布《中华苏维埃共和国中央政府执行委员会审计条例》，成为中共领导下的革命政权的第一部审计法。1937年，到达陕北的中华苏维埃临时中央政府设立国家审计委员会。1937年，陕甘宁边区政府设立审计处。1946年，陕甘宁边区颁布《审计暂行规程》。在此前后，山东、晋冀鲁豫边区、华北人民政府等也先后成立各种审计机构，颁布过各种"审计制度"和"审计规程"。它说明中国共产党及其领导的人民政权和人民军队也高度重视审计工作，并且作出了自己的独特创造。

民国时期存在过各种各样的政权，性质不一，制度各异，但是，它们大都重视审计，其审计条规也有相同或相近之处。这一情况，从一个角度雄辩地说明：人类的社会生活有其共同性，人类创造的文明也有其共同性。既往的各种文明之间固然有其互相排斥的一面，但是也有互相参照、互相吸收的一面。一个勇于上进、开拓的民族必须胸怀宽阔，善于取人之长。这里所说的"人"，既包括其他国家，也包括那些和我们生活在不同时代、不同政治、经济条件下的"老祖宗"们。

当前，我们正处于建设社会主义市场经济的时代，经济行为空前活跃，这就迫切需要加强经济监督，加强审计。"温故而知新"，了解前天，了解昨天，是我们把握今天、创造明天的必要条件。研究审计史，将大有助于发展新时期的审计理念，加强制度建设，做好审计工作，从而促进社会主义市场经济的建设，保证国家财政资源的合理分配与使用，保证各项经济活动、经济行为的合法性与最大效益性。因而，这是一本好书，一本大有益于社会的书。

尽管中国审计活动源远流长，但是，既往的研究著作却寥若晨星。

本书作者筚路蓝缕，从近似于汪洋大海的文献中爬梳抉剔，搜寻相关史料，然后加以归纳分析，撰写成书。作者付出的劳动是巨大的，所达到的成就是值得称道的。有了这一本，民国审计史的研究就打下很坚实的基础了。

是为序。

2003 年 10 月写于中国社会科学院近代史研究所

原载《中国审计史》第二卷，中国时代经济出版社 2003 年版

《话说中国》 第二卷序

北伐战争的胜利结束了北洋军阀群雄割据、互相混战的局面，中国形式上实现了统一，但是，随之而来的是国共两党之间的"十年内战"。

国共第一次合作破裂后，中共上山下乡，退入农村，建立工农红军，实行以"打土豪，分田地"为主要内容的土地革命，企图以农村包围城市，推翻国民党在南京建立的国民政府。1929 年 1 月，湘赣两省的国民党军队分路会剿井冈山革命根据地。毛泽东和朱德率领红四军出击赣南，进军闽西，先后在赣西南、闽西南地区，仿照苏俄模式，建立苏维埃政府（苏维埃，俄语，意为代表会议）。其后，中共陆续在湘鄂西、鄂赣皖、湘鄂赣、湘赣，以及广西的左右江、广东的东江等地建立十五个苏区。至 1930 年 3 月，全国工农红军已发展至 13 个军，6 万 2 千余人。1931 年 11 月 7 日，中华工农兵苏维埃第一次全国代表大会在江西瑞金召开，成立中华苏维埃共和国，选举毛泽东为中央执行委员会和人民委员会主席。会议通过的《宪法大纲》规定：中华苏维埃政权是"工人和农民的民主专政国家"，其专政对象除军阀、官僚、地主、豪绅外，也包括"资本家、富农、僧侣及一切剥削人的人"。

1929 年底至 1930 年初，共产国际严厉批判原苏共领导人布哈林"右倾"，指示中共"做好准备"，"用革命的手段推翻资产阶级和地主联盟的政权"。1930 年 5 月，中共中央政治局常委李立三提出，以城市产业工人为主力，进行罢工和武装暴动，同时以各路红军进攻中心城市为辅助力量，争取一省和几省首先胜利。中共中央随即准备在武汉、南京等地暴动，在上海总同盟罢工，各路红军"会师武汉，饮马长江"。这一条错误路线时间不长，只有三个月。1931 年 1 月，中共召开六届四中全会。在共产国际代表米夫的支持下，以王明为代表的"左"倾教条主义者再次取得中共中央的统治地位。王明认为国民党统治正加速崩溃，中共应实行"进攻路线"，争取和推进"全国范围内的胜利"。不仅如此，王明还把中间派看成最危险的敌人。这条路线延续四年，直到 1935 年中共中央在贵州遵义召开政治局会议才得以结束。

蒋介石因联合冯玉祥、李宗仁、阎锡山等派系取得对奉系军阀的胜利，但是胜利后的各派却因利益、权力、地盘等问题而再起纷争。1929年 3 月至 6 月，蒋介石与桂系为争夺两湖地区发生战争。1930 年 4 月，阎锡山在山西太原就任中华民国海陆空军总司令，冯玉祥、李宗仁分别就任副司令，通电反蒋。5 月 1 日，蒋介石兴师讨伐。双方出动兵力共达 140 万人，鏖战半年。由于主战场在河南及邻近地区，因此被称为"中原大战"。8 月，阎、李、冯与汪精卫为首的改组派、邹鲁等为首的西山会议派在北平召开中国国民党中央党部扩大会议，成立（北平）国民政府，以阎锡山为主席，与南京国民政府对峙。9 月，在东北的张学良支持蒋介石，率兵入关，阎、汪退入山西，北平国民政府悄然结束。1931 年 2 月，蒋介石与立法院院长、国民党元老胡汉民之间发生训政时期应否制定"约法"的争论，蒋介石将胡软禁于南京汤山。3月，汪精卫、孙科、邹鲁等在广州召开国民党中央执、监委非常会议，成立（广州）国民政府。中国再次出现两个国民政府对峙的局面。

就在国民党内部互相对立，纷扰不休之际，日本关东军悍然于 9 月18 日夜进攻驻扎东北沈阳的中国军队，中国军队奉命"不抵抗"，日军迅速占领东北全境。南京国民政府寄希望于国际联盟的外交干预，以后又长期推行对日妥协退让政策，企图以此换取日本侵略的止步，延缓对日作战时间。

蒋介石视中共的"红色割据"为心腹大患，于 1930 年 8 月、1931年 2 月、6 月先后发动对苏区和红军的三次"围剿"。红军采取"诱敌深入"等战略战术机动灵活地反击，均取得胜利。"九一八"事变后，蒋介石主张"攘外必先安内",继续坚持"剿共"第一政策。1932年5月、9月,蒋介石调集大军发动对苏区的第四次和第五次"围剿"。第四次"围剿"仍以蒋介石的失败告终,但第五次"围剿"则因"左"倾教条主义者掌握了中共的领导权,蒋介石取得胜利。1934年10月,红军被迫放弃苏区,突围长征。遵义会议之后,在毛泽东等军事三人小组的正确指挥下,红军转战14省,粉碎了国民党军队无数次的围、追、堵、截,克服重重困难,于1935年10月19日到达陕北。

自1929年至1933年,世界爆发经济危机,德国、日本、意大利三个法西斯国家迅速兴起。1935年7月,共产国际在莫斯科召开第七次代表大会,号召各国共产党"建立广泛的反法西斯人民阵线",要求中共与一切"决心真正救国"的力量,结成反对日本帝国主义及其走狗的"广泛的统一战线"。8月1日,中共驻莫斯科代表团起草,并以中国苏维埃政府、中国共产党中央的名义发表宣言,号召各派爱国力量"亲密携手,共同救国"。在此形势下,中共中央的政策逐渐由"反蒋抗日"向"逼蒋抗日"发展。与此同时,由于日本侵略的不断深入和中国人民日益巨大、汹涌的抗日呼声,蒋介石和南京国民政府也在酝酿改变其国内外政策。国外,蒋介石企图联络苏联;恢复中断已久的邦交。国内,蒋介石企图调整和中共的关系。1936年1月,蒋介石指派专人到莫斯科,与潘汉年、王明会谈,说明自己"真诚地想同日本作斗争";宋庆龄也通过在上海的中共秘密党员董健吾到陕北,向中共中央传递信息。此后,两党就合作抗日问题开始会谈。9月1日,周恩来更直接致函陈果夫、陈立夫兄弟,要求国民党"联俄联共,一致抗日"。但蒋介石一面作抗日准备,一面仍然企图首先消灭在陕北的中共力量。12月12日,张学良、杨虎城联手发动西安事变,蒋介石被迫同意停止内战,"联红抗日",西安事变和平解决,中国近代历史出现了大转机。

民族利益高于一切,抗战方针既定,其他纷争、矛盾都被置于次要地位,中华民族即将进入团结抗日、挽救危亡的新时期了。

原载《话说中国》第2卷,上海文艺出版社2005年版

《中日战争国际共同研究》 序

战争是个大怪物，可怕的怪物。它毁灭生命、财产，制造不幸、灾难、悲剧，吞噬、毁灭人类长期创造、积累的文明。古往今来，人类之间进行过的战争已难以数计，给人类带来的灾难也难以数计。以 1937 至 1945 年的日本侵华战争为例，据不完整统计，这次战争中，中国人牺牲 2000 余万人，中国军队伤亡 380 余万人，中国军民伤亡总数 3500 万人。如以 1937 年的美元计，中国财产损失 600 余亿美元，战争消耗 400 余亿元。这样的战争难道不应该反对吗？如果没有这场战争，如此巨大的损失和牺牲自然可以避免，中国国家的面貌和中国近代的历史也许是另外一种样子。

自然，战争多种多样。有正义战争与非正义战争之分。例如，一个国家为统治、奴役另一个国家而进行的战争是非正义战争，而被侵略国家为维护自身的独立所进行的战争是正义战争。又如，压迫者、剥削者为维护一己私利所进行的战争是非正义战争，而被压迫者、被剥削者为维护自身的自由和生存所进行的战争是正义战争。两种战争性质不同，不可以一概反对。当被侵略者、被压迫者、被剥削者不得已而选择战争这一形式以维护自己的权利时，理当得到应有的支持和同情。这是战争史的基本常识，也是全世界人民的普遍良知。不分是非，笼统地反对一切战争是错误的，绝不可取的。

然而，战争毕竟是一种无比巨大的破坏力量，能够避免要尽量避免。如果人类能够有其他方式解决自身发展过程中出现的各种各样的矛盾和问题的话，那么，还是不用战争这种形式为好。中国古代的圣人老子说过："兵者，不祥之器，非君子之器，不得已而用之。"后来唐代的大诗人李白曾经根据老子的思想，加以发挥，写过一首题为《战城南》的诗，描写一场鏖战后的战场惨景。诗云："烽火燃不息，征战无已时。野战格斗死，败马嘶鸣向天悲。乌鸢啄人肠，衔飞上挂枯树枝。士卒涂草莽，将军空尔为。乃知兵者是凶器，圣人不得已而用之。"可见，中国人民自古就热爱和平，但是，并不一般地、笼统地反对战争，其原则是"不得已而用之"。尽管如此，中国人仍然希望有一天能够消灭战争。毛泽东，这是一个大半生南征北伐，靠战争打下江山的历史巨人。他当然深知战争的功用，但是，他也深知战争的残酷，主张消灭战争。他说："战争——这个人类互相残杀的怪物，人类社会的发展终究要把它消灭的，而且就在不远的将来会要把它消灭的。"

消灭战争，就要研究战争。多年前，哈佛大学的傅高义教授联络中国学者、日本学者和西方学者，共同研究上一世纪的中日战争（1937—1945）。这是一场对中国、对亚洲、对美国，也对日本自身造成巨大伤害的战争，世界各国人民都应该记住它的惨痛历史和经验教训，共同保卫和平。我很赞同傅高义教授的这一想法，积极参与其事。记得2002年在美国波士顿举行第一次讨论会时，论题是"战时中国的各地区"。来自不同的社会背景和学术背景的东西方学者围坐一室，本着求真、求实的精神各抒己见。特别使我深有感触的是，参加会议的中日两国的学者各有十余人，虽然有争论，但气氛融洽。这使我想到，当年，这两个国家的士兵相互对阵、仇杀，而今，两国学者友好相处，同席论文。历史发生了多大的变化呀！会议闭幕的那天，我曾经当场写作并朗诵了一首小诗：

曩时对阵两相分，
而今同席共论文。
武战何如文战好，
鹅湖辩难为求真。

宋朝的儒学有"理学"和"心学"之争，相互对立，形同水火。公元1175年（南宋淳熙二年），"理学"派的大师朱熹和"心学"派的大师陆九渊在江西信州的鹅湖寺相会，进行辩难。双方唇枪舌剑，各不相让，但是，所使用的武器仅止于唇和舌，目的是为了探求真理，辩论之后，友谊仍存。我觉得，这是一种很好的风气，值得提倡。

有人群的地方，就难免有分歧，有争论。或为意见之争，或为观念之争，或为利益、权力之争。怎么办？诉诸"武战"嘛，不好！还是要用"文战"，即讨论、辩论、协商、谈判、表决等方法为好。倘若世界上的所有人都能习惯于用这些"文战"的方法来代替"武战"，那么，战争，这个人类互相残杀的怪物也就消灭了，和谐世界也就出现了。

应该说明的是，当年交战国双方的学者以及其他各国的学者共同回顾、总结当年的那场战争，由于各自的背景、环境、视角不同，观点自然会有所不同，甚至有很大不同，这是正常的，也是不难理解的。相信读者会以宽宏的态度对待持有各种不同见解的文章，相信学者之间的交流、切磋以至"文战"，会有利于对那一段历史的全面、深入的认识。

还应该说明的是，这一项国际共同研究还在进行中。目前的新的研究课题是"战时国际关系"，已有中、日、美、英、俄等国的许多学者决定参加。有关研究成果完成后将继续结集出版。

原载《中日战争国际共同研究》第 1 辑，社会科学文献出版社2009 年版

日本京都大学 《梁启超·明治日本·西方》 序

日本京都大学人文科学研究所梁启超研究班的共同研究成果《梁启超·明治日本·西方》即将出版中文本，狭间直树教授要我写篇序。本来，金冲及和张朋园两位大家已经写了，我还能说什么呢！但是，我和狭间先生相交二十余年，盛情相邀之下，又似乎不可无言。

戊戌变法失败，梁启超流亡日本，办《清议报》，办《新民丛报》，办《新小说》，以前所未有的力度和广度介绍西方新思潮、新文化，同时则甩掉"托古改制"的外衣，鲜明地提倡改革中国的旧思想和旧文化。例如，倡导"国民性"改造，呼唤与新时代相适应的一代"新民"的诞生，又如，倡导"文界革命""诗界革命""小说界革命""曲界革命""道德革命""经学革命""史学革命""宗教革命"，等等，在当时，都是震动人心的号召。这一段，可以说是梁启超一生中最辉煌的时期。其成绩，其影响，既超过了他的老师康有为，也超过了戊戌时期的他自己。前后虽不过几年，但是，却引领风骚，开辟生面，下启五四时期的启蒙运动，有力地推进了中国思想和文化的转型，在中国思想界、文化界，以至中华民族的精神境界方面都留下了巨大的影响。应该承认，在近代中国，起过这种影响的历史巨人并不很多，梁启超就是其中的一个，而且可以说是最早出现的一个。1905 年以后，以孙中山为代表的革命民主派兴起，梁启超虽然逐渐失去其在政治方面的领导地位，但是，由于革命党人热衷于"光复旧物""保存国粹"，在文化上，始终无法和梁启超的影响抗衡。

梁启超在日本的这一段虽然很重要，学术界多年来的研究却很不够。其原因，固由于受到"革命""改良"一类条条框框的禁锢，但主要原因则在于隔膜——对明治时代日本的隔膜。人是环境的产物。中国传统社会及其文化，19世纪末、20世纪初的中国社会，鸦片战争以后通过各条渠道传入中国的西学以及救亡维新的康有为之学，凡此种种，是形成梁启超思想文化性格的外在因素，这些我们易于理解。但是，明治日本，也是形成梁启超的思想文化性格的外在因素，梁到日本后所介绍的西方文化，实际上是经过日本人消化、吸收，重新改铸过的明治文化。对此，人们就不一定很清楚；或者，虽然清楚，其了解却并不一定具体；要真正研究起来，困难就更多。学术上有所谓疑点、难点，我觉得，明治日本对梁启超的影响就是这样的难点之一。因此，从一开始，我就觉得这个题目选得好。选择这个题目，反映出一种高明的学术眼光。

四年来，这个研究班集中了京都、大阪、神户地区的一批学者，以京都学派固有的扎实学风，"上穷碧落下黄泉"，广泛收集一切可能收集到的资料，然后，在总的主题范围内各就其兴趣所在选择一个题目，深入钻研，同时又相互切磋，反复讨论，使个人和集体的智慧都得到充分发挥。现在，这个研究班的成果奉献于读者面前了。打开本书，人们可以具体而微地了解明治日本和明治文化对梁启超的影响，方面既广，内容尤有深度，对梁启超的研究是一个相当大的推进，也可以说是一个新的发端。

近代中国，除不少爱国者、革命者流亡日本外，大批年轻人留学东瀛，他们的思想、性格无不受到日本社会政治、文化的影响。可以说，不研究日本就不能深入地研究这些流亡者和求学者，更不能理解发生在他们中间的事件。例如，不研究20世纪初年的日本社会党左派，就不可能了解辛亥革命准备时期章太炎、张继、刘师培等人的思想；不研究当时日本社会党的分裂，就不可能理解同盟会的分裂；如此等等。推而广之，不深入研究19世纪末年至20世纪20年代的欧美社会及其文化，我们就很难理解孙中山及其同辈；不深入研究苏联，我们也就很难深入理解中国共产主义运动中的许多人物和事件。因此，我觉得，这本书，不仅向学界展示了许多关于梁启超的新颖学术成果，而且它还给我们以方法论的启示。这就是：要研究某一个特定的历史人物，除了研究大的历史环境外，还要深入、细致地研究这一人物生活的具体环境；如果他曾经生活在国外，那就除了研究相关的本国环境外，还要研究相关的外国环境。

正像每个民族都有其独特的文化一样，每个民族的学者也都有其独特的知识积累，独特的思维方式和研究特点。学习、借鉴其他民族的文化及其学者的研究成果，将大有益于我们自身的成长和提高。日本的京都学派是一个有着悠久传统和鲜明特点的学派，本书的出版为我们了解京都学派的治学精神和治学特点提供了一条途径。

狭间先生毕业于京都大学，是当代京都学派的代表性学者之一。他领导过许多研究班，如"五四运动"（1973—1978）、"民国初期的文化与社会"（1978—1983）、"国民革命"（1983—1988）、"1920年代的中国"（1988—1993），都取得了丰硕的成果。"梁启超"是他主持的第五个研究班。目前，狭间教授虽然已经开始主持第六个研究班——"中国早期共产主义者和日本"，但是，梁启超研究班的工作仍在继续。摆在读者面前的这本书只是梁启超研究班的成果之一，并不是它的全部。据我所知，有些工作正在进行或即将进行，我们将翘首以待这些新成果的问世。

原载《梁启超·明治日本·西方》，社会科学文献出版社2001年版

民言无忌——"《同舟共进》精华系列"序

"《同舟共进》精华系列"即将出版，邀我作序。我很喜欢这个刊物，也想写点什么。苦思之下，想起旧时有一句话，叫"童言无忌"。我想改动一个字，叫"民言无忌"，借此写一篇小文，以代序焉。

忌者，顾忌、禁忌、忌讳之意。"童言无忌"者，一是不去限制儿童说什么，不说什么，二是对儿童的话，什么都可以听，讲错了也不要紧，不用去打儿童的屁股。"民言无忌"者，就是老百姓讲话，不必有什么顾忌，什么都可以说；而"在上位者"则尊重老百姓的权利，维护老百姓讲话、议论的自由，讲错了也不要紧，不去老琢磨如何封老百姓的嘴，打老百姓的屁股。

何以这样说？

孙中山曾经说过：在共和政体之下，老百姓是皇帝，而各级官吏，"上而总统，下而巡差，皆人民之公仆也"。我们的国家是人民共和国，自然，老百姓是国家的主人，而各级官吏只是"公仆"。也自然，主人有自由说话之权，而"公仆"则唯人民之言是听，照人民意志办事。然而，有一段时期的实际情况却是："民言有忌"，"民言多忌"。"公仆"在那里为主人定调调，画框框，这也不能说，那也不许讲；更有甚者，"公仆"听到不悦耳的话，反而将主人打翻在地，戴上一顶什么"帽子"，从此列入"另册"，让主人成为"贱民"。在这种情况下，要老百姓敢讲话，讲真话自然很难。前些年，学术界讨论"异化"问题，争论得很厉害。有人认为社会主义社会有"异化"现象，有人认为社会主义社会没有"异化"现象，其结果是，认为有"异化"现象的学者被视为"精神污染"，受到刺激，自此一病不起，最后呜呼哀哉！没有"异化"吗？其实这就是一种"异化"。主人无权讲话（包括学术争鸣），而"公仆"颐指气使，随便加主人以"罪名"。主人下沉为"仆人"，"公仆"升格成主人。不是"异化"是什么？

民言"有忌"的结果是：国家的主人不能讲话，万马齐喑，鸦雀无声。国家的"公仆"敢想敢说，信口开河。于是，先有"大跃进"，"吃饭不要钱"，"跑步进入共产主义"，结果是三年困难时期，别说不要钱，就是有钱也吃不上饭，千万人成为饿殍，跑步没进入"共产主义"，倒是进入了"严重困难时期"；于是，继之以"史无前例"的"大革命"，荡涤一切污泥浊水，"横扫一切牛鬼蛇神"，结果是千万人挨斗被批，据说受牵连者上亿，竟至国家主席都成了"叛徒、内奸、工贼"。为什么？难道八九亿中国人都是傻瓜，没有一个人看出这些明摆着的近乎荒唐的错误？非也。中国人智商不低，中华民族一向不缺聪明智慧之士。但是，"言者有罪"的前车之鉴在那里。几人敢逆在上者之所好犯颜进言！而且，许多说话场所管制得如铁桶一般，老百姓到哪里去说话！倒是有若干位勇敢者，如辽宁的张志新、北京的遇罗克、吉林的史云峰、上海的王申酉、江西的李九莲等敢于说出自己的意见了，然而，等待着的却是"割喉""缝唇""刺舌"，在结束你的生命之前也不让你有喊叫一声的可能。

曾经有条"最高指示"说过，人民是真正的英雄，而我们自己则往往是幼稚可笑的。确实，人民群众中蕴藏着无穷无尽的智慧。他们最聪明，看问题最准确、最深刻，只有让人民讲话，七嘴八舌，才能最大限度地集中人民群众的智慧，发展理论，创新理论；也只有让人民讲话，七嘴八舌，才能找到解决社会发展中不断出现的各种矛盾和问题的办法，完善制度、创新制度。这些年，人们不是常常慨叹贪腐严重，不易根除吗？其实，人民的眼睛最亮，"公仆"之中，谁个真正为人民服务，谁个假为人民服务之名，行自利自肥之实，谁个好，谁个劣，人民群众一清二楚。让人民讲话，七嘴八舌，才能选优汰劣，弘扬正气，使赤忱为民者、清廉者、真正有能力为民办事者升迁，使贪腐者、溜须拍马者、平庸无能者无所遁其形。也只有让人民讲话，七嘴八舌，才能上下通气，使"公仆"摸准主人的脉搏，了解主人的愿望与需求，民之所好好之，民之所恶恶之，从而更好地为主人办事。过去有一种说法："让人说话，天塌不下来。"这种说法允许人说话，有其积极的一面，但是，也流露出一种忧虑，让人说话，有可能捅娄子，出事儿，还是看不到让人说话的必要性。其实，让人说话，利莫大焉。至少，会让"公仆"少犯错误；有了错，也会克服得快一点。不至于一人错则举国皆错，明明"公仆"错了，却仍然全民颂圣，欢呼英明、伟大。用总设计师的说法，叫做"一个革命政党，就怕听不到人民的声音，最可怕的是鸦雀无声"。

每人都有一张嘴，一用以吃饭，二用以说话。自有宪法始，中外宪法都将言论自由规定为公民最基本的权利。没有言论自由，其他任何权利都难以实现。我们的宪法明明白白地写道："人民依照法律规定，通过各种途径和形式管理国家事务，管理经济和文化事业，管理社会事务。"试想，如果没有言论自由，不能做到"民言无忌"，人民如何管理自己的国家？所以，社会主义除了最大限度地满足人民的物质生活要求外，还应该最大限度地满足人们自由说话的要求。生活在资本主义社会中的马克思，拜言论自由之赐，创造出号召推翻资本主义的马克思主义。我们生活在社会主义社会，理应拥有比资本主义更高的言论自由度，而不是相反。

写到这里，有人会担心，"民言无忌"，有人胡说、乱说，例如恶意诽谤、攻击，怎么办？丝毫不用担心，不是还有法律管着吗？

原载《同舟共进》2008 年第 11 期

陶涵 《蒋介石与现代中国》 序

　　说老实话，我没有想到，陶涵先生会写出这样一本颇见功力的蒋介石传记，更没有想到，这本书会在大陆出版。

　　那是多年以前的事了。陶涵先生原在美国国务院中国科工作，退休之后，成为哈佛大学费正清研究中心的研究员。他应哈佛大学出版社之邀，正在撰写蒋经国传记。为此，他不远万里，到北京来访问我。我们一起交谈过。我还陪他去访问过蒋经国当年的亲信贾亦斌先生，还曾联系奉化的朋友，为他在溪口开过一个座谈会，调查蒋经国少年和青年时期的状况。当时我曾想，蒋经国留学苏俄的那一段很重要，陶涵先生大概不懂俄文，怎么办？没想到，有一次在台北见面，他却已经和"中研院"近史所的余敏玲女士相处得很熟，谈话中，口口声声"敏玲""敏玲"。余女士留学莫斯科多年，那时，正在帮助陶涵先生收集蒋经国留苏时期的资料。那一次在台北，我还了解到陶涵先生正在广泛访问蒋经国当年的故旧和同僚。我对陶涵先生的研究精神和方法都很赞成。后来，《蒋经国传》出版了，在西方学术界评价颇好。哈佛大学出版社要他继续写蒋介石传。我得知这一消息后，既为他高兴，又颇为他担心。蒋经国去世未久，故旧、同僚存世者颇多，广泛访问可以抢救记忆，掌握较多不见于文献记载的口述资料，为著作增色。但是，蒋介石的故旧、同僚却大都已经逝去，留存的文献资料则浩如烟海，难以尽读，陶涵先生阅读中文的能力不是很过硬，他为了参考和引用的准确，利用中文文献时常须请中国专家先行翻译成英文。写《蒋介石传》，要读的资料实在太多。行吗？然而，出乎意料的是，陶涵先生的《蒋介石传》又在哈佛大学出版社出版了，西方学术界仍然评价很高，并且很快在台湾出了中文版。

一部历史著作能成功，一定要有自己独具的特色。或以史实，或以观点，或以文字。陶涵先生为写作《蒋介石传》，尽其所能收集、阅读、研究了相关文献资料，也访问了蒋氏故旧、同僚和部属中的健在者。美国胡佛档案馆的蒋介石日记开放后，他又迅速前去阅览。蒋介石日记，用文言、毛笔，以行书书写，没有标点，年龄大一点的中国学者读起来顺畅，年轻一点的中国学者读起来就会碰到一些疙瘩；对于外国学者说来，困难会更大，然而，陶涵先生仍然勇敢地走进了胡佛档案馆的阅览室。据斯坦福大学的朋友告诉我，陶涵先生为了理解准确，曾邀请中国研究生帮助，慎重选择，慎重翻译，因此，本书利用了大量蒋介石的日记资料，可以说，他是利用蒋介石日记为蒋介石写传的第一人。

陶涵先生是美国人，长期在美国外交部门工作，熟悉美国政情，他利用这一优势，查阅了美国的国家档案和保存在美国的若干中美政军要人，如宋子文、马歇尔、史迪威、魏德迈等人的文献，也研读了许多西方学者关于中国近现代史的著作，因此，本书为我们打开了一扇大门，可以帮助我们深入，而不是肤浅地了解蒋介石在美国的史料及其相关研究状况。中美关系是近代中国最重要的外交关系之一。抗战开始以后，中美关系日益密切。政要、军要之间交往频繁，美国政府深深地卷入了中国的政治、军事、经济和外交的各个层面。可以说，不了解中美关系史，就不可能全面地了解中国近代和现代的历史。1949年国民党迁台，这以后，中国台湾领导人和美国政府之间的关系更加紧密而不可分，可以说，不研究那一时期中国台湾领导人和美国政府的往来，就无法阐释台湾1949年以来的历史。陶涵先生的书，以蒋介石为线索，揭示了那一时期中美，包括台美之间的复杂关系，就这一方面史料、史实的开拓、挖掘来说，其深入程度，大大超过了此前的任何一本同类著作。我以为，这是陶涵先生此书的最大成就，也是其贡献所在。

蒋介石这个人，地位重要，经历复杂，历来争议不断，尊之者抬上九天，贬之者踩入九地。即以毛泽东言。抗战初期，毛泽东曾称蒋为国民党中孙中山之后的第二位"伟大领袖"，但是时间不长，抗战刚刚结束，毛泽东即斥之为"人民公敌"。古语云：盖棺论定。蒋介石的棺盖虽然早已盖上，但离论定尚远，争论还可能持续若干年，而且，在历史的发展尚未告一段落，历史的本质尚未充分显露之前，有些问题还可能无法做出结论，自然更难取得共识。中国俗话说：摆事实，讲道理。日常生活中的议论、辩论应该如此，历史研究更应如此。所谓摆事实，说的是必须从严格的、经过检验的可靠史实出发；所谓讲道理，说的是在叙述史实的基础上，提出思想，提出观点，作出结论。在这一过程中，前者是基础，是历史著作的根本任务。史实讲清楚了，而且讲得可信、可靠，当代、后代以至千秋万代的读者从中自会得出自己的结论。中国古代的优秀史著大都符合这一特点。时移境迁，人们的认识会变化，观念会变化，但是，这些著作所保存的可靠史实仍然魅力常在，成为各个时期不同情况下各类历史学家或历史爱好者研究的出发点。我觉得，陶涵先生出生、成长于太平洋彼岸，对中国历史和国情可能会有某种隔膜，在阅读中文文献时可能会有误读，某些叙述、判断不一定正确，有些问题，文献缺如，难免依靠猜测，例如，1949 年之后蒋介石和周恩来之间的关系，等等，但是，从总体上，本书是按照摆事实，讲道理的正确原则写作的。你可以不同意他的这一个，或者那一个观点，但是，他所叙述的史实你却必须面对。

中国古代大诗人白居易在描写音乐时写道："嘈嘈切切错杂弹。"科学的发展与此类似，它不怕辩论，也不怕众声嘈杂。在辩论中，在不同观点的切磋、攻难中，真相会显示，真理会昭明。近年来，关于中国近现代史，以至关于中国历史的许多问题都在讨论，新见迭出，这是大好现象，是学术活跃，思想解放的表现，也是"百家争鸣"的表现。陶涵先生这本书，从一个外国人的视角提出了他对蒋介石其人和对近现代中国历史的看法。他认为蒋介石是个"高度矛盾"的人物，讲了他的功，他性格中的优点，也讲了他的过，他的毛病和缺点，这一总体把握是合适的，两分法的解剖也是可取的。当局者迷，旁观者清，陶涵先生的经历、教养、思维方式都和中国人不完全相同，他以异邦人的身份，能够既沉潜于中国历史之中，又超脱于中国历史之上，摆脱中国原有党派、政团之间的恩怨情仇和利益需要，不以宣传，而以还原历史本相为目的，力争以科学态度比较全面地、客观地阐述蒋介石丰富、复杂的一生，这对于人们了解蒋介石、研究蒋介石，为其作出比较准确的历史定位，自然是有意义的，对于进一步深入地研究近现代中国的历史也是有意义的。既往研究蒋介石的西方学者大都将之视为"失去大陆的人"，以贬斥为主，陶涵先生本书与之不同，说了不少蒋介石的好话，有些方面的评价甚至很高。其中有些文字，本版编者在征得陶涵先生同意后，已经作了少数删节，但是，本书的观点仍然可能有些读者同意，有些读者反对，我在台湾学界的两位老朋友，一位写书评说好，一位则写书评大骂。这不要紧。只要著者言之成理，持之有故，读者持开放心态，各种意见其实都可以促进我们思索，作为我们在通向揭示本相、昭明真理途程中的参照和思维资料。

陶涵先生的文字很好。他以自己的语言叙述传主的生平和思想，一般不大段引用原文，因此，行文干净、流畅。我觉得，陶涵先生本书，严格遵守学术规范，既有历史学家的严谨、求实精神，又有文学家对形象的敏感。本书在叙述历史发展过程时，在确保真实性的前提下，注重环境描写、人物的肖像描写、心理刻画，以至细节烘托。有时候，我甚至觉得，作者的叙述能力高于其思辨能力，这就使本书的若干部分写得相当生动、可读，给予我们写作人物传记以启示。

陶涵先生本书的英文版出版后，很快就寄了一本给我，我在研究工作中，曾经参考过这本书。其间，我在加拿大，在中国重庆，都曾有过和陶涵先生见面的机会。陶涵先生希望他的书能在中国大陆出版，我则表示，其部分观点大陆可能较难接受，陶涵先生授权我删削，但须经他同意。大概是 2010 年的夏天，我正在胡佛研究所访问，陶涵先生再次写信，重提他的愿望，并且用特快专递给我寄来了两部台湾翻译并出版的中文版来。我回国之后，即将其中一部交给了一家出版社。出版社初读之后，认为书有出版价值，但顾虑送审很难通过。今年 5 月，中信出版社的王强先生通知我，送审关已过。我既为陶涵先生的著作有和大陆读者见面的机会高兴，也为中国的学术、出版环境的进步高兴，因此，在王强先生要求我为本书写篇导读时，我便愉快地答应了。但是，一动笔，却感到"导读"太严肃，太正规，担负的任务过重，还是不如写篇序言，轻松、自如一点吧！

是为序。

2012 年 6 月 2 日写于北京东厂胡同之书满为患斋

原载《蒋介石与现代中国》，中信出版社 2012 年版

臧运祜《七七事变前日本的对华政策》序

中国有句古话，叫做“知己知彼，百战不殆”，说的是打仗时，必须充分了解己方与敌方的情况，才能战无不胜。其实，这句话也完全适用于历史研究。迄今为止的人类历史充满了敌对国家、敌对派别的政治、军事、经济、文化各种类型的斗争，历史学家们必须充分研究敌对两方的资料，综合分析，才能洞悉彼此，胸存全局，写出高水平的历史著作。多年来，我常常痛感，我们的历史研究往往偏于一方，而略于另一方。例如，研究中日战争史，只研究中方，而不肯下力气研究日方，所据所述，大体以中方档案或文献为主；研究国共关系史，只研究中共一方，而不肯下力气研究国民党一方，所据所述，大体以中共档案或文献为主。这样做的结果，写对方，常如雾中视物，模模糊糊，难得其清；写己方，常如身在庐山，囿于所见，难免其偏。

运祜先在北京大学取得硕士学位，到军事科学院工作，后来又到中国社会科学院研究生院近代史系攻读博士学位。他懂日文，在选择研究方向的时候，我向他建议，能否充分利用日文档案，研究“九一八”至卢沟桥事变前的日本对华政策。这一段，过去虽有若干著述问世，但相对说来比较薄弱，倘能认真开掘，不仅可以垦拓荒圃，填补空白，而且也可能会有许多新的发现。运祜同意我的意见，接受了这一选题，认认真真地做起来，而且认认真真地完成了。

日本军国主义者发动“九一八”事变，侵占我国东北后，其下一个侵华的重点目标就是我国的华北地区。自 1931 年至 1937 年卢沟桥事变爆发，六年中，日本政府和军部如走马灯似地经过了多次变动，其对华政策也有种种变化和不同，但是，万变不离其宗，侵略中国，特别是侵略华北的总方针始终未变。运祜的这本书，以日本的"华北谋略"和"华北工作"为中心，详细考察了这一时期日本的对华决策机制、对华政策的演变及其实施状况。我不敢说它对研究日本史有多大贡献，但是，对于研究中国近代史（包括中日关系史、日本侵华史、抗日战争史）的学者来说，它可以帮助我们比较深入地"知彼"，因而是一本值得一读的书。

近代中国的特点是中国卷入世界，列强介入中国事务。30 年代中国政治舞台上的许多演出，其实背后都有列强牵线。其中，日本介入中国事务最深，因而，和中国政局的关系也就远较其他国家密切。这一时期，日本军国主义者既以南京国民政府为对手，或战或和，影响中央政局，同时，又广泛支持地方实力派的反蒋活动，左右中国形势。这些方面，有许多内情和内幕活动，中文文献中没有记载，有关的中国当事人也不曾留下回忆，但是，运祜的这本书谈到了。因此，我觉得，这本书对于中国近代史学者"知己"，推进我们对有关历史和人物的认识，显然也有好处。

运祜的这本书，以日本外务省档案和日本军方保存的陆海军文书为主要资料依据。二者都是北京图书馆购藏的缩微胶卷，数量极为庞大。入藏以来，利用者一直并不很多。运祜能经年累月地坐下来，一卷一卷地读，一个文件、一个文件地分析，一个字、一句话地逐个研究、推敲，其间的辛苦是可以想见的。俗话说：不入虎穴，焉得虎子；不用大力气，下大工夫，充分收集并研究重要的第一手资料，如何能在历史科学的海洋里有所前进呢！

运祜的书即将出版，我于欣慰之余，写了上面的感想，算是作为序言。

2000 年 5 月 6 日写于北京东厂胡同

原载《七七事变前日本的对华政策》，社会科学文献出版社 2000 年版

王奇生 《党员、党权与党争》 序

　　中国古无政党，国家大事取决于以帝王为首的贵族、官僚体系，可以称之为"帝治"。中国政党的萌芽，始于 1894 年孙中山在檀香山创立的兴中会。1905 年，孙中山在日本东京创立中国同盟会。它有政纲，有组织，有入会条件和手续，初步具有了现代意义上的政党特征。此后，同盟会在民国初年演变为国民党，后来又演变为中华革命党和中国国民党，现代政党的特征日益发育。1924 年，孙中山"以俄为师"，对中国国民党进行改组，国民党的组织形态臻于完备。1927 年，蒋介石发动"四一二"政变，国民党的性质发生重大变化。同年，南京国民政府成立，国民党成为执政党，自此统治中国大陆 22 年。这 22 年中，国民党长期标榜"以党治国"。这样，中国历史上就出现了一种前所未有的新的统治形式——"党治"。

　　研究中国近代史和中国国民党史，必须研究"党治"，即中国国民党的治国主张及其在中国的实际运作。近年来出现的有关中国国民党的历史著作大都走的是这一条路子。这是必要的。但是，还必须同时研究国民党如何"治党"，即它如何发展党员，管理自己。这也是研究国民党史的学者不可忽视、不可或缺的重要课题。只有将对于"党治"和"治党"的研究结合起来，我们才能获致对中国国民党的全面的认识。

　　王奇生教授的著作研究 1924 年至 1949 年中国国民党的组织形态，包括俄共体制的引入、国民党党员的社会构成、党治关系、党政结构、政治录用、派系矛盾、吸纳机制等多方面的问题。作者通过全面、严密的考察认定，国民党是一个"弱势的独裁政党"，这就从"治党"这一特定角度揭示出，在近代中国两大政党的角力中国民党所以惨败的原因。学术贵创新，学术的生命也在于创新。本书所阐述的诸多问题前人大多没有作过探索，没有多少现有成果可资参考，一切都要从头开始，因此，本书可以说是国民党历史研究中的一部拓荒之作，也可以说，是一部独具特色，别开生面的原创之作。近年来，我们看惯了一些主题、章节、内容、叙述都大体相同的著作，陈陈相因，了无新意，读本书，相信读者均当有焕然一新之感。

一部好的历史著作必须建立在丰富的历史资料之上，同时，它的作者又必须具有深刻的理论思维，能对所研究的对象作出清晰、严谨、科学的判断。王奇生教授在中国第二历史档案馆工作多年，近年来又跑遍全国几十个省、市档案馆，广泛收集民国档案和相关的图书文献，因此，本书所用资料很多都是作者第一次发现或第一次引用，从而为近代史研究者打开了一片崭新的天地。同时，作者又有自己独特的视角，善于思考，并且善于提出问题和解决问题。全书新意迭出，对国民党的历史提出了许多在其他相关著作中很少见到的精辟观点。我研究民国史和国民党史三十余年，读本书，仍然经常有新颖而出乎意表的感受。

世间一切事物都处于一定的过程中，表现出一定的质，也表现出一定的量。因此，历史要忠实地记录过程，这是它的主要任务，但是，历史也要对处于特定过程中的事物作出质和量的分析。既往的某些历史著作，或忽视对过程的叙述，或重视"定性分析"，忽视"定量分析"，因此，都不能正确地反映历史全貌。王奇生教授比较全面地注意到了上述三个方面，而在"定量分析"方面用力尤勤。本书附有35幅图表，举凡党员成分、信仰、职业、年龄、教育程度、兼职、薪俸、地域分布等方面，都有比较精确的数量统计，这在其他相关著作中是很少见到的。旧中国普遍忽视对国情的调查统计，国民党对自己的"党情"也所知甚少。即使单从本书所附件图表这一方面，也可见本书作者投入了怎样的辛勤劳动。

近年来，一些年轻的史学研究者很注意吸收海外史学家的优长，这是一种可喜的现象。每个国家、每个民族，甚至某个特定地区，都会有自己的独特文化，自然，历史学家们也都有自己独特的知识结构、思维方式、话语系统。取人之长，补己之短，固属十分必要，但是，在这一过程中也出现了一些令人担忧的现象，这就是某些人、某种程度上的食洋不化，其表现之一就是生硬地照搬境外的话语系统，以致不知所云。王奇生教授是注意吸收海外史学家的优长的，从书中的考察角度、话语系统可以看出这种吸收的痕迹，但是，却决不牵强，决不生硬，融合无间，这是很不容易做到的。

清人黄遵宪诗云："国方年少吾将老，青眼高歌望尔曹。"奇生年方四十，正值一个学者的起步阶段，已经如此成熟，有了如此卓异的成绩。循此前进，成就大有望焉。

2003 年 8 月 13 日草于长春南湖宾馆，8 月 22 日定稿于北京中国社会科学院近代史研究所。

原载《党员、党权与党争》，上海书店出版社 2003 年版

"中华南社文化书系" 总序

南社是近代中国著名的文学社团和文化组织，在中国革命和革命的文化事业中发挥过重大作用。该社酝酿于清末，发起人为中国同盟会会员、江苏人陈去病、高旭、柳亚子，成立于1909年（宣统元年），解体于1923年（民国12年），以后又有新南社，南社湘集、闽集的组织。前后延续长达三十余年，成员达1182人，分布于当时中国的19个省，253个县。其中，既有追随孙中山，献身于民主革命的革命家，不乏杀身成仁、慷慨捐躯的英烈，也有教育、新闻、出版、文学艺术、科学研究以及地方文化建设的精英。他们承前启后，推陈出新，既接纳新潮，又努力发扬民族文化的优良传统，在多个领域中做出过重要贡献，堪称人才济济，成一代大观。

我研究南社，始于1958年。那时，我正在北京大学中文系求学，盛行学生编书，参加写《中国文学史》。我被分配在"中晚唐组"。初稿完成后，阿英先生提出，近代文学部分不可没有南社，于是，临时调到近代文学组帮忙。"南社"，这个名词对我而言很陌生。1949年前读小学，历史课本中提到陈去病、柳弃疾创立南社，"去病""弃疾"，我觉得这两个名字很有意思，有一点模模糊糊的印象，其他就什么都不知道了。这以后，天天去设在东语系楼顶上的旧期刊阅览室，读线装本的《南社丛刻》，开始了对南社的研究，也成了我研究中国近代史的起点。文学史写完后，我参加编注《近代诗选》，广泛阅读近代，特别是辛亥革命前后的诗人作品，自然，南社诗人是重点。毕业了，和亡友刘彦成君共同合作写《南社》，迫切感到，需要更多、更深入地了解南社作家及其作品。

在研究过程中最大的困难就是了解作家。陈去病、高旭、柳亚子三位发起人留存资料较多，好办；其他一些著名人物，如革命家黄兴、宋教仁，烈士如宁调元、周实，名人如苏曼殊、李叔同、马君武等，也都好办。困难在于南社社员人数众多，除了柳亚子的《南社社友姓氏录》有简单的说明外，大部分人什么资料也找不到。选诗、注诗，既要知诗，还要知人，知时，连诗人的基本的生平资料都说不清楚，如何选注？如何论述？作家小传如何落笔？当时，还有一些不见之于文字的禁忌，例如，后来反共的作家不能入选，随国民党迁台的作家不能入选，等等。为了解决这些问题，我曾经走访过当时住在北京东总布胡同的邵力子，住在北长街柳亚子家中的郑之蕃，还曾到过设于北海静心斋的中央文史馆，访问健在的南社社员田名瑜，也到过近代史研究所，似乎还写过一些调查函件，但都所获甚少。

这些年，随着南社研究的进展，特别是各地地方志和文史资料收集、整理工作的进展，我原来遇到的困难逐渐在减少。最近，张夷先生倡导编辑和出版《中华南社文化书系》，其中，《江阴和南社》已经编成，《常熟和南社》《无锡和南社》等书也在陆续编辑中。江阴，是江南历史、文化名城，和南社关系并不十分密切，参加南社的文人也不多，但是，《江阴和南社》一书依赖本土优势，展示了当地南社社员的文化贡献，也展示了陈去病等人在当地以及他们和当地文化人的密切关系。这些人和事，许多都是不为世人所知的。历史如同大海，它常常将大量的人和事卷进波涛深处，历史研究者的责任就在于将其中有价值的部分重新打捞回来。

据孔玉琴等统计，南社社员如以省籍计，江苏440人，浙江226人，广东175人，湖南119人，其他依次为安徽56人，四川25人，福建23人，湖北21人、江西17人，广西16人，与当地的革命运动发展水平、文化发展水平大体相当。以县籍统计，则嘉善38人、金山35

人，吴江 33 人、松江 31 人、吴兴 28 人、梅县 28 人、醴陵 26 人、上海 25 人、吴县 25 人、番禺 23 人、太仓 22 人、绍兴 22 人、常熟 21 人、杭县 20 人、香山 20 人、南海 19 人、武进 17 人、长沙 17 人、湘潭 16 人、顺德 15 人、无锡 15 人、青浦 15 人、闽侯 14 人、高邮 14 人、江宁 13 人、淮安 13 人、诸暨 12 人、南汇 11 人、丹阳 11 人、海宁 11 人、宁乡 11 人、东莞 11 人、湘乡 10 人。这些人以及其他县区的人，大都是当时的社会精英、文化精英，都有自己打拼、奋斗的经历，都对中国革命、中国文化，特别是当地地方文化做出过重大的、独特的贡献。相信类似于《江阴与南社》，以及《南社诗选》《南社词选》和《南社文选》《南社大词典》等一类图书的编纂和出版，搜遗编于故纸，发潜德之幽光，将大大推进南社作家和南社文化研究的深入，也将大大推进中国地域文化，特别是地方文化研究的深入和发展。

2012 年 12 月 16 日于北京东城之书满为患斋

原载"中华南社文化书系"，团结出版社 2014 年版

闻海鹰 《忏慧词人徐自华》 序

　　近来我很怕给人写序。一是要认真、仔细地读所序之书，二是要认真、仔细地思考要说的话，总要尽力避免一般性的颂扬之词，有点思想，有点新意才好，这可就不大容易了。然而，当闻海鹰女士要求为她的《忏慧词人徐自华》写序时，我却毫不犹疑地答应了。

　　自 20 世纪 50 年代始，我开始选注《近代诗选》一书。其中秋瑾诗是由我选并由我作注的。记得其《黄海舟中日人索句，并见日俄战争地图》诗云："万里乘风去复来，只身东海挟春雷。忍看图画移颜色，肯使江山付劫灰。浊酒不销忧国泪，救时应仗出群才。拼将十万头颅血，须把乾坤力挽回。"我一读便能成诵。不仅诗中所表现的爱国、献身情怀使我感动，其豪壮、阔大的境界也是中国古代女子诗歌从来不曾有过的。其后，我研究南社，读到 1908 年陈去病为徐自华的诗集所题诗："天生风雅是吾师，拜倒榴裙敢异词。为约同人扫南社，替君传布廿年诗。"陈去病当时已是很有成就的诗人，但他对自华的诗特别欣赏，自甘拜倒于石榴裙下，称之为"师"，可见徐自华作品的艺术成就之高和陈去病对其倾倒之深。1978 年以后，我参加中国社会科学院近代史研究所承担的国家项目，撰写《中华民国史》第一编，对秋瑾了解日多，对秋瑾的女友徐自华也了解日多。

　　自华和秋瑾的相识始于 1906 年 3 月。当时，自华担任浔溪女学校长，聘请新自日本留学归来的秋瑾来校任教。二人纵谈国事，一见如故，像两块磁石一样互相吸引。经秋瑾介绍，自华加入中国同盟会，从闺阁少妇变为革命志士。同年冬，自华与其妹蕴华出资支持秋瑾到上海创办《中国女报》，提倡女学、女权，呼吁妇女解放，投入反清革命。1907 年，自华与秋瑾泛舟杭州西湖，船经西泠桥畔，因为喜欢这里的青山绿水，订下了他年"埋骨西泠"之约。同年，秋瑾出任绍兴大通学堂总办，密谋起义，急需军费，自华、蕴华姐妹倾箧中首饰，约值黄金 30 两相助。7 月，起义不幸事泄，秋瑾本可逃生，却拒绝出走，声言："我怕死就不会出来革命，革命要流血才能成功，如满奴能将我绑赴断头台，革命至少可以提早五年。"同月 15 日（夏历六月初六日），秋瑾在绍兴古轩亭口英勇就义。自华于风雪中渡过钱塘江，在昏夜持火炬入山，寻得秋瑾灵柩，护送至杭州，特别安葬于西泠桥畔，以践当年之约。自华并与陈去病、褚辅成、姚勇忱等组织秋社，作为纪念秋瑾的组织，以每年夏历六月六日秋瑾就义日作为纪念日。自华出任秋社社长。她请人绘制《西泠悲秋图》，广征题咏。

清政府不能容忍秋瑾墓存在于西湖。1908 年年底，秋墓被平毁，灵柩被辗转运到湖南株洲，葬于其夫王家老宅的后山上。由于秋墓被毁，自华自此不忍再到西湖，更不忍重过秋墓遗址。辛亥革命后，自华适时提出，将秋瑾灵柩移回杭州西泠重葬。1912 年 9 月，自华委托挚友陈去病赴湖南，迎接秋瑾灵柩返浙。浙江省议会决定在秋墓原址建筑风雨亭，供人凭吊；将原清军将领刘典祠改建为秋祠，临湖小楼改为秋心楼，秋社即设于楼内。12 月 4 日，自华等在上海为纪念秋瑾而成立的竞雄女学迎灵，举行追悼大会。12 月 9 日，孙中山应浙江都督及陈去病、徐自华等人之邀，亲到杭州秋社致祭。孙中山撰挽联云："江户矢丹忱，感君首赞同盟会；轩亭洒碧血，愧我今招侠女魂。"1913 年 5 月 18 日，徐自华与陈去病等企图重刊《中国女报》，"以竟女侠未竟之志"。同年 7 月，秋瑾成仁六周年纪念日，陈去病与徐自华及南社、越社、秋社同仁归葬秋灵于西泠，新墓与新建的风雨亭，东西相对。自此，自华长住秋社，守着秋祠与秋墓。她并在孤山买了生圹，准备百年后与秋瑾魂魄相依。1937 年 7 月，自华逝世，初葬于杭州第一公墓。

抗战胜利后，蕴华将之迁葬于孤山原冢，完成了其姐姐的遗愿。

中国古代一向重视诚信，重视人与人之间的然诺。言而必信，诺而必践，践而必果，从来被视为崇高的美德。相反，言而无信，诺而不行，则被视为卑琐的小人。司马迁的《史记》写楚人季布，中有"得黄金千两，不如得季布一诺"之语，所歌颂的就是季布说话算数，诺必践，践必果的诚信守约精神。司马迁之后，历代的骚人、墨客也大都肯定季布的这种优秀品质。李白诗云："一诺许他人，千金双错刀。"（错刀，古代铸币，每枚值五千钱）钱起诗云："甚感千金诺，宁辞万里游。"清代的纳兰性德词云："然诺重，君须记。"都是对季布优秀品质的颂扬。自华女士为了践行与秋瑾的"埋骨西泠"之约，冒着危险为秋瑾寻柩、择地、营葬，辛亥革命后又再度为之营葬，建亭，建祠，并终身居住秋社，与秋瑾的魂魄相依为伴。这不仅是对传统的季布精神的继承，而且深含着对女侠爱国、献身精神的高度崇敬，是在20世纪历史条件下对传统精神的新发扬。

徐自华留下的资料不多，但是，这本书写得很丰富、很充实。作者思路开阔，放得开，收得拢，文笔优美，饱含深情，虽有虚构和想象之处，但属于古人所称"踵事增华"，今人所谓"调动艺术手段"，总体上并不失其真，出色地再现了徐自华的品格和形象。作者是女性，但起了个男子汉的名字——海鹰。使我略感意外的是，读本书，给我留下的不是波涛汹涌、搏风击雨的阳刚之气，而是江南水乡的清明、灵秀之美。

2014年6月8写定于中央文史研究馆"中华文化四海行·走进甘肃"之前。

原载《忏慧词人徐自华》，团结出版社2014年版

《美国国家档案馆藏中国抗战历史影像全集》序

　　战争是力的对峙，国与国的战争则是国力、军力、心力（战略战术、人心向背）诸种因素的对峙。

　　70多年前的中日战争爆发于两个近邻之间。这是强弱异势、力量相差悬殊的国家之间的战争。日本，虽然是小国，经过明治维新，迅速成长为现代化的工业强国，而中国，虽然是大国，但由于种种原因，却依然是落后的农业弱国。据统计，战争爆发前，日本的年工业总产值已经高达60亿美元，而中国仅为13.6亿美元；钢产量，日本高达580万吨，中国仅为4万吨；石油，日本高达169万吨，中国仅为1.31万吨。日本年产飞机1580架，大口径火炮744门，坦克330辆，汽车9500辆，年造舰能力52422吨，而中国尚不能生产一架飞机、一门大口径火炮、一辆坦克或汽车，除少量小型船艇外，不能造出任何一艘大型军舰。

　　国力是军力的基础。战前，日本总兵力为448万人，中国总兵力约为200万人；日本有作战飞机1600架，中国仅有223架，日本有舰艇285艘，中国仅有60余艘。以步兵师而言，日本每师21945人，中国仅10923人；步枪射程，日本3000公尺，中国仅2000公尺；轻机枪，日军每师配备541挺，中国每师仅274挺；重机枪，日军每师104挺，中国军队仅有54挺；野山炮，日军每师64门，中国军队仅9门。

　　当时，中日两国的差距不仅表现在国力、军力上，而且表现在国家的统一与分裂的歧异上。日本实行天皇制，国家统一，上下齐心，武士道精神弘扬；中国，国共两党正在生死搏斗。1931 年 11 月，中华苏维埃共和国临时中央政府在江西瑞金成立，与建都南京的号称中央的国民政府对立。次年，东北成立伪满洲国。此外，广东、广西、四川、云南、贵州、西康、山西、新疆等省都存在着各怀异志的地方实力派，南京国民政府的号令范围不出长江中下游的有限的几个省份。

中日战争，就中国方面来说，是被侵略者，中国人民所进行的是卫国战争，有"人心"上的天然优势，但是，就国力和军力来说，中国则处于绝对劣势。人们常说：不打无准备之仗与无把握之仗。面对长期准备、武装到牙齿的日本法西斯，中国当然无法，也不应该仓促上阵。在进行一场决定国家存亡、民族兴衰的大战之前，不可以鲁莽灭裂，必须有广泛的动员与充足而缜密的准备，因此，一段时期内的犹豫，一定程度上的妥协、退让，战争过程中的后退、失败、溃败，以至大面积的国土沦丧，都是难以避免、可以理解的。关键是这种一定时期内的犹豫、妥协是否最终转化为雄起、奋战，其结局是屈服于对手还是将对手打翻在地，战而胜之。忆当年，第二次世界大战初期，英、法、美、苏等强国面对德、日法西斯军队时，都曾有过不堪启齿的惨重失利和败绩。英、法在西欧战场上的表现不去说它了。以俄罗斯战场论：德军开战两个星期即长驱 500 公里；半年之内，即俘获苏军 280 万人。以亚洲战场论：日军进攻香港，英军只守了 17 天，全部投降；进攻新加坡，仅 7 天，英、澳、印联军 10 万余投降；进攻菲律宾，仅 5 个月，美军总指挥温莱特将军投降，近 10 万美菲联军成为俘虏。了解了这些情况，人们就不会苛责当时中国这样一个孱弱而四分五裂的国度！

要对外作战，内部自然必须团结和统一。1935 年 8 月，共产国际号召各国共产党"建立广泛的反法西斯人民阵线"。中共发表《八一宣言》，呼吁中国各党派、团体、各界、各军组成国防政府和抗日联军，共同反对日本侵略。蒋介石抓住时机，于 1936 年 1 月派人到莫斯科和中共代表团谈判。中共以民族大义为重，毅然改变政策，于 1937 年 2 月回应蒋介石在"西安事变"时的要求，提出四项保证：1. 在全国范围内停止推翻国民政府之武装暴动方针；2. 工农政府改名为中华民国特区政府，红军改名为国民革命军，直接受南京中央政府与军事委员会之指导；3. 在特区政府区域内，实行普选的彻底民主制度；4. 停止没收地主土地政策，坚决执行抗日民族统一战线共同纲领。两党经过长时间的多次、多线接触，达成停止内战，一致抗日的协议，1937 年 7 月，中共中央更进一步向国民党提出《合作宣言》，郑重表示：孙中山先生的三民主义为中国今日所必需，本党愿为其彻底实现而奋斗；红军愿受国民政府军事委员会之统辖，待命出动，担任抗日前线之职责。这样，国民党和共产党这两个冤家、仇敌终于化干戈为玉帛，实行第二次合作。以国共合作为核心，各地的地方实力派感于民族危机深重，陆续接受国民党和国民政府的领导。中国由此出现了各党派、各阶级、各民族的全民抗战的热潮。

要战胜比自己强大数倍以至几十倍的敌人，还必须选择正确的战略与战术。当时中国两个最大的政党，国民党和共产党都以持久战作为方针。国民党提出"以空间换时间，积小胜为大胜"，企图以中国的广大国土与日本长期周旋。中共领袖毛泽东则发表《论持久战》，提出以依靠人民、发动人民为主要方针的一整套对日作战思想。

在全民抗战的热潮中，中国出现了两个战场：正面战场和敌后战场。

正面战场的主力是中国国民党所领导的作战部队。这支部队阻挡和遏制日军进攻，承担了和日军主力作战的任务。自卢沟桥事变，全面抗战起，中国军队进入单独苦战阶段。在武器低劣、缺少外援的情况下，中国军队进行了华北、淞沪、南京、徐州、武汉、南昌、随枣、长沙、桂南、枣宜、豫南等诸多会战。在这些战役中，中国军队依靠大无畏的牺牲决心与血肉之躯，保卫国土，坚毅顽强，屡败屡战，不屈不挠，可谓一寸山河一寸血，其伟大精神与浩然之气，足以惊天地、塞两间、泣鬼神，足以证明他们无愧于先人，无愧为炎黄后裔。1941 年 12 月，太平洋战争爆发。1942 年 1 月，美、英、苏、中等 26 个国家在华盛顿签署《联合国家宣言》，世界反法西斯统一战线正式形成，蒋介石出任中国战区盟军最高统帅。此后，中国军队进行了长沙、浙赣、鄂西、常德、豫中、长衡、豫西、鄂北、湘西等会战。自 1942 年月 2 月，中国远征军应邀赴缅甸作战，开辟出与国内战场同时并存的国外战场。仅在缅甸北部，远征军歼敌 4.8 万人，收复缅甸土地 13 万平方公里，大小城镇 50 余座。在滇西，远征军歼敌 2.1 万人，收复失地 8.3 万平方公里。1945 年 4 月，广西地区的日军开始撤退，中国军队旋即反攻。7 月下旬，收复桂林。中国军队向前推进 350 余公里，全部收复桂柳地区。

这是中国军队从颓势转为优势的转折，是大反攻、大胜利的起步。据国民政府官方的不准确的统计，抗战中，中国政府动员的正规军和游击队 550 万人，一般战斗 38931 次，主要战役 111 次，大的会战 22 次，中国军队伤亡 338 万。牺牲上将 8 人，中将 41 人，少将 71 人。歼灭日军 133 万，占日军在二战中伤亡总数 195 万的 70%，共击毙日军少将以上官员 44 人。

敌后战场的主力是中国共产党所领导的作战部队。这支部队在 1937 年 8 月的平型关战役中初获胜利，其后就扬长避短，发挥自己的独特优势，深入敌后，发动群众，壮大力量，建立根据地，以游击战、破袭战、地雷战、地道战等形式，骚扰和打击敌人。1940 年 8 月至 12 月，八路军的领导者不顾将敌焰引向自己的危险，毅然、决然，在华北地区发动"百团大战"，破坏日军铁路线，突破其"囚笼"政策，充分发挥了人民战争的巨大威力。4 个月期间，大小战斗 1800 余次，攻克据点 2900 个，歼敌 4.5 万人。在战争中，中共及其所领导的武装得到快速发展。初期，八路军、新四军只有 4 万余人，而到战争胜利时，则已发展至野战军、地方军共 120 余万人，根据地 230 万平方公里，人口 1.36 亿人。敌后战场的存在，有力地牵制和分散了日军的兵力，保障和支援了正面战场。

"九一八"事变后，国民政府即调整对外关系，将恢复中苏邦交视为对日本的第一打击。苏联为了让中国拖住日本，防止其北进，避免在欧洲、亚洲同时作战，因此是抗战初期最早援助中国的唯一国家。例如，向中国提供贷款，提供军火，派遣飞行员到中国参加空战，派遣顾问为中国参谋等，但是苏联的援助是小心翼翼的、有限的，有时间性的，力图尽量不促怒日本。1941年4月，为了确保苏联东部领土安全，苏联甚至和日本签订严重损伤中国主权的《苏日中立条约》。1944年，苏联又一度支持新疆的"东突"分裂政权，陷国民政府于前所未有的艰难局面。1945年，苏联政府得到保证，将能收回1904年日俄战争中俄国已经丧失的利权，在美国投下原子弹，日本败局已定的情况下，断然出兵中国东北，给了日本精锐关东军以最后的致命一击。

英国为自身利益，力图绥靖日本。1938年5月，英国与日本签署协定，将原由自己控制的中国海关权利转让给日本。1939年，又与日本签署《有田—克莱琪协定》，承认日本侵略中国合法。1940年6月，将中国政府在天津的巨额存银交给日本监督。同年，居然应日本要求，一度封锁滇缅公路这一中国接受外援的重要通道。只是在日本不断侵犯英国在华利益的情况下，英国才逐渐援助中国抗战。

美国长期被中立主义、孤立主义所包围，不关心日本侵华，同时，则向日本大量出售废钢铁、石油、铜、铅、机床等战略物资，助长其侵华实力。在一段时期内，美国甚至企图放松对日本的经济制裁政策，以此拖延战争的爆发。只是在中国政府的愤怒谴责和外交干预下，美国政府才放弃原先的"愚蠢"打算，对日本全面强硬。日本则认为美国已经成为重庆政府和蒋介石的代言人，偷袭珍珠港等地，爆发太平洋战争。自此，美国大量向中国提供经济、军事、外交和道义上的援助，帮助中国度过了最困难、最危险的时期。

中国自古以来就是多民族国家。在漫长的中国历史中，以汉族为主体建立的政权曾经灭亡过两次，但是，日本侵华，却是中华民族之外的大和民族的军国主义者对中华民族的野蛮侵略。当时，全国沦陷、部分沦陷省份22个，沦陷县市1001个，沦陷民众2.6亿人。中国，面临着前所未有的亡国危机，中华民族经受着前所未有的深重灾难。在这场战争中，中国被打死、打伤或被残害的人口约3500余万，财产损失600

余亿美元，战争消耗 400 多亿美元，间接经济损失 5000 亿美元。[1]

中国抗日战胜之所以胜利，原因之一在于中国人民发扬古老、悠远、世代相传的爱国精神、民族精神，不屈不挠，含大辛，茹巨苦，长期奋斗；原因之二在于国共两党以民族利益、国家利益为重，在一定时间内，一定程度上抛弃前嫌和曾经有过的血海深仇，毅然合作，从而形成"地无分南北，人无分老幼"的全民抗战的局面。合作过程中，双方虽有摩擦和反摩擦的斗争，限制和反限制的斗争，但直至抗战胜利，这种合作始终维系着，没有破裂；原因之三在于，国际分裂，在法西斯和反法西斯的两大阵营对垒中，中国政府站队正确。战争过程中，日本多次对中国政府诱降，德国也曾妄图拉拢中国，缔结军事密约，梦想实现东西方两支法西斯军队的会师。但是，中国政府不为所动，屹然兀立，坚定不移地与美国、英国、苏联结盟，为人类正义与和平奋斗，因而得到同盟国的援助并与之同步获得胜利。如果缺少了国际反法西斯战线这一极为重要的条件，相信依靠自己的力量，中国的抗日战争最终也将胜利，但其历程将会艰难得多，时间也将会向后推迟很多。

抗日战争是鸦片战争以来中国人从未取得过的完全的胜利。它使中华民族跳出了"最危险的时候"，洗刷了耻辱，废除了不平等条约，收回了失地，中国人昂首阔步，进入世界四强，成为联合国的发起国和常任理事国，中华民族由此出现了一条复兴的康庄大道。这是中国人民世世代代永远不能忘记的胜利，其历史意义是怎样估量也都不会过分的。

史学是人类最古老的学科。最初，人们口耳相传，形成口头史学，如神话、远古传说、远古史诗等。后来，人类发明了文字，于是形成了以文字为载体的文字史学。近代以来，由于录音、摄影技术的发展，于是，又出现了以记录声音、形象为主体的音像史学。美国国家档案馆藏有大量照相兵和记者所摄有关中国抗战的相片，它们全面、忠实地记录当时的纷繁而丰富多姿的场面，真实、生动，栩栩如生，活灵活现，其

---

① 关于中国抗战损失，诸说不一，此据《抗日战争史》（下），第 625 页，解放军出版社 1994 年版。

独特的直观效果与感人力量，都是文字史学所不可比拟的。深圳越众投资控股有限公司应宪先生等一群"立志将历史带回家"的可敬人士，从大洋彼岸将这些照片复制回国，数达 8000 余帧，康狄先生等翻译英文说明，编辑整理，化学工业出版社以睿智的眼光和宏大的魄力将这些照片编辑为 30 卷的皇皇巨著。这是音像史学发展中的大事，是文化出版界纪念抗战胜利和世界反法西斯战争胜利 70 周年的大事。我和南京大学张宪文教授同膺主编之职，感到在个人的生命史和学术史上，做了一件很有意义的事情。

一切在抗日战争中牺牲的烈士永垂不朽！

一切为抗日战争做出贡献的人士都将受到中华民族永恒的纪念！

2015 年 2 月于北京东城之书满为患斋

《传记文学》丛书总序

    岳麓书社即将依据台湾的《传记文学》，分类编纂，陆续在大陆出版《传记文学》丛书，这是两岸文化交流史上的大事，是中国近代史和中华民国史研究的大事、喜事。

    1962年2月5日，时值春节，曾在北大读书的刘绍唐向当年的校长胡适拜年，谈起胡适长期提倡传记文学，而始终未见实行，向老师透露，自己正准备创办《传记文学》。胡适虽肯定其志，却以为其事甚难，办月刊，哪里去找这么多"信而有征"的文字，因此不大赞成。不料当年6月1日，绍唐先生主编的《传记文学》竟在台北出刊了。自此，直到2000年2月10日，绍唐先生因病在台北去世，历时38年，共出版453期。每期30万字，453期就是1.359亿字。此外，《传记文学》出版社还出版了"传记文学丛书""传记文学丛刊"以及"民国人物小传""民国大事日志"等许多民国历史方面的著作。

    尽人皆知，绍唐先生没有任何背景，不接受任何政治集团、经济集团的支持，只身奋斗，孤军一人，却做出了台湾官方做不出的成绩，创造了中国出版史上不曾有过的奇迹。因此，绍唐先生被尊为"以一人敌一国"，戴上了"野史馆主人"的桂冠。

    我在大学学习中国文学，毕业后业余研究中国哲学，1978年4月调入中国社科院近代史研究所，参加《中华民国史》的编写，自此，即与绍唐先生的《传记文学》结下不解之缘。在众多历史刊物中，《传记文学》最为我所关注。但是，我和绍唐先生相识则较晚，记得是在1995 年 9 月，纪念抗战胜利 50 周年之际。当时，台湾史学界在台北召开学术讨论会，我和其他大陆学者 31 人组团越海参加。这是海峡两岸学者之间交流的起始阶段，有如此众多的大陆学者同时赴会，堪称前所未有的盛事。记得近史所的一位年轻学者因为兴奋，曾在楼道里欢呼："共匪来了。"我向会议提交的论文《九一八事变后的蒋介石》，根据毛思诚所藏《蒋介石日记类抄》未刊稿本写成。当时，蒋介石日记存世一事，还不为世人所知，绍唐先生很快通知我，《传记文学》将发表该文。9 月 3 日，闭幕式晚宴，由绍唐先生的传记文学出版社招待。各方学者，各界嘉宾，济济一堂。我因事略为晚到，不料竟被引到主桌，和绍唐先生同席。那次席上，绍唐先生给我的印象是热情、好客、豪饮。次年，我应"中研院"近史所所长陈三井教授之邀访问该所，在台北有较多停留时间。期间，我曾应绍唐先生之邀，到传记文学出版社参观。上得楼来，只见层层叠叠，满室皆书，却不见编辑一人。绍唐先生与我长谈，详细介绍《传记文学》创刊的过程及个人办刊的种种艰辛。绍唐先生特别谈到，办刊者必须具备的"眼力""耐力""定力"等条件，可惜，我没有记日记的习惯，未能将绍唐先生所谈追记下来，至今引为憾事。绍唐先生交游广阔，文友众多，因此宴集也多。每有宴集，绍唐先生必招我参加，我也欣然从远在郊区的南港住所赴会。许多朋友，例如旅美华人史学家唐德刚、名记者陆铿等都是在这样的场合下认识的。在台期间，台北史学界为纪念北伐战争 70 周年，召开北伐及北伐史料讨论会，我根据原藏俄罗斯等处的档案，撰写《蒋介石 1923 年的苏联之行及其军事计划》一文参加，绍唐先生不仅到会，而且当场确定《传记文学》将发表拙文。我离开台北前，绍唐先生再次将我引到他的藏书室，告诉我，凡传记文学出版社出版的图书，喜欢什么就拿什么。我因为近史所已赠我大量出版物，又不好意思，只挑选了李济的《感旧录》、陈济棠《自传稿》、《傅孟真先生年谱稿》、《朱家骅年谱》等有限几种，回想起来，至今也觉得遗憾。

绍唐先生自述，他有感于"两岸的文士因为受各为其主的关系，许多史实难免不受歪曲"，因此，创办此刊，以便"为史家找材料，为文学开生面"。我觉得，绍唐先生的这两个目的，比较成功地达到了。政治对学术，特别是对历史学的干预，古已有之，但是，学术，特别是以真实为最高追求目标的历史学，又最忌政治和权力的干预。绍唐先生在台湾的白色恐怖余波犹在的年代，能够不怕"因稿贾祸"，创办刊物，发行丛书，保存大量中国近代史，特别是民国史资料，供千秋万代的史家和史学爱好者采用，这是功德无量的盛事、盛业。刊物虽标明"文学"，但是，取文、选文却始终恪守历史学的原则，排斥任何虚构和想象，这也是值得今之史家和文家们借鉴和注重的。

绍唐先生去世后，《传记文学》由中国新闻界的前辈成舍我先生的后裔续办，至今仍是华人世界中的著名历史刊物，衷心希望绍唐先生的事业和精神能长期传承，永放光彩，衷心希望《传记文学》丛书在大陆的再版、发行，得到大陆读者的喜欢，助益大陆历史学的繁荣和发展。

2015 年 5 月于北京东城之书满为患斋

《国家记忆》（中国远征军作战图片集）序

　　1942 年春，中国远征军出战缅甸，是抗日援英、保路卫国的伟大壮举。本书所收，均为记录这一壮举的图片，大部分为当时美国随军摄影人员所摄。

　　1941 年 12 月，日军偷袭珍珠港，太平洋战争爆发。一方面，中、美、英、苏等 26 个国家组成世界反法西斯联盟，和日、德、意等轴心国家的斗争进入全新的阶段；另一方面，日军迅速南进，席卷太平洋和东南亚，包括菲律宾、泰国、马来亚、印度尼西亚等在内的许多地区。1942 年 1 月上旬，日军由泰国大举进攻缅甸。其如意算盘是，截断自缅甸仰光至中国云南的国际交通线，阻遏民主国家对中国的物资援助，加强对中国和印度的压力，开辟进军印度，和德国在近东会师的通道。

　　抗战中，世界民主国家援助中国的南方通道本有香港至广州、云南至越南、越南至广西等多条。至 1941 年，只剩下缅甸至云南一线可用。其路径为南起缅甸的南方港口城市仰光，沿缅甸中央铁路北上，经同古、曼德勒、腊戍等地，与 1937 年 8 月赶修完成的滇缅公路相接。日军侵入缅甸，这就严重威胁中国接受国际援助，补给物资的生命线，为中国势所必争。缅甸是英国的殖民地，从日本酝酿入侵缅甸起，中英两国就不断协商中国与英国共同防御滇缅路问题。1941 年 12 月至 1942 年 1 月，中国政府调集精锐部队，3 个军 9 个师，共 10 万兵力，组成中国远征军第一路，准备进入缅甸，与英军协同作战。该部初以杜聿明为代理司令长官，4月2日，改以罗卓英继任。

"枪，在我们肩上；血，在我们胸膛。到缅甸去吧，走上国际战场。"当远征军高唱战歌进入缅甸之后，迅即成为抗击日军的主力，先后在同古保卫战、斯瓦阻击战、仁安羌解围战、棠吉收复战等战役中取得出色成绩。其中，同古保卫战是入缅甸后的第一战。第5军第200师戴安澜部孤军奋战12天，以伤亡千人的代价，歼敌5000多人。日军横田大佐不得不在日记中承认："南进以来，从未遭遇若是之劲敌。劲敌为谁？即头顶青天白日徽之支那军也。"仁安羌之战。66军新编38师孙立人部以少数部队击败日军，解救英军7000人出险，孙立人因此被英国国王授予"帝国司令"勋章。但是，由于英军早已决定放弃缅甸，退保印度，中英两军之间存在战略分歧、利益矛盾等原因，远征军作战失利。4月27日，英军全部撤往缅甸的主要河流依洛瓦底江西部，并继续向印度撤退。29日，日军攻占缅北重镇腊戌，切断中国远征军回国的退路。中国军队不得不决定撤退。5月初，日军相继侵占滇西边境城市畹町、芒市、龙陵等地，推进至怒江惠通桥西侧，中国守桥部队炸桥自卫。两军自此隔江对峙，达两年之久。

在缅北的远征军一部分随中国战区参谋长、美军驻华总司令史迪威退入印度，第5军第96师余韶等部则穿越480公里的野人山，跋涉峻岭密林，战胜毒虫猛兽，艰苦备尝，饥病交加，于6月24日退入云南。北撤途中，戴安澜将军身负重伤，于5月26日临近国门时去世。同古之战前，戴安澜就曾在致妻函中表示："孤军奋斗，决以全部牺牲，以报国家养育。"去世前，还喃喃自语："反攻！反攻！祖国万岁！"得到蒋介石、毛泽东、罗斯福的哀悼和表彰。总计，远征军最初动员人数约10万人，至8月初，仅余4万人左右。第96师原有9863人，至此仅余约3000人。

退入印度的中国远征军第五军新编第22师廖耀湘部和第66军新编第38师孙立人部在蓝姆伽集结，接受美国装备和训练，改编为中国驻印军。1943年春，中美工兵部队在孙立人所率先遣队掩护下开始修筑中印公路。10月，驻印军新编第一军郑洞国部奉命从印度东北边境的雷多出发，先后进入胡康（意为死亡）河谷与孟拱河谷，进攻缅北日军。1944年4月28日，中美混合支队长途奔袭缅北战略要地密支那机场。7月7日为抗战七周年，郑洞国下令向密支那守敌发动全面攻击，至8月5日，历时100天，全歼守敌。自此，中国驻印军完全掌握缅北的战略主动权，陆续攻克八莫、腊戍等城镇50多座，进军2400多公里，歼敌33000人，收复缅甸失地13万平方公里。12月27日，中国驻印军新38师孙立人部收复雷允，进入滇西中国国土。

在云南的中国远征军于怒江前线稳定后即练兵、整训，受训干部和士兵共约1万人左右。1943年3月28日，中国远征军司令长官司令部在楚雄成立，以陈诚（前）、卫立煌（后）为司令长官，黄琪翔为副司令长官，下辖宋希濂的第11集团军和霍揆彰的第20两个集团军，共16万人，其中接受美械装备的达12个军。1944年5月，远征军强渡怒江，反攻滇西日军。首攻雄踞怒江之侧的松山，日军在此构筑了庞大而坚固的防御体系，以重兵据守，第8军何绍周部6次围攻，至9月7日，投入兵力总计6万人，奋战100天，才全歼顽敌。腾冲也久攻不下，蒋介石直接下令，必须在9月18日国耻纪念日之前夺回。13日，日师团长发出诀别电，进行自杀性反扑，全部就歼。此役中国远征军阵亡8000余人，伤者近万。1945年7月7日，在此建有国殇墓园。龙陵，两军争夺近5个月，是远征军滇西反攻中战局最为复杂、耗时最长，动用兵力最多，歼敌也最多的战役。总计，在前后8个月中，远征军以伤亡67400人的代价，收复滇西全部失地3万平方公里，歼灭日军21000多人。1945年1月28日，中国驻印军与中国远征军在芒友会师，中印公路在畹町举行通车典礼。4月28日，侵缅日军撤出仰光。

中国远征军赴缅作战之际，正是日军为打通大陆交通线，发动一号作战之时，中国政府甘冒军事大忌，在国内、国外两个战场同时作战，其艰难竭蹶、各方支绌的情况可以想见。

中国远征军在缅北、印度、滇西的作战是清末甲午战争以来，中国第一次出师援助友邦，抗击侵略的正义军事行动，它抵御了日军缅甸方面军一半以上的兵力，解除了日本对中国西南国际补给线的封锁，保卫了中国的西南大后方，并且协同盟军阻遏了日军对印度的进攻，收复缅甸全境，配合了盟军在太平洋战场的反攻，是中国人民对世界反法西斯战争的重大贡献。1945 年 4 月，毛泽东在《论联合政府》一文就曾指出："中国是全世界参加反法西斯战争的五个最大的国家之一，是亚洲大陆上反抗日本侵略者的主要国家。""中国在八年全面抗日战争中，为了自己的解放，为了帮助各同盟国，曾经作了伟大的努力。"应该承认，中国远征军在缅北和滇西的作战，就是这种"伟大的努力"。

本书所收图片，原藏美国国家档案馆，深圳越众集团应宪先生等本着让历史资料回家的原则赴美收集、复印，黄丽平、孙粹女士等精心研究、布展，定名"国家记忆"，曾在北京、深圳、福州、太原、昆明等多地展出，均获好评。我很荣幸，曾应邀到深圳为展览剪彩，此次由中信出版社付印，又蒙索序，因匆促为文如上。

2015 年 10 月于北京东城之书满为患斋

《抗战大迁移》 总序

纪念抗日战争胜利 70 周年前夕，商务印书馆推出了《抗战大迁移》丛书，共五本：唐润明《衣冠西渡——抗战时期国民政府内迁》，张守广《筚路蓝缕——抗战时期的工业内迁》，孟国祥《烽火薪穿——抗战时期的文博机构迁移》，王红曼《伏线千里——抗战时期的金融机构迁移》，常云平、刘力《举国征戍——抗战时期的难民迁移》。

南宋以降，中国的经济、文化中心逐渐向东南转移，民国建立，孙中山、蒋介石定都南京，政治中心也自北京转到南方。然而，东南一带濒海，有与海外交通、习染欧风美雨之利，繁荣富庶，人丁丛衍。然而，利弊相生，东南一带地势平坦，不是能攻易守之地。近代和古代不同，古代中国的外敌大多来自北方，而近代中国的外敌则大都来自海上。这样，东南地区地理上的优势便转化为军事上的劣势，一旦外敌入侵，作为经济中心的上海和政治中心的南京等地便立即暴露于敌人的炮口之下。南京，一向以龙盘虎踞著称，但早在民国初年，孙中山就判定，中日之间必有一战，南京不是可战之地。1931 年"九一八"事变之后，日军于次年 1 月进攻上海闸北，发生"一·二八"淞沪抗战。当时，蒋介石就曾考虑"迁移政府，与倭长期作战"问题，认为"政府倘不迁移，则随时遭受威胁，将来必作城下之盟"。两天后，国民政府暂移洛阳办公。1932 年 3 月 1 日，国民党在洛阳四届二中全会，决定以西安为西京，洛阳为行都。但是，洛阳虽处于中国中心，但属于四战之地，无险可守，并不能成为理想的战时首都。12 月 1 日，国民政府迁回南京。

迁都，只是政治中心、军事中心的转移。1934 年 1 月，国民党召开四届四中全会，蒋介石向会议提出《确立今后物质建设根本方针案》，其中提出：国家及私人大工业今后避免其集中于海口；道路、航路之开辟，尤须首先完成西向之干线，使吾国于海口外，尚有不受海上敌国封锁之出入口；于经济中心区附近不受外国兵力威胁之地区，确立国防军事中心地。这一方案的提出，表明当时国民党领导人在设计经济建设计划时，已经考虑到对日作战的需要，并且考虑到向西部发展的问题。因此，蒋介石在为自己规定当年任务时，即列入"专心建设西南"一项。1935 年 2 月，他在庐山规划国防工业方案，电令赶筑西南各省公路。同年 3 月，蒋介石在重庆演讲，明确提出"四川应为复兴民族之根据地"。他特别致电孔祥熙，告以"我方军事与政治中心全在四川"。1936 年 6 月，蒋介石对来华的英国的经济学家李滋罗斯表示："当战争来临时，我将在沿海地区做可能的最强烈的抵抗，然后逐步向内陆撤退，继续抵抗。最后，我们将在西部某省，可能是四川，维持一个自由中国，以待英美参战，共同抵抗侵略者。"这一谈话表明，在蒋介石心中，其抗日计划已经非常明晰。同年 9 月，陈济棠、李宗仁等发动的两广事变和平解决，蒋介石认为"集中对倭"的条件已经成熟。当时，中日之间的"调整国交"谈判陷入僵局，日本态度强硬，战争有一触即发之势，蒋介石指示冯玉祥、程潜、朱培德等人拟具抗战方案，首先进攻上海日军，指示孔祥熙将上海的现银、钞票等迅速转移到南昌等地，指示在南京的中央政府各部门做迁移准备。这就表明，差不多在卢沟桥事变爆发之前一年，国民党、国民政府已经有了迁移的准备和计划。

1937 年 7 月，卢沟桥事变爆发，继之以淞沪抗战。日军以 28 万人之众，动用军舰 30 余艘，飞机 500 余架，坦克 300 余辆，大举进犯。中国军队以落后的武器和血肉之躯英勇抵抗，血战三个月。11 月 12 日，上海沦陷。11 月 16 日，国防最高会议决定迁都重庆。当晚，国民政府主席林森乘舰西上，行政、立法、司法、监察、考试等五院随迁。20 日，国民政府发表迁都宣言，谴责日军"分兵西进，逼我首都，察其用意，无非欲挟其暴力，要我为城下之盟"。《宣言》表示："此为最后关头，为国家生命计，为民族人格计，为国际信义与世界和平计，皆无屈服之余地，凡有血气，无不具宁为玉碎、不为瓦全之决心。""此后将以更广大之规模，从事更持久之战斗，以中华人民之众，土地之广，人人本必死之决心，其热血与土地凝结为一，任何暴力。不能使之分离。"在此前后，各政府机关、工矿企业、金融机构、文化团体响应国家号召，前所未有地紧张动员，争分夺秒，纷纷西迁，数以百万计的民众不甘于受日寇的欺压、蹂躏，扶老携幼，倾室流亡，形成了中国历史上一次空前未有的大迁移、大搬家。这一迁移，动员之广泛，规模之宏大，过程之艰辛，民族意志之刚毅，人民爱国热情之昂扬，都是中国历史，甚至是世界历史所少见，或仅见的。它突出地表现了中华民族处危不惊，履险不畏，在艰难条件下不屈不挠的奋斗精神，可歌可泣，可记可录，值得中华民族子孙后代永远铭记，作为驱动民族振兴的永恒的精神财富。

多年来，当年的参与者和有心人为保留、记录这段历史做了不少工作，留下了不少资料，但是，研究和叙述这一段历史的著作还寥若晨星，许多通史性的著作对此或语焉不详，或草率带过。现在唐润明、孟守常等先生的这五本书，以丰富的资料，全面、深入、翔实地叙述了抗战时期，自政府机关、工矿企业、金融机构、文化教育团体以至广大民众的迁移史、流亡史，评述了这一迁移在粉碎日寇速战速决阴谋，保存和发展抗战实力，建设西南后方，夺取最后胜利等方面的重大意义，这就填补了抗日战争史的一段重要空白，是民国史、抗日战争史研究的深入和拓展，值得庆贺。

2015 年 5 月写于北京东城之书满为患斋

怀人忆旧

不文过，不遮丑，不隐恶

│ ——刘大年怎样面对自己的历史

一、生日盛会上的突发 "抗议"

翻读刚出版的《刘大年来往书信选》，其中有一封信引起我的回忆。信是写给近代史研究所的张显菊女士的。当时，她正在编辑《刘大年著作目录》。信称：

> 目录编得很好，你辛苦，偏劳了。
>
> 说明中加一项，文字如下："六，论文序号15、33两篇，作者认为观点是错误的，但篇目仍应保留，以符合实事求是。"

事情是这样的：

1995年7月25日，中国社会科学院近代史研究所和中国史学会联合举行座谈会，庆祝刘大年同志八十华诞。刘大年出身于1915年8月8日，湖南华容县人。他的一生有三件事给我印象很深。一是"少年革命"。大年同志14岁时参加湘鄂西苏区华容县少年先锋队，任总队长。15岁时担任乡苏维埃政府文书。二是舍身跳崖。卢沟桥事变爆发的第二年，大年同志投奔陕北，进入中国人民抗日军政大学学习。同年加入中国共产党。1939年任抗日根据地《太行山报》主编。1943年遭遇日军，跳崖时肺部破裂，大出血。三是历任学术要职。大年同志于1946

年转任北方大学历史研究室副主任，自此走入中国近代史研究领域。次年写成《美国侵华简史》。至 1949 年由华北大学出版。1950 年被内定为中国科学院近代史研究所副所长。此后历任中国科学院党组成员、《科学通报》副主任委员、编译局副局长、中共中央历史问题研究委员会委员、中国科学院学术秘书、《历史研究》副主编。1955 年任中国科学院哲学社会科学部学部委员。1979 年任中国社会科学院近代史研究所所长。此外，他还于 1975 年当选全国人民代表大会常务委员会委员，是历史学界在人大这一"最高权力机关"中的代表。

由于大年同志长期的革命经历、学术组织工作经历和对中国近代史研究所作的贡献，所以举办他的 80 华诞的座谈会来了很多人，总在百人以上吧。近代史研究所的小礼堂黑压压地坐满了人，可谓群贤毕集，高朋满座。我因为和大年同志常有学术上的联系，所以也参加了。

会议首先给每个参加者发了一份《刘大年著作目录》。接着就开会。会议设有主席台的，自然，由台上的学者先讲话。开着、开着，突然台下一位学者从座位上站起来说："《刘大年著作目录》里有两篇文章，一篇题为《驳一个荒谬的建议——批判荣孟源反马克思主义的历史学观点》，另一篇题为《吴晗的反革命面目》。现在是什么时候了，作者还坚持这样的观点！我抗议。"这位学者显然很激愤。

人生七十古来稀，何况是八十华诞。大家来出席会议，当然是为了道贺，肯定大年同志的贡献与人格。现在却有人提出抗议，会场气氛似乎紧张起来。是啊！改革开放已经多年，"反右"和"文革"时期的错案都已得到平反或昭雪。大年同志为什么还将这两篇文章收入著作目录呢？我也不解。

就在与会者愕然之际，近代史研究所当时的所长张海鹏站起来了，他说："大年同志因避寿离京，没有参加今天的会议，受大年同志委托，代为说明。大年同志认为，这两篇文章的观点是错误的，但它们确实是本人写的，是本人历史的一部分，作为本人的《著作目录》，自然不能不收。收，是反映历史，并不代表现在仍持那样的观点。"经过张海鹏的解释，群情释然，于是，座谈会顺利进行。8 月 9 日，大年同志给

《著作目录》的编选者张显菊写了本文开头引用的那封信。

二、 刘大年写过的两篇 "恶文"

我于 1978 年进入近代史研究所。进所前后,知道大年同志学识渊博,写过一篇《论康熙》,据说很为毛泽东所欣赏。除近代史外,他对经学史也很有研究。另外,大年同志的文章很有华彩。当然,我也听说,近代史所领导层中有许多复杂矛盾,所以我对大年同志并无特别恭敬之处,但是,自从那次座谈会以后,我对大年同志却日渐敬佩起来。

刘大年被 "抗议" 的两文确实不是好文章。先说其一。该文发表于 1957 年 10 月 11 日《人民日报》。文章所批判的荣孟源,也是延安过来的历史学家、老革命。1927 年进入沧县第二中学学习,因参与学潮,被学校当局开除。1931 年考入中国大学国学系,师事马克思主义史学家吕振羽,学习 "社会科学概论" "哲学思想" 和 "原始社会研究" 等课程,成为吕振羽的及门弟子。1931 到 1936 年间,积极参加抗日活动,加入中国共产党,在家乡创建党组织。1937 年奔赴延安。1947 年,成为北方大学历史研究室成员。1949 年以后到中国科学院近代史研究所工作。1957 年鸣放期间,他在该年《新建设》7 月号上发表《建议编撰辛亥革命以来的历史资料》一文,其中说:"目前辛亥以来的历史,除去原始资料之外,多是夹叙夹议的论文。论文固然是必要的,但以论文来代替一切,那就妨碍了历史科学的研究。" 又说:"研究历史如果只限于写论文,许多人势必搁笔;如果撰述各种体裁的著作,编辑各种资料,整理各个具体问题,那就有许多人可以发挥力量。" 还说:"为了严肃认真的研究辛亥革命以来的历史,首先应该继承我国优良的史学传统,撰述各种体裁的史书。" "我国传统史学的各种体裁都是一种花,都要和论文体裁的花一起开放。" 荣孟源的这些意见有什么错呢?完全没有错。既无政治错误,亦无学术错误。然而,刘大年却在《人民日报》上发表文章,指责荣文是 "反马克思主义的历史学观点"。据称:该文 "清楚的表明荣孟源所说的 '论文',是指的以马克思主义为指导思想写出的论著，而'各种体裁的史书'指的是不要马克思主义指导的历史述作。""荣孟源是再一次认定马克思主义只是百花齐放中的一朵花，并没有指导作用；研究历史不是要首先接受马克思主义的指导，而是首先继承传统，照他的理解，也就是恢复一切旧的东西。"为什么荣孟源提倡继承中国史学优良传统，除"夹叙夹议"的论文以外，也要提倡其他录、志、表、传、图谱等各类史学体裁就是"反对以马克思主义为指导思想"呢？刘文完全提不出证明，一句"清楚的表明"就完成了所有的定罪"论证"，昭告天下了。今天看来，这完全是一篇不讲道理，更不顾事实的文章。但是，荣孟源却从此成了"反党反社会主义的右派"。

再说其二，该文发表于历史研究 1966 年第 3 期。吴晗曾经写过许多评述中国古代历史人物的文章，除海瑞外，还有战国的廉颇、唐代的裴炎、元代的斛律光、明代的胡惟庸、于谦、况钟、周忱等人，刘大年的《吴晗的反革命面目》一文将所有吴晗的这些文章都视为"毒草"，称之为"进行反革命宣传"。吴晗一生追求进步，从爱国主义，走向民主主义、共产主义，是知识分子中的著名左派，但是刘文却将吴晗的历史称为"几十年的反共、反革命政治生涯"。对吴晗的学术思想，刘文称之为"马克思主义是假，反革命实用主义是真"。文章最后说："吴晗这个资产阶级反动人物的真面目怎样？撕下画皮以后，现在大家不必借 X 光，就连他的骨头缝里也都可以清晰看透了，那就是：假左派，真反革命！彻头彻尾的反马克思主义，彻头彻尾的反革命实用主义。"这篇文章同样蛮不讲理，霸气十足，只不过，它上纲更高，定罪更严。

文章有"美文""恶文"之别，应该承认，上述两文是"恶文"。

三、 刘大年对待自己历史的 "实事求是" 精神

大年同志之所以写出这两篇"恶文"，有其具体原因，但是，其根本原因，却在于当时的大环境。主要责任也在于大环境。大年同志发表批判荣孟源文章的当天，正是中国科学院哲学社会科学部召开批判史学界

"右派"雷海宗、向达、荣孟源、陈梦家的第一天，显然，大年同志此文属于应时应景的"遵命文学"。同样，批判吴晗的文章也是应时应景的"遵命文学"。据当时在《历史研究》工作的丁守和同志告诉我，最初，文章称吴晗同志，定稿过程中，对吴晗的批判不断升级，刘文的调子也不断升级，由"吴晗同志"而"吴晗"，而"反革命分子吴晗"。管你想得通，想不通，不能不"紧跟"。然而"紧跟"还是没有用，不到一个月，《人民日报》又发表社论——《夺取资产阶级霸占的史学阵地》，指斥刘大年和另外一位史学家黎澍为"东霸天""西霸天"。刚刚批判吴晗为"反革命"的大年同志也成了"反革命修正主义分子"了。

这样两篇应时的"遵命文学"，事过境迁，大环境改变了，被批判者昭雪了、平反了，照道理说，大年同志在编辑自己的《著作目录》时不收也可以，至少，不会有人提出异议，但是，大年同志还是收了，特别是在有人"抗议"之后，还是收了，并且为此专门写了一封信，指示编选者："作者认为观点是错误的，但篇目仍应保留，以符合实事求是。"

近现代中国复杂多变，时阴时晴，时风时雨。在这样一个特殊场景里，人一辈子做的许多事情中，可能既有好事，也有坏事。历史学的最高境界是真实。有好写好，有坏写坏，这样的历史著作才是真实的历史、全面的历史；这样的态度才是科学的态度，求真的态度。后人才能据此总结经验，得出必要教训，以之为鉴。只说好，不说坏，或是只说坏，不说好，都不真实，无助于人们认识历史，总结经验。鲁迅说得好："倘有取舍，即非全人；再加抑扬，更离真实。"大年同志是历史学家。他敢于正视自己的历史，不文过，不遮丑，不隐恶，坚持将自己写过的两篇"恶文"编入自己的《著作目录》，体现出一个历史学家忠于历史的精神。

这是一个历史学家对待自身历史的典范，也是历史学家如何实事求是地对待历史的典范。

原载《学习时报》2007 年 5 月 21 日，略有改动

忆老丁

丁守和（1926—2008），河北望都人。中国社会科学院荣誉学部委员。著名的五四新文化运动研究专家。中国现代史、中国现代文化史、中国文化史研究专家。

老丁走了。我一直不愿承认这一事实。

自打老丁退休以后，每逢星期二，有事无事，老丁总要到我的办公室来坐坐，聊几句。突然，有一段时期，不见老丁的身影了。怎么回事？我打电话到他家里，没人接。我问耿云志兄。云志说，他耳朵不好，可能听不见。他不会到哪里去的。听了云志的话，我也就释然了。因为忙，没有想到要立即去老丁家看看。然而，突然有一天，得到消息：老丁走了，得的病是心肌梗死。这怎么可能呢？老丁一向身体不错，没有什么毛病。依我的估计，他是会活过九十的。然而，他却突然走了。我们的老大哥、长兄，好朋友，老丁突然走了。我竟然没有能见他最后一面。

一、 因肯定陈独秀对五四的贡献，被康生定为 "利用历史反党"

我知道老丁，还是在 20 世纪 60 年代。那时，我在北京和平门外的北师大附中教书，业余做点研究。偶然在图书馆中见到老丁和人合著的《从五四启蒙运动到马克思主义的传播》一书，翻读之下，深为该书引用资料的丰富和论述的深入、精辟所慑服。那一段，我正在研究清末、民初的文学团体南社，需要了解五四前后的社会思潮和文学思潮。老丁的书给我打开了一扇宽大的窗户，成为我瞭望那个时代的最好的读物。但是，过了不久，书架上就再也见不到这本书了。向图书馆管理员打听，说是有问题，收起来了。什么问题？我感觉不到有什么问题呀。我照样向管理员商借，照样阅读、学习，仍然看不出有什么问题。直到我调进近代史研究所之后，和老丁熟起来。我问老丁，老丁说，那是因为书中肯定了陈独秀对五四新文化运动的贡献，康生说，这是利用历史反党，因此就遭殃了。不仅所里斗，还被揪到人民出版社去斗，并且还被造反派打了耳光。老丁愤怒了，立即抗议：为什么打人！当然，"文革"之后，老丁平反了，这本书也平反了。本来嘛，陈独秀是五四新文化运动的总司令，可以说，没有陈独秀，就没有《新青年》杂志，新文化运动能否在那一时期出现也许会是个问题。不管他后来发生了怎样的变化，然而，陈独秀在新文化运动中的贡献却是铁一般的事实，无法抹杀，也不应该抹杀。老丁的书，还原历史，忠于历史，不因那时陈独秀头上还戴着的种种帽子就不写，或少写他，这是学者的诚实，历史学家的诚实，我们的历史学需要的就是这种不唯上、不媚时的诚实精神。

　　老丁的这本书是在《五四时期期刊介绍》的基础上写作的。为了写作《介绍》，老丁和他的合作者广泛在全国访求资料。能借的借，能抄的抄。80年代，我到马列主义编译局看书，或者在近代史研究所特藏室看书，常常会发现许多抄本杂志，那都是老丁写作《介绍》一书时留下的。翻着那一页页发黄、发脆的纸张，看着那一个个已经墨水变淡的字迹，我具体而微地感受到了老丁和他的合作者劳动的艰辛。懂得了《从五四启蒙运动到马克思主义的传播》这本书为什么占有的资料那么丰富。我原来没有购买这本书，等我想买的时候就买不到了。我向老丁要，老丁说，他自己手头也只剩下一本了，似乎有点舍不得。不过，过了两天，老丁还是将他自己手头的保存本送给了我。这本书，老丁用黄色牛皮纸包了书皮，可见其珍爱。至今，这本书还在我的书架上，书皮自然旧了，有水渍的痕迹，但我不忍舍弃，那是老丁的遗迹呀！

老丁出身贫苦，没有上过几年学。据老丁对我说，他只读到高小，当过木匠。1946年参加八路军，次年入党，完全靠刻苦的自学成长起来。中华人民共和国建国后，他在马列主义编译局当办公室副主任，又是靠着自学走进了科学研究的行列，担任研究室主任。1959年，全国"反右倾"，编译局有一位同事被认为"右倾"，老丁出面为这位同事说了几句话，结果，这位同事无事，而老丁却被视为"右倾机会主义"，下放安徽，回京后又被迫离开编译局。据老丁说，他因为文化学历低，很多单位都不要，最后还是被黎澍同志看中，才调进了近代史研究所。1980年评职称，黎澍同志为老丁写了热情洋溢的推荐信，记得其中有一句话是："在五四运动研究领域，丁守和同志堪称专家。"

确实，在研究五四运动的学者中，像老丁这样深入，这样成绩卓著者并不多。老丁的记忆力，很多地方不能算好，甚至可以说很糟糕。广东的一家出版社给他寄稿费，他不记得是多少，也不记得存在哪家银行了。他向我问计。我建议他回忆和自己有关系的银行，一家家去问。于是，就由夫人陪着他，问了许多家银行。果真找到了，但数字和老丁所说差很多。夫人打电话和出版社联系，证明老丁的记忆完全错误。但是，老丁对于学术资料，记忆力却惊人的好。一直到晚年，老丁还能大段、大段地背诵五四时期期刊中的原文，听得我目瞪口呆，自愧不如。老丁不仅资料熟悉，而且身体力行，坚持五四的科学与民主精神。对于社会中的反民主现象，他深恶痛绝。有个别大人物，老丁不喜欢，他虽被邀请，但就是不去参加相关会议。据说，另有学者参加了会议，得风气之先，及时写了"转向"文章。于是，受到赏识，风光了好长一阵子，但老丁毫不后悔。有段时期，有部戏曲影片，其中有两句话很流行："当官不为民做主，不如回家卖红薯。"老丁对这两句话持批判态度，认为它体现的还是"为民做主"的"官本位"思想，不是"民做主"的彻底的民主主义。有一年，有关机构将五四精神的核心定为

"爱国主义"。老丁不同意，认为太笼统。他说：抽调了民主与科学，哪有什么五四精神！毛泽东的《新民主主义论》将"新民主主义的文化"定为"民族的、科学的、大众的"，老丁认为应该加上"民主的"三个字，并且要放在最前面。他说，当年张闻天就是这样表述的。老丁很较真。他说要给有关单位写信，还要亲自到院办公室去，找主管的某副院长讨论。我劝他算了，到此为止，可以写文章说明自己的观点。至于写信，找领导，没有什么用。还有一段时期，理论界讨论"优越意识"和"忧患意识"。老丁对我说："优越意识"使人自满，"忧患意识"使人自强。过去，我们吃"优越意识"的亏太多了，还是应该多讲"忧患意识"。召开学术会议，邀请学者，老丁也是认学问，不认关系，更不管领导是否喜欢。谁有学问，谁坚持五四精神，他就邀请谁。李慎之，老丁是每会必请的。我有两次被问起，为什么老丁开会，总要邀请这几个人？老丁出版《五四图史》，在《光明日报》开座谈会，许多名家都特意赶来。龚育之身体不好，心脏、肾脏都有毛病，但也来了，我想，这大概都是为了坚持五四精神吧！

二、　由五四而辛亥，由研究近代文化发展为研究中国古代文化

老丁以研究五四起家，但是，他很注意不断扩大研究领域，精进不已。《五四时期期刊介绍》广受学界欢迎，20世纪80年代，他发起编辑《辛亥革命时期期刊介绍》。这是项大工程。老丁广约学人投入这一工作。哪一位专家适合写哪一本杂志，他就请哪一位专家写；哪一个地方有哪一本杂志，他就请那个地方的学者写。著名的专家学者，如胡绳武、金冲及都被他请了。没过几年，厚厚的五大本《辛亥革命时期期刊介绍》就呈献给学界了。后来，老丁又组织班子，写作《抗日战争时期期刊介绍》。我知道这一时期的期刊多如牛毛，因此泼他的凉水，不赞成他搞，但他坚定不移，继续组织人马。不知道这个项目现在进行到何种程度了？老丁的特点是善于联络人、团结人、组织人。他不仅自

己的个人研究做得很多、很好，而且善于动员各方力量进行大工程。《中华文化辞典》《中国历代治国策》这些大工程都是在老丁的卓越的组织、策划之下完成的。

老丁的专长是中国现代史，后来以研究近代文化史为主业，担任研究室主任，成为有名的中国近代文化的研究者。为了广泛联系国内外的研究力量，他又发起组织中国现代文化学会。成立会选在社会科学院举行，到会名流硕彦，可谓集一时之盛。学会成立后，先后在北京和海南岛召开过两次国际学术讨论会。第一次的主题是"近代东西方文化的交流与选择"，第二次是"现代中国文化的走向"。这样，中国现代文化学会就成了国内有相当名气的学术团体。但是，老丁并不满足。不记得是哪一年了，老丁告诉我，他要研究中国文化史了。于是，老丁开始研读"十三经"和"诸子集成"，我为老丁丢掉自己的专长可惜，劝他打消此念，但老丁似乎义无反顾，下决心钻了进去，而且很快就做出了成绩。他的谈文化传统问题的文章被有关权威刊物连载。有一次，老丁不无高兴地告诉我，他的一篇文章已经被选为中学教材。我既为他的成绩高兴，也为他的才华惊异。在此期间，他曾想将中国现代文化学会改名为中国文化学会，已经向有关方面写了报告了，有关方面的意见是，中国现代文化学会很好嘛，何必改名！

老丁没有正规学历，因此不是所有的学者都看得起他。有学者就说，丁守和是文化史室主任，但最没有文化。因此，尽管他在国内外鼎鼎大名，但是，他却始终不是博士生导师，老丁为此内心不是很平衡。有一次，他故意在所内某层楼道里高声甩下一句话："怎么好事儿都是你们占了？"他文章写得快，书也写得快。有一段时期，他决定为瞿秋白写一本书，很快，一本有关瞿秋白思想的专著就出版了。他研究近代思潮的时间不是很长，很快，一本五十余万字的《中国近代思潮论》就送到我的手上了。老丁的事情多，他当过《历史研究》的编辑部主任，后来又当《近代史研究》主编，外面找他的人多，事也多。他又不会用电脑。我真不知道，他的那么多的作品是怎样写出来的。我想，这只有两个原因，一是勤奋，一是才华。

老丁虽然写得快，但写作态度很严肃，决不粗制滥造。有一年，在《辛亥革命时期期刊介绍》出版后，他决定要写一本《辛亥革命时期思想研究》。为此，他曾邀请南方的一位学者合作，但是，这本书始终没有出版。他是有条件写好这本书的。我向他打听，他说："质量不行！"据统计，老丁一生，本人的著述约500万字，主编的著作约3000万字。这是很惊人的数字了。因此，他有时对我说，他是本所著述字数最多的学者。我知道他胸中的块垒。因此，每逢这种场合，我都笑着对他说："别这样说，罗尔纲的著述比你多吧！"他也对我笑笑，说："是。罗尔纲的著作比我多！"

三、 最没有架子的大学者

我调到近代史研究所之后，很快就和老丁熟悉起来。大概是1980年，所里评职称，老丁觉得我和云志都符合副研究员的条件，但是，我们都没有得到研究室主任的提名。那时候，个人是不能主动申请的。老丁为我们不平，主动表示对我们的支持，在评委会上为我们说话，惹得我们的室主任很不高兴，批评说："是我了解杨天石，还是丁守和了解杨天石？"有一年，老丁该退休了，他希望我到文化史室去工作，通过当时的党委书记郭冲和我谈话："你原来是学文学的吧？"我知道郭冲同志的意思，但是，我原来是中学教师，民国史研究室花了很大力气将我调进来，如果进来不久就弃之他就，觉得不好，于是，婉转说明，我还是留在民国史研究室吧！尽管如此，以后每逢和我扯得上的事情，老丁都要和我商量，要我协助。他编《中华文化辞典》，要我当副主编；编《中国历代治国策》，我不过帮他邀约了一些学者做注释，此后就因出国没有参加具体工作，但老丁还是在该书出版时，将我署为副主编。老丁办现代文化学会，说老实话，我因专注研究，怕耽误时间，所以并不很积极，但老丁还是长期要我当他的副手。我平生所遇知音不多，老丁可以说是我的重要知音。

我和老丁的私交很好。许多时候，老丁的私事、家事，也和我商量。老丁的结发夫人去世之后，朋友张罗着给老丁找对象，我的妻子也曾向老丁介绍过一位护士长，还在我家见过一次面。老丁五官端正，仪表堂堂，高大魁梧，是标准的北方汉子。据说，还曾有妙龄女郎向老丁写情书，表示愿侍候老丁一辈子。因为我曾有比较长的时间在美国哥伦比亚大学做访问学者，有一次，老丁突然问我，他到纽约能做什么。我问其故，老丁说，有位在联合国工作的中国女士追他，愿意和老丁结婚，条件是老丁必须到纽约生活。我如实向老丁介绍了纽约的中文图书馆情况以及老丁在那里所能做的工作。据说，那位女士是个混血儿，很漂亮，对老丁也很热情。为这段婚事，老丁犹豫过一段时期，但最后还是决定断然了结。显然，老丁舍不得中国，舍不得在北京的研究条件。

老丁是大学者，但宽厚随和，乐于助人。我常说，老丁是近代史研究所最没有架子的研究员。召开"近代东西方文化"讨论会，开幕式已过，有些学者还要求参加，我当时是秘书长，要考虑经费、房间等具体问题，所以一般都谢绝，但找到老丁，他一般都同意。有时候，我的有些话伤了老丁，但老丁不以为意，待我如故。有一次，某出版社找人写《康有为思想评传》，向我咨询，丁守和是否合适。我觉得应该对出版社负责，对咨询者负责，便回答说，康有为的著作涉及中国古代经学的许多问题，老丁也许不是最合适的人选。过些日子，老丁不知从什么地方听到消息，面有愠色地向我提出质问。我一听之后，大笑起来，对老丁说："人各有所长。假如我说，丁守和不会写文章，是我的过错；但是，假如我说，老丁不会跳高，他跳高不行。这样说有什么错吗？"老丁一听，也笑了起来。有些事，我处理得太迂，做砸了锅，但老丁对我信任如故。有一年，海南中和集团的企业家崔学云先生要资助我们成立中华文化研究基金会，我受老丁委托，起草宣言，提出理事名单初稿。这种事情，本来应该在下面多酝酿，多商量，多听取意见，然后在适当场合发布。我大概也是受了五四精神的影响，觉得总应该发扬民主，找个机会讨论通过，然后宣告正式成立。老丁也同意我的意见。那一年，我们先是在海口召开"现代中国文化走向"国际讨论会。会后环岛旅行。其间，我和老丁不知研究、斟酌过多少次。有一天，到了一所度假村，晚上，在表演海南地方风情舞蹈之前，我安排了一段时间，讨论基金会宣言和理事名单。不想那天晚饭时，老丁的一位老朋友和我的一位老朋友喝酒多了，讨论会一开始，他们二人就一前一后发言反对，说起摧毁性的"醉话"来，一时场面很尴尬。第二天，两位老朋友知道自己说了"醉话"，搅了场，特地前来道歉，并表示愿意在会上检讨、更正。那时，所有与会嘉宾都在旅行大巴上，如何有机会让他们检讨、更正！老丁和我商量，决定"算了"。此后，老丁仍然将筹办基金会的全权交给我。我们曾经给中国人民银行写过报告，但始终没有任何回音。也曾想以基金会的名义办一个刊物，开过一次筹备会。自然，也没有下文。后来，北京的一位朋友动员我们成立拓跋文化研究基金会（那位朋友姓元，大概是古代拓跋氏的后裔）。于是，重起炉灶，起草章程，向院部汇报，请求支持，一切似乎顺利。然而，院部最后的答复是，一个部只能有一个基金会，院里要保证胡绳基金会能够成立，你们的拓跋文化基金会还是暂缓吧！

老丁大大咧咧，生活俭朴。除了抽烟，没有别的嗜好。到近代史所来，常骑一辆破自行车。后来国家对离休干部有优待，他就坐公共汽车上班。除了每月留几十块钱零用外，其他工资、稿费等等，统统上缴夫人。有时家中无人做饭，老丁就自己动手，做疙瘩汤。我曾随副部级干部出过差，约略知道副部级能享受什么样的待遇。有时，我和老丁开玩笑，就说："现在副部级太多了。老丁是老革命，这一辈子的最大缺憾可能就是没有升到副部级。"老丁总是向我笑笑，丝毫不觉得有什么缺憾。

四、 永远的遗憾： 没有完成的回忆录 《江海的碰撞》

近年来，我发现老丁明显地衰老了，头发几乎全白，而且记忆力明显减退，常常将事情记错、记乱。往往这个星期来，讲这几句话；下个星期来，还是讲这几句话。他一再对我说，除了再编一两本文集外，还要写一本回忆录《江海的碰撞》。每逢这种场合，我都劝他健康第一，先保养身体要紧。本所的罗尔纲先生活到 97 岁，我就劝老丁，争取活过罗尔纲。有时，我甚至不得不狠心打击他的情绪："老丁，多出一本书，少出一本书，已经没有什么意义了，还是争取多活几年吧！"老丁并不反驳我，下次来，还是说：要写一本回忆录：《江海的碰撞》。

他这本《江海的碰撞》终于没有写成。读书界失去了一本好书，我失去了一位好友、长兄、知音。这些天，我为一些理论问题困扰，想找个人聊聊，然而，"四顾茫茫欲语谁"，老丁已经走了。

原载《同舟共进》2009 年第 5 期

愿 "唐派史学" 后起有人

——悼唐德刚先生

唐德刚先生去世了。几家媒体的采访记者都问我，你和唐先生第一次见面是在什么时候？我想来想去，不记得了。我和唐先生多次见面，在大陆，在台湾，在美国，见过许多次。1990 年我到美国哥伦比亚大学访问，有三个多月住在纽约。那时，唐先生住在纽约近旁的新泽西州。自然，见面的机会比较多。唐先生平易近人，知道许多民国掌故，又健谈，一谈起来，议论风生，我们很快熟起来。纽约的华人学者之间常有餐会，记得我好多次赴会，都是坐唐先生开的车。

不过，我认识唐先生，首先还是通过他的口述史著作——《李宗仁回忆录》。1980 年，政协广西壮族自治区委员会文史资料委员会辗转从海外得到原稿，内部发行。那时，我刚刚转入民国史研究不久，对该书史料的丰富和文笔的流畅颇为折服。后来逐渐知道该书的真正著者是唐先生，对唐先生便多了一份敬意。再后来读唐先生参加编撰的《顾维钧回忆录》，敬意愈增。顾维钧是近代中国的老资格的外交家。他的日记、文件珍藏于美国哥伦比亚大学珍本和手稿图书馆，共约 10 万件，是该馆仅次于杜鲁门档案的第二大档。唐先生深入研究这些档案，又经过和顾维钧的多次访谈，才完成回忆录的写作。共 13 册，600 余万字，堪称巨著。

口述史是一门新兴的史学体裁。它是历史当事人和史学家合作的产物。过去，历史当事人常常写回忆，但是，回忆常常有讹误，记错时间、地点、人物关系的情况很多；历史学家的著作呢？大多依靠文献档案等死材料写作，缺乏新鲜、生动的活材料。口述史的优点就在于可以弥补上述两种体裁的局限，将死材料和活材料结合起来。一方面，它可以保存历史当事人的记忆，这些记忆往往不见于文献档案，而且，其中不少是秘密，只有当事者才知道的秘密，不通过口述史就可能永远消失；另一方面，由于有历史学家的参与，它可以纠正历史当事人的记忆错误，深入挖掘、记述关键事件和关键秘密，使口述史更准确、更有价值。上世纪 50 年代，美国哥伦比亚大学开展口述史研究，主其事者为美国人韦慕廷教授，而其中的"苦力"正是唐德刚教授。今天，哥大还保存着几十个中国近代名人的口述自传和档案资料，其中都渗透着唐先生的辛勤劳动。可以说，没有唐德刚，就没有哥伦比亚大学的口述史项目，也就没有《胡适口述自传》《李宗仁回忆录》《顾维钧回忆录》等皇皇巨著。唐德刚先生是当之无愧的口述史开创者，是这一领域的大家、巨匠。

唐先生的几部口述史著作我都读过，是我研究民国史的不可缺少的参考资料。它们帮助我解决了许多难以解决的问题。例如，蒋介石、张学良和 1931 年"不抵抗主义"的关系。正是通过唐先生的访问，张学良向世人宣布，"不抵抗"的命令是张学良本人下的，和蒋介石没有关系。尽管文献已经证明，9 月 18 日晚上，蒋介石并不知道沈阳已经发生的事变，没有给张学良下过"不抵抗"的命令，但是，过去流传过一份所谓当年 8 月 16 日的《铣电》，其中有蒋介石劝张学良"万勿逞一时之愤，置国家民族于不顾"等语，成为蒋介石早就下令"不抵抗"的重要证据。我在研究这一问题时，一时拿不定主意，《铣电》，有耶？无耶？后来，阅读唐先生的《张学良口述回忆》，唐先生曾以《铣电》中的关键词语询问张学良，张作了明确的否定回答。这样，我的主意就拿定了。

除了口述史之外，唐先生还写过《晚清七十年》《袁氏当国》等许多历史著作，唐先生知识渊博，因此，他的历史著作常常上天下地，融中外古今历史于一炉而共冶。例如，他明明谈的是晚清，然而笔锋一转，却突然谈到了古希腊，谈到了秦、汉、魏、晋，起承转合，信手拈来，非常自然巧妙，毫无牵强附会之感。而且，唐先生性格幽默，谈吐诙谐。他的史学著作明白如话，生动有趣，读着，读着，往往会笑出声来。这是唐先生独有的风格，别人，至少我学不来，也学不会。美国学者夏志清称唐先生的散文为"唐派散文"，我以为，唐先生的史学著作堪称"唐派史学"。唐先生去世了，"唐派史学"会不会因此成为绝响呢？

在我和唐先生见面时，大多数时间是听他讲，我不需要插话。从唐先生的谈话中，我得知，唐先生早年即富于爱国热情。他是安徽人。抗战爆发，唐先生曾率领一批年轻人千里跋涉，流亡内地。但唐先生和我谈得最多的还是他的口述史。如他和张学良如何见面，如何访谈，如何因故中止等等。他谈到，有一次，他写过一篇文章，标题是："花花公子、政治家、军事家"（大意），张学良阅后，表示写得好，是所有写张学良文章中，最准确地写出了自己性格特征的好文章。唐先生的话给了我很多启发。我们写张学良，往往为了政治需要而强调、突出其某一面、掩盖或否认其另一面。鲁迅曾经提倡，写人要写"全人"："倘有取舍，即非全人，再加抑扬，更离真实。"唐先生写张学良，写的是"全人"，所以才得到张学良本人的欣赏和肯定。

我和唐先生最后一面是在美国新泽西州。那是 2002 年夏天，我从波士顿到新泽西，住在邹鲁先生公子邹达先生家里。听说唐先生中风，于是便想去看望。邹达先生说不要紧，已经康复了。他为我安排过几次餐会，每次，唐先生夫妇都来。唐先生告诉我：中风初愈，拿起报纸，一片模糊，什么字也不认得了；幸而，逐渐恢复，阅读没有什么障碍了。我见唐先生记忆如故，健谈如故，除了略显清癯，走路多了一条拐杖之外，别无他变。我很替唐先生庆幸。没有想到，此后唐先生即迁居旧金山，更没有想到，他此后即得了尿毒症，终至因停止洗肾而辞世。

唐先生辞世，是中国史学界的大损失。但愿，"唐派史学"后起有人。

2009 年 11 月 1 日匆草于北京

原载中国近代口述史学会编辑委员会编《唐德刚与口述历史——唐德刚教授逝世周年纪念论文集》，台湾远流出版公司 2010 年版

忆胡绳

我和胡绳同志并不熟。不过，有些事似乎只有我知道，或只有我才能说清楚。这些事，都不大，也都并不很重要，但可以从某些方面折射出改革开放以来思想和理论领域的部分侧影。

一、 倡办《百年潮》杂志

1996 年，中共党史学会有个《中共党史通讯》，不想办了。当时刊号很紧张，学会的副会长郑惠等人想利用《中共党史通讯》的刊号办一个通俗历史刊物《百年潮》，反映鸦片战争至当代中国这一百五十多年的历史。据说，这是为了贯彻胡绳同志的主张。龚育之在《〈百年潮〉创业三君子》一文中说：

> 胡绳认为，党史研究成果主要在党史界内阅读、流转，这种"体内循环"的情况应当改变。走出专业人员的阅读圈子，到更广大的群众中去寻求读者，应当是党史研究工作的一个重要方向。所以，除了办好党史研究的学术刊物以外，他还希望办一个通俗的、可读性强的讲党史、革命史、近现代史的刊物。
>
> 胡绳是马克思主义通俗化在中国的先驱。三十年代他和艾思奇等同志，就写了影响甚广的马克思主义的通俗哲学读物。

四十年代他写的《二千年间》和《帝国主义与中国政治》，既是开拓性的学术著作又具很强的通俗性，是影响甚广的马克思主义的通俗史学读物。现在，身任中国社会科学院院长和中央党史研究室主任的胡绳，又建议办中国近百余年历史的通俗刊物，这展现出他作为一位史学大家的宽阔眼界、超出纯粹学术研究的眼界。我们在党史室和党史学会工作的同志都很赞成这个建议。于是，就有了《百年潮》。

龚育之当时是中央党史研究室的常务副主任，胡绳的主要助手，他的这段回忆自然是可靠的。

确定创办《百年潮》之后，接着便是组织编委会，物色主编人选。关于主编，要找一个熟悉整个这一段历史的学者。杨奎松推荐我。郑惠、胡绳、龚育之都同意。于是，我这个连党员都不是的研究人员就当起了《百年潮》杂志的主编。对于我的非党身份，胡、龚、郑三位都不在意。龚甚至觉得，也有其好处。

当主编，自然要写《发刊词》。我在第二段开头写道："中国历史有过辉煌的往昔，但是一百五十多年以前却已经疲弱不振。在与来自万里之外，所知甚少的敌人交手之后，中国人发现了自己的落伍，于是奋起图强，开始了振兴中华，建立现代文明社会的伟大努力。"稿子送给胡绳同志看，"疲弱"二字，原为"疲蹶"，胡绳认为不妥，于是我就改了。稿子通过得很顺利。不久，胡绳在和郑惠谈话时说："看到你们的发刊词和创刊号要目，我感到很高兴。我曾多次谈过，历史学中既需要主要供研究工作者读的专门著作，也需要适合一般读者口味的、大众化的历史作品，使历史教育的普及和提高相结合。"

很快，郑惠将他和胡绳的谈话写成了《胡绳访谈录》。其中，胡绳提出："要改变过去那种把阶级和阶级斗争简单化、公式化的观点和做法，要根据较之一百多年前有了很大的不同的历史情况、现实情况，对阶级和阶级斗争问题进行新的研究，作出新的论断。"同时，胡绳提出，要总结中国和世界社会主义发展的历史经验，要加强对非公有制经济的调查研究等重要问题，成为创刊号上一篇引人注目的政论文章。

紧接着，胡绳又陆续发表了《忆韩练成将军》《追记半个世纪前的一次长途旅行》等几篇文章。它们和同时发表的萧克、熊向晖、胡乔木、钱钟书、龚育之、师哲、李慎之等人的文章一起，使《百年潮》顿时声名鹊起，成为北京文化界争相阅读的刊物。我曾经选择受到读者赞誉的几篇文章，写过一篇评介：《努力追求真实与生动相结合的境界》，其中称誉胡绳《忆韩练成将军》一文，"波澜起伏，引人入胜，像剥笋似的，一层一层地逐渐展现出'老张'的庐山真面目"。

胡绳除了发表政见，带头写回忆录外，还关心刊物的体裁和题材，建议发表短而小的文章。为此，他化名槐叟，为刊物写了一篇《谈"爱人"含义的变迁》。1998 年 11 月，他特为刊物题字："既要严谨务实，又要活泼轻松。"在很长一段时期内，他不断通过郑惠向我们转达他对刊物的意见。我是兼职主编，既要编刊物，在中国社会科学院方面还有繁重的研究任务，所以从未想过，要去拜见胡绳，当面听听他的教诲。

担任《百年潮》主编期间，有一年，编辑部准备编写《世纪三伟人》一书，叙述 20 世纪中国的三位伟人：孙中山、毛泽东、邓小平。书稿完成之后，准备请胡绳写序言。胡绳那时似乎正在大连休养，不能写。郑惠要求我代写。我自认义不容辞，没有多想，贸然写成。在编辑部会议上宣读时，郑惠很满意，认为颇有胡绳的文风。但是送给胡绳审阅之后，胡绳不满意，于是，这篇文章在书稿出版时，就没有署名。

二、 赞扬刊物办得好，保护刊物幸免停刊

在《百年潮》普遍受到赞扬的时候，没想到，创刊号上青石（杨奎松笔名）的《1950 年解放台湾计划搁浅幕后》一文却惹了祸。该文根据苏联已公布的档案，揭示了当年朝鲜战争第一枪的打响经过。这对国内读者还是闻所未闻的消息，几十家报章杂志先后转载，连延边自治州的刊物《支部生活》都译为朝文发表了。朝鲜方面询问中国驻朝使馆："文章是谁写的？是否代表中国政府意见？中国政府对朝鲜战争的

看法有无改变?"当时,中国驻朝人员回答:"文章是中国一位学者的个人行为,不代表中国政府意见;中国政府对朝鲜战争的看法没有改变。"回答者还加了一句:"中朝友谊万古长青。"本来,事情到此也就可以结束了,但是,消息反馈到国内,两个部门的负责人都批示要"查处",有关部门为此组织了专门小组。杨奎松为此写了"说明",《百年潮》编辑部也在准备写检讨。有一天,突然接到通知,编辑部负责人于某日到出版总署开会。据说,那是要传达停刊通知的。然而,正在此时,传来了胡绳的三点指示:1. 关于朝鲜战争的第一枪,国际上已经不是什么秘密,在中国谈这个问题的,《百年潮》也不是第一家。对《百年潮》的处理要适可而止。2.《百年潮》是个好刊物,有不少新东西。3. 对《百年潮》,要支持、扶植。胡绳当时不仅是政协副主席、中国社会科学院院长、中央党史研究室主任,而且还是中央党史领导小组副组长。在党史研究这一领域,是说话管事的人物。"查处"小组的负责人听到胡绳的意见后,立即表示,要尊重胡绳的意见,原订的会不开了,检讨也不必写了。在他向当时的中宣部部长丁关根汇报时,丁称:"是啊!《百年潮》是办得不错。"

由于胡绳同志的三点意见,《百年潮》幸免一劫。不过,更大的磨难还在后面。

三、 两封匿名信告状

1999 年 11 月,有人匿名给中组部写信,指责《百年潮》三年来发表的大量文章"大多是对党和党的事业表示怀疑,甚至加以否定的认识"。该信"揭发"季羡林、王元化、萧克、李锐、杜润生、王蒙、韦君宜等人在《百年潮》杂志或座谈会上的"错误言论",结尾说:"《百年潮》的旗帜难道还不够鲜明吗?'再尖锐'、'再解放'一些,它将升到哪一个党的调门上去呢?"

对于此函,中组部转呈当时负责党务工作的曾庆红,曾于同年 12 月批示:"请认真研究此情况反映,查实有关问题,并提出改进措施,情况望告。"

12月1日，有署名"高校几名教师"者又向中宣部写信，指责《百年潮》杂志"其政治倾向存在相当严重的问题"，"极大地损害了党的形象，搞乱了人们的思想"，特别提出："这是共产党人的办刊思想吗？不像。"该函提出三点要求：1. 应令《百年潮》自2000年1月起停刊整顿。2.《百年潮》社社长郑惠编审应就该刊的错误进行认真的检查，并向读者作出必要的交代。3. 主管部门和主办单位应就《百年潮》的问题切实汲取教训。

对于此函，中宣部领导没有表态，就转给中央党史研究室当时的负责人。

党史研究室接到转来的两封匿名信后，立即根据曾庆红同志的三点意见，组成以该室副主任李君如为首的调查和审看小组，检查《百年潮》创刊以来的全部文章。同时，作为"改进措施"，以年事已高为理由动员郑惠辞职。郑惠最初同意辞职，很快又表示不辞。鉴于两封匿名信严重不实，我准备了材料，要求会见龚育之，说明情况。龚表示，党史研究室已经委托李君如同志处理，他就不便过问了。

郑惠和朱镕基总理有亲戚关系。我们建议郑惠向朱总理汇报。见了面，谈了情况。朱总理关心郑惠的健康状况，对于两封匿名信，朱总理则未置一词。大概因为这事不属于朱的业务主管范围吧。

由于党史研究室一再要求郑惠辞职，我认为龚育之和胡绳富有党内斗争经验，建议向他们二位请示。龚的意见是"不要硬顶"。胡绳则通过他的秘书表示："辞一下也可以。"

2000年2月3日，《百年潮》在京编委会议，欢送郑惠同志离职。与会编委表示，要像郑惠同志那样，兢兢业业地工作，力争将刊物办得更加出色。《百年潮》在当年第3期刊登了这一消息。事后，立即有人打电话，对其中关于郑惠的肯定语表示不满。

四、 胡绳被批判

在"青石"文章引起的风波后，胡绳勇于出面讲话。在匿名信问题上，胡绳却不肯表态，而且连郑惠请示时也未见。看来，其原因是，胡绳本人当时也处于被批判的状态中。

胡绳在研究毛泽东和建国以后的中共党史的过程中，逐渐形成了一个看法：在 1949 年之前，毛泽东是坚决反对民粹主义的，但是，在 1949 年之后，"曾染上过民粹主义的色彩"，例证之一是 1958 年的"大跃进"和人民公社运动。胡绳说："领导思想失之毫厘，民粹主义的思想就在下面大为膨胀。当农业生产力没有任何显著提高，国家工业化正在发端的时候，认为从人民公社就能够进入共产主义，这是什么思想？只能说这种思想在实质上属于民粹主义的范畴。"民粹主义是一个多义词，其中一种解释指 19 世纪的俄国民粹主义。这种主义认为可以而且应当越过资本主义阶段，依靠农民公社和小商品生产的力量去建设社会主义的、平均主义的民主社会。1999 年 3 月，《中国社会科学》和《中共党史研究》两刊同时发表了胡绳的文章《毛泽东的新民主主义论再评价》。

胡绳这下子惹祸了。有人著文，批评胡绳诬蔑毛泽东，梦想复辟资本主义。《中流》杂志载文说："大讲'民粹主义'不过是说明社会主义此路不通，中国的惟一出路是退回去搞资本主义，至少是退回去搞新民主主义"，"难道我们能够依着他们吗"？针对《中流》的批判，《百年潮》于 2000 年第 1 期发表邱路的《请放下你的棍子》反驳。邱文指出："言论自由与学术自由是法律赋予每个中国公民的权利。今天不管我们的法制健全与否，毕竟不再是'文化大革命'的时代了，甚至也不是 1957 年那个人治盛行，万马齐喑的年代了。胡绳先生也好，其他先生也好，都有权表达他们对一些问题的看法，有权按照自己的意愿进行研究和思考。"邱文针对批判者说："不论同意与否，恐怕都应该摆事实、讲道理、平心静气地交换看法，为什么非要把问题扯到政治立场和政治路线的高度上去，禁止别人思想，甚至总是想将对方置于死地呢？"

以李君如为首的调查组很快做出结论，并且写出调查报告，列举充分理由，说明两封匿名信严重不实。报告指出《百年潮》有三项优点，三项不足。优点是：发掘党史资料；澄清党史问题；普及党史知识。缺点是：对老人家的晚年错误，有的地方讲得过细；风格不够多样；作者的队伍不够宽广。改进措施是：社长郑惠年事已高，建议其辞职，另觅社长人选；在新社长到任之前，由主编杨天石暂代社长。报告得到曾庆红批准。过了几天，党史研究室召开《百年潮》编辑人员全体大会，宣读调查报告。我曾发言，表示感谢调查组所做认真细致的调查，得以避免新时期的一件冤案。又表示，《百年潮》这个舞台本来不应该由我来演出的，但是，我既然已经站到了这个地方，哪怕是火坑，我也不准备离开。龚育之亲自到会，当场宣称：杨天石过去是《百年潮》主编，现在是，将来也还是。

郑惠肄业于北京大学。建国后，在中央宣传部党刊编辑室、中共中央政治研究室、《红旗》杂志社、国务院政治研究室等处任职。1981年后，历任中共中央书记处研究室文化组组长、室务委员、中央党史研究室副主任、《中共党史研究》主编。曾参加起草《关于建国以来党的若干历史问题的决议》。他是办刊老手，以刊物为生命，对文章精益求精。加上联系多，人脉广，善于组稿。每当刊物缺稿时，他总能拿出重头稿件来。而且，他是"副部级"，有"拍板权"。稿件经他看过后，就无须再往别的什么地方送了。龚育之在回忆文章中曾称：郑惠为《百年潮》，"真可谓呕心沥血"。郑惠离开社长职务之后，在一段时期内，我变成了"孤掌"，只好靠其他几位编委，共同勉力支持。有一次，郑惠转告我：胡绳同志很满意，认为保持了原来的风格和特点。有人还传来消息，胡绳要推荐我当政协委员，有关方面正在对我考察，要我谨言慎行。

很快就派来了新社长，但是刊物的困难仍然很多。我有时到龚育之处诉苦，老龚说："办下去会很困难，但有这个刊物比没有强。"并且感慨："上面现在已经没有像乔木那样懂业务又敢拍板的领导了。"我看出老龚本质是书生，热衷做研究，不愿意多管行政工作，特别不愿意以行政命令的办法处理问题，所以尽量不去打搅他。老龚说他和我的关系"淡如水"，确是事实。

当《中流》批判胡绳之际，正是胡绳主编的《中国共产党历史》中卷暂时不能出版的时候。

自上世纪 80 年代起，胡绳即为中央党史研究室主编《中国共产党历史》上卷一书。上卷出版后，又接着写中卷。这一卷写中华人民共和国成立到十一届三中全会的历史，自然，很难写。历经五年，数易其稿，终在 1998 年底基本定稿，计划国庆五十周年之际正式出版。1999 年初，有人向中央"告状"，称该稿"问题"甚多。结果上面要求先印征求意见本，内部听取意见。据说，绝大多数人持赞成、肯定态度，也有少数人不赞成，认为将错误写多了。胡锦涛同志批示，继续征求意见，进行修改。在这一情况下，胡绳难免有想法，在郑惠向他咨询是否辞职时，他只能说一句："先辞一下也可以。"

然而，胡绳很快就觉得话讲早了。2000 年 2 月 5 日，中央举行春节团拜，会上，胡锦涛见到胡绳，说了句："感谢您多年来为党史研究所作的贡献，今后还希望您多指导。"胡绳自然很高兴，立即通知秘书白小麦向中央党史研究室和《百年潮》编辑部转达锦涛同志的话，并且说，希望党史研究室和《百年潮》编辑部做好自己的工作，不要参加社会上无谓的争论。不久，胡绳见到郑惠，特别对他说："哎呀！看来你辞职早了点！"

五、 胡绳逝世，《百年潮》 送花圈

2000 年 10 月，胡绳同志在上海病重，胡锦涛、朱镕基、李瑞环等领导纷纷致电慰问，了解病情。上海市委负责同志带着朱镕基的电话记录稿来到胡绳的病床前，逐字逐句地念给胡绳听。11 月 5 日，胡绳同志逝世，胡锦涛赶到上海送别。6 日，我以编辑部全体同人名义给胡绳同志治丧委员会和胡绳同志亲属各去一封电报，以示悼念。电文如下：

中共上海市委办公厅转胡绳同志治丧委员会：

惊悉胡绳同志逝世，不胜震痛！

胡绳同志是杰出的无产阶级革命家、马克思主义者，思想

理论战线上的老战士，优秀的历史学家。他的逝世是我国社会主义事业，特别是文化战线的重大损失。

　　《百年潮》是在胡绳同志的倡议和关怀下创办的。四年来，胡绳同志不仅给了我们许多宝贵的指示和支持，而且接受访谈，提供文章，推荐作品。可以说，我们前进的每一步都有胡绳同志的心血在内。如今，胡绳同志的题词和文章墨迹尚新，音容犹在，但斯人已去，我们的心头怎能不弥漫着沉重的悲伤！

　　我们将发奋图强，进一步办好刊物，以此纪念胡绳同志。

　　胡绳同志千古！

电报中说："我们的心头怎能不弥漫着沉重的悲伤！"这确是衷心之言。

　　2000 年 12 月，《百年潮》在该期杂志上发表龚育之、魏久明、丁伟志、郑惠、徐宗勉等 5 位同志的回忆和挽联，组成《悼念胡绳同志》专栏。2001 年 1 月，又在《悼念胡绳》专栏发表了郑惠和胡云珠的文章。此后，我开始着手写一篇文章，题为《有感于胡绳的被围攻》，想说点什么。但是，只写了开头两段：

　　胡绳同志走了，胡锦涛同志代表中共中央前往上海送别。新华社所发消息称胡绳为"中国共产党的优秀党员，久经考验的忠诚的共产主义战士，无产阶级革命家，著名的马克思主义理论家、历史学家"，我以为这是很恰当的。

　　自然，我很哀恸。然而，哀恸之余，却想起了胡绳一年来被围攻的事。

写了这两段，觉得有许多话不好说，不便说，就停下了，再也没有动手。

　　2001 年，我在《百年潮》第 5 期上选登了胡绳关于撰写《从五四运动到人民共和国》一书 10 次谈话中的 5 次。同年，我到日本访问。野泽丰教授是胡绳的老朋友，要我写一篇纪念胡绳的文章，我答以有些话不好说，不便说，野泽丰要我能谈什么就谈什么，不能谈的就不谈，于是我写了一篇很短、很短的文章，题为《胡绳先生对〈百年潮〉杂志的关怀》，发表在野泽教授主编的日文杂志《近邻》上。回国以后，郑惠因病住进北京医院，我向他汇报此事。他很关心，特别要人从日文翻译为中文，并且对我说："写得不错。"

胡绳去世多年了，郑惠于 2003 年 2 月，龚育之于 2007 年 6 月，也先后逝世了。回首往事，胡绳等人和《百年潮》的这一段经历对于总结改革开放以来意识形态领域的经验和教训，似乎也还有益处。胡绳去世之后，我继续在《百年潮》当了 5 年主编，也还有些事可以谈，不过似乎还是不好说，不便说，就此打住吧！

原载《炎黄春秋》2015 年第 1 期

咏史杂诗

金陵访旧

古院秦淮小拱桥，
白门巷陌柳萧萧。
为编一代春秋史，
踏遍金陵认旧朝。

1977 年

夜登长江大桥，忆武昌起义旧事

——武昌起义，共进会与文学社共成其事。1981 年，余来三镇，
访史迹，登大桥，遥想当年。

万里长江第一桥，
天风吹我涌心潮。
两厢灯火繁星坠，
一派江声战鼓遥。
共进群英诚可忆，
文学众士亦堪骄。
史家珍重勤开笔，
彩绘浓描写楚豪。

游武昌东湖屈子行吟阁

——杜甫诗云："文章憎命达，魑魅喜人过。"意有所感。

行吟阁畔久沉吟，
楚地来游感慨深。
莫谓当年时命蹇，
文章千古有知音。

1981 年

访沅陵张学良将军幽居处

幽居暂住凤凰山，
万里思乡只梦还。
慷慨空怀歼寇志，
鹧鸪声里步江滩。

桃源县漫步

一瞬千年感岁华，
桃花源外尽商家。
新风古邑人间异，
座座排排是网吧。

登神农架

神农架上独彷徨，
思绪茫茫返大荒。
不晓野人何处觅？
杜鹃花放满山梁。

车过大青山，听抗日史事

当年出没此山间，
国共同仇战日顽。
能护家园芳草绿，
糜躯碎骨亦心甘。

2002 年

参加中日战争研讨会有感

——2002 年 6 月，美国哈佛大学举行中日战争研讨会，
出席人员中，有中日两国学者二十余人。

曩时对阵两相分，
同座而今共论文。
武战何如文战好，
相诘相辩为求真。

玉女峰遐思

——朱熹《棹歌》云："二曲亭亭玉女峰，插花临水为谁容？"2002 年 8 月，余到武夷，见玉女峰与大王峰遥遥相对，二峰状貌不同，忽生遐思。

袅袅婷婷玉女峰，
嶙嶙瘦骨懒为容。
总因相慕羞言语，
寂寞千年终未通。

参观阎锡山故居

往日繁华转瞬空，
唯余院落尚重重。
民国多少刀兵劫，
酿在堂前密晤中。

2003 年 5 月

访山西永济普救寺，莺莺故事发生地也

佳话西厢有妙文，
流传轶事竟成真。
赚来无数痴儿女，
携手双双拜庙门。

2003 年 5 月

登鹳雀楼

远道来登鹳雀楼，
中州气象眼前收。
长河似带飘原野，
山势如龙卧绿洲。

2003 年 5 月

游吉林净月潭

——传说，净月潭与日月潭，为天上仙女的两滴泪。

天上仙女两滴泪，
化作人间两湖水。
一在东北一东南，
共增神州风光美。
两水远隔本同源，
丽质亭亭亲姊妹。

我愿携水互挹注，
两美相融长相辉。
待得两岸团圆日，
仙女定当喜泪飞。
九州各县县有潭，
绿波处处明且媚。

2003 年 8 月 6 日

访农安县

——农安，即古之黄龙。岳飞与金兵大战时，曾与诸将相约，痛饮黄龙。

巍然辽塔在，
今日到黄龙。
杯酒何妨尽，
神州喜大同。

2003 年 8 月 8 日

贺杜导正八十大寿

君似山颠不老松，
劲枝铁干傲苍穹。
盈胸正气浩然在，
任尔长天起暴风。

2003 年 9 月 30 日

赠哈佛大学傅高义教授

——代参加夏威夷中日战争讨论会的全体中国学者作

哈佛有高义，
讲坛一代宗。

学兼中日美，

足遍南北东。

真正亚洲迷，

地道中国通。

愿君多珍摄，

寿比南山松。

2004 年 1 月

台湾选举有感赠友人

公理宁甘唤不回？

岂能民意尽成灰！

相期众志成城日，

买醉长街听鼓擂。

2004 年 3—5 月

访波恩贝多芬纪念馆，过时不得入

远行万里拜斯人，

铁锁无情竟闭门。

惆怅莱茵河畔坐，

天西漫看火烧云。

2004 年 6 月

访德国特里尔马克思故居

愿求世界变天堂，
理念昔曾震万方。
留得小街遗址在，
摩挲旧迹认门墙。

2004 年 6 月

生日自嘲赠上海施宣圆兄

华发飘萧已满颠，
童心未改壮心迁。
聊拨雾霭观丘壑，
漫卷风涛入史篇。

2005 年

谒杜甫草堂

杜甫祠堂万竹森，
劲枝铁叶上干云。
华夏世代称诗圣，
锦绣文章爱国忱。

2005 年 6 月

有感

荣枯得失总尘轻，
尔自滔滔我自行。
直笔求真千载贵，
文章留与后人评。

2006 年

重有感，依前韵

因风立论世人轻，
下笔何须看市情。
但企真知传宇内，
宁甘俯首竞浮名。

2006 年

三访胡佛研究所

又渡重洋作远游，
老来尚似少年俦。
穷搜秘档求真相，
不到河源兴未休。

2006 年 3 月 24 日

娄山关忆彭德怀

——只有很少人知道，娄山关战役的指挥者是彭德怀，感而有作。

峭壁悬崖窄线通，
娄山险隘古称雄。
浩浩劲旅从兹越，
应为将军论首功。

题溪口蒋氏遗址

文昌高阁枕清流，
老树依然傍小楼。
大浪淘沙人已远，
史家功过论难休。

参观汉城韩国战争纪念馆感赋

纷纷韩战是耶非，
深锁疑云入黑围。
不有史家如炬眼，
焉能暗夜见清晖？

2006 年 10 月

下笔

下笔常逢掷笔时，
个中滋味几人知？
平生最苦难言语，
阻断春蚕肚里丝。

2007 年

题临湖轩，忆马寅初校长

玉兰两树竞华枝，
绰约迎风正盛时。
塔影湖光长旖旎，
斯人已去久沉思。

2007 年 4 月

游北京植物园偶想

朝看云霞漫煮茶，
松涛晚听数归鸦。
此身愿住西山老，
不写文章只赏花。

2007 年 5 月 1 日

访金山卫

——1937 年淞沪之战，我军浴血奋战三个月，敌不得逞，
改自金山卫登陆，我军遂溃。

弹烟血雨战旗红，
誓保山河作鬼雄。
可叹倭军从背袭，
长留大恨海隅东。

2007 年 6 月

刘公岛凭吊

——甲午海战，提督丁汝昌困于岛内，服毒自裁，诗以悼之。

陡起乌云隐落晖，
刘公岛上下龙旗。
将军赴死全忠义，
不作降书献日夷！

2008 年 4 月 27 日

题永嘉情侣峰

亭亭并立双峰，
相亲相敬相容。

暴雨罡风同抗，
天荒地老情浓。
不疏不离不弃，
共苦共甘共荣。
世上仅此一山，
人间难觅双重。
寄语热恋男女，
何妨到此证同？

2008 年 5 月

题永嘉剪刀峰

何来利剪立苍茫，
造物多情美意藏。
巧断云霞天上锦，
人间好作女儿妆。

2008 年 5 月

访永嘉丽水古村

门前水到必成溪，
户户临流可浣衣。
岸柳轻摇河底绿，
渔歌唱罢彩云移。

2008 年 5 月

再登庐山

昔上庐峰未有诗,
愧对山灵再来时。
全因至美难言说,
下笔踌躇怯遣词。

2008 年 9 月

赞婺源

蓝天碧水,黑瓦白墙。
青山滴翠,绿草流光。
歙砚玉润,婺茶醇香。
文公故里,流连难忘。

2008 年 9 月

谒陈寅恪墓有感

先生之风,山高水长。
先生之言,千秋同仰。

独立精神，自由思想。
道脉文脉，得此则昌。

2008 年 9 月

嵩山谈禅

挤得余生数日闲，
谈禅论道访嵩山。
苍生在念难无语，
面壁长修意未甘。

2009 年 4 月末

晚 岁

老去思闲未肯闲，
勤钩史迹笔波翻。
天公假我三十载，
笑看沉沙大海蓝。

2009 年 5 月 29 日

夜抵苏州，赴南社研究会之约

扶疏花木掩层楼，
软语吴娃启脆喉。

竞彩霓虹波影里，
迷离夜色到苏州。

2009 年 6 月 3 日

偶感

画鬼描神皆不难，
全凭粉黛色斑斓。
清容端赖南湖水，
洗尽丹铅是本颜。

2009 年 6 月 4 日

黄鹤楼

登楼顿觉楚天低，
万里长江望眼迷。
帘卷潇湘迎两粤，
窗开众岳似观棋。

2010 年

记得

记得髫年敬岳飞，
精忠报国仰光辉。

而今齿豁垂垂老，
犹梦沙场斩寇归。

2011 年 3 月 26 日

访故里

七十年来景物非，
街头尚记鲤鱼肥。
儿时旧迹难寻找，
賸有乡风扑面吹。

2011 年 3 月 27 日

访浙江黄公望隐居地

泉流万壑响琤琮，
绿树青山沐晚风。
草屋三椽人不在，
白云入户雨蒙蒙。

2011 年 5 月 23 日

富春江舟行

惭无彩笔绘花枝，
幸有灵明铸小词。

七里春江扬帆路，
归来载得半船诗。

2011 年 5 月 25 日

题周庄迷楼，怀南社诸子

迷楼往昔忆颠狂，
痛饮长宵待曙光。
蒿目时艰多慷慨，
悲歌代哭写华章。

2012 年

元大都遗址考古

金戈铁马耀寰中，
屈指当年数战雄。
百里连营凭想象，
颓垣断续野花红。

2012 年 7 月

自厦门渡海舟中口占

当年万炮击金门，
弹雨硝烟起战尘。

但愿从兹兄弟好，
虹桥永架不相分。

2012 年 8 月 23 日

登金门岛

入境难分外地身，
初逢每似对故人。
一水虽分两世界，
中华血脉总相亲。

晓起

晓起传来子规啼，
山溪缓缓水声低。
当年炮战隆隆处，
煦煦清风舞柳丝。

2012 年 8 月 24 日

望春

岁尽冬残又望春，
犹抛心力作文人。
何曾椽笔惊天下，

聊为鸿飞记爪痕。

2013 年 1 月

除夜方作《赫尔利调停国共关系》文

闲户辞闻响炮声，
烟花朵朵上青云。
堪笑书生无所事，
故纸陈编解旧梦。

2013 年 2 月

江阴吊阎公应元

孤城浴血抗清骑，
有死无生固所知。
正气长留天地永，
扬刀守土想当时。

2013 年 4 月

寄望

茫茫史海欲何之，
奋桨飞舟正此时。

解蔽还原寻本相，
传薪继火有深期。

2014 年

夜走南苑

——赴南苑机场车中，忆四十余年前任教该地，假日到北京图书馆读书，
出馆时无车，夜深步行归校，而又不敢以实情告人。

忆昔勤读书，
晨兴入北图。
暮夜方出馆，
匆匆觅归途。

远郊已无车，
夜走南苑路。
四野寂无人，
幸有胆气粗。

行行数十里，
不觉衣沾露。
同室惊相问，
迟归竟何故？

是否偕女友，
堕入爱之湖？
不敢告实情，
微笑作掩护。

当年批"白专",

著书即过误。

只好不开口,

留作闷葫芦。

2014 年 8 月 5 日初稿,9 月 18 日改定

八十感怀

浪取虚名未补天,

人间闯荡八十年。

为文偶逆时流意,

设论曾遭白眼嫌。

造假昙花如电闪,

求真玉璧胜金坚。

是非毁誉随人说,

绿野轻骑好策鞭。

2015 年 2 月

贺柳亚子、 尹瘦石诗画联展

诗画两璧艺中龙,

大笔如椽气似虹。

江南自古多俊杰,

山川秀美育人雄。

2015 年 7 月

偶感，偷鲁迅句意

传闻蜚语起空空，
蝇技营营总未穷。
常经风雨何须躲，
管它春秋与夏冬。

2015 年 8 月下旬

天津讲学归途，遇大雪

四合阴云冻满庭，
途人裹足众心冰。
何须前路询凶厄，
我自冲风冒雪行。

2015 年 11 月 22 日

附录一

从培训拖拉机手到学部委员

一、 北大毕业前后

（一）会分配到哪里去呢？

快毕业了。会分配到哪儿去呢？

系里下达了分派计划，要每个人填一张志愿表。北大，要留下十多名，中国科学院哲学社会科学部要五六名，文学研究所要十多名，其他如中央机关要若干名，还有外地各学校、北京各学校之类。我该怎样填呢！

论学业，我可能算是好学生。我这个人别无他长，对付考试似乎颇有办法。小学升初中，成绩很突出。初中升高中，无锡市统考，全市600分以上的考生共六个，我是其中之一。1955年考进北大中文系后，系里要挑成绩好的学生去辅导外国留学生，我是被选中的"总负责人"。进大学的最初两年，学校模仿苏联，口试，我门门都是5分。记得第一学期考四门，最后一门是李世繁老师的逻辑。李老师在我的成绩册上填上"5"字之后，审视我前三门的成绩，说了一句："啊！你是全优生呀！"进入三年级之后，搞教育革命，学生批老师，自己编书，基本上不考试了，不过，在人们的心目中，我的业务还是不错的。图书馆有位老馆员，因为我常去借阅别人从来不借的书，和我熟悉了，有一次极有信心地对我说："我看得出来，你肯定留校！"

"留校！"我想也不敢想。

（二）"反右"时，我被认为"严重右倾"，毕业时算总账

"我们都是满怀着幻想和希望走进北大的。"这是我入学后在年级大会讲话时的头一句。

年轻人爱幻想，学文学的人，自然幻想更多。我总觉得，人的一生，应该为祖国、为人民做点什么，不应该碌碌无为。进入大学不久，国家号召向科学进军。这自然很合我的胃口，于是发奋读书：《别林斯基选集》《车尔尼雪夫斯基选集》《杜勃罗留波夫选集》，一本本地读；《诗经》《楚辞》《汉魏百三名家集》《李太白集》《杜少陵集》，一部部地啃。一次，我和班里的团支部书记谈心，介绍自己的经历："在中学时，当过共青团干部，那个时候，觉得一辈子留在中学里，做人的工作也很有意思；现在进大学了，今后要通过学术为社会主义服务了。"不想，这个表白后来却成了我走"白专"道路的证据。毕业鉴定云："标榜通过学术为社会主义服务，拒绝思想改造。"其实，我的原意只是想说明自己在"为社会主义服务"途径上的一种选择，并无任何"拒绝思想改造"的意思。作为国家培养的"专业"人才，不通过自己的"专业"为国家效劳，通过啥？

1957 年，毛泽东号召鸣放，帮助党整风，我觉得主席真是英明极了。班上的鸣放会，我只发了一次言，说的是选拔留苏学生时，过分重视社会关系。有的人各方面都优秀，可以批准参加共产党，但是，却因为社会关系上有点"问题"，不能派到苏联去留学，甚至也不能进东方语言系这样的涉外学科，我觉得太过机械，不利于培养人才。以后，班上开了多次会，我就再也没有说什么。党支部书记于民动员我，问我为什么不讲话。我说："我对党没有意见。"我这样说，并不是已经预见到了"引蛇出洞"一类的"阴谋"或"阳谋"，而是我确实没有更多意见。那时，我才 20 岁出头，涉世不深，真心诚意地觉得社会主义好，共产党好。后来，发生了西语系的"29 人事件"。某日，北京高校正在清华大学举行运动会，西语系有 29 个学生跑到那里去，号召大家到北

大来看大字报。当天，就有另一批人贴出大字报，严厉指责 29 人去清华是煽风点火的反党行为。这 29 人随即贴出大字报自辩，说明其中有共产党员若干人，共青团员若干人，到清华去没有什么不轨目的。说真的，这 29 个人我一个也不认识，只知道领头者之一叫王克武，是复员军人，写诗，他的诗曾被选入中国作协的一本诗选。我觉得，轻易地指责他们反党没有根据，会影响整风鸣放，于是，便向同室的同学陈玄荣谈了看法，他很同意，即由我起草，贴出一张大字报，其内容大意是："我们不是'29 人事件'的参加者，也不是目击者，但我们觉得，他们去清华，毕竟是宣传帮助党整风，而不是宣传反对社会主义；他们的效果也许不好，但动机毕竟是善良的。"还有几句话是："尽管他们的清华之行有这样那样的缺点，但是，即使别人是阿 Q，也要允许别人革命，何况别人还不一定是阿 Q 呢！"所谓允许阿 Q 革命云云，是从毛泽东的内部讲话里搬来的。那时，北大在学生中传达过一些毛鼓励鸣放，批评教条主义的讲话，我是完全拥护的，因此，就在大字报里用上了。大字报贴出后，并没有什么特别反应，似乎只有一个人在上面批道："你们怎么知道他们的动机是善良的？"

我完全没有料到，陈玄荣后来竟当作右派被揪出来了。我的这位同学，原是福建地下党，后来参加解放军，复员后考进北大。大概因为是地下党，知道当年内部"肃反"时的一些残酷事实。班上的鸣放会，他谈道："苏联的肃反扩大化，中国有没有这样的问题呢？"另外，他一把年纪了，还和我们这些毛头小伙子们一起念书，心里也许有点不平衡，贴过一张批评军人复员工作的大字报，于是，就被揪出来了。

对于陈玄荣的被揪，我想不通，他是地下党、解放军呀！而且，有天早晨，新闻节目广播了毛接见共青团代表时讲的一句话："一切离开社会主义的言论和行动都是错误的。"当天中午，我亲眼看见陈玄荣将这句话用毛笔工工整整地抄在一张黄色有光纸上，贴在床头。那时，"反右"还未开始呢！这样的人，怎么可能是反党、反社会主义的右派分子！于是，我就找团支部书记，谈了我的上述所见和我的困惑。自然，我反映的情况并不能改变陈的命运。那张大字报虽然是我起草的，他只不过签了个名，然而，也成了他的罪状。我呢，没有任何"反党"言论，幸免戴"帽"，但毕业鉴定时却多了一条："反右斗争中严重右倾，丧失立场。"

毕业鉴定中对我还有两条很厉害的判语：一条是学习《再论无产阶级专政的历史经验》时坚持认为资本主义社会有相对民主；另一条是主张培养专家、学者，反对培养"普通劳动者"的教育方针。云云。

赫鲁晓夫在苏共二十大作秘密报告批评斯大林后，中国先是发表了《论无产阶级专政的历史经验》，继而又发表了《再论无产阶级专政的历史经验》。自然，北大奉命组织学生学习。讨论到资产阶级民主时，我总觉得对它不能全盘否定。理由是：比起封建社会来，它是个巨大的历史进步。在资本主义社会，可以允许共产党存在，允许马克思主义产生和传播，允许工会存在，允许工人运动开展，也允许一定程度的言论、出版自由，骂总统、骂政府，要求他们辞职或改组都可以。但是，这种民主又是虚伪的，残缺不全的，目的在于维护资本主义的统治，远不能和无产阶级民主相提并论，所以只能称之为"相对民主"。那时候，我还是真心实意地歌颂"无产阶级民主"的，认为斯大林的错误只是偶然现象，更不会想到后来"文革"中出现的"无产阶级民主"其名，而封建主义其实的状况。然而，我的观点仍然受到了许多同学的坚决否定，他们的观点是：资产阶级民主彻头彻尾地虚伪，资本主义社会根本没有什么"相对民主"。我坚持己见，辩论不止，于是被一层一层地反映了上去。那时，著名理论家冯定被毛泽东派到北大哲学系当教授，他在全校大会上批评了我的观点。我那时不以为意，学习嘛，辩难质疑是正常的，并没有想到会作为一笔账记下来。

另一条判语的来历是：毛泽东提出教育方针，培养"有社会主义觉悟、有文化的普通劳动者"。学校又组织我们学习。其实，我只要唱赞歌就行了，但是，我那时真是"少不更事"，讨论时却说什么，这一方针不完全切合北大一类高校的情况。北大应以培养高级科学研究和高等学校教学人才为主；如果都以培养"普通劳动者"为目的，有什么必要办北大！我特别声明，当然，从社会地位上看，高级科研人才、教授也是"普通劳动者",没有也不应有任何特殊之处,但是,在文化上、科学水平上应有特殊要求,不能"普通"。我的发言有几个同学支持,但受到大多数同学的反对。我没有想到,对毛泽东的主张表示异议是件严重的事情,事后也就淡忘了,没有当回事。

还有一次,班上讨论美的观念。那时,人们普遍认为,美的观念有阶级性,不同阶级的人,其审美观念是不同的。例如,林黛玉固然是美人,但贾府上的焦大绝对不会爱上林妹妹。我当时虽然赞同这种观念,但是,我也同时在思考,审美观念有无全人类性。例如西湖、泰山、西施、昭君,就都是超出于阶级之外的美学理想。讨论会上,我谈出了这些想法,自然,也遭到了大家的批驳。诸如此类。

1960年,快毕业了,做毕业鉴定的时候,就给我算总账了。对我的鉴定也就是对我的一次极为严厉的批判会。不仅上列各项一一写入,而且原团支部书记(这时已经升为系里的团总支书记了)还给我作了一个总结:一贯和党的方针对立。那天正是盛暑,然而我真有不寒而栗的感觉。

鉴定中也肯定了我的两条优点。一是参加集体科研还比较积极,不过下面马上加了个"但是",隐隐约约地说我怀有私心杂念。另一条说我下厂、下乡劳动中"表现较好",但原团支部书记马上表示异议:"不见得吧!"于是,改为"劳动中表现一般,有时比较好"。

我得到了这样一份毕业鉴定,还敢奢望能分到一个比较理想的单位吗!

不过,我的鉴定还不是最严重的。班上有的同学,例如吴重阳、杜学钊、钱文辉、汪宗元、毛祥庆、刘季林等,比我还要厉害得多。钱文辉的鉴定,听起来都让人害怕。毛祥庆的鉴定,通篇只有一条优点:管理房间卫生比较负责。我们这年级,虽是全国先进集体,但"右派分子""反党分子""右倾机会主义分子""反革命分子",应有尽有。光"右派",从暑假到寒假,前后就揪了四批。此外,还有若干人,或被严重警告,或被留团察看,或被开除团籍。我比起他们来,要幸运得多了。

（三）惴惴不安中等待分配

面临毕业，自然会想毕业后的去向。经过北大多次批判，自己早年的一些镀有黄金色的理想早已销蚀净尽。清人龚自珍有诗云："至竟虫鱼了一生。"我对未来工作的最高理想是：分配到中华书局一类单位，一辈子为中国古典诗文做注释，或者到《光明日报》的《文学遗产》专刊，当一辈子古典文学编辑。分配计划下达了，没有中华书局、《文学遗产》编辑部一类单位，系里发下来的毕业分配表上有三栏，每个人可以填三个志愿。我依次填的是：文学研究所、外地各学校、北京各学校。

我太希望做研究工作了。明知文学研究所这样的地方不会让我进，但因为那里有十多个名额，姑且一试吧！外地各学校填在第二位，是怕别人批评我留恋北京。经历过多次批判以后，我变得谨小慎微，处处当心了。

接着是漫长的等待。成天惴惴然、惶惶然，不知道等待自己的是什么样的命运。那年月，流行一句话："我是生来一块砖，东西南北任党搬。"个人除了象征性地填张志愿表以外，没有其他发言权，往往是主事者说了算，一次分配定终身。不像现在，有什么双向选择。自己可以选单位，单位也可以选别人；不合适，可以离职、考研、下海，在决定命运、道路的重大问题上，个人有较大的自主权。时代真是越发展越合理了。

等待，日子就似乎过得特别慢。没有人找我谈话，没有任何消息。只有一次看电影前，一班的陈丹晨悄悄告诉我，所谓北京各学校，其实只有一个北京师专。丹晨原是上海地下党，我们年级的第一任党支部书记。后来因身体不好，不当了。毕业鉴定时，班里批评他有"个人主义"倾向，但他居然拒绝签字。我们谁也没有他这种胆量。

等啊等啊，终于要宣布分配名单了。大家簇拥到宿舍的楼道里，那是我们年级集会的地方。

中央党校、外交部、对外文委、国家民委、新华社、哲学社会科学部、文学研究所、北京大学……一个个单位报过了，都没有我。

山东大学、四川大学、黑龙江大学、青海师范学院、宁夏……一个个单位也宣布了，仍然没有我。

我全神贯注，紧张得不敢透气。

"北京各学校：赖林嵩、江希泽、林学球、李鑫、张厚余、李景华、刘彦成、杨东、杨天石、钱文辉、刘季林……"终于在一长串名单中，听到了我的名字。我想，真是把我们这一批人分到北京师专去了，大概是要成立一个教研组吧，否则怎么一下子去那么多人呢？

宣布完毕，大部分同学欢欣雀跃。班上的同学汇集到我们房间座谈，上床、下床都坐满了人。大家纷纷表态，坚决拥护"祖国"分配。毛祥庆同学是浙江兰溪人，家有老母，是有名的孝子。对分配，他别无所求，只希望离家稍近一点，但结果却分配到了离家最远的黑龙江双鸭山师专。他也表了个态。

会议进行中，我一直在思考。这张分配表看似无章法，实际上却有明显主导思想可寻。这就是：每个人的"政治表现"起着支配作用，运动中被批判过的人一般没有"好果子"吃。表态会结束，原团支部书记看出我不大高兴，请我到海淀镇喝酒，顺便聊聊。"也好。"我答应了。喝酒中间，我谈起十几个人去北京师专的事，原团支部书记说了一句："不会吧？"我没有重视这句话，还辩解说："是！消息可靠。"

第二天，我们被分派到"北京各学校"中的有几个人急于想知道结果，便赶紧办理离校手续。系办公室、图书馆、校卫队……一处处盖完章，表示手续办妥，然后，长途跋涉，匆匆从西郊进城，赶往花木扶疏的正义路，北京人事局就设在那里。但是，当我们赶到那里报到的时候，连门也没有让进，有关干部在电话中说："你们的档案还没有来呢，先回家过暑假吧！"

（四）我被分配到了一个培养拖拉机手的短训班

分到北京师专，对于一个自以为学业不错而又热衷于从事科研工作的人来说，自然不理想。不过，北京的图书资料条件好，我并不失望。相反，我倒很想将来和那些分到理想单位的同学比一比。"出水才看两腿泥。"那时，萦绕在我脑际的就是梁斌的长篇小说《红旗谱》中朱老忠说过的这一句话。

　　整个暑假也是在惴惴不安中度过的。好不容易，暑假结束，立即乘车北上。在车上碰到从上海回京的江希泽，他和我一样，都是分配到"北京各学校"的。于是，我们一下车，第一件事就是赶往北京人事局。到了那里，人事局的干部在电话里说："你们的档案已经到了北京市教育局，直接到那里去吧！"自然，我们二人立即赶到教育局。教育局的同志告诉江希泽，分配他去海淀师范。至于我呢，那位同志说档案不在他们那里。

　　我一下子懵了。江希泽看到我一片惘然的神情，安慰我说："你功课好，也许分到师专去了！"他主动陪我返回人事局。到了那里，在电话中通名报姓之后，人事局的同志让我进去，对我说："分配你到一所农业机械学校去教书，档案已转。农机局离这里不远，你到那里去报到！"

　　一个北大中文系的学生分配到农业机械学校去，这大概在任何时候都不能认为是合理的。但是，我被批判怕了，不敢提任何不同意见，拿起介绍信立即就去了农机局。农机局的人事处处长是一位胖老太。她告诉我，学校是利用解放军的捐款办起来的，所以起名为八一农业机械学校，校址在南苑五爱屯，飞机场的西边。我急于想知道学校离北京城有多远，将来进城看书是否方便，便揣起介绍信，匆匆赶往南苑。于是，换车、换车，步行、步行，好不容易找到了五爱屯，那是一个很小的屯子，我从北走到南，从南走到北，哪里有什么农机学校的影子！一打听，原来学校在屯子最南边五爱小学的几排平房里。学校刚刚开办，校舍是临时向小学借的。

　　接待我的是一位快60岁，高高大大的工农干部，一看我的介绍信。"啊"了一声之后说："你是教语文儿的！"他特别在"语文"的后边加了个儿化音。从他口中，我得知，这实际上只是个拖拉机手短期培训班，任务是从北京郊区调集拖拉机手培训。最长的学制是半年，最短的学制是一个月。全校教"语文儿"的就我一人，每周上课20学时。

　　我们班的原团支部书记留在北大任教了。据说，他曾对别人说：

"杨天石老担心自己的才能得不到发挥，现在一个星期教20节课，他的才能不是充分得到发挥了吗?"

我在那个学校里待了一年半。有课上课，没课时就看守传达室，上课、下课打铃。有时带学生去位于北京东郊的电机厂实习，有时兼管图书馆，说是图书馆，藏书数量还比不上我自己的呢。

原来传说的北京师专，其实没有任何人被分派到那里去。赖林嵩是党员，分配去了北京日报社。李景华，分派到工农师范学院。其他同学的分配似乎都属于"处理"性质，举例如下：

> 刘彦成：西城区教师进修学校。无事可做，刻了一段时期蜡版。
>
> 杨东：分到北京市教育局，教育局告以各学校都已开学，没有岗位可以安排，要他去农场劳动。杨东自己找到海淀区青龙桥中学，做了那里的俄文代课教员。
>
> 刘季林：黄庄业余学校。无课可教，只能为地区抄选民榜。校长看他老闲着，不好意思，从其他教师那里匀了一个班给他，大概是教成人的初中语文吧!
>
> 林学球：朝阳区教育局。无课可教，下放某农场，和一群有前科的人一起劳动。林一生气，要烧自己的书。教导人员说："何必呢，你改造好了，将来这些书还是有用的嘛!"

按说，当年考进北大的都是原地区的优秀生，又在北大受过五年专业训练，但是，这些同学却像废品似的被随便处理了。为何如此，至今对我说来还是个谜。

（五）北大理应反思

1998年，北大建校100周年。大家都在为北大歌功颂德，我当时就想写一篇文章，提醒人们，100年中，北大确实为国家培养了不少人才，但是，不能忘记，在某个时期，有些事，有些举措，并无助于人才成长，起的恐怕是相反的作用。不过，由于手头事情太多，也担心这种煞风景、唱反调的文章易遭反感，况且，这种事情大概也不是北大一个学校的情况，因此就没有动笔。后来毕业 40 周年时，同窗学友催索回忆，因草此以应差。五年燕园，可回忆者尚多，异日有暇，当续写几篇。

二、　我怎样走进近代史研究所的大门

（一）义务打工，参加编辑南社资料

我原来学的是中国文学。经常有人问我，为什么会研究中国近代史？我的答复通常是两句话：一句是"一言难尽"，一句是"命运的安排"。

1959 年，我正在北京大学中文系学习。那时，盛行学生编书，我在参加编写《中国文学史》后，继续革命，参加编选《近代诗选》，负责选录辛亥革命时期的优秀诗作。我从那个时期的刊物中抄录了不少作品，但是，其作者大都身份不明，历史不清，有的只有一个笔名。按规定，后来反共的作者不能选，逃往台湾的作者不能选。这样，就必须首先调查作者的情况。为此，我访问过邵力子。老先生一句"记不清了"，就很有礼貌地亲自把我送出了红漆大门。我也到过那时位于北海公园静心斋的中央文史研究馆，访问健在的南社社员田名瑜，回答和邵力子先生类似。再到近代史研究所，接待我的研究人员黑黑的，瘦瘦的，似乎是何重仁同志，也没有什么收获。再后来，"文革"期间，我到近代史研究所看大字报，进得大门，是一条狭长的甬道，甬道两侧和里院都贴满大字报。至于内容，什么也没记住。

1974 年，我在北京和平门外的北京师范大学第一附属中学（当时改名为南新华街中学）教语文，突然收到近代史研究所民国史研究组的来信，内附该组王晶垚和王学庄两位编辑的《南社资料》目录打印件。我在北大参加编写《中国文学史》时，阿英同志提出，"近代文学"部分要加写"南社"，我因执笔的"中晚唐诗歌"已经写出初稿，便被临时调到近代文学组帮忙，负责撰写其中的"南社"一节。毕业后，我被分配到南苑的八一农业机械学校教书。那是一所培养拖拉机手的短期训练班，最长的学制半年，短的只有一个月。我不甘心这样的分配，想

创造机会调出去做研究工作。李希凡和蓝翎原是山东大学中文系的学生，蓝翎毕业后教中学，后来研究《红楼梦》做出成绩，被调了出来。我便想学蓝翎的例子，也做出点成绩来。当时便决定以《南社》历史为题写本书。约在 1964 年左右，书稿完成，被中华书局接受，签了出版合同，看了清样，领了预付稿酬，即将付印了。但是，那时国内已经掀起批判资产阶级的高潮，《早春二月》《舞台姊妹》《北国江南》等一批影片正在受批判。中华书局给我来信，提出南社是资产阶级文学团体，要我修改书稿，加强批判，如一时无法修改，书局将对排版做出处理。我因自感原稿已有批判，无法再"加强"，决定暂时不改。在此之前，我曾写过一篇文章《论辛亥革命前的国粹主义思潮》，发表在当时中国科学院哲学社会科学部的刊物《新建设》1965 年 2 月号上。该文有专节论及南社，后来得知，近代史研究所的王学庄同志读到这篇文章后，认为我对南社的研究很深入，便提议将他们编辑的《南社资料》选目寄给我，征求意见。我认真、负责地提了意见。信寄出后，很快收到王晶垚和王学庄的回信，约我到所面谈。面谈时，我又提了一些意见。王晶垚同志当场邀我参加"协作"。这是当时近代史研究所民国史研究组对外合作的一种形式：共同完成某项任务，不转关系，没有报酬。我当场立即表示同意。

我当时是师大一附中的语文教师，教两个班，每周要上 12 节课。但是，学校离近代史所比较近，我骑车半个小时就到了。这样，我就一边教书，一边参加编辑《南社资料》。只要一天中有两节课的空当，我就骑车到所里来看资料，主要是翻报纸。我过去研究南社，限于条件，报纸翻得少，而近代史所收藏辛亥革命前后的报纸特别多。这对我来说，简直是如鱼得水，其乐无穷。

（二）艰难的调动过程

民国史研究组是根据周恩来总理的提议，为编写《中华民国史》而建立的，其任务是写一部书——《中华民国史》，编三套资料——《民国人物传》《民国大事记》和《中华民国的政治、经济和文化》。《南社资料》就是第三套资料中的一种。大约在我参加"协作"后一两年，开始写作《中华民国史》第一编了。按分工，王学庄同志负责写《同盟会成立前后的革命斗争》，共两章。那时，我觉得王学庄博学多才，彼此相处得很好，王学庄对我印象也不错。他说，要分一章给我写，以便加强我和近代史的关系，将来好调我入所工作。于是，他便和我一起来到建国门外李新同志的家。李新那时担任近代史研究所的副所长，兼民国史研究室主任，是《中华民国史》的主编。去之前，我心中惴惴：自己虽毕业于名牌大学，但专业是文学，又只是个中学教师，李新同志会同意吗？没想到，见到了李新，王学庄一说，李新就毫无犹疑地立即答应了，说："好啊！"。就这样，我成了《中华民国史》第一编《同盟会成立前后的革命斗争》其中一章的执笔者，负责撰写1906年至1911年期间同盟会的革命活动。自然，靠近代史研究所的资料就不够了。我提出，要到南京和上海收集资料，于是，利用暑假，我带着出差费，拿着近代史研究所的介绍信，到南京图书馆、上海图书馆、复旦大学等处转了一圈，收集了部分资料。我想：李新同志也真敢用人。让我承担这样重要的写作任务，不怕砸锅吗？

从1974年到1977年，我用业余时间为民国史研究组义务工作了三年。近代史研究所的许多研究人员熟悉了我，我也熟悉了近代史研究所的许多人，调我入所的问题提到日程上来了，我的思想负担也日渐加重了。我的家庭成分是地主，居于"黑五类"的首位，本人在大学时被视为走"白专"道路的典型，受过严厉的批判。毕业鉴定写得很不好，如："反右斗争中严重右倾，丧失立场"，"标榜通过学术为社会主义服务，拒绝思想改造"等，优点则只有"劳动中表现有时比较好"等寥寥一两句，这样的鉴定近代史研究所能看中吗？

1962年初，困难时期，全国实行"调整、巩固、充实、提高"的八字方针，我所在的八一农业机械学校奉命下马，我被北京师范大学第一附属中学选去做教员。我此前自谋职业，曾给人民大学、北京师专以至宣武区红旗夜大学等单位写过信，希望到那里工作。回答基本一致，没有编制。到师大一附中，不是我的理想，但学校在琉璃厂，离北京图书馆近，可以常去看书，于是，不无欣然地前去报到。不料前脚刚刚跨进学校，外文出版社英文版《中国文学》编辑部就准备调我去当编辑，发函到师大一附中商调。我当时有一个不知什么时候形成的观念：调动是组织上的事情，个人不能干预。因此，我虽然知道《中国文学》编辑部要调我，我当然也愿意去，但就是傻乎乎地不吭声，自己不找学校领导提出要求，这样，自然调不成。过了一段时间，我在《中国文学》编辑部的同学陈丹晨告诉我："你的调动有希望了，档案已经到了编辑部了。"听到"有希望"，我自然高兴，但是，一想到我的毕业鉴定，我又觉得希望很渺茫，哪个单位愿意接受一个"严重右倾，丧失立场"的人呀！后来，过了一段时候，陈丹晨告诉我，调动吹了，师大一附中将档案要回去了，说是改变主意了。我不知道真实原因，怀疑档案作祟，《中国文学》编辑部不要，但又无法证实。这是我毕业后调动工作所受到的第一次打击。

此后几年中，打击接踵而来。明代中叶王艮创建的泰州学派传人中有窑工、樵夫等下层百姓，长期被侯外庐、嵇文甫、杨荣国等哲学史大家视为"富于人民性和异端色彩"的学派。由于偶然的原因，我从先父手中读到了王艮的再传弟子窑工韩贞的《韩乐吾先生集》，发现情况并非如此，韩贞提倡安贫乐道，听天由命，一点抗争思想也没有，便写了一篇《韩贞的保守思想》，发表在1962年10月的《光明日报》上。后来进一步深入研究，写了长文《关于王艮思想的评价》，点名叫阵，针锋相对地批评侯、嵇、杨等大家的观点，结论和他们完全相反。他们认为是唯物主义，我认为是唯心主义；他们认为是"异端"，我认为是奴隶道德的鼓吹者。该文发表于《新建设》1963年第9期。发表前，编辑部将清样送请侯外庐审查。那时，外老正因对汤显祖及其《牡丹亭》的评价受到中山大学王季思教授的批评。他不满意王文，肯定我的文章是讲道理的，同意发表。事后，外老又向历史研究所的人事干部提出，要调我到该所中国思想史研究室工作。此事我当时一无所知，"文革"中，我从历史研究所的沈定平同志处得知此事，除深为外老的博大胸襟感动外，最关心的还是为什么最终没有调成。沈定平告诉我，可能后来忙于"四清"，顾不上了。对此说，我不大相信，仍然怀疑是自己的档案不好，过不了政审关。那是一个突出政治的年代，我在大学里是"白专"道路的典型，如何能通得过各种人事关卡呢！"四人帮"被粉碎后，听说《诗刊》编辑部需要一名懂旧体诗词的编辑，我在《文艺报》工作的同学吴泰昌推荐我，后来也未有下文。还听说，教育部也想调我，同样未能调成。

我进北大初期，热心于文学创作，想当作家。后来则热心于做研究。"文革"期间，没有别的研究工作可做，便研究鲁迅，想写《鲁迅传》。再后来，通过同学谭家健的介绍，我认识了哲学研究所的吴则虞教授。那时，他因高血压中风，卧病在床。他想编《中国佛教思想文选》，我便帮他看佛经、抄佛经。这一经历，为我后来研究宋明理学，写作《王阳明》《朱熹及其哲学》《泰州学派》等书打下了基础。那时，只要能做研究工作，哲学、文学、史学，哪一个门类我都无所谓，也都有兴趣。现在近代史研究所决定调我入所，我当然很高兴，但是，想起此前的遭遇，又很担心，自己的档案那样糟，政审关通得过吗？那一段时候，反复思虑、发愁，真有点食不甘味，寝不安席的味道。此时，我的朋友陈漱渝一次毅然决然的行动启发了我。他原是南开大学中文系的高材生，父亲是黄埔军官学校学生，解放前夕逃台，受此牵累，毕业后分到女八中教书，评上了优秀教师却未能批准。大约是1976年，毛泽东批示成立鲁迅研究室，组织上要调他，他也为父亲的历史发愁，决定自报家门，先找组织谈话，结果组织不以为意，调动成功。我也决定采取同样行动，先找李新同志谈，将"丑事"说在前头。如果仍然决定调，当然很好；如果不想调，我也就从此死心了。

一天晚上，我鼓足勇气到了李新同志家。不巧，李新不在，于川夫人接待了我。她听了我的叙述之后，微笑着说："你家庭成分高了点，这没有什么关系嘛！"她不说"黑五类"，而说"成分高"，我还是听人第一次这样说。"至于反右斗争中严重右倾，这不正说明当时你是正确的吗？"经她这么一说，我放下了思想包袱，便决心改变过去的观念，回校找当时的负责人、革命委员会主任谈，要求调动。心想再不亲自出马，这辈子永远调不成了。那位主任听我陈述后，未说不可以，仅称需要对方来人交换，并且提了三个条件：来人业务上不能低于我，必须是共产党员，必须可以当教研组组长。我那时已经有点勇气了，当即婉言反驳：如果对方来人业务上不低于我，那么，何必来调我；我本身不是共产党员，为何要求来人必须是共产党员；我本人从未当过教研组组长，为何要求来人必须能当教研组长。主任表示，反正对方必须来人交换。

当时，刘明远同志负责近代史研究所的人事工作，我将情况汇报给他。他一听就笑了，说这不困难。所里正在解决夫妻两地分居问题，有许多研究人员的家属进京，都有大学学历，正要解决他们的工作问题呢！于是，近代史所一次就给师大一附中送去了 18 份档案，随便挑。没想到，过了一段时候，学校领导告诉我，一个人都不合适。这下子，我急了。刘明远同志安慰我："没关系，我们再送。"接着，又给学校送去五份档案，不想，附中仍然一个也挑不中。我更急了。难道这一次调动又要落空吗？就在我几乎陷入绝望之际，从邻居处得知，北京舞蹈学校有一位教师的家属，原是安徽师大一附中语文教研组组长，因照顾两地分居进京，关系在北京人事局，尚未分配工作。我听了之后大喜，这可真是应了一句古话，天无绝人之路呀，于是连夜赶到陶然亭北京舞蹈学校，见到那位家属，请她到师大一附中来，以便我能调离，圆我从事研究之梦。对方欣然同意，我立即向学校汇报。没想到，过几天领导告诉我，此人是专科学校毕业，还是不行！这时我真是彻底绝望了，只能苦苦恳求：找到此人，已经很不容易了，还是接受她，放了我吧！大概我的恳求起了作用，也大概是因为"文革"中废除稿费，但我仍孜孜不倦地进行研究，出版了印数超过 30 万册的《王阳明》一书，校领导终于点头同意我调离。

师大一附中属于双重领导学校，既归北京师范大学管，也归北京市宣武区教育局管。人事干部估计，我调离教育口，宣武区不会卡，但师范大学会卡，决定让我从宣武区出口，而向师范大学报备。果然，在向师范大学报备时，大学的人事干部听说我是调往中国社会科学院，立即询问原因，并说："这个人我们自己留下不好吗？"人事干部因为同情我，说了句谎话："这个人不会讲课，教学效果不好！"师大终于决定放行。

4月下旬的某一天上午，我从宣武区人事局拿到转出介绍信，立即飞身到中国社会科学院报到，成了近代史研究所的正式研究人员。自此，一条崭新的道路在我面前展开了。我原来还曾想过，研究几年历史，将来继续从事文学。没想到，这是一条不归路。这辈子，不会有重操旧业的机会了。

从1960年8月离开北京大学，到1978年正式调入进入近代史研究所，这条路，整整走了18年。

三、 我的学术之路

我年轻时从未想过会研究历史。记得最初的理想是当钢铁工程师，因为那时，国家正在大规模地建设鞍山等钢铁基地。后来，想当地质学家、数学家；再后来，想当作家，所以报考大学时选择了北京大学中文系新闻学专业，想像苏联的法捷耶夫、西蒙诺夫等人一样，从记者走向文学创作的道路。不过入校以后，知道新闻学专业只有四年，要学《布尔什维克报刊史》一类我不喜欢的课程，便改报了汉语言文学专业。五年学完，因为曾被视为"白专"道路的典型，受过批判，被分配到北京南苑的一所农业机械学校。一年半之后，转到北京师范大学第一附属中学当教员。直到1978年，我才正式调到中国社会科学院近代史研究所民国史研究室，从事专业研究工作。

（一）初涉学术之途——研究中国文学

我初进大学时，热衷于写诗、写小说。那时，北京大学学生中社团林立。有一个北大诗社，向诗歌爱好者开放，正在招收新社员。我寄去了两首诗。一首题为《我走了，故乡》，一首题为《让我再看看你露水般的眼睛》，申请入社。没几天，诗社负责人来找我，欢迎我成为新社员，夸奖我的诗写得好，表示要在社刊上发表。不过，等到社刊出版，我的诗却未见刊出。诗社负责人告诉我，送到北大团委去审查，团委认为感情不健康。这是我第一次知道，即使是一个学生刊物，那时也就需要"政治把关"。不过，我不知道自己的诗何处"不健康"，心中不服，曾经在诗社部分成员中提请公评，自然，大家也并不认为"不健康"。我呢？仍然继续写作。记得写过一首《关于黄河的诗》，还曾根据宜兴的民间传说，写过一首叙事长诗《鸭妹花》。还曾动手写一部反映中学生生活的长篇小说。写了几章，就扔下了。

我之所以放弃文学写作，原因在于发现自己没有什么生活底子，便转而想研究美学和文艺理论。当时，我曾为自己确定了"现实主义和浪漫主义""作家世界观和创作方法""美学理想的阶级性与全人类性"等几个研究题目，为此，大量读过巴尔扎克、托尔斯泰、陀思妥耶夫斯基等法国和俄国作家的的作品，也曾跑到哲学系，去偷听朱光潜、宗白华先生的美学课。不过，我也很快发现自己的中外文学史、艺术史底子太薄，一下子就研究美学和文艺理论是不相宜的，于是，决定先从研究中国文学史做起。

那时候，我正痴迷于唐诗。想研究中国诗歌史上的黄金时期是怎样形成的，于是，一边听课，一边跑琉璃厂、东安市场、隆福寺，在旧书摊上淘书。唐代诗人，如陈子昂、王维、孟浩然、李白、杜甫、柳宗元、韩愈、李贺、李商隐、杜牧、皮日休等人的集子都被我淘到了，也认真读了。不仅读唐人别集，也读唐以前的，记得明人张溥编辑的《汉魏百三名家集》，厚厚的好多函，我是从头到尾读完的。

1958年，我升入大学三年级。学校里搞教育革命，学生批判老师，拔白旗，树红旗。中文系的名教授除少数被视为"红旗"者外，其他如王力、吴组缃、林庚、王瑶等，无人幸免。我写过一篇批判林庚教授"盛唐气象"的文章《孕育了陈子昂的是上升发展的时代高潮吗》，最初发表在学生自办的油印刊物《革新》上，后来被选刊到《光明日报》的《文学遗产》专刊。大拔了一阵教授的中"白旗"之后，接着拔学生中的"白旗"。我和同学中的杨东、杨建国，业务都比较好，被合称"三杨"，于是我们都成了"白旗"，自我革命，向党交心，群众批判，校团委还办过一个关于我的"个人主义思想展览"。

当时，全国正处在"大跃进"的热潮中，以年产1070万吨钢为目标，校长陆平提出，北大要争取年产1070吨钢。我们班的积极分子们立即行动，在32斋旁边找地方挖了个小坑，拆掉教授家里的壁炉，用取得的耐火砖砌成炉子，然后卸下宿舍上下床之间的铁脚蹬，找来劈柴、煤炭，一起投入炉子，生火，用钢棍搅拌、翻动，当时称之为"炒钢"。我对此类行动持怀疑态度，只去看过一次，也帮不上什么忙。不久，我们班的班长黄彦伯提倡自己动手，编写《中国文学史》，在学术领域插上"红旗"，对此，我十分积极，立即表示支持，联名贴出大字报。此议迅速得到年级大多数同学响应。50多个学生放弃暑假，用35天时间突击写出77万字初稿，人民文学出版社立即加班排印。这便是那曾经名盛一时的北大中文系1955级的红色《中国文学史》。现在看起来，这部书粗陋、粗暴，"左"得很，其名声完全是适应政治形势需要，哄抬起来的。

我最初参加隋唐五代组，被任命为副组长，负责撰写中晚唐文学。那时，茅盾刚刚在《文艺报》连载《夜读偶记》，将全部文学史归纳为现实主义和反现实主义斗争的历史。我们如获至宝，立即以之为编写文学史的指导思想。按照这一公式，中晚唐时期的顾况、刘长卿、韦应物、李贺、李商隐、杜牧、陆龟蒙等一批诗人都将打成"反现实主义"作家，我觉得不合适，讲不通。为此，我利用自己的藏书在房间里办了个小型展览，将公认的白居易等"现实主义"作家的"反现实主义"作品和"反现实主义"作家的"现实主义"作品择要展出。然而，我的同学们略一浏览，便作出"要看本质、看主流"的结论，维持原议，连讨论会都没有开成。我的初稿写出后，近代史料专家阿英同志提出，近代文学部分不可不写南社，于是，我被临时调去支援，补写了革命文学团体南社一节。没有想到，这便成了若干年后我进入近代史研究所的因缘。

文学史初稿写完，我奉命将稿子交给同学孙绍振，我自己则被调到丰台桥梁厂，和黄修己同学一起编工厂史。我曾根据采访写了一篇反映青年工人成长的报道《在前进的道路上》。因篇幅较长，后来只用了删节短稿，全稿和采访资料被我长期带着，压在褥子底下，想在适当时期改写成电影剧本，不过后来搬来搬去，嫌麻烦，就扔了。在此前后，我还曾受海淀区委宣传部门委托，采访一位农业劳动模范。我到水田边，问他亩产，他回答千把斤。我说："现在报上都在宣传亩产几万斤，甚至十万斤呢！"他答："那是将几十亩的稻子移栽到一起的呀！"我觉得不带劲，不过还是为他写了采访记。

红色文学史出版后，受到广泛捧场。1958 年 9 月 27 日，《光明日报》专门发了社论《出版工作的新方向》。陆平校长在全国文教群英会上发言，大赞我们这个年级，如何"在党的领导下"，"对古典文学贯彻了阶级分析的方法"，"初步揭示了文学发展的客观规律"，云云。1959 年，风向转为"纠偏"，中文系的党总支书记程贤策（"文革"中自杀）在会上提起去年我曾反对将李商隐打为"反现实主义作家"的旧事，不过，这一次，我已被调到近代文学组，负责撰写黄遵宪和南社等近代作家。这一版，除了论述较前平实外，篇幅扩展到了四卷，120 万字，封面也从红色改为黄色，被称为黄皮本《中国文学史》。1959 年 11 月，全国、全党批判"右倾机会主义"，康生曾给我们年级写信，说是去年右倾机会主义分子批评你们的书"这也不行，那也不好"，现在修订本出版了，右倾机会主义者对我们的攻击将"不攻自破"。转眼到了 1960 年，中苏两党论战，批判修正主义，上面派人到北大调查学术批判摇摆不定的情况，有位后来到中央当了大领导的负责人问我："像李商隐这样给妓女写诗的作家有什么可以肯定的？"我当时虽然已经选择李商隐做专题研究对象，对这位作家有了比较深入、全面的了解，但面对责问，只能无言。

在红色文学史出版之后，我们年级奉命"继续革命"。有的同学编《毛泽东文艺思想概论》，有的编《中国小说史》，不过，我选择了"虫鱼之学"，编注《近代诗选》。这样，我便大量阅读鸦片战争以后的诗文别集和近代报刊的文艺栏目，总共看过几百种吧！做注释，可不像发几句革命议论那样容易。好在那时，师生关系已经有所改善，季镇淮教授直接参加编选组，和我们一起工作。此外，我还常去请教游国恩、吴小如两位先生，在他们指导下，加上自己摸索、钻研，我逐渐学会了使用《佩文韵府》《渊鉴类涵》《骈字类编》等工具书、类书和各种引得，懂得了搞注释的门道。

《近代诗选》初稿规模很大，似乎选了三百多家，自然，以反帝、反封建的作家为主线。该书的责任编辑是人民文学出版社古典文学组的舒芜，那时，他大概还戴着"帽子"。他对书稿提了许多意见，要我们重视近代"宋诗运动"的作家，如程恩泽、何绍基、莫有芝、郑珍、陈三立、陈衍等。于是，我们缩小规模，只选五十家。改了又改，搞了好多年，一直到我毕业后，在南苑那所农机学校工作时，还在修改。

我被分配到南苑不久，便和同学刘彦成商量，合作写一本《南社研究》。初稿完成后，出版社认为，作为"研究"，水平不够，建议改名《南社》，列入"中国文学史知识丛书"。当时中华书局的总编辑是金灿然，特意将我们这两个年轻人召到家里，亲切热情地给予鼓励。他说，关于这个选题，有人觉得不重要，可以不出，但他觉得还应该出。他问我们还能做什么，我答以《林则徐诗文选》，不过，由于说不清的原因，这本书始终没有动手。《南社》一书的责任编辑傅璇琮同志要求我再写一本，我选择了《黄遵宪》。为此，我开始在全国范围内广泛收集资料，拿着中华书局给我开具的介绍信跑故宫，跑革命博物馆，远在广东的黄遵宪的堂弟黄遵庚老先生将他收藏的黄遵宪文手抄本寄给我参考。

60年代和50年代一样，中国政坛云翻雨覆，文坛也跟着波澜迭起。《南社》一直未能付印。"文革"前夜，书被撤版。自然，《黄遵宪》的书稿虽然写完，但也只能压在我的抽屉里。这两本书，是"文革"结束后才由上海人民出版社和中华书局分别出版的。黄遵宪收入陈旭麓教授主编的"中国近代史丛书"，他给了比较高的评价，认为是丛书中写得比较理想的一本。我在上海复旦大学历史系的旧友朱维铮也来函称赞，大意说是有关史料，被整理得井井有条。陈旭麓教授本来要将《南社》也收入他的"中国近代史丛书"的，但中华书局不放，虽仍由该局出版。

我从 1958 年起研究南社，积累了大量资料，进入近代史研究所后，遍阅清末民初的各种报刊，有几种报纸，可以说是一天天、一页页翻过的。在此基础上，编成《南社史长编》一书。但是，当时出版社要补贴，幸由远在美国旧金山的柳无忌先生资助，才于 1985 年由中国人民大学出版社出版。

（二）探求天人之道——研究中国哲学

我在研究中国文学的过程中，逐渐觉得只研究文学本身不够，例如，要分析作家思想，必须懂得当时的社会，特别是当时的思潮。于是，我便啃一点哲学和哲学史方面的书籍。诸如《费尔巴哈和德国古典哲学的终结》《唯物主义和经验批判主义》等书，我都是比较认真地读过的；侯外庐等编著的《中国思想通史》我也是比较认真地读过的。记得 1960 年之后，由于"大跃进"而引起中国经济困难，有钱也买不到果腹之物，我经常处于饥饿状态中，两腿浮肿，走路无力，饿得无法时只能打酱油冲在茶壶里喝。于是，一边喝茶壶里的稀释酱油汤，一边读《中国思想通史》。不久，酱油只卖给有户口本的居民，我们是集体户口，连酱油也买不到，只能买高级糖，或偶尔下一次高级餐馆，补充点油水。有一天实在饿极了，在公共汽车上竟将刚买的五块钱一斤的高级糖吃光了。那时，我的工资一个月只有 55 块，扣除寄给父母的 20 块钱，就所剩无几了。某日，我在东安市场的书店里发现《中国思想通史》的最后一卷，厚厚的两大册，价格自然不菲，我因为喜欢这套书，犹豫之后，毅然将原来用以果腹的钱将书买下，还在书页上写下"购此自励"等字。《中国思想通史》在分析司马迁时，特别强调他的"究天人之际，通古今之变"，这给了我极大的震撼。我觉得，这十个字，是研究学术的最高理想，也是研究学术的必要条件，否则，鼠目寸光，所见极短、极小，是难以深探学术堂奥的。这十个字和当时读过的马克思、恩格斯著作，也引发了我对 50 年代以来中国政局变幻的思考，从那以后，我就从个人迷信中开始解放出来了。

这样，我对中国哲学史、中国思想史有了更多的兴趣。前文已述，此际我读到明代泰州学派传人韩贞的《韩乐吾先生集》，并在《光明日报》的《哲学》专刊上发表了相关文章。《韩乐吾先生集》流传很少，一向不为人所知。文章发表后，受到侯外庐先生的注意，也受到侯先生的弟子杨超、李学勤两位先生的注意。杨、李二先生不耻下问，到我当时工作的师大一附中来借阅韩贞的集子，给了我很大的鼓励。我没有想到的是，1963 年，我的《关于王艮思想的评价》一文发表以后，侯先生居然要调我到他领导的历史研究所工作。这以后，任继愈先生主编《中国哲学史》，要写泰州学派的章节。任先生也派人持函到师大一附中向我借书，信写得很客气，借书的要求也写得很委婉。任继愈先生的夫人冯钟芸教授是我北大中文系时期的老师，我的习作《论谢朓及其诗》曾经请益于她。我高高兴兴地回信，说明我和冯先生的师生关系，将书交来人带回。后来，任先生在他主编的《中国哲学史》中采纳了我的观点，侯先生却始终坚持原来的意见。在编写"中国历代思想家评传"中的《王艮传》时，有人请示他怎样写，他明确表示，原观点不变。这使我很意外。我写文章和侯先生唱反调，他也并不同意我的观点，为什么要调我到他的手下工作呢？后来，为外老写传记的朱学文女士问外老，当年为什么要调杨天石到历史所？外老回答说："杨天石那时是中学教师，我断定他将来一定会有成就。"

转眼到了"文革"时期，我无事可干，但又不甘寂寞，便研究鲁迅，同时偷偷地帮吴则虞先生编《中国佛教思想文选》。明知当时此类书不可能出版，但权当是一种学习吧！再后来，毛泽东提出，要学点哲学史，批判唯心主义先验论，中华书局因此找人写一本《王阳明》，找来找去，找不到人，许多学者都不肯写，最后找到了我。那时，我在师大一附中教语文，还兼一个班的班主任，但我欣然接受了这一任务。书很快写成了，也很快出版了，一下子印了 30.2 万册，不仅送到日本展览，而且很快就在国内售罄。那时，稿费制度已经废除，我得到的报酬是 30 本样书。这点书，自然不够我送朋友，送同事。于是，我自己掏钱，买了 50 多本。我那时也太天真，太腼腆，连向出版社多要一本样书的勇气都没有。

《王阳明》的责任编辑是包遵信。他是北京大学中文系古典文献专业的毕业生，在我毕业后入校，和我可以说是先后同学。《王阳明》出版后，他对该书的写法很满意，约我继续写《泰州学派》《朱熹及其哲学》二书。书写成后，拖了一段时候，分别于 1980、1982 年由中华书局出版。那时候，包遵信已经从中华书局调到新闻出版总署。他用业余时间组织了一个哲学史座谈会，成员不多，有中国社会科学院的庞朴、北京大学的楼宇烈、人民大学的方立天、中华书局的沈芝盈，似乎还有奉命被安排到一个"小大学"——北京师范学院的孙长江等人。包遵信也邀我参加，我自然从命。他们几位，都是哲学史学界的中年精英，堪称一时之选，彼此在一起开过几次会，讨论哲学史研究中的各种各样的问题，都谈过什么，可惜我统统忘记了。不过在此类场合，我大体是听的时间多，说话很少。包遵信个子矮，长得黑，为人精明能干，我们都称他为"小老包"。后来他在这个座谈会的基础上发起成立《中国哲学》编辑部，以书代刊，由三联书店不定期出版。出版后即声名鹊起，广受学界重视。出版过几本后，"小老包"因为忙，就将原来由他主持的专栏《资料与回忆》转给我，要我负责。这样，我就成了《中国哲学》的编委之一。新增加的编委还有李泽厚。记得"小老包"专门告诉我，外老欢迎你和李泽厚参加编委会。在外老家开会时，"小老包"特别将我介绍给外老，那时，外老面色皙白，清癯瘦弱，穿青布中装，已经瘫痪，坐在轮椅上，不能说活。我拙于言词，除了握手、问候之外，不知道应该讲什么。

我在参与编辑《中国哲学》期间，所做的比较重要的事是主持《钱玄同日记》的编辑、整理工作。钱氏日记起自 1906 年赴日留学，止于 1939 年 1 月在北平逝世前几天，是研究近代思想史和文化史的宝贵资料。该日记原来藏于其长子钱秉雄先生处。"文革"期间抄家，钱先生怕抄失，主动联系鲁迅博物馆，由鲁博来人匆匆忙忙搬走一部分日记和和钱的师友书札。还有一部分日记则被红卫兵抄走，"文革"后发还，有几册却永远找不到了。我为了编辑《中国哲学》找原料，便和钱秉雄先生商量，钱先生慨然应允，藏在鲁博的那一部份，经过老友朱维铮斡旋，由周谷城先生出面，征得鲁博馆长王士菁同意，双方商定，请鲁博资料室的几位成员整理，由我审定。不过，钱玄同学问太大，方面太广，举凡中国古史、古文字、经学、史学、文学、小学以至碑帖、书法、拼音文字，无不涉猎，其日记，就是他的读书笔记，加上文字十分潦草，辨识为难，这样，我就不得不追随钱玄同的脚步，涉猎他所研究的学术部门，阅读他所阅读过的图书，解决、处理一切疑难问题。标点、整理和写传记、做论文不同，连一个字，甚至一个符号都不能放过，只有读懂了，读通了，才敢于断句，施加标点。其过程，真是苦不堪言。有许多字，我请钱秉雄先生辨认，他也不识。1989 年，纪念五四运动 80 周年，辽宁出版社将整理稿要去，准备出版。但是，拿到书稿之后，觉得排版难度太大，赔钱太多，于是毁约、退稿。2002 年，北京大学出版社和清华大学出版社都要这部稿子。我考虑到钱玄同原是北大教授，就将稿子交给了北大出版社。出版社专门请了一位外审编辑审稿，我自己也反复校改。几年前就看完清样，定稿了。不过出版社还在申请一笔资助，希望少赔钱，书能出得好一点，至今还在等待中。我曾经说过，这是我一辈子用力最勤，因而也是做得最傻的一件事。不过，当我这样说的时候，总有朋友安慰我，这是功德无量的事。钱秉雄先生去世后，我又征得钱先生两位公子的同意，到钱家阅读清末至民国时期许多文化人致钱玄同的函件，这部分资料，目前我还抽不出时间来加以研究。

哲学是哲学家对自然和社会的认识与思考。研究哲学，有两条路子，一条是还原，研究哲学家提出的各种概念、范畴及其体系的现实出发点；一种是上升，研究哲学家提出的概念、范畴及其体系的理论意义与价值。我偏重于前者。例如，宋明道学的基本范畴"理"，我认为，在朱熹那里，是规律和伦理的综合；在王阳明那里，是人的生理本能、生理功能和伦理的综合。由此，我对于理学史上的"心性之争"，也就是"心学"和"理学"的区别，包括"禅学""心学"的发展轨迹以及它的消极和积极作用等问题有了一点自己的看法。1989 年，我在《朱子学刊》创刊号所发《禅宗的"作用是性"说和朱熹对它的批判》一文可以代表我对上述问题的部分思考。该文是我原来想写的《理学笔记》的第一篇，下面想接着写的一篇是《王学的思想解放作用从何而来》，观点有了，不过以后因为忙，就再也没有写下去。清朝的方东树写过一部《汉学商兑》，以清初的汉学家作为批判对象。我从中发现，在汉学家中颇有一些人具有反理学的倾向，这激起了我的兴趣，一度有志于清理晚明至清朝道光年间的思想史，为此，读过一些明代中叶以后的文人别集，但是，也是因为忙，徒有其志而已。

我的《王阳明》《朱熹及其哲学》出版后，一直想有机会重写。2000 年，香港中华书局约丁守和教授主编一套"中国思想家宝库"，其中的《朱熹》要我执笔。我虽然忙，但丁教授是近代史研究所中和我关系最密切，也是最关心我的人。他创立中国现代文化学会，我长期担任他的副手，帮他组织过两次国际讨论会，一次主题是"东西方文化关系"，一次是"现代中国文化的走向"，因此，从私人关系和个人研究兴趣，我都不能拒绝。2001 年，我到日本京都大学担任客座教授，有半年空闲时间，便利用这点时间一面写蔡美彪先生《中国通史》第 12 卷的有关章节，一面写《朱熹》。京都大学藏书丰富，几乎我想找的资料都能找到。当年 12 月 31 日夜，我在该校的国际交流会馆中写完《朱熹》。该书比较全面、客观地阐述了朱熹的生平，他的哲学思想、经学思想、史学思想、文学思想的方方面面以及朱熹对西方世界和东亚的韩国、越南的影响，特别留意发掘朱熹思想中的合理因素，篇幅不大，但我自己觉得差可满意。《王阳明》一本，丁先生本来也希望由我写，我因为忙，推辞了。丁先生面临退休，他有意调我到文化史研究室，接替他的主任职务，我因为民国史研究室为我的调动出力不小，不忍离开，加之我当时对民国史的兴趣大增，便婉言谢却了。

（三）三迁乃至归宿——研究民国历史

我走上研究民国史的道路，完全出于偶然。

我在研究南社的过程中，发现了一个很有意思的现象。南社作家，在其初期，大多很有创造精神，提倡戏曲革命、诗界革命，写白话文，写新体小说，主张"融欧亚文学于一炉"，然而，到了辛亥革命前夜，正式成立南社时，却大力提倡传统的诗、文、词、骈文，古色古香起来。我研究其中的奥妙，发现是流行一时的国粹主义思潮作祟，于是便写了一篇《论辛亥革命前夜的国粹主义思潮》，发表在 1964 年的《新建设》上。文章发表后十年，近代史研究所民国史研究室的同志编辑南社资料，发现了我的这篇文章，便将他们的初步选目寄给我，我认真提了意见；他们又约我面谈，并且邀请我参加协作。于是，我便一边教书，一边利用业余时间在近代史所从事研究。这样，从 1974 年协作到 1977 年，完全是一种无偿的义务劳动。其间，因王学庄同志介绍，我又得当时近代史研究所副所长李新教授同意，参加《中华民国史》第一编的写作，负责撰写《同盟会成立后的革命斗争》。

近代史研究所有三位领导型的学者，所长刘大年，副所长黎澍、李新。和我最熟悉的当然是李新。他当过县委书记，长期担任吴玉章的秘书，为吴老起草过题为《辛亥革命》的小册子，主编过四卷本《中国新民主主义革命时期通史》，他像许多四川人一样，健谈，善于摆龙门阵，其思想解放的程度有时令人吃惊。清朝的章学诚反对文人修史，李新赞成章的观点，主张学术语言要平实、质朴，批评我的文章有时"像老太太头上插花"。当时，人们写作常常爱用毛主席语录，李新一概不用。他强调说真话、写真史，曾对我说："写历史著作，不得已时可以讲百分之五的空话，百分之五的套话，但假话一句也不能讲。"我问他："有些不能讲的话怎么办？"他说："写下来，留给后世。"他有几篇回忆录，其中有不能讲的内容，他说准备交给党史研究室，留作参考。刘大年，我曾为他写过《中国大百科全书》中的长条"辛亥革命"的初稿，因此，也有若干接触。他写历史，强调要回答当代的问题。"反右"时期，他写过一篇文章，题为《驳一个荒谬的建议——批判荣孟源反马克思主义的历史学观点》；"文革"初期，又写过《吴晗的反革命面目》。两篇都是已经被历史证明为错误的"恶文"。20 世纪 90 年代，研究所给他编《刘大年著作目录》，问他这两篇文章收不收？刘大年特别给编者写信，说明两篇文章的"观点是错误的，但篇目仍应保留，以符合实事求是"。在庆祝他八十寿辰时，不明情况的学者曾当场提出抗议。此事给了我深刻印象，我特别写了篇短文，赞扬大年同志面对自己的历史时，"不文过，不遮丑，不隐恶"的精神。黎澍同志我接触最少，不过我知道他长于理论思维，曾提出，建国后未能深入地批判封建主义是大缺点。1981年，辛亥革命70周年，黎澍同志要我为中宣部的《宣传提纲》拟稿。我受命后，大年同志又告诉我，刚在廖承志处开会，《提纲》决不能肯定改良派对辛亥革命的功绩。我向黎澍汇报这一情况，黎澍只说了一句："他让你怎样写，你就怎样写！"

我调入近代史研究所后，除继续完成我所承担的章节外，又参与修订《中华民国史》第一编上下两册全书，负责修改、重写《武昌起义》等部分。自1982年起，我用了十多年的时间，主编并主撰该书第二编第五卷《北伐战争与北洋军阀的覆灭》（后改为第六卷）。靠了几位年轻合作者的共同努力，该书出版后颇蒙国内外学界好评。

在写作《中华民国史》的同时，我还写了几百篇各种各样的文章。其中，有40篇编为《寻求历史的谜底——近代中国的政治与人物》，由首都师范大学出版社于1993年出版。这是我的第一本历史学方面的论文集。第二年，台湾文史哲出版社出了繁体字版。该书获北京1993年优秀学术著作奖及国家教委所属高校出版社优秀学术著作奖。1998年，我将多年来访问美、日等国，搜寻史料所写成的论文、札记60余篇，编为《海外访史录》，于1998年交社会科学文献出版社出版。2002年，我将研究毛思诚所藏蒋介石档案写成的文章26篇编为《蒋氏秘档与蒋介石真相》一书，交上述同一出版社出版。这一年，该社还出版了我研究戊戌变法和辛亥革命的论文集《从帝制走向共和——辛亥前后史事发微》，该书收文43篇。此后，我即主持编写五卷本《中国国民党史》。其中，由杨奎松执笔的《国民党的"联共"与"反共"》，长达76万字，已于2008年出版。

在历史研究中，我喜欢做专题研究，写专题论文。因为这一形式易于撇开浮言赘语，直奔肯綮，解析疑难，推动学术前进。2007年，中国人民大学出版社将我历年所写的中国近代史方面的文章，厘分为《晚清史事》《国民党人与前期中华民国》《蒋介石与南京国民政府》《抗战与战后中国》《哲人与文士》等5卷出版，台湾风云时代出版公司则厘分为《孙中山与民初政局》等 7 卷出版。

2011 年，为纪念辛亥革命 100 周年，我在湖南岳麓书社和香港三联书店分别出版了《帝制的终结》和《终结帝制》，二书题目小异而副题均为《简明辛亥革命史》。该书曾被《新京报》评为 2011 年度唯一的一本最佳历史著作。

民国史是我多年来的主业，研究领域集中于辛亥革命史、北伐战争史、抗日战争史、战后中国史、台湾史、国民党史以及胡适的社会关系等几个方面。近年来，我的精力则主要集中于蒋介石日记的研究和解读。现分述之。

1. 辛亥革命史

在我编写《中华民国史》第一编时，黎澍同志提出，可以研究一下革命党人的派性。我觉得这是个好题目。便动手收集资料，中国的、日本的、新加坡的，凡一切可以找到的资料，都努力搜寻。在此基础上，写成《同盟会的分裂与光复会的重建》一文。我提出，在同盟会成立以后，曾经发生过两次"倒孙（中山）风潮"。第一次反映出日本社会党分裂和日本无政府主义派别对同盟会的影响，第二次反映出同盟会内部的经费和人事纠纷。此后，我又陆续写成《龙华会章程主属考》《章太炎与端方关系考析》《民报的续刊及其争论》《蒋介石为何刺杀陶成章》等文，系统地清理并揭示了辛亥革命前后的同盟会内部矛盾真相。

武昌起义后，革命党人迅速占有半壁江山，但是，孙中山很快让位于袁世凯，轰轰烈烈的一场革命的成果很快落于旁人之手。为什么？旧说大都照搬领袖人物的政治结论——资产阶级的软弱性。我认为，这是政治分析，而不是历史分析，因此，陆续写了《孙中山与租让满洲问题》《华俄道胜银行借款案与南京临时政府危机》《孙中山与民国初年的轮船招商局借款》等文，揭示出，孙中山本有进军北京，彻底推翻清朝政府的宏愿，但由于财政拮据，借贷无门，内外交困，不得不忍痛议和，从而使革命半途而废。

武昌起义后，原湖北咨议局局长、立宪派首领汤化龙宣布拥护革命，出任军政府总参议，但是，湖北地区多年来流传，汤化龙曾暗中联络黎元洪等，联名密电清廷，要求清军南下，扑灭革命。由于提出此说的多为当时的革命党人，因此，此说几成铁案，汤化龙也就自此戴上了"反革命两面派"的帽子。我经过周密考证，证明此说是一种讹传。日本学者狭间直树教授曾撰文表示，该文"考证确凿，堪称杰作"。

辛亥革命时有三大思潮：三民主义、国粹主义、无政府主义。我对这三大思潮都作过考察。在对三民主义的研究中，我用力较勤的是民生主义。在《孙中山和中国革命的前途》等文中，我提出：孙中山向往社会主义，对资本主义有强烈的批判思想，但他主张"取那善果"，"避那恶果"，表现出这位哲人的睿智和思想中的辩证光辉。他的民生主义不能简单地归结为发展资本主义的纲领，其内容和实质是，允许国有经济与私有经济并存，充分利用外资，发展为人民造福的国有经济，用以限制资本主义的"恶果"。在研究其他两种思潮时，我提出：邓实、章太炎等人的国粹主义虽有发扬优秀传统文化的积极意向，但也有抵制外来进步文化、抱残守缺的严重消极方面。刘师培等人的无政府主义提出过若干颇有光彩的思想，但超越时代，超越中国社会实际，是近代中国极"左"思潮的源头。

多年来，国内学界普遍认为，辛亥革命的领导力量是民族资产阶级中下层。我不同意此说，认为这一革命的实际领导力量是那一时期出现的"新型知识分子"中的"共和知识分子"，并由此论述了维新、共和、共产三代知识分子在近代中国历史嬗变中的作用，自以为，这一说法较为接近历史的真实面貌。2011年，我应邀参加美国哈佛大学举行的辛亥百年论坛，在闭幕式上发表演讲，题目即为《谁领导了辛亥革命》。会上，我还发表了题为《辛亥革命何以胜利迅速，代价很小》的论文，以前所未有的角度和高度充分肯定了这一革命的成就。

自列宁倡导资本主义"垂死"论、"腐朽"论以来，相关论述风行一时。孙中山与之不同，将"资本主义"和"社会主义"视为推动"人类进化"的两种"经济能力"，主张二者"调和"，"互相为用"，共同促进世界文明发展。他对马克思学说既高度敬仰，又根据20世纪资本主义的新发展，对其提出部分批评和质疑，认为在中国，只可"师"马克思之"意"，而不可无视中国国情，机械地搬用其"法"。对于这些孙中山研究中的前沿问题，我在纪念辛亥百年期间所写的《孙中山与资本主义》《孙中山与马克思主义》二文中，分别作了探索性的阐述。

2. 北伐战争史

1926 年的"中山舰事件"是近代史上的一大谜团。我根据蒋介石日记、中山舰事件案卷、蒋介石、汪精卫来往函件等多种未刊资料，写成《中山舰事件之谜》一文，提出了与旧说不同的新解。继上文之后，我又发表《中山舰事件之后》一文，论证当时对蒋介石的妥协政策，源自苏俄方面。

北伐战争是近代中国史上的一次成功的战争。我在国内外先后发表的论文有《北伐时期左派力量同蒋介石斗争的几个回合》《蒋介石与北伐时期的江西战场》《四一二政变前后武汉政府的对策》《蒋介石与北伐时期的战略策略》《蒋介石与二次北伐》等文。这些文章，力图展现北伐期间高层斗争的复杂历史面貌，实事求是地评价蒋介石在这一时期的作用。

北伐战争为时不过两年，但我和合作者用于编写《北伐战争与北洋军阀的覆灭》这本书的时间却超过十年。在写作本书的过程中，我们特别注意收集各方资料（国内与国外、正面与反面、中央与地方、此派与彼派）；在此基础上，我们力求摆脱过去党派斗争的影响，站在新的历史高度，重新审视一切，从而准确、公正地再现当时的历史。这本书出版后，中共中央文献研究室常务副主任金冲及发表评论，认为"这部近60 万字的巨著，许多方面的研究成果比前人又有新的突破。它是近年来中国近代史研究领域内一部不可多得的力作"。台湾"中国国民党党史会"主任李云汉教授也发表评论，认为该书"内容充实，体系完整，能脱出旧窠臼而能运用多方面的史料"，"除对蒋中正尚是斧钺交加外，其他叙述都甚平实可信"。

3. 抗日战争史

我对抗日战争史的研究最初集中于蒋介石的对日政策与日蒋谈判。《济案交涉与蒋介石对日妥协政策的开端》《黄郛与塘沽协定善后交涉》《"九一八"事变后的蒋介石》三文研究全面抗战前蒋介石对日政策的开端与发展。《抗战前期日本"民间人士"和蒋介石集团的秘密谈判》《孔祥熙与抗战期间的中日秘密交涉》《蒋介石亲自掌控的对日秘密谈判》《蒋介石对孔祥熙某和活动的阻遏》《论"恢复卢沟桥事变前原状"与蒋介石"抗战到底"之"底"》《"桐工作"辨析——真真假假的日中特务战》等文揭示日蒋间多次秘密谈判的内幕。除了阐述还隐藏在重重历史帷幕中的情节、过程外,我力图揭示在这些虚虚实实、风云诡谲的谈判后面所隐藏的复杂目的。我认为,这些谈判,都由日方主动,蒋介石或拒绝,或制止,或主动刹车,并不如人们多年来所理解的反映出蒋介石对抗战的动摇,更多反映的是当时国民政府对日和对汪精卫的一种斗争策略,蒋介石的抗日还是积极的、坚定的。

中国抗日战争胜利的原因很多。《国民党人的"持久战"思想》分析"以空间换时间,积小胜为大胜"思想的提出。《跟德国还是跟英美站在一起》阐述抗战时期中国外交的一次重要抉择。《蒋介石与德国内部推翻希特勒的地下运动》《拒绝合攻印度,阻挠德日会师印度洋》揭示了前所未知的中德关系的两大秘密。《蒋介石与韩国独立运动》《蒋介石与尼赫鲁》二文叙述蒋介石支援亚洲国家反帝斗争的历史,开辟了中国抗日斗争史的一个新方面。

抗战中,中国和英美等国组成反法西斯阵线,但是,彼此之间也有矛盾。《蒋介石与史迪威事件》《史迪威假传罗斯福旨意,策划暗杀蒋介石》二文分析蒋介石和美国将领史迪威之间的复杂关系。《宋美龄与丘吉尔》《蒋介石正告丘吉尔》阐述中英之间的冲突,展现蒋、宋二人对大国强权的抗衡。

在国民党高级官员中,孔祥熙以贪渎著名。《蒋介石亲自查处孔祥熙等人的美金公债案》叙述孔祥熙的腐败与蒋介石的反腐败,而终于大事化小的经过。《"飞机抢运洋狗"事件与打倒孔祥熙运动》叙述轰动一时、引起众愤的一则不实新闻，为孔家洗净了几成铁案的污迹。

西安事变关涉国共关系史和抗日战争史，多年来有不少史家涉足，出版了许多优秀成果。在这一领域，我只做了一点资料性和考订性的工作，发表的资料、文章有《孔祥熙所藏西安事变未刊电报》《孔祥熙西安事变期间未刊日记》以及《西安事变史实订误》等。

国民党在抗战期间所从事的地下工作尚未进入历史学家的视野。在这方面，我曾根据台湾"中研院"所藏朱家骅档案，写过《吴开先与上海统一委员会的敌后抗日工作》《打入日伪内部的国民党地下工作者——略谈何世桢、陈中孚与陆玄难》，初步展示了该项工作的一个侧面。

近年来，我和美国哈佛大学傅高义、日本庆应大学山田辰雄共同发起"中日战争国际共同研究"，联络各国学者合作研究中国的抗日战争，已在美国波士顿、夏威夷，日本箱根，中国重庆开过4次国际讨论会，主题分别为："战时中国各地区""战略与历次战役""战时中国的社会与文化""战时国际关系"。最后分别以中、英、日三国文字出版会议论文集。

4. 国民党史

国民党派系复杂。可以说，不研究派系，就不可能全面了解国民党。在这一领域，我的已有成果主要集中于孙黄矛盾、蒋胡斗争、孔宋斗争和蒋李斗争。

孙中山与黄兴的矛盾表现于中华革命党时期。我曾根据日本外务省所藏档案及宫崎滔天家藏资料写成《"真革命党员"抨击黄兴等人的一份传单》《跋钟鼎与孙中山断绝关系书》《何天炯与孙中山》《邓恢宇与宫崎滔天夫妇》等文，揭示了孙、黄在反袁斗争中形成的分歧和发展，补充了前人所不知的若干史实。

在国民党中，胡汉民是元老，蒋介石是后进。《约法之争与蒋介石软禁胡汉民事件》分析二人之间的矛盾及其发展。美国哈佛燕京学社图书馆藏有大量胡汉民晚年往来未刊函电，我于1990年访问美国时读到这部分资料，立即意识到它的巨大史料价值。这部分资料的特点是使用了大量隐语、化名，没有相当的中国历史和文化知识，很难破译。例如，以"门""阿门""门神""蒋门神"指蒋介石，以"水云""容甫"指汪精卫，以"不""不孤"指李宗仁，以"香山后人"指白崇禧，以"马""马鸣"指萧佛成，以"衣"指邹鲁，以"跛""跛哥"指陈铭枢等。我在反复琢磨一一破译之后，发现"九一八"事变之后，胡汉民曾广泛联络各方力量，秘密组织"新国民党"，积极谋划以军事行动推翻以蒋介石为代表的南京国民政府。30年代的许多抗日反蒋事件，如察哈尔抗日同盟军、福建人民政府、孙殿英西进等，背后都与胡汉民有关。因此，写成并发表了《胡汉民的军事倒蒋密谋及胡蒋和解》一文。1996年，我访问台湾，在"中国国民党党史会"和"国史馆"查阅有关资料，进一步有所发现，因此，又陆续写成并发表了《30年代初期国民党内的反蒋抗日潮流》《一项南北联合倒蒋计划的夭折》《1935年国民党内部的倒汪迎胡暗潮》等文，比较深入地揭示了这一时期国民党内部派系斗争的隐情。

孔祥熙和宋子文是国民党中的两大家族。他们是姻亲，又是政敌，其互相争斗情况很少为人所知，这是研究30—40年代国民党政权所必须解决的课题。在《豪门之间的争斗》一文中，我对美国斯坦福大学胡佛档案馆所藏宋子文档案中的若干电函做了释读，从而揭示了这两大民国政要之间的深刻矛盾。与此相关，我又根据美国哥伦比亚大学珍本和手稿图书馆所藏孔祥熙档案和台湾"中研院"史语所所藏傅斯年档案，分别写成《蒋孔关系探微》和《傅斯年攻倒孔祥熙》二文。前文揭示了蒋孔之间密切关系的奥妙，后文揭示了孔祥熙这一民国政坛上的不倒翁屡受攻击，终致倒台的状况。

关于蒋介石和李宗仁的矛盾，我的研究重点在1949年李宗仁成为"代总统"之后。在《李宗仁的索权逐蒋计划》一文中，我根据在美国哥伦比亚大学珍本和手稿图书馆所发现的资料，揭示了当时李曾经有过向蒋索取政权、军权、财权，并要求其出国的计划。

在中国近代史上，国共两党既有合作，又有斗争。《邵力子的苏联之行与国共两党争夺领导权》《两党分歧与第一次国共合作的破裂》《蒋介石建议国共两党合并》三文清理国共两党的合作史，找寻其由合作，而矛盾，而终于分裂的原因。《第三国际的解散与蒋介石"闪击"延安计划的撤销》论证抗战中所谓"第三次反共高潮"实际并未成"潮"。《论国民党的社会改良主义》是一篇总论国民党史的宏观长文。该文分析国共两党在思想、理论和政策上的种种分歧，叙述其从社会改良主义向社会保守主义发展，因而成为革命对象的经过。

5. 战后中国史

这是我近一两年研究的重点。《重庆谈判期间蒋介石的心态考察》揭示蒋介石从不为人所知的内心秘密，曾准备扣留、审判到重庆参加两党协商的毛泽东，但最终决定授勋、礼送。《蒋介石提议胡适参选总统前后》阐述政协会后关于总统职权的制度变化和蒋介石推荐胡适参选的原因。其他的一些论文则尚在等待发表中。

6. 台湾史

《"二二八"事件与蒋介石的对策》，分析事件的两重性与事变中的三驾"马车"与三种政治诉求，说明蒋介石的基本对策是"怀柔"。《国民党迁台与蒋介石的反省》叙述国民党迁台经过与蒋介石对失去大陆的反思。《蒋介石在台"复职"与李宗仁在美抗争》，叙述蒋介石"复职"及其与李宗仁的新纠纷。《蒋介石反对用原子弹袭击中国大陆》说明美国曾多次准备对大陆使用原子弹，均遭蒋介石反对。《蒋介石图谋联合苏联，反攻大陆始末》叙述中苏交恶后，苏联曾派人联络在台湾的蒋氏父子以及蒋介石的顾虑。

7. 胡适的社会关系

胡适是民国文化史、思想史上的大家。研究民国史，不可能不涉及胡适。我的研究主要集中于胡适的社会关系，先后发表过《胡适与国民党的一段纠纷》《胡适与钱玄同》《胡适与杨杏佛》《胡适与陈光甫》《胡适与柳亚子》等文。它们分别从不同方面勾勒出胡适的性格与面貌。

（三）蒋介石日记的研究与解读

蒋介石学习曾国藩，有记日记并利用日记自我反省的习惯。20世纪30年代，蒋介石将自己早年的日记、书信、文稿等交给自己的老师和秘书毛思诚保管。毛也模仿曾国藩的做法，将其中的日记编为蒋介石《日记类抄》，但从未刊行。1949 年以后，毛氏后人将这批资料秘藏在墙壁中。"文革"中，红卫兵发现了这批资料，辗转上交，后归中国第二历史档案馆保管。我在编写《中华民国史》的过程中，得知在"中山舰事件"后，蒋介石曾对人说，要在他死后，看他的日记，中山舰事件的真相才会大白，自此引起我对蒋介石日记的关注。80 年代，我在中国第二历史档馆无意间读到了毛思诚原藏的上述资料，其中《日记类抄》收有蒋介石"中山舰事件"期间的日记，我便结合该馆收藏的"中山舰事件"档案等资料，写成《中山舰事件之谜》一文。该文发表后，胡乔木认为是具有"世界水平"的好文章，并在接见我的时候说："你的路子是对的，要坚持这样走下去。"此文后获中国社会科学院首届优秀科研成果奖。2002 年，我的《蒋氏秘档与蒋介石真相》一书，蒙中央统战部华夏英才基金会资助出版，但迅速受到少数"左派"的攻击。有网名"九龙山人"者，冒充"一批老红军、老八路军、新四军、老解放军战士"之名上书中央，毫无根据地指责我吹捧蒋介石为"民族英雄"，企图借此攻击邓小平及其改革开放政策。他们又在所谓"工农兵论坛"的网站上对我进行长达两三个月的批判，并在老干部中征集反对我的签名，有关单位已经准备撤销我当时的兼职——《百年潮》杂志主编。在此情况下，中国社会科学院陈奎元院长审读了我的书，认为这是一本"扎实的学术著作"，"是研究不是吹捧"的看法。中央有关领导同意这一看法，院里指派院秘书长朱锦昌和我谈话，鼓励我继续研究。

中国第二历史档案馆所藏蒋介石《日记类抄》起于 1919 年，止于 1926 年，时间有限。后来我在台湾"国史馆"所藏蒋中正文物中发现《困勉记》《省克记》《学记》《爱记》《游记》等未刊著作，均摘自蒋介石日记，但时间下延至 1942 年，内容较《日记类抄》延伸、扩展很多。我除了自抄外，又花 6 万台币请台湾学生将其余部分抄完。2006年 3 月，蒋介石日记在美国胡佛档案馆开放，我受邀前往阅读、研究。该日记逐年分批开放，我于 2007、2008、2010 年继续前往阅览，终于用 10 个多月时间读完了现存全部的蒋介石日记，共约 53 年，做了比较详细的摘录。

在阅读日记的同时，我结合多年来在美国、日本以及在中国台北、香港、南京等地收集的大量资料，对日记进行分析、解读。2008 年，这些成果的第一部分以《找寻真实的蒋介石——蒋介石日记解读》为题在中国内地和香港分别结集出版。该书迅速受到海内外学界和读书界的广泛注意和好评。2009 年，该书被中国图书评论家协会及全国 31 家媒体联合评定为"十大图书"，并经有关机构认定，公布并作了宣传。与此同时，该书获"香港书奖"。2010 年，《找寻真实的蒋介石——蒋介石日记解读》第二辑出版，该书在广东南国书香节中获"2010 年最受读者关注的历史著作奖"。

过去，在国共两党的生死斗争中，蒋介石被定位为"人民公敌"，人们是喊着"打倒蒋介石，解放全中国"的口号投入革命的，但是，蒋介石早年追随孙中山革命，与中共两次合作，领导过北伐和抗日，退守台湾后仍反对"台独"，坚持"一个中国"的民族主义立场。在中国近代史上，他是一个重要的、复杂的人，又是一个有功有过，既有大功，又有大过的人。现在，两岸关系已经进入"终结两岸对立，抚平历史创伤"的时期，在这样的形势下，充分掌握资料，以马克思主义为指导，全面地、实事求是地研究蒋介石的一生，给以科学的、准确的评价和历史定位，将不仅大有助于提高中国近、现代史的科学水平，也将大有助于两岸和平关系的建立和发展，有助于民族和谐和国家统一。

我对蒋介石日记解读的成果部分已见上文所述。其他可资参考者：一是对蒋介石生平和思想的叙述和分析，如《蒋介石的早年思想》《天理与人欲的交战——宋明道学与蒋介石的修身》《孙逸仙博士代表团团长的苏联之行》，以及《蒋介石与上海证券交易所》等文。后文说明上海证券交易所为孙中山倡办，蒋介石由于受到金融资本家的压迫，促进了其社会改造思想的萌发。另一是对蒋介石婚姻、家庭生活的叙述与考证。《关于宋美龄与美国总统特使威尔基的"绯闻"》论证流行于西方著述的"史实"实际上是"谣传"。《宋美龄的巴西之行与蒋介石的

"婚外情"传说》论证流传于战时重庆的有关说法同样并非事实，和当时美国人要蒋介石交出军权密切相关。

（四）民国史之外

我做学问，反对浮光掠影，主张深入沉潜；但是，我也不主张过于狭窄，所以，在以主要精力从事民国史研究之外，我也做一点其他方面的研究。其中，稍可一述的是关于宣南诗社、戊戌政变和政变后的改良派，以及关于青年鲁迅的研究。

宣南诗社本是清朝嘉庆、道光年间的一个并不很著名的文学团体，但是，由于范文澜在《中国近代史》一书中将它和禁烟运动、维新思潮联系起来，因此受到学界的重视。我遍阅当时有关人物的诗文集，查清了这一诗社的沿革，发现范说不确，错误颇多，因此，写成《关于宣南诗社》一文，纠正了范说之误。

1985 年，我在日本阅读外务省档案缩微胶卷。那时，我正研究辛亥革命，在连续多日，读了十几卷有关辛亥革命的资料后，本可得胜收兵了，但是，我突然觉得，应该看看戊戌变法的有关档案。于是，转动卷轴，继续搜寻。忽然，阅读机的屏幕上出现了毕永年的日记——《诡谋直纪》。在这份资料中，毕永年以当事人的身份揭露了康有为曾经有过的一项"武力夺权"密谋——包围颐和园，捕杀西太后。我意识到，我有了重大发现，心头一阵惊喜，立即将它复印下来。回国后，我广泛查阅相关资料，经过多方考证，确认了毕永年所述的真实性，于是，写成《康有为谋围颐和园、捕杀西太后确证》一文，发表于 1985 年 9 月 4 日的《光明日报》上。这篇文章，当日中央人民广播电台即作了广播。它迅速受到国内外史学界的重视，有人誉之为"将迫使戊戌变法史作重大改动"。

证明了戊戌时期康有为确有"捕杀西太后"的密谋之后，紧接着便产生了一个问题——康、梁生前多次矢口否认此事，为什么？我又继续查阅相关资料，终于从梁启超写给康有为的密函中了解到，原来，师徒二人在事后订了"攻守同盟"，决定终生保守秘密。这样，这一事件就板上钉钉，铁案如山了。

谭嗣同夜访袁世凯是戊戌政变中的重要事件。对此，袁世凯的《戊戌纪略》和梁启超的《戊戌政变记》都有记载。多年来，人们相信梁启超，怀疑袁世凯，结果，陷入迷宫。许多问题扞格难通，矛盾而不可解。我经过考证，认为袁世凯的《戊戌纪略》虽有掩饰，但所述基本可信，因此，政变史上长期聚讼不休的若干问题已经可以廓清迷雾，还其本相。

除了坚持不懈地找寻相关资料外，还要善思，寻找各种资料之间的联系。我在日本国会图书馆中找到过唐才常写给日人宗方小太郎的一封信，表面上谈的是到湖南"开办学堂报馆事"，但用词很严重，有"此举颇系东南大局"等语。我以为其中必有隐情，于是，进一步查阅宗方小太郎日记，终于查明，原来指的是维新派的一项"举义"计划——在湖南发动，然后引军北上，略取武昌，沿江东下，攻占南京，再移军北上，几乎和太平军的进军路线一模一样。

日本外务省档案中还有几封情报人员暗中抄录的梁启超等人的信件。信中用了不少隐语，抄录者辨识中文草书的能力又低，满纸讹误，但是，我粗读之后，即感觉不是寻常信件。于是反复阅读，反复揣摩，终于弄明白，那是 1908 年光绪皇帝去世之后，改良派秘密动员在北京的满族亲贵诛杀袁世凯的密札。

我对改良派的研究一直断断续续。1996 年，我访问台湾"中研院"近史所，读到了那里收藏的康梁未刊信件，其中有一通梁启超函札引起了我的特别注意，经研究，那封信反映出，辛亥革命时，康有为曾企图联合满族亲贵，推翻袁世凯内阁，控制中央政权。

政治斗争有时以赤裸裸的形式浮现于世人面前，有时则深藏于铁幕之后，当一个历史学家能钩沉索隐，探幽解密，将深藏于铁幕之后的政治斗争拉到光天化日之下时，我想，那一定是很愉快的。

关于青年鲁迅，我曾将历史研究与文学研究结合起来，写过《斯巴达之魂与近代拒俄运动》等札记，解决了鲁迅研究中的一些疑难问题。

除了写书、写论文之外，我有时喜欢写点小文章，就某些历史事件、人物、现象，或议论，或叙事，或考证，颇得纵横挥洒之乐。此类文章约一百余篇，已结集为《横生斜长集》，1998 年由天津百花文艺出版社出版。

（五）主编《百年潮》杂志 9 年

《近代史研究》创刊时，我曾和其他几位学者任兼职编辑，负责审稿。后来编辑部逐渐加强专职力量，我们便退出了。我做编辑工作时间最长的一段是担任《百年潮》杂志主编，自 1997 年至 2005 年底，共 9 年。

1996 年，中共党史学会根据中央党史研究室主任胡绳同志提议，筹办一份面向社会公众的以反映近百年史为主要内容的刊物。中央党史研究室原副主任郑惠任社长，近代史研究所的杨奎松研究员任副主编，需要找一位兼通近代史和现代史的学者做主编，杨奎松推荐我。我不是中共党员，但胡绳和党史研究室常务副主任龚育之都同意，这样，我这个非党人士就成了一份中共党史刊物的主编。

郑惠那时已经退休。我和杨奎松都有自己的研究岗位，其他如谢春涛是中央党校党史教研部副主任，韩钢是中央党校教授。所有的编辑都是学者，也都是业余兼职。没有向官方要一分钱，就办起来了。发刊词是我写的，其中提出："本刊的原则是：实事求是。本刊的追求是：信史、实学、新知、美文。真实是历史的生命。倘有虚饰，即非本相；再加抑扬，更离科学。因此，本刊将真实视为最高准则。同时，本刊也将力图再现历史本身所具有的丰富性和生动性，希望向读者奉献既新颖、真实而又斐然可读的作品。"刊物出版不久，因为杨奎松的一篇文章涉及朝鲜战争的起源，差点受到停刊处理。胡绳当时除中央党史研究室主任外，还是全国政协副主席、中国社会科学院院长，在此之外，他还有一个很少为人所知的重要职务，这就是中共中央党史领导小组副组长。他出面表示，《百年潮》是个好刊物，有不少新东西，要支持、保护，有关领导同志也同意这一看法，《百年潮》因而得以幸免夭折。这以后，刊物受到学界和读者的普遍激赏，但也受到少数"左派"的忌恨和攻击。有一段时期，胡绳因为研究毛泽东所受民粹主义影响被少数人围攻，个别人乘机匿名告状，责问"请看今日《百年潮》，竟是谁家之天下"！季羡林教授回忆胡适的一篇文章，被评为 1999 年全国最佳散文，竟被批为"毒草"。王元化的一篇随感，本意在批评五四时期的无政府主义等偏激思潮，却被说成是含沙射影地攻击共产党。在此情况下，党史学会领导建议以郑惠辞职缓解。郑惠征求胡绳的意见，胡绳表示"辞一下也可以"。有关机构组织调查组，全面审查《百年潮》创刊以来的文章，中央有关领导同志在阅读调查报告后肯定了《百年潮》的成绩和优点，我被宣布临时代理社长。在宣布调查结论时，我曾表态："感谢调查组所做的认真的调查研究，避免了新时期的一桩冤案。《百年潮》这个舞台本来不应该由我来演出，但我既然已经站到了这里，哪怕是火坑，我也不准备离开。"后来胡绳同志肯定郑惠离职后的《百年潮》办得不错，坚持了原来的风格。据说，胡绳还曾向全国政协提名，让我担任政协委员。后来胡绳去世，此事作罢。胡绳去世前，在新年团拜会上，中央领导同志肯定胡绳多年来为党史研究所做的贡献。胡绳则要求我们不要参加社会上的"无谓争论"。2003 年，个别人化名上书，指责我的《蒋氏秘档与蒋介石真相》一书和《百年潮》杂志，重点和真实目的在于攻击改革开放政策。有关机构一度准备撤换我的主编职务，龚育之支持我写信向有关机构说明情况，点明分歧实质。2005 年 11 月是胡耀邦九十诞辰，当年第 10 期，刊物发表唐非的《胡耀邦主陕纠"左"》一文，还准备下一期发表一组文章，用以纪念。有关机构要求"统一安排"，计划撤销。我当时正在台湾访问，其间编辑部改组。当年第 12 期，我和李海文、杨奎松、谢春涛、韩钢、郭宏等发表《启事》，宣布自 2006 年 1 月起，不再参与编辑部工作。至当年年底止，《百年潮》共出版 96 期，还出版过几期增刊。

2005 年 12 月，由我总编的《毛泽东剪影》《邓小平写真》《亲历者记忆》《改革风云》《史事探幽》《人物述往》《文坛与文人》《中外之间》《国际广角》等 12 卷书，共同组成"《百年潮》精品系列"，由上海辞书出版社出版。丛书出版之际，龚育之作序，他将提议创办《百年潮》并积极供稿的胡绳，为刊物呕心沥血的郑惠和我并称为"三君子"，我觉得担当不起，坚辞不受。龚育之笑着说："'君子'一词，不要看得很重，'梁上君子'，也可以称为君子嘛!"

龚育之当过中宣部副部长，参加过若干中央文件的起草，是著名的理论家和中共党史专家。郑惠离开《百年潮》后，我有时因社务、刊务去找他。他对我说："《百年潮》办下去，会很困难，不过有这个刊物比没有强。"他有时则感慨，现在像乔木那样懂学术的领导不多了。我看出，他本质上是学者，不愿管理行政事务，特别是不愿用行政办法领导学术，所以便尽可能不去打搅他。

（六）我的历史追求

历史反映人类社会已逝的一切，因此，忠实地再现历史本相是史学最重要也是最根本的任务。但是，历史本相并不是一眼可见，一索可得的。它需要历史学家"上穷碧落下黄泉"，充分掌握一切可能掌握的资料，经过严密的考证与分析，才能比较准确地再现出来。因此，我在国内外访问，所至之处，第一任务都是收集资料，特别是未刊的函电、日记、档案等手稿或未刊稿。当地有什么，我就看什么，从不为自己的研究画地设牢。因此，我的大部分文章都建筑于此类资料之上。经验告诉我：资料浩如烟海，是研究近代史，特别是民国史的困难，但是，也是其方便和幸运所在。只要细心访求，锲而不舍，许多谜团、疑案常常可以得到比较圆满的解决。

说历史学的根本任务是再现历史本相，不意味着历史学家可以不要思想、没有观点，纯客观地记录一切。相反，历史学需要说明历史、解释历史，寻找规律，做出价值判断。但是，首先必须弄清、写清史实，还原历史本相。对历史的解释可以因人而异，因时而异，但是，历史事实却只有一个。我认为，可靠的史实是产生一切历史判断、结论的源泉和基础，也是检验历史著作的真理性和科学性的唯一标准。历史是科学，不是工具。不是让历史去适应某种既定原则，而是既定原则只有在符合历史时才是正确的。历史学家笔下的史实要能经受不同立场、不同时期的读者的挑剔和检验，争取做到：你可以反对我的观点，但推翻不了我揭示的史实。历史学家可以有自己的爱憎，但是，要力求忠实于历史，不虚美，不隐恶，做到爱之不增其善，恶之不益其过。

民国史充满着政治斗争和党派斗争。当时，没有一个党派不认为自己是真、善、美的化身，不认为政敌是假、恶、丑的典型。今天的历史学家有条件超脱一点，也有条件看到各党、各派、各方留下的资料，因此，看问题既要深入历史之中，又要超脱于历史之上，抛开各种恩怨情仇，跨越个人感情、经验、经历的种种局限，力求全面、公正，有一说一，有二说二，有好说好，有丑说丑，既不盲从前人，也不跟风向，不避时忌。既往的观念、认识、结论有的正确，有的则需要根据可靠的史实重新审视，加以修正。民国史上这样的问题很多。当我们只面对史实、面对科学时，民国史的面貌是会有大的变化的。

四、 入选文史馆馆员和荣誉学部委员

我于1998年被聘为中央文史研究馆馆员，可惜当年10月，我到德国开会，没有能亲自接受朱镕基总理颁发的聘书。2002年，我被聘为中国社会科学院第二届学术委员会委员。院学术委员会成立于李铁映担任院长期内，其成员均是学术有较大成就的知名专家、学者，一般都当过所长、副所长，或党委书记一类职务，目的是延长这批离开行政职务的老专家的学术生命，充分发挥其余热。我一生和"长"字无缘，连小组长都没有当过。据同事雷颐告诉我，他在院里的一次座谈会上发言，对学术委员会成员是清一色领导干部的状况提出过意见。这大概就是吸收我参加的原因吧！2005年3月，院学术委员会改名为院学术咨询委员会，我被遴选为该委员会的第一届委员。2006年，院里酝酿成立学部，规定学部委员从在职研究员中遴选，荣誉学部委员从已退休的研究员中遴选。我当时尚是在职人员，按照院务会议通过的《院学术咨询委员会章程》的规定，每届任期三年，在任期间不离休，不退休。因此，我的退休时限应在2008年2月，不过，在2006年7月学部正式成立时，我还是作为已经退休的人员被宣布为荣誉学部委员。像我这种情况的还有哲学研究所原所长陈筠泉、法学所原所长兼政治学所长刘海年。我们提出过意见，中间一度通知我们缓退，但至2012年8月，我

们三人还是同时接到退休的通知。

古人有学书不成则学剑的例子。前些年，回忆自己由文学、哲学而研究历史的过程，有《生日杂感》小诗云：

> 华发飘萧已满颠，
> 童心未改壮心迁。
> 拨开雾霭观丘壑，
> 漫卷风涛入史篇。

写这首小诗的时候，还幻想着在历史学领域做点事。去年8月以来，自觉应逐渐适应处境，又有小诗《岁暮杂感》云：

> 岁尽冬残又望春，
> 犹抛心力作文人。
> 何曾椽笔关天下，
> 聊为飞鸿记爪痕。

原载《灯火阑珊处——当代学人自述2》，二十一世纪出版社2013年版

附录二

杨天石著作目录（只收专书，以出版时间为序）

一、 个人著作

《王阳明》，5.1 万字，北京：中华书局，1972。

《黄遵宪》，8.7 万字，上海：上海人民出版社，1979。

《南社》（与刘彦成合作），10.1 万字，北京：中华书局，1980。

《泰州学派》，8 万字，北京：中华书局，1980。

《朱熹及其哲学》，16 万字，北京：中华书局，1982。

《寻求历史的谜底——近代中国的政治与人物》（简体字版），47 万字，北京：首都师范大学出版社，1993。（获国家教委所属出版社优秀学术著作奖及 1993 年北京优秀学术著作奖。2010 年经中国人民大学出版社选入"当代中国人文大系"再版）

《寻求历史的谜底——近代中国的政治与人物》（繁体字版），47 万字，台北：文史哲出版社，1994。

《南社史长编》（与王学庄合作），55.4 万字，北京：中国人民大学出版社，1995。

《海外访史录》，57.3 万字，北京：社会科学文献出版社，1998。

《横生斜长集》（随笔札记集），28.5 万字，天津：百花文艺出版社，1998。

《蒋氏秘档与蒋介石真相》，46.8 万字，北京：社会科学文献出版
　　社，2002。

《从帝制走向共和——辛亥前后史事探微》，58.5 万字，北京：社会科
　　学文献出版社，2002。

《朱熹》，10 万字，香港：中华书局，2002。

《杨天石文集》，49.6 万字，上海：上海辞书出版社，2005。

《杨天石近代史文存》（5 卷本），200 万字，北京：中国人民大学出版
　　社，2007。

《找寻真实的蒋介石——蒋介石日记解读》（繁体字版），552 页，香港：
　　三联书店，2008（获 2008 年香港图书奖）；简体字版，40 万字，
　　太原：山西人民出版社，2008（中国图书评论家协会及全国 31 家
　　媒体联合评选为十大好书）。

《揭开民国历史的真相——杨天石文选》（7 卷本），约 200 万字，台北：
　　风云时代出版公司，2009。

《找寻真实的蒋介石——蒋介石日记解读》（第 2 辑）（繁体字版），香
　　港：三联书店，541 页，2010；简体字版，25 万字，北京：华文出
　　版社，2010。

《终结帝制——简明辛亥革命史》，432 页，香港：三联书店，2011。

《帝制的终结——简明辛亥革命史》，36.8 万字，长沙：岳麓书
　　社，2011。

《辛亥革命的影像记忆》（与谭徐锋合编），11.3 万字，北京：中国人民
　　大学出版社，2011。

《找寻真实的蒋介石——蒋介石日记解读》（第 3 辑），472 页，香港：
　　三联书店，2014。

《找寻真实的蒋介石——还原 13 个历史真相》，41 万字，北京：九州出
　　版社，2014。

《当代中华诗词名家精品集·杨天石卷》，6 万字，北京：中国青年出版
　　社，2015。

《找寻真实的蒋介石——蒋介石日记解读①》（插图增订版），50 万字，

重庆：重庆出版社，2015。

《蒋氏秘档与蒋介石真相》，50 万字，重庆：重庆出版社，2015。

《杨天石评说近代史》（7 卷本），212.2 万字，北京：中国发展出版
　　社，2015。

二、 合著

《中国文学史》（2 卷本），77.3 万字，执笔"中晚唐诗人""南社"部
　　分，北京：人民文学出版社，1958。

《中国文学史》（4 卷本），124.9 万字，执笔"近代文学"部分，北京：
　　人民文学出版社，1959。

《近代诗选》，20 万字，主要选注者及全书统稿者，北京：人民文学出
　　版社，1963。

《中华民国史》（第 1 编），68.9 万字，执笔约 15 万字，北京：中华书
　　局，1982。（获 1988 年国家图书奖荣誉奖及 1949—1992 年中国大
　　陆孙中山研究学术著作一等奖）

《中华民国史》（第 2 编第 5 卷），55.8 万字，主编、第一作者，执笔约
　　20 万字，北京：中华书局，1996。（2011 年中华书局出版全 16 册
　　时，改为第 6 卷）

《民国掌故》（札记集），26.7 万字，主编、主撰，北京：中国青年出版
　　社，1993。

《民国史谈》，56 万字，主编、主撰，北京：中共中央党校出版
　　社，2008。

《中国通史》（第 12 册），32 万字，主要执笔者之一（戊戌变法、辛亥
　　革命），北京：人民出版社，2007。

三、 主编

《百年潮》杂志，1997—2005。

"《百年潮》精品系列"，共 12 种，262 万字，主编，上海：上海辞书出版社，2005。

《国民党的"联共"与"反共"》（杨奎松执笔），76 万字，主编，北京：社会科学文献出版社，2008。（获 2008 年十大图书奖，年度最佳读物奖）

《中日战争国际共同研究之一：战时中国各地区》，27 万字，北京：社会科学文献出版社，2009。

《中日战争国际共同研究之二：战略与历次战役》，47.2 万字，北京：社会科学文献出版社，2009。

《中日战争国际共同研究之三：战时中国的社会与文化》，28.5 万字，北京：社会科学文献出版社，2009。

《中日战争国际共同研究之四：战时国际关系》，54.8 万字，北京：社会科学文献出版社，2011。

《中国地域文化通览》（34 卷，副主编之一），1700 万字，北京：中华书局，2014。

《中日战争国际共同研究》（3 卷本，与傅高义共同主编），129.7 万字，北京：社会科学文献出版社，2015。

四、 资料与古籍整理

《拒俄运动》（合编），23 万字，北京：中国社会科学出版社，1979。

《朱舜水集》（合编），50 万字，北京：中华书局，1981。

《武昌起义档案资料选编》（合编），110 万字，武汉：湖北人民出版社，1981—1983。

《辛亥革命回忆录》（第 7、8 集，合编），80 万字，北京：文史资料出版社，1981、1982。

《宁调元集》 （合编），51.8 万字，长沙：湖南人民出版社，1988。（2008 年 1 月收入《湖湘文库》甲编第 357 种）

《蒋经国自述》 （合编），25.1 万字，长沙：湖南人民出版社，1988。

（2005 年团结出版社再版，38 万字，2012 年华文出版社三版）

《中国历代治国策选粹》（选注，副主编），139 万字，北京：高等教育
　　出版社，1994。（获国家教委所属出版社优秀学术著作奖）

《缀英集——中央文史研究馆馆员诗选》（合编），北京：线装书
　　局，2008。

《钱玄同日记》（主编），170 万字，北京：北京大学出版社，2014。

《张学良口述历史》（访谈实录，总主编），258.4 万字，北京：当代中
　　国出版社，2014。

五、 工具书

《中华文化词典》（副主编），285 万字，广州：广东人民出版社，1979。
　　（获广东省优秀图书奖）

《中国大百科全书》（近代文学分支，合著），北京：中国大百科全书出
　　版社，1986。

当代学人精品

主编 葛剑雄 策划 肖风华 向继东